CHOIX ET ÉVALUATION DES POLITIQUES PUBLIQUES EN AFRIQUE

Collection « Études africaines »

dirigée par Denis Pryen et son équipe

Forte de plus de mille titres publiés à ce jour, la collection « Études africaines » fait peau neuve. Elle présentera toujours les essais généraux qui ont fait son succès, mais se déclinera désormais également par séries thématiques : droit, économie, politique, sociologie, etc.

Dernières parutions

Charles ZAGOH, *Le franc CFA : une monnaie en débat,* 2024.
Balla CISSÉ, *Le mirage de la IVe République du Mali. 22 juillet 2023-6 juillet 2024*, 2024.
Ernest-Marie MBONDA, *Pouvoir, droits et justice en Afrique, Essais de philosophie politique appliquée*, 2024.
Jean-Alexis MFOUTOU, *Stigmatisation et discrimination au Congo-Brazzaville. L'homme devient étranger à l'homme*, 2024.
Jean OTEMIKONGO MANDEFU YAHISULE (dir.), *Gouverner l'État en temps de crise, Survivre à la mort programmée de l'État congolais*, 2024.
Joachim E. GOMA-THETHET, *Les cols bleus de Pointe-Noire. La révolution congolaise au bout de la chanson (1965-1972)*, 2024.
Stéphane NGWANZA, Rodrigue TASSE (dir.), *La francophonie dans les relations internationales contemporaines. Un instrument de projection de l'Afrique dans un monde multipolaire*, 2024.
Sidiki KABA, *Modélisation de la mortalité des enfants de moins de 5 ans en guinée, Apport des modèles multiniveaux et des méthodes de décomposition*, 2024.
Konin AKA, *Le patrimoine musical traditionnel et son rôle dans la société ivoirienne. Tome 2*, 2024.
Konin AKA, *Les instruments et genres musicaux traditionnels en Côte d'Ivoire. Tome 1*, 2024.

Abdourahmane Ba

CHOIX ET ÉVALUATION DES POLITIQUES PUBLIQUES EN AFRIQUE

L'Harmattan

Du même auteur

Suivi, évaluation et gestion de la qualité des données, 18 avril 2024, Études africaines, Série Économie, Harmattan, Paris, France

Development program monitoring and evaluation system effectiveness, 20 juin 2019, Économie et société, Editions EMS, Caen, France

5-7, rue de l'École-Polytechnique ; 75005 Paris

www.editions-harmattan.fr

ISBN : 978-2-336-51226-6
EAN : 9782336512266

PRÉAMBULE

L'Afrique se trouve aujourd'hui à une étape cruciale de son développement, où le choix, le financement, la gestion et l'évaluation des politiques publiques revêtent une importance capitale pour la construction d'un avenir durable et inclusif. Ce livre propose un cadre analytique et empirique destiné à éclairer ces processus complexes, en tenant compte des réalités spécifiques des pays africains. Il s'appuie sur des théories et données rigoureuses et contextualisées pour offrir aux décideurs, aux chercheurs et aux praticiens une compréhension approfondie de ces piliers de la gouvernance publique, essentiels pour répondre efficacement aux besoins des populations africaines.

Ce livre s'inscrit dans la continuité du travail de l'auteur, déjà reconnu pour son livre *Suivi, évaluation et gestion de la qualité des données* publié par Harmattan France, et son livre sur *Development Program Monitoring and Evaluation System Effectiveness*, publié par les Editions EMS France en 2019. Cette nouvelle contribution met en lumière la nécessité d'une démarche empirique dans les politiques publiques, en se concentrant sur la manière de choisir des politiques adaptées aux contextes africains et d'évaluer leur résultats et impact. L'auteur cherche à renforcer les capacités des acteurs du développement en Afrique, notamment les parlementaires, les agences gouvernementales, les chercheurs et les praticiens, qui jouent un rôle essentiel dans l'évaluation des politiques et l'optimisation des ressources.

Le choix des politiques publiques, première étape de ce processus, nécessite une base de connaissances solide et des analyses contextualisées. Dans un contexte où les ressources sont limitées et les priorités nombreuses, il est essentiel que les décideurs africains puissent s'appuyer sur des données fiables pour orienter leurs choix vers des solutions efficaces et réalistes. Le livre offre des outils et des perspectives empiriques qui aident les décideurs à évaluer les options disponibles et à prendre des décisions alignées avec les besoins des populations et les *Objectifs de développement durable*.

Le financement des politiques publiques est un autre axe central de ce livre, abordé ici sous l'angle de l'autonomie financière et de la diversification des ressources. L'auteur examine les défis que pose la dépendance aux aides internationales et propose des pistes pour la mobilisation de financements internes. Tout en explorant des stratégies de financement adaptées aux réalités africaines, ce livre vise à promouvoir des solutions de financement qui renforcent l'indépendance des États africains et soutiennent la pérennité et la durabilité de leurs politiques publiques.

La gestion des politiques publiques, un troisième pilier essentiel, est également abordée dans une perspective de renforcement institutionnel. La gestion efficace des politiques publiques exige une organisation institutionnelle performante et des méthodes opérationnelles adaptées aux contextes spécifiques de chaque pays africain. En intégrant dans le livre des principes de gestion agile et axée sur les résultats, l'auteur offre des orientations pratiques pour améliorer l'efficience des institutions publiques, optimiser les processus de mise en œuvre et renforcer la transparence.

Enfin, l'évaluation des politiques publiques constitue une composante fondamentale de ce livre en jetant les bases pour la mesure de l'impact des interventions et, en conséquence, l'ajustement des stratégies. L'auteur insiste sur l'importance de mécanismes d'évaluation rigoureux et continus pour garantir que les politiques publiques atteignent leurs objectifs et qu'elles restent alignées avec les priorités des populations. L'auteur fournit des bases méthodologiques pour l'évaluation pour que le livre puisse soutenir l'exercice de redevabilité et de transparence, essentiel à la confiance des citoyens envers leurs institutions.

Dans son ensemble, ce livre se veut une contribution stratégique, académique et pragmatique au domaine des politiques publiques en Afrique. Par une analyse fine et documentée, l'auteur vise à renforcer la capacité des acteurs locaux à élaborer des politiques qui répondent aux enjeux contemporains. Le livre met à disposition des connaissances empiriques et des analyses rigoureuses sur les processus de choix, de financement, de gestion et d'évaluation pour contribuer au renforcement de la gouvernance et de l'autonomie institutionnelle sur le continent.

Ce livre constitue donc une ressource essentielle pour tous ceux qui s'engagent dans la formulation, la mise en œuvre et l'évaluation des politiques publiques en Afrique. Cette contribution s'affirme comme un pilier pour le développement d'une gouvernance plus forte, plus résiliente et plus à l'écoute des besoins des citoyens africains.

I
INTRODUCTION

L'élaboration, la mise en œuvre et l'évaluation des politiques publiques en Afrique ne peuvent être pleinement comprises qu'à la lumière de théories et de concepts bien établis, mais qui doivent être ajustés pour tenir compte des réalités du continent. Dans le domaine de l'élaboration des politiques publiques, les modèles rationnels et *incrementalistes* traditionnels, comme celui proposé par Lindblom (1959)[1], ont longtemps été utilisés pour expliquer comment les décideurs choisissent parmi différentes options politiques[2]. Ces modèles sont basés sur des hypothèses de rationalité et d'*analyse coût-bénéfice*.

Cependant, dans le contexte africain, ces approches se heurtent à des défis uniques, notamment la fragmentation institutionnelle, la faiblesse des capacités administratives et l'influence continue des acteurs internationaux, tels que les institutions financières internationales. En Afrique, les choix politiques sont souvent influencés par des contraintes externes qui limitent la marge de manœuvre des gouvernements nationaux. Cela appelle à un ajustement des théories existantes pour prendre en compte la dépendance vis-à-vis de l'aide internationale et des prêts conditionnés à des réformes structurelles.

Les théories de la *dépendance au sentier* ou *path dependency* sont particulièrement pertinentes pour expliquer pourquoi certains pays africains continuent de reproduire des schémas de politiques publiques inefficaces[3]. Selon Pierson (2000)[4], une fois que certaines trajectoires politiques sont établies, il devient difficile de les inverser, en raison des coûts élevés de changement et des avantages pour certaines élites politiques et économiques. Cette théorie peut être appliquée aux *programmes d'ajustement structurel* imposés par le Fonds monétaire international et la Banque mondiale dans les années 1980 et 1990. Ces

---

[1] Lindblom, C. E. (1989). The science of muddling through. Readings in managerial psychology, 4, 117-131.

[2] Pommerehne, W., Schneider, F., & Lafay, J. D. (1981). Les interactions entre économie et politique: synthèse des analyses théoriques et empiriques. Revue économique, 110-162.

[3] Cramer, C., Sender, J., & Oqubay, A. (2020). African economic development: Evidence, theory, policy (p. 336). Oxford University Press.

[4] Pierson, P. (2000). Increasing returns, path dependence, and the study of politics. American political science review, 94(2), 251-267.

réformes ont restructuré les économies africaines autour des principes de libéralisation économique, de privatisation et de réduction du rôle de l'État. Ces principes continuent d'influencer la conception des politiques actuelles malgré les critiques croissantes sur leurs impacts sociaux négatifs[1].

Un autre concept essentiel dans l'élaboration des politiques publiques en Afrique est celui de la *gouvernance hybride*[2]. Cela signifie que les politiques publiques ne sont pas uniquement élaborées au sein des institutions étatiques formelles, mais qu'elles sont également influencées par des réseaux informels, des leaders traditionnels et des organisations communautaires. Cette réalité impose une approche pluraliste de la formulation des politiques, qui inclut non seulement les acteurs formels, mais aussi les structures de gouvernance informelles qui ont une légitimité locale importante. Les théories de la *gouvernance en réseau* ou *network governance* peuvent être appliquées pour comprendre comment ces acteurs multiples interagissent dans le processus d'élaboration des politiques.

Lorsqu'il s'agit de la mise en œuvre des politiques publiques, le modèle traditionnel descendant ou *top-down*, où les décisions politiques sont prises au sommet et exécutées à la base, se révèle souvent inadéquat dans les contextes africains. Le modèle ascendant ou *bottom-up*, qui met l'accent sur la participation des communautés locales et des acteurs non étatiques, semble plus adapté aux réalités de gouvernance sur le terrain. Néanmoins, dans la plupart des cas, une combinaison des deux modèles s'avère nécessaire et montre l'importance d'une gouvernance adaptative.

Les gouvernements africains doivent être capables d'ajuster leurs stratégies en fonction des retours des populations locales et des acteurs non gouvernementaux. La recherche en sciences politiques met en évidence l'importance de cette flexibilité, notamment dans les environnements instables ou les États fragiles, comme la plupart des États en Afrique, où les institutions sont faibles[3].

---

[1] Founou-Tchuigoua, B. (1994). L'échec de l'ajustement en Afrique1. Alternatives Sud, 1, 2.

[2] Williamson, O. E. (2005). The economics of governance. American Economic Review, 95(2), 1-18.

[3] Dubois, J. L., Huyghebaert, P., & Brouillet, A. S. (2007, September). Fragile States". An analysis from the capability approach perspective. In Ideas Changing History'Conference.

La théorie de la *capture de l'État* par des élites politiques et économiques, souvent explorée dans la littérature sur la gouvernance, peut aider à comprendre pourquoi certaines politiques publiques échouent à atteindre leurs objectifs initiaux. Les acteurs ayant un pouvoir économique important peuvent détourner les politiques à leur profit, au détriment des populations marginalisées[1]. Ainsi, pour améliorer la mise en œuvre des politiques, des mécanismes de responsabilisation plus robustes doivent être introduits, qui incluent une plus grande transparence et une participation citoyenne active.

Les politiques publiques en Afrique s'inscrivent dans un contexte de défis complexes et d'opportunités diversifiées qui nécessitent des approches spécifiques qui tiennent compte des particularités socio-économiques et institutionnelles du continent. Le livre explore en profondeur les théories et méthodes qui permettent d'élaborer des politiques publiques durables et adaptées, en mobilisant des cadres analytiques qui reconnaissent les influences historiques et les besoins contemporains des sociétés africaines.

Le livre s'emploie à fournir une analyse détaillée et critique des cadres théoriques, méthodes et défis propres à la conception et à la mise en œuvre des politiques publiques sur le continent africain. En s'appuyant sur des théories éprouvées adaptées aux réalités locales, ce livre présente un ensemble de stratégies qui permettent de répondre efficacement aux enjeux structurels et institutionnels de la gouvernance en Afrique.

L'élaboration des politiques publiques en Afrique repose sur des fondements spécifiques, guidés par des objectifs visant à répondre aux besoins sociaux, économiques et environnementaux uniques du continent. La formulation de ces objectifs, ancrée dans les principes de responsabilité, de bien-être collectif et de développement durable, implique une approche normative qui favorise l'inclusivité et la transparence[2]. En définissant des priorités stratégiques, les décideurs sont invités à adopter une gouvernance éthique qui place les intérêts des communautés au cœur de l'action publique, tout en assurant une gestion rigoureuse des ressources disponibles.

L'analyse historique et politique permet de comprendre les influences profondes qui continuent de façonner les politiques

---

[1] Bach, D. C., & Gazibo, M. (Eds.). (2011). L'État néopatrimonial: Genèse et trajectoires contemporaines. University of Ottawa Press.

[2] Cravo, T. A., Klein, J. J., Iasiello, E., & Haugegaard, R. Les fondements de la théorie économique.

publiques contemporaines en Afrique. L'impact de l'*histoire coloniale* et des ajustements structurels, imposés dans le cadre des réformes des années 1980-1990, a laissé des traces durables sur les *structures institutionnelles* et les *modèles de gouvernance*[1]. Ces héritages, conjugués aux impératifs de la *mondialisation*, forcent les États à négocier entre des normes internationales et des exigences locales. En identifiant les trajectoires historiques, cette perspective permet de dégager des pistes pour adapter les modèles hérités aux aspirations africaines actuelles et ouvre ainsi la voie à des réformes institutionnelles plus autonomes et pertinentes[2].

Les défis structurels, abordés de manière analytique, incluent la *croissance démographique* rapide, la pauvreté persistante, la pression sur les ressources naturelles et les contraintes budgétaires qui affectent directement la capacité des États à mettre en œuvre des politiques publiques efficaces. Ces problématiques sont analysées à travers des modèles macroéconomiques, des indicateurs de développement humain, et des outils de gestion budgétaire, qui offrent une évaluation précise des capacités institutionnelles et des ressources disponibles. Des recommandations sont faites pour maximiser l'utilisation des ressources rares, en adoptant une approche proactive face aux défis et en tirant parti des opportunités de croissance que représentent l'innovation technologique, l'entrepreneuriat, et l'intégration régionale.

Les secteurs prioritaires, comme l'accès à l'eau, l'éducation et la sécurité alimentaire, sont examinés avec des méthodologies spécifiques qui intègrent des approches techniques et des outils d'analyse rigoureux. La *gestion des ressources en eau*, par exemple, est abordée par le biais de modèles de gestion intégrée qui prennent en compte la durabilité environnementale et les besoins socio-économiques des populations. Les méthodologies suggérées, incluant des matrices d'*analyse de vulnérabilité* et des *cartes de sécurité alimentaire*, permettent de diagnostiquer précisément les lacunes en infrastructures et les déficits en services de base, en fournissant des solutions qui

---

[1] Komo, l. d. b. (2023). Théorie postcoloniale et progrès économique de l'Afrique: quête d'originalité ou imposition du modèle néolibéral à l'Afrique ? Les initiatives de développement en Afrique subsaharienne: Entre construction et déconstruction des modèles existants depuis 1960, 177.

[2] Ukponu, M. U., Okaruefe, S. U., Sulayman, Y., Afonne, J. E., & Odusola, N. S. (2022). Globalization and the sovereignty of African States in the post-colonial era: A contemporary afrocentric legal perspective. JL Pol'y & Globalization, 119, 50.

tiennent compte des dynamiques locales et des pressions environnementales[1].

La formulation des politiques publiques repose sur des modèles théoriques avancés qui permettent d'identifier, de prioriser et de formuler des réponses aux *problèmes publics*[2]. Les *flux multiples* de Kingdon offrent un cadre théorique pour analyser les processus par lesquels des problèmes, des solutions et des contextes convergent pour ouvrir des fenêtres d'opportunité et faciliter la mise en place de réformes stratégiques[3]. Le *modèle des systèmes politiques* de David Easton et les *cadres cognitifs* de Goffman sont également utilisés pour décoder les interactions complexes entre les institutions et leur environnement pour permettre aux décideurs d'élaborer des politiques qui reflètent et répondent aux pressions sociales et économiques locales[4].

En Afrique, les limitations d'infrastructures de données exigent une rigueur méthodologique accrue pour garantir des résultats fiables. Le livre propose l'utilisation de *Systèmes d'information géographique*, d'*enquêtes longitudinales* et de bases de données nationales qui permettent de structurer les informations de manière à faciliter l'analyse et l'évaluation des politiques. Cette approche soutient les décideurs dans leur capacité à élaborer des politiques qui reposent sur des preuves tangibles et mesurables, et à ajuster les stratégies en fonction des résultats obtenus.

Les *cadres cognitifs* et l'influence des *groupes d'intérêts* constituent des éléments cruciaux dans le processus de formulation des politiques[5]. Les perceptions et pressions exercées par différents acteurs influencent

---

[1] Scheye, E., & Pelser, E. (2020). Why Africa's development models must change: understanding five dynamic trends. ISS Africa Report, 2020(26), 1-28.

[2] Allen, K., Simon-Kumar, N., & Mills, G. (2023). Réinventer le dialogue entre sciences, politiques et grand public: points de vue.

[3] Herweg, N., Zahariadis, N., & Zohlnhöfer, R. (2023). The multiple streams framework: Foundations, refinements, and empirical applications. In Theories of the policy process (pp. 29-64). Routledge.

[4] Selg, P., Sootla, G., & Klasche, B. (2023). From De-Problematized Expert Knowledge to Politics of Critical Dialogue: Toward Process-Relational Policy Theories. In A Relational Approach to Governing Wicked Problems: From Governance Failure to Failure Governance (pp. 223-263). Cham: Springer International Publishing.

[5] Herweg, N., Zahariadis, N., & Zohlnhöfer, R. (2023). The multiple streams framework: Foundations, refinements, and empirical applications. In Theories of the policy process (pp. 29-64). Routledge.

la priorisation des problématiques et l'allocation des ressources. En utilisant des outils de *cartographie des parties prenantes* et d'*analyse des réseaux sociaux*, les décideurs peuvent anticiper les dynamiques de pouvoir et élaborer des politiques qui tiennent compte des influences concurrentielles. Ce cadre analytique permet une gouvernance participative et une meilleure intégration des intérêts diversifiés dans les choix publics.

La notion de *dépendance au sentier* est appliquée pour illustrer comment les choix et contraintes du passé continuent d'encadrer les options actuelles[1]. En s'appuyant sur des analyses contextuelles, le livre propose des approches pour surmonter ces trajectoires héritées, notamment dans les secteurs de l'éducation et de la santé. Cette approche critique aide les décideurs à concevoir des réformes qui s'écartent des paradigmes dépassés et répondent plus directement aux réalités actuelles, en intégrant des innovations institutionnelles qui répondent aux besoins émergents.

La *théorie des réseaux politiques* offre une perspective sur les relations complexes entre gouvernements, Organisations non-gouvernementales et secteur privé[2]. Dans un contexte africain, ces réseaux d'interactions influencent considérablement la mise en œuvre des politiques, en particulier dans les domaines de l'agriculture, de la santé et de l'énergie. La cartographie des acteurs et l'analyse relationnelle permettent aux décideurs de mieux gérer les partenariats et d'optimiser les ressources disponibles pour favoriser une collaboration plus efficace et cohérente entre les différents niveaux d'acteurs[3].

Les analyses quantitatives et qualitatives des problématiques publiques sont traitées de manière détaillée, en insistant sur l'importance de combiner des méthodes mixtes pour obtenir une vision globale et nuancée des besoins des populations. Les techniques statistiques et les entretiens qualitatifs offrent une compréhension multi-dimensionnelle des impacts sociaux et économiques des

---

[1] Merchant, K. A., & Otley, D. (2020). Beyond the systems versus package debate. Accounting, Organizations and Society, 86, 101185.

[2] Reggi, L., & Dawes, S. S. (2022). Creating Open Government Data ecosystems: Network relations among governments, user communities, NGOs and the media. Government information quarterly, 39(2), 101675.

[3] Zingraff-Hamed, A., Hüesker, F., Lupp, G., Begg, C., Huang, J., Oen, A., ... & Pauleit, S. (2020). Stakeholder mapping to co-create nature-based solutions: who is on board? Sustainability, 12(20), 8625.

politiques et permettent aux décideurs de s'appuyer sur des preuves solides et contextualisées pour formuler des réponses adaptées.

Le financement des politiques publiques est structuré autour de mécanismes diversifiés qui incluent les *Partenariats public-privé*, les *obligations d'impact social* et les *fonds souverains* entre autres. En s'appuyant sur des stratégies innovantes, telles que les *obligations vertes*, les États peuvent attirer des investissements pour des projets d'infrastructure et des initiatives de développement durable[1]. Ces instruments financiers assurent une gestion budgétaire rigoureuse et renforcent l'autonomie économique des gouvernements africains.

La gestion des politiques publiques s'appuie sur des approches innovantes comme la *Nouvelle gestion publique* et la *Gestion axée sur les résultats*, qui favorisent l'efficacité, la transparence et la responsabilité[2]. Les indicateurs de performance, les systèmes de retour d'information et les techniques de *Gestion du changement* contribuent à optimiser la gestion des projets et des programmes et assurent un alignement continu entre les objectifs initiaux et les résultats attendus.

Les mécanismes de *Suivi et évaluation* renforcent la redevabilité et permettent des ajustements rapides aux politiques en cours[3]. Des systèmes d'information robustes et des rapports de suivi sont proposés pour surveiller en temps réel les progrès des interventions. En utilisant des indicateurs clés et des tableaux de bord, les décideurs peuvent s'assurer que les objectifs fixés sont atteints et que les interventions produisent des résultats mesurables et bénéfiques pour les populations.

L'*Évaluation économique* des politiques s'appuie, entre autres, sur des outils comme l'*analyse coût-bénéfice*, l'*analyse coût-efficacité* et le *retour sur investissement social* pour optimiser l'utilisation des ressources publiques[4]. Ces méthodes permettent d'identifier les

---

[1] African Union Commission. (2022). Dynamiques du développement en Afrique 2022 Des chaînes de valeur régionales pour une reprise durable: Des chaînes de valeur régionales pour une reprise durable. OECD Publishing.

[2] Ewane, E. B., & Elvis, N. (2023). A theoretical approach of "invisible hands" in public finance management: An urgent need for fiscal policy sustainability in developing countries. Asian Journal of Economics, Business and Accounting, 23(1), 1-11.

[3] Ba, A., 2021, 'How to measure monitoring and evaluation system effectiveness?', African Evaluation Journal 9(1), a553. https://doi.org/10.4102/aej.v9i1.553

[4] Rossiter, S., Howe, S., Szanyi, J., Trauer, J. M., Wilson, T., & Blakely, T. (2024). The role of economic evaluation in modelling public health and social measures for pandemic policy: a systematic review. Cost Effectiveness and Resource Allocation, 22(1), 77.

interventions qui génèrent les meilleurs rendements et d'éviter les dépenses non rentables pour assurer une gestion budgétaire stratégique et efficiente.

Les réformes stratégiques sont nécessaires pour adapter les systèmes de gouvernance aux réalités actuelles. Les modèles de transparence, d'éthique publique et de participation citoyenne sont présentés comme des leviers pour moderniser les institutions et renforcer la gouvernance. Les techniques de *Gestion du changement* et les pratiques de responsabilisation institutionnelle permettent d'instaurer une culture de gouvernance durable et de favoriser une réponse plus proactive aux défis de développement[1].

Enfin, l'intégration des *Objectifs de développement durable* dans les politiques publiques africaines est essentielle pour garantir une croissance inclusive et respectueuse de l'environnement[2]. En alignant les priorités de développement avec les *Objectifs de développement durable*, les décideurs peuvent s'assurer que leurs politiques répondent aux impératifs locaux tout en contribuant aux efforts mondiaux pour un développement équitable et durable afin d'assurer un impact à long terme.

Au total, ce livre fournit un ensemble d'outils méthodologiques et conceptuels adaptés aux défis contemporains du continent. En mobilisant des théories de pointe et en proposant des méthodologies rigoureuses, cet ouvrage offre aux chercheurs, décideurs et praticiens des instruments essentiels pour concevoir et évaluer des politiques publiques résilientes et inclusives qui répondent aux besoins locaux tout en s'inscrivant dans une vision durable et intégrée de développement.

---

[1] Abhayawansa, S., Adams, C. A., & Neesham, C. (2021). Accountability and governance in pursuit of Sustainable Development Goals: conceptualising how governments create value. Accounting, Auditing & Accountability Journal, 34(4), 923-945.

[2] Mpofu, F. Y. (2022). Green Taxes in Africa: opportunities and challenges for environmental protection, sustainability, and the attainment of sustainable development goals. Sustainability, 14(16), 10239.

II

CADRE ET OBJECTIFS DES POLITIQUES PUBLIQUES EN AFRIQUE

L'analyse du cadre et des objectifs des politiques publiques en Afrique nécessite une compréhension profonde des spécificités structurelles, économiques, sociales et environnementales du continent. Les politiques publiques en Afrique sont souvent influencées par une multitude d'acteurs et de facteurs, allant des exigences internationales aux dynamiques locales et traditionnelles[1]. Elles doivent être conçues pour répondre à des défis multidimensionnels, tels que la pauvreté, l'inégalité, la *croissance démographique* rapide, le *changement climatique*, et les crises sécuritaires[2]. Ce cadre impose que les objectifs des politiques publiques soient adaptés à ces réalités complexes, tout en s'alignant sur les priorités de développement durable et les aspirations démocratiques des populations africaines[3].

Les politiques publiques en Afrique ont pour objectif fondamental de répondre aux besoins sociaux et économiques de populations en rapide croissance, dans un contexte où les ressources sont limitées et les institutions souvent faibles. L'un des objectifs centraux est la réduction de la pauvreté et la promotion d'une croissance inclusive. La pauvreté reste un défi majeur sur le continent, avec près de 40 % de la population vivant en dessous du seuil de pauvreté en 2023[4]. Les gouvernements africains cherchent à concevoir des politiques qui soutiennent les secteurs prioritaires, comme l'agriculture, la santé, et l'éducation, tout en promouvant l'industrialisation et la diversification économique. Cependant, l'efficacité de ces politiques est souvent freinée par des contraintes institutionnelles, telles que la corruption, la

---

[1] Nkoyok, J. (2015). L'Afrique dans la mondialisation: les défis de la participation, de la démocratie, et de la gouvernance mondiale.

[2] Ladan, M. T. (2018). Achieving sustainable development goals through effective domestic laws and policies on environment and climate change. Envtl. Pol'y & L., 48, 42.

[3] Bhattacharya, D. (2020). Premiers défis de la mise en œuvre des ODD: tendances régionales et expériences par pays. État mondial des ODD.

[4] Soumahoro, M., Kinkoh, H., Aikins, E. R., & Louw-Vaudran, L. (2023). Tracking Africa's implementation of Agenda 2063 milestones. ISS Peace and Security Council Report, 2023(155), 11-14.

mauvaise gestion des ressources, et le manque de capacité administrative[1].

Le cadre des politiques publiques en Afrique repose également sur la nécessité de promouvoir une croissance économique durable. Les théories économiques classiques, comme celle du développement par l'industrialisation, sont de plus en plus remises en question au profit de modèles plus adaptés aux économies africaines, comme l'agro-industrialisation et les énergies renouvelables[2]. Les objectifs des politiques publiques dans ce domaine sont de renforcer la compétitivité économique, d'améliorer l'infrastructure et de soutenir les *Petites et moyennes entreprises*, qui représentent une part importante des emplois en Afrique. Cependant, pour que ces objectifs soient atteints, il est essentiel que les politiques soient adaptées aux réalités locales et qu'elles intègrent des mécanismes de *Suivi et évaluation* rigoureux pour mesurer leur efficacité à long terme.

Un autre objectif fondamental des politiques publiques en Afrique est de réduire les inégalités sociales et de promouvoir une distribution plus équitable des ressources. Les inégalités, tant au niveau des revenus que de l'accès aux services de base comme l'éducation, la santé et l'eau potable, sont persistantes à travers le continent. Les politiques de redistribution, telles que les programmes de transferts monétaires, les subventions aux services sociaux et les investissements dans les infrastructures rurales, sont cruciales pour répondre à ces défis[3]. Toutefois, la mise en œuvre de ces politiques est souvent entravée par la faiblesse des institutions publiques, le manque de ressources financières et la dépendance vis-à-vis de l'aide internationale.

Le cadre institutionnel des politiques publiques en Afrique est marqué par l'interaction entre les institutions formelles et informelles. Les politiques publiques sont souvent influencées par des systèmes traditionnels de gouvernance, tels que les chefs coutumiers et les réseaux communautaires, qui jouent un rôle central dans la régulation des relations sociales et économiques. Cela crée un cadre hybride de gouvernance où les normes et les pratiques locales coexistent avec les

---

[1] Wade, M. (2021). La banque africaine de développement: réformer la gouvernance face au piège de la pauvreté.

[2] Husak, A. Aid (in-) effectiveness in Sub-Saharan Africa? An analysis of the failures of different development approaches from 1945 to 2019.

[3] Sogadji, H. Y., & Sonhaye, B. (2024). Regards croisés de la Protection sociale et la lutte contre la pauvreté en Afrique. International Journal of Accounting, Finance, Auditing, Management and Economics.

structures administratives étatiques. Cette situation peut compliquer la mise en œuvre des politiques publiques, mais elle peut aussi offrir des opportunités pour renforcer la légitimité des politiques en intégrant des mécanismes de participation citoyenne et de gouvernance décentralisée.

Les politiques publiques en Afrique sont également façonnées par les dynamiques régionales et internationales. L'Union africaine et les Communautés économiques régionales jouent un rôle clé dans la définition des priorités continentales et la promotion de l'intégration régionale. La *Zone de libre-échange continentale africaine* représente un cadre politique majeur pour promouvoir le commerce intra-africain et réduire la dépendance aux exportations de matières premières vers les marchés mondiaux. Ce cadre régional est essentiel pour renforcer la résilience économique des pays africains face aux chocs externes, tels que les crises financières et les perturbations des *chaînes d'approvisionnement mondiales*[1].

Le *changement climatique* représente un défi transversal dans la formulation des politiques publiques en Afrique. Le cadre des politiques climatiques doit intégrer des objectifs à la fois d'atténuation des émissions de gaz à effet de serre et d'adaptation aux impacts climatiques. Les sécheresses prolongées, les inondations et la désertification menacent directement la sécurité alimentaire et la stabilité économique de nombreuses régions africaines. Les politiques publiques doivent donc être orientées vers la gestion durable des ressources naturelles, la promotion de l'agriculture résiliente au climat et le renforcement des infrastructures pour faire face aux catastrophes naturelles[2]. L'Agenda 2063 de l'Union africaine place la lutte contre le *changement climatique* au centre de ses *Objectifs de développement durable*, mais la mise en œuvre reste un défi en raison des contraintes budgétaires et du manque de *financement climatique*[3].

Un autre objectif central des politiques publiques en Afrique est de renforcer la gouvernance démocratique et de promouvoir la participation citoyenne. Dans de nombreux pays africains, les *systèmes*

---

[1] African Union Commission. (2022). Dynamiques du développement en Afrique 2022 Des chaînes de valeur régionales pour une reprise durable: Des chaînes de valeur régionales pour une reprise durable. OECD Publishing.

[2] Amir Imam, P., & Kpodar, K. (2023). Changement climatique et viabilité budgétaire en Afrique subsaharienne 1. Économie du développement, 36(3), 89-124.

[3] Bellocq, F. X., Duporge, F. X., Gauthier, M., Laferrère, A., & Reysset, B. (2021). Enjeux climat: réussir la transition en Afrique. Policy Paper, 1-24.

politiques sont caractérisés par des niveaux élevés de centralisation du pouvoir et une faible participation des citoyens aux processus de prise de décision[1]. Les réformes politiques visant à décentraliser le pouvoir, à renforcer les institutions locales et à promouvoir la participation active des citoyens sont essentielles pour améliorer la légitimité des politiques publiques[2]. La mise en place de mécanismes de *budgets participatifs* dans certaines régions est un exemple de politiques innovantes qui permettent aux citoyens de jouer un rôle direct dans la définition des priorités budgétaires et le suivi de l'exécution des politiques[3].

Les objectifs des politiques publiques doivent également inclure une stratégie claire pour améliorer la qualité de l'éducation et des compétences. La qualité de l'éducation reste un défi majeur en Afrique, où les systèmes éducatifs sont souvent sous-financés et mal équipés pour répondre aux besoins d'une population jeune en pleine croissance[4]. Les politiques publiques doivent se concentrer sur l'amélioration des infrastructures éducatives, la formation des enseignants et la mise en œuvre de programmes éducatifs adaptés aux besoins du marché du travail. Cela est particulièrement important dans un contexte où les écarts de compétences entre les exigences du marché et les compétences des diplômés sont l'un des principaux obstacles à l'emploi et à la croissance économique[5].

La santé publique est un autre domaine où les politiques publiques jouent un rôle crucial[6]. Les gouvernements africains doivent relever des défis de santé complexes, tels que les maladies infectieuses, la malnutrition et les épidémies périodiques, comme celle d'Ebola ou la pandémie de Covid-19. Les politiques de santé doivent être orientées

---

[1] Dione, I. D., & Touré, I. (2021). Décentralisation, participation, gouvernance publique et développement des territoires au Sénégal. GéoDév. ma, 9(9).
[2] Fall, A. S., Tooli, F. A., Cissé, R., & Vidal, L. (2017). La redevabilité sociale en Afrique de l'Ouest.
[3] de Oliveira, O. P. (2016). La diffusion globale du budget participatif: le rôle des «ambassadeurs» de la participation et des institutions internationales. Participations, 14(1), 91-120.
[4] Hayward, F. M., & Ncayiyana, D. J. (2014). Confronting the challenges of graduate education in Sub-Saharan Africa and prospects for the future. International Journal of African Higher Education, 1(1).
[5] Barlet, S., & d'Aiglepierre, R. (2016). Les dispositifs d'appui à l'insertion des jeunes sur le marché du travail en Afrique. Agence française de développement.
[6] Grégoire, E., Kobiané, J. F., & Lange, M. F. (2018). L'État réhabilité en Afrique: réinventer les politiques publiques à l'ère néolibérale (pp. 356-p). Karthala.

vers le renforcement des infrastructures de santé, l'amélioration de l'accès aux soins et la promotion de la prévention à travers des campagnes de vaccination et de sensibilisation. Cependant, la mise en œuvre de ces politiques est souvent entravée par un manque de ressources financières et humaines, ainsi que par la faiblesse des systèmes de santé dans les zones rurales[1].

Au total, le cadre et les objectifs des politiques publiques en Afrique doivent être définis dans un contexte de défis structurels et contextuels multiples. Les politiques publiques doivent viser à promouvoir une croissance économique inclusive, à réduire les inégalités sociales et à renforcer la résilience face aux crises climatiques et économiques. Pour y parvenir, les gouvernements africains doivent non seulement améliorer leurs capacités institutionnelles, mais aussi intégrer des mécanismes participatifs qui permettent aux citoyens de jouer un rôle actif dans la définition et la mise en œuvre des politiques[2].

---

[1] Bhattacharya, D. (2020). Premiers défis de la mise en œuvre des ODD: tendances régionales et expériences par pays. État mondial des ODD.

[2] Zvoushe, H. (2024). Some reflections on the contextual preparedness for the policy innovation labs initiative in Sub-Saharan Africa. PanAfrican Journal of Governance and Development, 5(2), 105-130.

III
CONTEXTE HISTORIQUE ET POLITIQUE

Le contexte historique et politique des politiques publiques en Afrique est profondément marqué par deux forces majeures : l'*héritage colonial* et la *mondialisation*[1]. L'Afrique, dans sa quête d'autonomie politique et économique post-coloniale, a dû composer avec des structures de gouvernance héritées des colonisateurs, des systèmes souvent centralisés et axés sur l'exploitation des ressources naturelles. Ces structures ont contribué à façonner des institutions étatiques qui peinent encore à répondre de manière efficace aux besoins de développement inclusif et durable des populations locales. Le modèle de gouvernance hérité, conçu pour maximiser les bénéfices économiques des puissances coloniales, a laissé un cadre administratif lourd et des économies peu diversifiées et a fini de rendre les États africains plus vulnérables aux chocs extérieurs et aux inégalités internes[2].

Parallèlement, la *mondialisation* a accéléré l'intégration des économies africaines dans les flux économiques mondiaux. Cependant, cette intégration s'est souvent faite aux conditions imposées par les institutions financières internationales, à travers des *programmes d'ajustement structurel* qui ont poussé les États à libéraliser leurs marchés, privatiser leurs entreprises publiques et réduire les dépenses sociales[3]. Ces réformes ont eu un impact contrasté sur les politiques publiques, en fragilisant les systèmes de protection sociale tout en ouvrant des opportunités dans des secteurs comme les technologies de l'information et les industries extractives. Toutefois, l'impact négatif de cette libéralisation, notamment en termes de hausse des inégalités et de dépendance vis-à-vis des marchés mondiaux, demeure un obstacle majeur à surmonter.

---

[1] Oko, A. E., & Ogbodo, C. N. (2022). Rediscovering and Preserving African Identity in the Globalization Process. NIU Journal of Humanities, 7(2), 19-27.

[2] Becker, B. (2020). Colonial legacies in international aid: policy priorities and actor constellations. From Colonialism to International Aid: External Actors and Social Protection in the Global South, 161-185.

[3] Beri, P. B., Mhonyera, G., & Nubong, G. F. (2022). Globalisation and economic growth in Africa: New evidence from the past two decades. South African Journal of Economic and Management Sciences, 25(1), 1-12.

Le poids de l'*héritage colonial* et les dynamiques de la *mondialisation* imposent aux gouvernements africains un double défi. D'une part, il s'agit de réformer les institutions étatiques afin de les adapter aux réalités locales et d'assurer une gouvernance plus inclusive. D'autre part, ces réformes doivent tenir compte des exigences d'une économie globalisée où la compétition est accrue, tout en protégeant les intérêts des populations locales. Les *systèmes politiques* et économiques africains doivent s'adapter, non seulement pour survivre dans cet environnement globalisé, mais aussi pour se réapproprier le processus de formulation et d'évaluation des politiques publiques, en favorisant des approches plus participatives et contextuelles.

L'introduction de réformes adaptées aux spécificités locales, en tenant compte des effets de la *mondialisation*, est cruciale pour bâtir des politiques publiques qui répondent aux défis contemporains[1]. Cela inclut la nécessité d'intégrer davantage la société civile dans le processus décisionnel, de promouvoir des politiques économiques basées sur la diversification et l'innovation, et de renforcer les capacités locales à évaluer l'efficacité des réformes entreprises. Les défis hérités du passé et ceux engendrés par la *mondialisation* doivent être vus comme des opportunités de transformation profonde pour un avenir plus inclusif et durable en Afrique.

3.1. Héritage colonial et politiques publiques

L'*héritage colonial* en Afrique a profondément influencé la trajectoire des politiques publiques sur le continent, tant au niveau de leur élaboration que de leur mise en œuvre et évaluation. Dès le début de la colonisation, les puissances européennes ont imposé des modèles administratifs et économiques adaptés à leurs propres besoins, principalement centrés sur l'extraction des ressources et la domination des populations locales[2]. Cette approche a créé des structures de gouvernance qui, bien après les indépendances, continuent de marquer les *systèmes politiques* africains, souvent au détriment de la souveraineté et du développement inclusif[3].

[1] Nubukpo, K. (2022). Une solution pour l'Afrique: du néoprotectionnisme aux biens communs. Odile Jacob.

[2] Roudaire, R., & Zouache, A. (2022). La Revue d'Économie politique et la colonisation de l'Afrique de l'Ouest (1887-1920). Revue d'économie politique, (1), 149-179.

[3] Balandier, G. (2020). The colonial situation: a theoretical approach. In The new imperial histories reader (pp. 23-40). Routledge.

L'un des principaux legs du colonialisme réside dans la centralisation extrême des pouvoirs politiques et économiques. Les administrations coloniales, conçues pour maintenir le contrôle sur de vastes territoires, ont concentré les décisions au sein d'une petite élite locale ou coloniale, souvent située dans les capitales, loin des populations rurales. Cette centralisation, en favorisant l'autoritarisme, a laissé des États post-coloniaux incapables de gérer efficacement les divers besoins régionaux et locaux[1]. Les politiques publiques, en particulier dans les domaines de l'éducation, de la santé et des infrastructures, sont ainsi restées déséquilibrées et inadaptées à la diversité culturelle et géographique du continent.

L'*héritage colonial* a également instauré une bureaucratie lourde et rigide. Les administrations coloniales étaient conçues pour servir les intérêts de la métropole, avec des systèmes de gouvernance peu flexibles qui limitent significativement la participation citoyenne[2]. Ces structures rigides ont survécu aux indépendances et ont retardé l'adoption de politiques publiques innovantes et inclusives. La lenteur des réformes administratives dans certains pays africains trouve son origine dans ces lourdeurs bureaucratiques héritées, qui entravent la mise en œuvre de projets de développement et la capacité de l'État à répondre rapidement aux besoins de la population[3].

Sur le plan économique, l'organisation coloniale a encouragé des économies mono-exportatrices, axées sur l'exportation de matières premières brutes vers l'Europe. Ces économies de rente ont laissé peu de place au développement d'industries locales, ce qui a rendu les États africains fortement dépendants des fluctuations des prix mondiaux et vulnérables aux crises économiques globales. De plus, cette dépendance a freiné l'industrialisation et la diversification des économies locales, ce qui continue d'affecter les politiques de développement en Afrique[4]. Les États peinent encore à développer des chaînes de valeur locales et à créer des emplois durables.

---

[1] Cogneau, D. (2023). Un empire bon marché: histoire et économie politique de la colonisation française, XIXe-XXIe siècle. Seuil.

[2] Michalopoulos, S., & Papaioannou, E. (2020). Historical legacies and African development. Journal of Economic Literature, 58(1), 53-128.

[3] Berda, Y. (2022). Colonial bureaucracy and contemporary citizenship. Cambridge University Press.

[4] Britwum, A. O. (2022). Post-independence development planning in Ghana and Tanzania. Africa Development/afrique Et Développement, 47(1), 105-134.

L'inégalité structurelle entre les régions a été exacerbée par les priorités économiques coloniales. Les infrastructures, telles que les routes et les chemins de fer, étaient construites dans le seul but d'acheminer les ressources des zones rurales vers les ports, en ignorant les besoins des populations locales. Cette logique a laissé un héritage de disparités régionales marquées, avec des zones urbaines souvent mieux équipées que les zones rurales[1]. Aujourd'hui, les efforts de réformes politiques pour corriger ces déséquilibres restent insuffisants, et les inégalités d'accès aux services publics, notamment en matière d'éducation et de santé, persistent.

La fragmentation ethnique artificielle, issue du tracé des frontières coloniales, a également influencé les politiques publiques post-coloniales. Les frontières, tracées sans tenir compte des réalités ethniques et linguistiques, ont imposé une homogénéité administrative à des populations souvent divisées culturellement. Cette imposition a alimenté des conflits internes et a renforcé la marginalisation de certaines communautés[2]. Les politiques publiques en Afrique peinent à surmonter cette division héritée, et de nombreux États continuent de lutter pour établir une identité nationale cohérente et inclusive.

En matière de *gestion des ressources naturelles*, les politiques coloniales ont systématiquement favorisé l'extraction rapide et non durable des ressources, sans considération pour les impacts environnementaux ou sur les populations locales. Cette approche a laissé des terres dégradées et des écosystèmes appauvris. Les politiques publiques contemporaines dans ce domaine tentent de rétablir un équilibre entre exploitation et conservation, mais l'héritage d'une exploitation prédatrice continue de peser sur les efforts de développement durable. Les législations en matière de protection environnementale restent souvent insuffisantes, et les tentatives de réformes se heurtent à des intérêts économiques enracinés[3].

L'influence persistante des élites formées par les colonisateurs est un autre facteur déterminant dans l'élaboration des politiques publiques post-coloniales. Dans de nombreux pays, les élites qui ont pris le

---

[1] Komono, B. D. (2024). À propos du sous-développement en Afrique: Effets pervers de la conquête européenne.

[2] Sambe, B. L'héritage colonial dans la situation de crise religieuse et politique actuelle au Sahel.

[3] Ndlovu, X. A. Sustaining the Unsustainable? Political Accountability and Development in sub-Saharan Africa's Resource Economies (Doctoral dissertation, University of the Witwatersrand, Johannesburg).

pouvoir après les indépendances ont été formées dans les écoles coloniales et ont donc absorbé les valeurs et les priorités des administrations coloniales. Cette situation a renforcé une continuité des pratiques de gouvernance coloniales, et ont retardé l'émergence de modèles véritablement africains de gestion publique[1]. Ces élites, ayant souvent des intérêts alignés avec ceux des anciennes puissances coloniales, ont maintenu des relations économiques et politiques qui freinent l'autonomisation des États africains.

L'*héritage colonial* a aussi eu un impact sur l'évaluation des politiques publiques. Dans de nombreux cas, les mécanismes d'évaluation importés ne tiennent pas compte des réalités locales et des besoins spécifiques des sociétés africaines. Les systèmes de *Suivi et évaluation* sont souvent inadaptés, calqués sur des modèles externes, et ne permettent pas de capturer efficacement les impacts des politiques sur les populations locales. Pour que les réformes aboutissent, il est nécessaire de repenser les approches d'évaluation en intégrant des cadres méthodologiques plus sensibles aux contextes africains[2].

Cet héritage a laissé des systèmes éducatifs inadaptés, centrés sur des curricula importés, déconnectés des réalités locales et des besoins du marché du travail africain. Les réformes post-coloniales dans l'éducation ont souvent été superficielles à modifier des systèmes scolaires élitistes et exclusifs. Cela a contribué à un faible taux de formation professionnelle et à une inadéquation entre les compétences enseignées et les exigences économiques locales[3]. Pour un développement durable, il est urgent de repenser l'éducation en Afrique pour l'adapter aux enjeux contemporains, en favorisant l'innovation, les compétences techniques et l'entrepreneuriat local.

En matière de réformes, il est essentiel que les États africains adaptent les modèles hérités du colonialisme pour adopter des approches plus inclusives et plus orientées sur les réalités locales. La décentralisation des pouvoirs, qui permettrait une meilleure représentation des communautés locales dans les processus

---

[1] Kassaye Nigusie, W. M., & Ivkina, N. V. (2021). Post-colonial period in the history of Africa: Development challenges. Africa and the formation of the new system of international relations: rethinking decolonization and foreign policy concepts, 39-54.

[2] Masvaure, S., & Motlanthe, S. M. (2022). Reshaping how we think about evaluation: A made in Africa evaluation perspective. African Evaluation Journal, 10(1), 618.

[3] Edwards Jr, D. B., Moschetti, M. C., & Caravaca, A. (2022). Globalization, privatization, and the State: Contemporary education reform in post-colonial contexts. Routledge.

décisionnels, est cruciale pour améliorer l'efficacité des politiques publiques. De plus, les réformes doivent intégrer une dimension participative, en impliquant les citoyens dans l'élaboration et l'évaluation des politiques, afin de renforcer la légitimité des gouvernements et d'assurer une gestion plus transparente des ressources publiques.

L'*héritage colonial*, avec ses structures autoritaires et ses économies extractives, impose aux États africains contemporains de repenser leurs modèles de développement. Les politiques publiques doivent être réorientées vers une gestion plus durable et équitable des ressources naturelles, une intégration régionale renforcée et une autonomisation des citoyens à travers des systèmes éducatifs inclusifs. Le développement de cadres nationaux indépendants, capables de formuler des politiques adaptées aux spécificités locales et régionales, est une étape cruciale pour émanciper le continent de l'influence coloniale persistante et promouvoir un développement réellement inclusif.

3.2. Mondialisation et politiques publiques

La *mondialisation* a eu des effets profonds et multiformes sur l'élaboration, la mise en œuvre et l'évaluation des politiques publiques en Afrique, en façonnant de manière inédite le cadre décisionnel des États africains. Alors que la *mondialisation* a introduit des opportunités d'intégration accrue dans l'économie mondiale, elle a aussi créé des défis complexes pour des États confrontés à des structures héritées du colonialisme et à des institutions souvent fragiles. L'intégration rapide de l'Afrique dans les marchés mondiaux a généré des pressions sur les gouvernements, les forçant à réformer leurs économies dans des contextes de vulnérabilité structurelle[1].

Les *programmes d'ajustement structurel* des années 1980, imposés par le Fonds monétaire international et la Banque mondiale, ont marqué une rupture dans la gestion des politiques publiques en Afrique[2]. Ces programmes ont imposé des réformes libérales dans des économies encore en convalescence après les indépendances, avec pour objectif principal la réduction des déficits budgétaires et l'ouverture des marchés. Cependant, en réduisant drastiquement les dépenses

---

[1] Akinola, A. O. (2020). Economic reforms in Africa: A critical appraisal. The Palgrave Handbook of African Political Economy, 489-502.

[2] Mballa, C., & Zogning, F. (2023). L'intégration africaine: l'état de l'Union, 60 ans après. Revue Interventions économiques, (70).

publiques, notamment dans les secteurs de l'éducation et de la santé, ces réformes ont aggravé les inégalités sociales. Les politiques publiques, souvent dictées par des priorités externes, ont délaissé les objectifs de développement humain et ont corollairement compromis la mise en place de systèmes de protection sociale robustes[1].

Sur le plan théorique, ces ajustements ont intégré des approches néolibérales, reposant sur la croyance que la libéralisation économique entraînerait une croissance inclusive. Cependant, l'évaluation de ces politiques a révélé des effets pervers sur les structures sociales africaines[2]. Le retrait de l'État de secteurs essentiels a laissé des millions de personnes sans accès aux services de base, et par ricochet, a exacerbé la pauvreté. Les penseurs, tels que Joseph Stiglitz, ont critiqué ces approches en mettant en évidence le décalage entre les modèles économiques importés et les réalités locales[3].

La *mondialisation* financière a exposé les économies africaines à des risques accrus de volatilité, en raison des flux de capitaux mondiaux souvent imprévisibles. L'ouverture des marchés financiers africains, bien qu'ayant attiré des investissements dans certains secteurs comme les télécommunications et les mines, a également fragilisé les économies locales face aux chocs extérieurs. La crise financière mondiale de 2008 et la pandémie Covid-19 ont ainsi révélé la vulnérabilité de ces économies et souligné l'importance de politiques publiques capables de renforcer la résilience économique en période de crises. La *gestion des risques* liés à la *mondialisation* des marchés financiers reste un défi majeur pour les décideurs africains, qui doivent adopter des régulations plus strictes afin de protéger leurs économies des mouvements spéculatifs[4].

L'un des impacts les plus visibles de la *mondialisation* sur les politiques publiques en Afrique concerne le secteur agricole. L'intégration des économies africaines dans le marché mondial a favorisé l'exportation de produits de base, comme le café, le cacao et le

---

[1] Kpessa-Whyte, M. (2021). The politics of public policy in Africa. In Routledge handbook of public policy in Africa (pp. 261-270). Routledge.

[2] Cramer, C., Sender, J., & Oqubay, A. (2020). African economic development: Evidence, theory, policy (p. 336). Oxford University Press.

[3] Stiglitz, J., & Rashid, H. (2020). Averting catastrophic debt crises in developing countries. CEPR Policy Insight, 104(1), 1-29.

[4] Alagidede, I. P., Boako, G., & Sjo, B. (2021). African equity markets' exposure to oil and other commodities-implications for global portfolio diversification. Journal of Economics and Finance, 45(2), 288-315.

coton[1]. Cependant, cette intégration s'est souvent faite au détriment de la sécurité alimentaire locale. Les politiques agricoles, influencées par les dynamiques mondiales, ont privilégié les cultures d'exportation et ont négligé les investissements dans les cultures vivrières. Cette situation a conduit à une dépendance croissante vis-à-vis des importations alimentaires, aggravée par les fluctuations des prix mondiaux. Les réformes agricoles doivent aujourd'hui être repensées pour promouvoir l'autosuffisance alimentaire, à travers des politiques publiques qui soutiennent les petits agriculteurs et favorisent des pratiques agricoles durables[2].

La *mondialisation* culturelle a également laissé sa marque sur les systèmes éducatifs africains. L'introduction de curricula globalisés a souvent dévalorisé les savoirs locaux et favorisé une éducation axée sur des modèles occidentaux. Les systèmes éducatifs africains, influencés par des concepts importés, ne parviennent pas toujours à répondre aux besoins locaux en termes de compétences techniques et professionnelles[3]. Pour remédier à cette situation, il est essentiel que les politiques publiques éducatives intègrent à la fois les exigences de la *mondialisation*, telles que les compétences numériques, tout en valorisant les connaissances et pratiques locales. Cela pourrait permettre une meilleure adaptation des jeunes Africains aux marchés du travail mondialisés tout en renforçant l'ancrage local des savoirs.

L'un des aspects positifs de la *mondialisation* a été la *transformation numérique* du continent[4]. L'accès croissant à l'internet et aux *technologies mobiles* a permis à l'Afrique de s'insérer dans les circuits de l'*économie numérique* mondiale. Cette intégration a offert de nouvelles opportunités pour la création d'entreprises innovantes, notamment dans le secteur des *fintech*. Les politiques publiques doivent cependant être ajustées pour garantir que cette révolution numérique profite à tous, en particulier dans les zones rurales où l'accès aux infrastructures numériques reste limité ou cher.

---

[1] Kumeka, T., Ajayi, P., & Adeniyi, O. (2022). Is stock market in Sub-Saharan Africa resilient to health shocks? Journal of Financial Economic Policy, 14(4), 562-598.
[2] Serra, R. (2021). Agricultural Policies and Development in the Sahel. The Oxford Handbook of the African Sahel, 329.
[3] Allais, S. (2022). Skills for industrialization in sub-Saharan African countries: why is systemic reform of technical and vocational systems so persistently unsuccessful? Journal of Vocational Education & Training, 74(3), 475-493.
[4] Union, A. (2020). The Digital Transformation Strategy for Africa (2020-30).

En matière de gouvernance environnementale, la *mondialisation* a mis en lumière les défis de la *gestion des ressources naturelles* en Afrique. Les industries extractives, dominées par des multinationales, ont souvent entraîné une exploitation non durable des ressources, avec des conséquences désastreuses pour l'environnement et les populations locales[1]. Les politiques publiques doivent impérativement intégrer des considérations environnementales dans la *gestion des ressources naturelles*. L'adhésion aux accords internationaux sur le climat, tels que l'Accord de Paris, est cruciale pour assurer une exploitation durable des ressources et renforcer la *résilience des communautés locales* face aux effets du *changement climatique*[2].

La souveraineté économique des États africains est un autre enjeu majeur dans ce contexte. La *mondialisation* a, dans de nombreux cas, affaibli la capacité des gouvernements à contrôler leurs propres politiques économiques. Les accords commerciaux internationaux, souvent négociés dans des conditions inéquitables, ont contraint de nombreux pays africains à adopter des politiques contraires à leurs priorités de développement[3]. Pour retrouver une marge de manœuvre, les États africains doivent réviser leurs stratégies commerciales, en renforçant leur position au sein des négociations internationales et en s'appuyant davantage sur les échanges intra-africains, notamment dans le cadre de la *Zone de libre-échange continentale africaine*.

Les inégalités sociales exacerbées par la *mondialisation* demeurent un défi majeur pour les politiques publiques en Afrique. Alors que certains secteurs ont bénéficié des réformes économiques et de l'ouverture des marchés, une grande partie de la population reste exclue des bénéfices de la croissance économique. Les réformes des politiques publiques doivent s'attaquer de manière systématique à ces inégalités en mettant en place des filets de sécurité sociale, des systèmes de fiscalité progressive et des programmes de redistribution des richesses.

L'impact de la *mondialisation* sur les institutions régionales africaines, comme l'Union africaine et la Communauté économique des États de l'Afrique de l'Ouest, est aussi significatif. Ces institutions jouent un rôle central dans la coordination des politiques économiques

---

[1] Aladejare, S. A. (2022). Natural resource rents, globalization and environmental degradation: new insight from 5 richest African economies. Resources Policy, 78, 102909.

[2] Georgieva, K. (2019). Il est temps de s' adapter. L'économie face au climat.

[3] Bjornlund, V., Bjornlund, H., & van Rooyen, A. (2022). Why food insecurity persists in sub-Saharan Africa: A review of existing evidence. Food Security, 14(4), 845-864.

et la défense des intérêts africains sur la scène internationale. Cependant, leur efficacité est souvent limitée par des défis institutionnels et financiers[1]. Les réformes institutionnelles doivent viser à renforcer la capacité des États africains à coordonner leurs politiques économiques à l'échelle régionale, tout en plaidant pour des réformes du système de gouvernance mondiale, afin de garantir une participation plus équitable de l'Afrique dans les prises de décisions globales.

La *mondialisation* a transformé l'élaboration, la mise en œuvre et l'évaluation des politiques publiques en Afrique en créant de nouvelles dynamiques qui exigent des réponses stratégiques adaptées aux réalités locales. Pour que la *mondialisation* profite à tous, il est impératif que les décideurs africains adoptent des politiques publiques qui renforcent la résilience économique, promeuvent l'inclusion sociale et assurent la durabilité environnementale. Cela nécessite une analyse rigoureuse des impacts de la *mondialisation* et une révision des stratégies de développement pour garantir un avenir plus inclusif et durable pour le continent.

---

[1] Makinda, S. M., & Okumu, F. W. (2007). The African Union: challenges of globalization, security, and governance. Routledge.

IV
DÉFIS ET OPPORTUNITÉS STRUCTURELS

L'élaboration des politiques publiques en Afrique doit être envisagée dans un cadre qui tient compte d'un ensemble complexe de défis socio-économiques, environnementaux et institutionnels. Ces défis, qui varient selon les régions et les pays, influencent directement la capacité des États africains à concevoir et à mettre en œuvre des politiques efficaces pour répondre aux besoins de leurs populations. Le développement économique, l'intégration régionale, la *gestion des ressources naturelles* et la lutte contre les inégalités sont autant de priorités que les gouvernements africains doivent aborder de manière simultanée[1].

L'Afrique se trouve face à des défis structurels importants dans la mise en œuvre de ses politiques publiques, notamment en raison de la forte *croissance démographique*. Avec une population qui pourrait atteindre 2,5 milliards d'ici 2050, les gouvernements africains doivent revoir leurs priorités pour répondre aux besoins croissants en éducation, emploi, santé, et infrastructures[2]. Cette pression démographique exige des investissements accrus et des réformes pour moderniser les systèmes publics et adapter les politiques aux réalités locales.

En parallèle, l'urbanisation rapide entraîne une pression supplémentaire sur les infrastructures urbaines, notamment le logement, l'eau, et les transports. Plus de 50 % des Africains vivront en milieu urbain d'ici 2050, ce qui appelle à des politiques urbaines innovantes pour éviter la prolifération des bidonvilles et assurer des services de base aux citoyens. Cette urbanisation doit être un moteur de croissance inclusive plutôt qu'un facteur d'inégalités accrues.

Le *changement climatique* exacerbe ces défis et rend les ressources naturelles et les terres agricoles de plus en plus vulnérables. Les régions

---

[1] Auriacombe, C., & van der Walt, G. (2021). Fundamental policy challenges influencing sustainable development in Africa. Africa's Public Service Delivery and Performance Review, 9(1), 381.

[2] Tabutin, D., & Schoumaker, B. (2020). La démographie de l'Afrique subsaharienne au XXI e siècle: Bilan des changements de 2000 à 2020, perspectives et défis d'ici 2050. Population, 75(2-3), 169-295.

comme le Sahel sont touchées par des sécheresses et inondations récurrentes qui affectent gravement les secteurs agricoles et mettant en péril la sécurité alimentaire[1]. Des politiques d'adaptation climatique sont nécessaires pour renforcer la *résilience des communautés locales* face aux aléas climatiques, notamment à travers des pratiques agricoles durables et la gestion efficace des ressources en eau.

La crise énergétique, quant à elle, limite le développement économique et social. Environ 600 millions de personnes en Afrique subsaharienne n'ont toujours pas accès à l'électricité, un obstacle majeur au développement industriel et à l'amélioration des conditions de vie[2]. L'exploitation des énergies renouvelables, notamment solaire, représente une solution prometteuse pour combler ce déficit, bien que des investissements et une gouvernance énergétique solide soient indispensables pour réussir cette transition.

La gestion de la dette publique constitue également un défi critique pour les économies africaines. Avec un endettement croissant, exacerbé par les chocs économiques récents, les gouvernements doivent prioriser les réformes fiscales et renforcer la mobilisation des ressources domestiques pour assurer la stabilité économique. Cette situation de dépendance à la dette limite la capacité des États à investir dans des secteurs essentiels pour le développement durable.

Le secteur informel, employant environ 80 % de la population active en Afrique, présente des défis en matière de fiscalité et de protection sociale. Pour intégrer ce secteur dans l'économie formelle, les politiques publiques doivent faciliter l'accès au financement et promouvoir des mesures de protection sociale, permettant ainsi une transition vers des emplois plus stables et mieux rémunérés.

La crise de l'eau et de l'assainissement affecte également des millions d'Africains et entrave le développement socio-économique tout en exposant les populations à des risques sanitaires importants. Les gouvernements doivent investir dans des infrastructures hydriques durables et renforcer la *Gestion intégrée des ressources* en eau pour garantir un accès équitable et sécurisé.

Enfin, l'innovation technologique offre des perspectives d'amélioration des systèmes publics et d'inclusion économique,

---

[1] Carmona, J. G. (2023). Afrique, changement climatique et résilience: Défis et opportunités. Les Éditions Utopia.

[2] Avila, N., Carvallo, J. P., Shaw, B., & Kammen, D. M. (2017). The energy challenge in sub-Saharan Africa: A guide for advocates and policy makers. Generating Energy for Sustainable and Equitable Development, Part, 1, 1-79.

notamment via la *finance numérique* et l'*agriculture intelligente*[1]. Cependant, pour maximiser les avantages de la révolution numérique, les États doivent promouvoir l'infrastructure et l'éducation technologiques pour réduire la *fracture numérique* entre zones rurales et urbaines.

L'Afrique se situe à la croisée des chemins avec de nombreux défis à relever, mais également des opportunités à saisir pour un développement durable. La mise en œuvre de politiques publiques adaptées et résilientes est essentielle pour transformer ces obstacles en leviers de croissance et d'inclusion économique et ouvrir la voie à un avenir plus stable et prospère pour le continent.

4.1. Défis de gouvernance et de transparence

La gouvernance et la transparence constituent des piliers essentiels pour la conception et la mise en œuvre efficaces des politiques publiques en Afrique[2]. Pourtant, ces dimensions sont continuellement mises à mal par des obstacles structurels et institutionnels qui compromettent leur efficacité et leur alignement avec les priorités nationales. Les responsabilités souvent fragmentées et le manque de coordination entre les institutions affaiblissent la cohérence des politiques publiques. Ces dysfonctionnements, exacerbés par des processus décisionnels influencés par des intérêts sectoriels ou individuels, limitent la capacité des États à adopter des stratégies inclusives et durables.

Par ailleurs, l'opacité dans la gestion des ressources financières et la dépendance excessive aux financements internationaux amplifient les défis. La rareté des mécanismes robustes de contrôle et d'audit réduit la transparence, tout en alimentant la méfiance des citoyens envers les institutions publiques. Ces lacunes s'ajoutent aux insuffisances en matière de technologies de gestion et de diffusion de données et freinent l'évaluation efficace des politiques.

4.1.1. Les défis transversaux de gouvernance

La gouvernance et la transparence dans l'élaboration, le financement, la mise en œuvre et l'évaluation des politiques publiques en Afrique se

---

[1] Deichmann, U., Goyal, A., & Mishra, D. (2016). Will digital technologies transform agriculture in developing countries? Agricultural Economics, 47(S1), 21-33.

[2] Daniel Chigudu, D. C. (2018). Corporate governance in Africa's public sector for sustainable development: The task ahead. TD: The Journal for Transdisciplinary Research in Southern Africa, 14(1), 1-10..

heurtent à des défis complexes et structurels[1]. Les systèmes institutionnels sont souvent fragmentés, caractérisés par un chevauchement des responsabilités et un manque de coordination interinstitutionnelle. Cette fragmentation affaiblit la cohérence des politiques et compromet leur alignement avec les priorités stratégiques nationales. Les processus décisionnels souffrent également de l'influence d'intérêts sectoriels ou individuels, qui limitent la capacité des États à concevoir des politiques fondées sur des priorités collectives et des objectifs à long terme[2].

Le financement des politiques publiques est particulièrement vulnérable à des pratiques opaques, où la gestion budgétaire manque de transparence et de reddition de comptes[3]. Les informations financières, souvent inaccessibles au public ou mal documentées, entravent l'évaluation des flux financiers et leur impact sur les programmes publics. Cette opacité nourrit la méfiance des citoyens envers leurs gouvernements et limite la mobilisation des ressources locales. De plus, la forte dépendance des financements internationaux s'accompagne fréquemment de conditionnalités, qui contraignent les gouvernements à aligner leurs politiques sur des priorités exogènes au détriment des besoins locaux[4].

La mise en œuvre des politiques publiques est également confrontée à des défis liés à la mauvaise gouvernance et à la corruption, qui sapent l'efficacité des interventions. Les ressources financières et matérielles sont souvent mal gérées ou détournées ce qui réduit leur impact réel sur les populations cibles. Les mécanismes de contrôle interne et d'audit, bien que parfois en place, manquent souvent de portée et de rigueur. Ces faiblesses institutionnelles limitent la capacité des États à assurer une mise en œuvre efficiente et équitable de leurs politiques[5].

---

[1] Fagbemi, F., Nzeribe, G. E., Osinubi, T. T., & Asongu, S. (2021). Interconnections between governance and socioeconomic conditions: Understanding the challenges in sub-Saharan Africa. Regional Sustainability, 2(4), 337-348.

[2] Onyango, G. (2023). Collaborative public governance in African public administration contexts: Problems of realising joint actions in multi-agency arrangements.

[3] Lassou, P. J., Hopper, T., & Soobaroyen, T. (2021). Financial controls to control corruption in an African country: Insider experts within an enabling environment. Financial accountability & management, 37(2), 107-123.

[4] Ferry, M., Jonveaux, B., & Terrieux, M. (2021). La soutenabilité des dettes en Afrique: état des lieux et enjeux futurs. MacroDev, 1-43.

[5] Hope, K. R. (2023). "Corruption, Sustainable Development and Security Challenges in Africa." Springer.

L'implication des citoyens dans l'élaboration et le suivi des politiques reste largement insuffisante. Les processus consultatifs, lorsqu'ils existent, sont souvent biaisés ou mal structurés et excluent de fait les populations marginalisées ou rurales. Cette absence d'inclusion limite la légitimité des politiques et leur appropriation par les bénéficiaires. Les citoyens, privés d'un espace pour exprimer leurs besoins ou leurs préoccupations, développent une méfiance croissante envers les institutions publiques, ce qui réduit leur adhésion aux réformes et initiatives publiques[1].

Les contraintes technologiques constituent un autre frein majeur à la transparence et à la gouvernance. Les infrastructures numériques, indispensables pour une gestion moderne des politiques, restent sous-développées dans de nombreuses régions[2]. L'absence de plateformes centralisées pour la collecte, l'analyse et la diffusion des données réduit la capacité des gouvernements à surveiller efficacement leurs performances et à communiquer les résultats de manière claire et accessible. Cette lacune technologique limite également l'intégration des outils de suivi en temps réel, qui sont pourtant essentiels pour des ajustements rapides et fondés sur des preuves.

L'évaluation des politiques publiques est souvent entravée par une insuffisance de cadres méthodologiques robustes et par une absence fréquente d'indépendance des évaluateurs. Les évaluations réalisées se limitent souvent à des exercices formels, qui manquent de profondeur analytique et ne fournissent pas très souvent les recommandations nécessaires pour améliorer les politiques[3]. Ce déficit reflète également une faiblesse dans la production et la gestion des données. Les bases de données, souvent lacunaires ou obsolètes, ne permettent pas de mesurer précisément l'impact des politiques. Cette situation limite l'apprentissage institutionnel et empêche les décideurs d'ajuster les interventions en fonction des besoins émergents.

Enfin, les pressions exercées par les bailleurs de fonds internationaux, souvent accompagnées de conditionnalités strictes, compromettent la souveraineté des États africains dans l'élaboration de

---

[1] Carrel, M., & Scognamiglio, T. (2022). "La participation citoyenne : définitions, méthodologies et état des lieux." Action publique : recherche et pratiques, 2022(1), 6-20.

[2] Heeks, R. (2002). Information systems and developing countries: Failure, success, and local improvisations. The Information Society, 18(2), 101-112.

[3] Ofir, Z. (2013). Strengthening Evaluation for Development. African Evaluation Journal, 1(1), 3.

leurs politiques publiques[1]. Ces influences externes orientent les priorités politiques vers des objectifs qui ne reflètent pas toujours les besoins locaux. Cette situation engendre une déconnexion entre les politiques adoptées et les attentes des populations ce qui aggrave les tensions sociales et réduit l'impact des interventions.

Ces défis mettent en lumière la nécessité de réformes structurelles pour renforcer la gouvernance, promouvoir la transparence et garantir l'efficacité des politiques publiques en Afrique, tout en s'assurant qu'elles soient adaptées aux contextes locaux et orientées vers des résultats durables.

4.1.2. Défis de l'intégration économique

L'intégration économique en Afrique, bien que largement considérée comme un levier essentiel pour stimuler la croissance économique et accroître la résilience face aux chocs extérieurs, rencontre de nombreux défis structurels[2]. L'une des initiatives les plus ambitieuses à cet égard est la *Zone de libre-échange continentale africaine*, lancée en 2021, qui vise à créer le plus grand marché unique du monde en réunissant 55 pays avec une population combinée de plus de 1,3 milliard d'habitants. Cette initiative promet de renforcer le commerce intra-africain, aujourd'hui inférieur à 15 %, un chiffre bien en deçà des 68 % observés en Europe et des 59 % en Asie[3]. La *Zone de libre-échange continentale africaine* aspire non seulement à harmoniser les politiques commerciales, mais aussi à diversifier les économies africaines en réduisant leur dépendance excessive vis-à-vis des exportations de matières premières.

Cependant, la mise en œuvre de la *Zone de libre-échange continentale africaine* et de l'intégration économique africaine est entravée par des barrières tarifaires et non tarifaires[4]. Les restrictions administratives, les infrastructures insuffisantes et la fragmentation des marchés freinent considérablement le commerce transfrontalier. Bien

---

[1] Moyo, G. (2021). African agency, finance and developmental states. New York: Palgrave Macmillan.

[2] African Union Commission. (2020). Rapport sur l'intégration africaine 2020.

[3] Allali, S. (2022). Aperçu sur l'évolution de la notion «d'intégration régionale»: focus sur la Zone de libre-échange Continentale Africaine (ZLECAf). International Journal of Accounting, Finance, Auditing, Management and Economics, 3(3-1), 230-241.

[4] Gourdon, J., Ouattara, W., & Zaki, C. (2022). Intégration régionale et zone de libre-échange continentale africaine: espoir d'une croissance durable pour l'économie africaine ? L'économie Africaine 2022.

que des efforts régionaux aient été entrepris à travers des initiatives telles que la Communauté économique des États de l'Afrique de l'Ouest et la Communauté d'Afrique de l'Est, ces initiatives restent limitées dans leur portée[1]. La *Zone de libre-échange continentale africaine* propose une harmonisation des régulations commerciales et une simplification des procédures douanières et offre un cadre plus transparent et prévisible, capable d'attirer des *investissements directs étrangers* et de promouvoir les chaînes de valeur régionales.

Un des obstacles majeurs à cette intégration réside dans l'insuffisance des infrastructures. Les routes, chemins de fer et ports sont souvent mal connectés, augmentant ainsi les coûts logistiques et rendant les produits africains moins compétitifs. En effet, il est souvent plus coûteux de transporter des marchandises entre deux pays voisins en Afrique que d'envoyer les mêmes marchandises vers l'Europe ou l'Asie. La Banque mondiale souligne que ces déficiences infrastructurelles ralentissent la mise en œuvre des accords commerciaux[2].

Un autre facteur essentiel de l'intégration économique est la diversification économique. De nombreuses économies africaines reposent encore sur l'exportation de matières premières non transformées, ce qui les rend vulnérables aux fluctuations des prix mondiaux. Le Nigeria et l'Angola dépendent fortement du pétrole, tandis que la Zambie et la République démocratique du Congo sont exposées aux cycles des prix du cuivre et du cobalt. L'intégration économique permettrait de développer des chaînes de valeur régionales et d'encourager la transformation locale des ressources naturelles, augmentant ainsi la valeur ajoutée et créant des emplois[3].

L'industrialisation est au cœur de ces initiatives d'intégration. L'Afrique doit développer une base industrielle compétitive pour approvisionner non seulement les marchés mondiaux, mais aussi son marché intérieur en pleine croissance. Les stratégies d'industrialisation doivent se concentrer sur des secteurs à forte intensité de main-d'œuvre,

---

[1] Mistry, P. S. (2016). "The Role of Regional Integration in Africa's Economic Development: Overcoming the Limitations of the ECOWAS and EAC." African Development Review, 28(2), 176-187.

[2] World Bank. (2015). Connecting to Compete 2014: Trade Logistics in the Global Economy. Washington, DC: World Bank.

[3] Commission Économique pour l'Afrique (CEA). (2021). L'Afrique a-t-elle un potentiel pour les chaînes de valeur régionales ?

comme l'agro-industrie, le textile, et les technologies émergentes[1]. Le continent possède également un fort potentiel dans l'industrie verte, notamment dans les secteurs des énergies renouvelables, qui peuvent renforcer l'autosuffisance énergétique tout en promouvant une croissance durable[2].

Par ailleurs, la fragmentation des marchés financiers en Afrique est un autre obstacle à surmonter pour assurer une intégration économique réussie. Actuellement, moins de 20 % des Africains ont accès aux services bancaires formels, et les coûts des transactions restent élevés en raison de la faible intégration des systèmes financiers[3].

Malgré ces défis, les opportunités offertes par une intégration économique réussie sont considérables. L'intégration peut catalyser une croissance inclusive, réduire les inégalités et créer des emplois dans des secteurs clés. La *Zone de libre-échange continentale africaine*, en particulier, a le potentiel de transformer l'Afrique en un marché unique, capable d'attirer des investissements étrangers tout en favorisant une montée en gamme des chaînes de valeur locales. Toutefois, cette transformation dépendra largement de la capacité des gouvernements à harmoniser leurs politiques économiques, à investir dans les infrastructures, et à mettre en place des régulations efficaces.

4.1.3. Défis de la dette publique

La gestion de la dette publique en Afrique est devenue un enjeu central pour les gouvernements du continent, particulièrement après les chocs économiques successifs provoqués par la pandémie de Covid-19, la guerre en Ukraine, et la flambée des prix des matières premières et de l'énergie. En 2022, la dette publique moyenne des pays africains atteignait environ 72 % du *Produit intérieur brut*, un niveau bien supérieur aux standards recommandés pour une gestion durable des finances publiques[4]. Ce fardeau croissant de la dette pose des défis considérables pour la formulation, la mise en œuvre et l'évaluation des

[1] Newman, C., Page, J., Rand, J., Shimeles, A., Söderbom, M., & Tarp, F. (2016). Manufacturing Transformation: Comparative Studies of Industrial Development in Africa and Emerging Asia. Oxford University Press.

[2] Banque africaine de développement. (2022). "Pourquoi l'Afrique est la future grande puissance des énergies renouvelables."

[3] Honohan, P., & King, M. (2012). "Cause and Effect of Financial Access: Cross-Country Evidence from the Finscope Surveys." In Banking the World: Empirical Foundations of Financial Inclusion (pp. 45-84). MIT Press.

[4] Fonds Monétaire International (FMI). (2023). Perspectives économiques régionales : Afrique subsaharienne.

politiques publiques, en particulier dans des secteurs essentiels tels que l'éducation, la santé et les infrastructures de base.

L'augmentation de la dette africaine s'explique par plusieurs facteurs. D'abord, la nécessité pour les États d'augmenter considérablement leurs dépenses pendant la pandémie a mis à mal les finances publiques. De nombreux pays ont emprunté sur les marchés internationaux pour financer des projets d'infrastructure et des programmes d'aide économique, tout en voyant leurs recettes fiscales diminuer en raison de la crise[1]. En outre, l'instabilité géopolitique mondiale a exacerbé la volatilité des coûts d'emprunt, en particulier pour les pays fortement dépendants des marchés internationaux de la dette[2].

L'un des aspects les plus préoccupants de cette dette croissante est l'impact sur l'élaboration des politiques publiques. Les États africains doivent désormais redéfinir leurs priorités budgétaires en fonction des contraintes imposées par le service de la dette, souvent au détriment des dépenses dans les secteurs sociaux. En 2023, environ 16 pays africains étaient considérés comme étant à haut risque de surendettement, tandis que sept autres étaient déjà en situation de détresse de la dette[3]. Cette situation limite considérablement la capacité des gouvernements à mettre en œuvre des politiques de développement à long terme et à financer des projets d'infrastructure critiques.

Par ailleurs, la composition de la dette a changé au fil des années, avec une proportion croissante de créanciers privés. En 2019, environ 39 % de la dette publique des pays africains étaient détenus par des créanciers privés, contre seulement 17 % en 2000. Cette évolution a rendu la gestion de la dette plus complexe, car les créanciers privés, contrairement aux institutions multilatérales, sont souvent moins enclins à restructurer ou reporter les paiements, même en période de crise[4]. Cela expose les pays africains à un risque accru de défaut de paiement, notamment lorsque les conditions économiques mondiales se détériorent.

---

[1] Organisation de coopération et de développement économiques (OCDE). (2021). La dette publique en Afrique et l'impact de la pandémie de COVID-19.

[2] Fonds Monétaire International (FMI). (2023). Perspectives économiques régionales : Afrique subsaharienne.

[3] Banque africaine de développement. (2022). African Economic Outlook 2022.

[4] Hartemann, A. (2020). L'enjeu des dettes publiques en Afrique : Une cristallisation des nouveaux rapports de force internationaux ? Institut français des relations internationales (Ifri).

D’un point de la science économique, la gestion de la dette publique en Afrique soulève des questions sur la viabilité des politiques fiscales. Bien que la dette publique puisse servir de levier pour financer des projets d'infrastructure et stimuler la croissance économique à court terme, un endettement excessif peut compromettre la croissance à long terme[1]. Les études montrent que si les emprunts ne génèrent pas suffisamment de revenus pour rembourser les prêts, les gouvernements risquent d'entrer dans un cercle vicieux de refinancement et de service de la dette croissant, ce qui rend difficile toute amélioration durable[2].

Les initiatives de restructuration de la dette, telles que la *Suspension du service de la dette*, ont fourni un répit temporaire à certains pays pendant la pandémie, mais elles n'ont pas permis de résoudre les problèmes structurels liés à l'endettement en Afrique[3]. De plus, la lenteur des processus de restructuration, combinée à la réticence des créanciers privés à participer pleinement, a limité l'efficacité de ces initiatives. Par conséquent, il devient impératif de développer des approches plus innovantes et coordonnées pour gérer la dette de manière durable.

Un autre défi majeur pour la gestion de la dette publique en Afrique est la transparence et la gouvernance financière. De nombreux pays africains manquent de mécanismes institutionnels solides pour surveiller et gérer les risques associés à la dette. Une réforme de la gouvernance financière est nécessaire pour garantir une meilleure transparence des emprunts, des processus budgétaires plus inclusifs, et une gestion efficace des ressources publiques. Ces réformes pourraient inclure l'amélioration des systèmes de *Suivi et évaluation* des politiques de gestion de la dette et la mise en place de contrôles indépendants pour garantir une meilleure responsabilité.

Les réformes fiscales sont également essentielles pour augmenter les recettes publiques et réduire la dépendance excessive aux financements extérieurs. Plusieurs pays africains, dont le Rwanda et la Côte d'Ivoire, ont mis en place des réformes fiscales qui ont permis d'améliorer la

---

[1] Fosu, A. K. (2015). Growth and institutions in African development. World Institute for Development Economics Research (WIDER) Working Paper No. 2015/047.
[2] Calderón, C., & Zeufack, A. (2020). Borrow with sorrow? The changing risk profile of sub-Saharan Africa's debt. World Bank Policy Research Working Paper No. 9137.
[3] Organisation de coopération et de développement économiques (OCDE). (2021). La dette publique en Afrique et l’impact de la pandémie de COVID-19.

mobilisation des recettes domestiques[1]. Cependant, ces efforts doivent être renforcés et généralisés pour permettre une meilleure résilience des États face aux chocs économiques externes.

Pour améliorer la gestion de la dette, les gouvernements africains doivent également renforcer la coordination entre les acteurs locaux et internationaux. Une meilleure collaboration avec les créanciers bilatéraux, multilatéraux et privés est cruciale pour éviter les crises d'endettement, tout en garantissant que les ressources empruntées sont utilisées de manière productive. L'intégration régionale, à travers des initiatives telles que la *Zone de libre-échange continentale africaine*, pourrait également permettre de renforcer la résilience économique en stimulant le commerce intra-africain et en créant des opportunités d'investissement à long terme.

La gestion de la dette publique en Afrique demeure un défi complexe qui exige des réformes structurelles et une approche coordonnée à l'échelle régionale et internationale. La capacité des gouvernements africains à surmonter ce défi dépendra de leur engagement à renforcer la gouvernance financière, à diversifier leurs sources de revenus et à utiliser les emprunts de manière productive pour financer des projets à fort impact[2].

Enfin, pour garantir que la dette publique devienne un moteur de développement, les gouvernements doivent s'assurer que les emprunts sont utilisés pour financer des projets d'infrastructure et de développement humain qui génèrent un retour sur investissement durable. Cela implique une planification rigoureuse des investissements publics, avec une attention particulière à la durabilité environnementale et sociale des projets. Une croissance inclusive, axée sur la création d'emplois et l'amélioration du bien-être social, peut ainsi atténuer les risques d'endettement excessif tout en stimulant la croissance économique à long terme.

4.2. Défis socio-économiques

Les défis socioéconomiques illustrent la complexité des transformations nécessaires pour garantir un développement inclusif et durable en Afrique. La *croissance démographique* rapide, la pression

---

[1] Organisation de Coopération et de Développement Économiques (OCDE). (2020). Mobilisation des recettes fiscales pour le financement de la santé en Côte d'Ivoire.

[2] Hartemann, A. (2020). L'enjeu des dettes publiques en Afrique : Une cristallisation des nouveaux rapports de force internationaux ?

urbaine croissante et les crises économiques mondiales exacerbent les fragilités structurelles existantes. Ces réalités posent des questions fondamentales sur la résilience des systèmes éducatifs, la durabilité des modèles économiques et l'équité dans l'accès aux ressources essentielles. La capacité des gouvernements à anticiper et répondre à ces dynamiques déterminera en grande partie la trajectoire socioéconomique du continent.

Les disparités économiques et sociales accentuent les vulnérabilités, notamment dans des secteurs clés comme l'éducation, l'emploi et la sécurité alimentaire. Alors que le potentiel d'un dividende démographique se dessine, l'intégration des jeunes dans le marché du travail reste un défi majeur. En parallèle, les inégalités d'accès aux services et aux opportunités économiques freinent la pleine participation de certaines populations, particulièrement les femmes et les zones rurales. Une action concertée et inclusive est essentielle pour réduire ces écarts et renforcer la cohésion sociale.

Enfin, le *changement climatique* et l'urbanisation accélérée ajoutent une pression significative sur les ressources naturelles et les infrastructures. Ces tendances appellent des politiques innovantes et coordonnées pour renforcer la résilience des communautés face aux crises environnementales et économiques. L'adoption de technologies modernes, la promotion d'une croissance économique inclusive et la réforme des systèmes éducatifs et agricoles sont autant de leviers indispensables pour relever les défis socioéconomiques de manière durable et équitable.

4.2.1. Défis de la croissance démographique

La *croissance démographique* en Afrique constitue l'un des phénomènes les plus marquants et influents du continent, avec des implications considérables sur l'élaboration, la mise en œuvre et l'évaluation des politiques publiques[1]. En 2023, la population africaine a atteint environ 1,4 milliard d'habitants, avec une augmentation prévue à 2,5 milliards d'ici 2050[2].

Ce rythme de croissance est exceptionnel et présente des défis structurels majeurs pour les gouvernements africains. La gestion efficace de cette dynamique démographique est cruciale pour assurer

---

[1] Canning, D., Raja, S., & Yazbeck, A. S. (2015). Africa's Demographic Transition: Dividend or Disaster? Washington, DC: World Bank.

[2] Groth, H., & May, J. F. (Eds.). (2017). Africa's Population: In Search of a Demographic Dividend. Cham: Springer.

un développement durable et inclusif sur le continent. Cela impose aux décideurs de repenser les priorités politiques, d'investir massivement dans le développement humain et de moderniser les infrastructures pour soutenir cette transformation démographique.

L'un des premiers secteurs affectés par cette croissance rapide est l'éducation. La pression démographique exerce une tension considérable sur les infrastructures scolaires et sur la qualité de l'enseignement. En 2022, près de 40 % des enfants en Afrique subsaharienne n'avaient pas accès à une éducation primaire complète[1]. Face à cette réalité, les politiques publiques doivent se concentrer sur l'expansion des capacités éducatives tout en améliorant l'efficacité des systèmes d'enseignement. L'enjeu principal est de garantir que la jeunesse africaine soit suffisamment qualifiée pour participer activement à l'économie mondiale. Le défi est d'autant plus important que les gouvernements doivent à la fois répondre à la demande croissante d'éducation tout en intégrant les nouvelles technologies dans les programmes éducatifs afin d'améliorer la qualité de l'enseignement.

En plus de l'éducation, la création d'emplois représente une priorité stratégique pour absorber l'augmentation massive de la population active. En 2023, on estime qu'environ 60 % de la population africaine a moins de 25 ans. Ce dividende démographique pourrait être une opportunité pour stimuler la croissance économique si des politiques efficaces de création d'emplois sont mises en place[2]. Toutefois, le marché du travail africain peine encore à absorber cette main-d'œuvre croissante, surtout dans les secteurs formels.

Les gouvernements doivent donc élaborer des stratégies pour promouvoir les *Petites et moyennes entreprises*, le développement de l'agriculture moderne, et la transformation industrielle afin de créer des emplois à grande échelle. Les politiques doivent également favoriser l'entrepreneuriat et encourager l'innovation technologique pour stimuler des secteurs émergents comme les *Technologies de de l'information et de la communication*, qui ont un potentiel élevé pour l'emploi des jeunes.

---

[1] UNESCO. (2022). Pleins feux sur l'achèvement de l'éducation de base et l'apprentissage des enfants. Paris: UNESCO.

[2] Muriithi, M. K., & Muriuki, P. K. (2023). "Harnessing the Demographic Dividend: The Role of Education and Skills Development in Africa." African Development Review, 35(1), 89-102.

La croissance urbaine, en parallèle de la dynamique démographique, pose des défis supplémentaires pour les décideurs publics[1]. On estime que plus de 50 % de la population africaine vivra dans des zones urbaines d'ici 2050. Cette urbanisation rapide exerce une pression accrue sur les infrastructures urbaines, y compris le logement, l'eau, l'électricité, et les transports. Les gouvernements doivent donc adopter des politiques urbaines inclusives pour éviter l'expansion incontrôlée des bidonvilles et améliorer les conditions de vie dans les villes. Le développement de villes intelligentes, l'amélioration des réseaux de transport public, et l'accès aux services de base sont essentiels pour garantir que l'urbanisation soit une force motrice du développement économique plutôt qu'une source d'inégalités croissantes.

Le *changement climatique* exacerbe les impacts de la *croissance démographique* sur les ressources naturelles. Les zones du Sahel, en particulier, sont fortement touchées par la désertification, la sécheresse, et l'insécurité alimentaire, ce qui complique davantage la gestion des populations croissantes. Les politiques publiques doivent donc intégrer des stratégies d'adaptation au *changement climatique* pour garantir la résilience des communautés et des systèmes économiques face aux chocs environnementaux[2]. Cela inclut la promotion de pratiques agricoles durables, la gestion rationnelle de l'eau, et l'investissement dans des infrastructures résistantes aux catastrophes naturelles.

Les défis sanitaires sont également amplifiés par la dynamique démographique. L'augmentation rapide de la population africaine, combinée à une urbanisation incontrôlée, exerce une pression sur les systèmes de santé. En 2022, de nombreuses régions du continent faisaient encore face à des épidémies récurrentes, comme le paludisme et la rougeole, exacerbées par des infrastructures de santé sous-développées[3]. Les gouvernements africains doivent donc investir massivement dans les infrastructures de santé, la formation des

---

[1] Parnell, S., & Pieterse, E. (2015). Africa's Urban Revolution. London: Zed Books.

[2] Niang, I., Ruppel, O. C., Abdrabo, M. A., Essel, A., Lennard, C., Padgham, J., & Urquhart, P. (2014). "Africa." In Climate Change 2014: Impacts, Adaptation, and Vulnerability. Part B: Regional Aspects. Contribution of Working Group II to the Fifth Assessment Report of the Intergovernmental Panel on Climate Change (pp. 1199-1265). Cambridge University Press.

[3] World Health Organization. (2018). "The State of Health in the WHO African Region: An Analysis of the Status of Health, Health Services and Health Systems in the Context of the Sustainable Development Goals." WHO Regional Office for Africa.

professionnels de santé, et la promotion des campagnes de vaccination et de prévention pour renforcer la résilience sanitaire.

La *transformation numérique* représente une opportunité importante pour aider les gouvernements à gérer la *croissance démographique* et à moderniser les systèmes publics. La digitalisation peut améliorer la prestation des services publics, faciliter la collecte de données démographiques, et permettre une meilleure planification des politiques[1]. Des pays comme le Rwanda ont utilisé les technologies numériques pour améliorer la gestion urbaine et les services de santé afin de réduire les coûts et augmenter l'efficacité des politiques publiques. Cependant, cette *transformation numérique* doit être inclusive pour éviter d'accentuer la *fracture numérique* entre les zones urbaines et rurales.

Au total, la *croissance démographique* en Afrique présente des défis colossaux, mais offre également des opportunités uniques pour stimuler le développement si elle est bien gérée. Les gouvernements africains doivent adopter des politiques audacieuses et innovantes pour répondre aux besoins croissants en matière d'éducation, d'emploi, de santé, et d'infrastructures urbaines. Le succès de ces politiques dépendra en grande partie de la capacité des décideurs à anticiper les tendances démographiques et à élaborer des stratégies de développement durable qui intègrent les réalités climatiques, économiques, et sociales du continent. Pour les chercheurs et preneurs de décisions, la gestion de cette dynamique démographique représente l'un des défis les plus importants du XXIe siècle pour l'Afrique.

4.2.2. Dynamique de la croissance économique

La croissance économique en Afrique reste un phénomène dynamique marqué à la fois par des opportunités prometteuses et des défis structurels. Avant la pandémie de Covid-19 certaines régions affichaient des taux de croissance parmi les plus élevés au monde, notamment en Afrique de l'Est et de l'Ouest. La situation a considérablement changé depuis 2020[2]. En 2022 et 2023, bien que le continent ait enregistré un rebond modéré avec un taux de croissance du *Produit intérieur brut* estimé à 3,6 % en 2022, la reprise est restée

[1] Asongu, S. A., & Nwachukwu, J. C. (2016). "The Role of Governance in Mobile Phones for Inclusive Human Development in Sub-Saharan Africa." Technovation, 55-56, 1-13.

[2] African Development Bank. (2022). Perspectives économiques en Afrique 2022.

inégale et fragile et très influencée par les crises mondiales telles que la guerre en Ukraine et l'inflation généralisée.

L'une des principales caractéristiques de la croissance économique récente en Afrique est sa diversité régionale. Les économies diversifiées ont montré une certaine résilience face aux chocs extérieurs, en grande partie grâce à la croissance de leurs secteurs manufacturiers et des services[1]. En revanche, les pays exportateurs de pétrole comme le Nigeria et l'Angola ont vu leurs économies se contracter, en raison de la volatilité des prix du pétrole et de la demande mondiale en baisse. La dépendance continue de nombreux pays africains à l'égard des matières premières expose leurs économies à des risques accrus liés aux fluctuations des prix mondiaux, d'où la nécessité de diversification économique.

Le *changement climatique* constitue un facteur déterminant qui freine la croissance dans plusieurs régions d'Afrique. Les inondations, sécheresses et autres catastrophes naturelles ont touché de manière disproportionnée les secteurs agricoles, qui restent la principale source de revenus pour une grande partie de la population africaine. En 2022 et 2023, ces événements climatiques ont exacerbé l'insécurité alimentaire dans des régions comme le Sahel et la Corne de l'Afrique[2]. Cela souligne la nécessité pour les gouvernements africains d'intégrer des stratégies d'adaptation climatique dans leurs politiques économiques pour assurer une croissance résiliente.

Les politiques publiques doivent également répondre aux inégalités socio-économiques exacerbées par la pandémie et les crises économiques mondiales. En Afrique subsaharienne, près de 462 millions de personnes vivaient encore dans l'extrême pauvreté en 2023. La pandémie a aggravé ces disparités, en particulier parmi les jeunes et les femmes qui sont les plus touchés par la précarité économique et le chômage[3]. La croissance économique doit donc s'accompagner de politiques inclusives visant à renforcer les investissements dans l'éducation, la formation professionnelle et l'accès aux opportunités économiques pour les populations les plus vulnérables.

---

[1] Newman, C., Page, J., Rand, J., Shimeles, A., Söderbom, M., & Tarp, F. (2016). Manufacturing Transformation: Comparative Studies of Industrial Development in Africa and Emerging Asia. Oxford University Press.

[2] FAO. (2022). Inondations dans les pays du Sahel : quel impact sur l'agriculture et la sécurité alimentaire ?

[3] World Bank. (2022). Poverty and Shared Prosperity 2022: Correcting Course. Washington, DC: World Bank.

Par ailleurs, l'endettement croissant des pays africains constitue un obstacle majeur à la relance économique. En 2023, près de 21 pays africains étaient considérés comme à risque élevé de surendettement, tandis que certains comme le Ghana et la Zambie ont engagé des efforts de restructuration pour restaurer la viabilité de leur dette[1]. L'augmentation des taux d'intérêt mondiaux a rendu le coût des emprunts plus élevé et a limité ainsi les marges de manœuvre budgétaires des gouvernements. Les décideurs doivent donc renforcer leurs politiques fiscales pour accroître la mobilisation des ressources domestiques et améliorer la gestion de la dette.

Le secteur informel, qui emploie environ 80 % de la population active en Afrique subsaharienne, est également un défi pour la croissance économique. Bien que ce secteur offre des opportunités d'emploi, il contribue peu aux recettes fiscales et est marqué par une grande précarité[2]. Les politiques publiques doivent donc chercher à intégrer progressivement les travailleurs informels dans le secteur formel, en leur offrant une protection sociale et un accès au financement pour encourager l'entrepreneuriat et la formalisation.

La croissance inclusive, qui bénéficie à l'ensemble de la population, doit également être un objectif prioritaire. Les pays africains doivent s'assurer que les bénéfices de la croissance sont équitablement répartis et que les politiques économiques favorisent la création d'emplois décents. Cela nécessite de soutenir des secteurs tels que l'agro-industrie, les *Technologies de de l'information et de la communication* et les énergies renouvelables, qui offrent un potentiel de croissance élevé et peuvent générer des emplois pour la population croissante[3].

Ainsi, la croissance économique en Afrique est à la croisée des chemins. Bien que des signes de reprise soient visibles, les défis structurels demeurent considérables. Pour garantir une croissance durable et inclusive, les gouvernements africains doivent mettre en œuvre des politiques qui encouragent la diversification économique, intègrent les préoccupations climatiques, et réduisent les inégalités socio-économiques. Une meilleure gestion de la dette, des investissements accrus dans les infrastructures et la formation, ainsi

---

[1] Munevar, D. (2021). "Arrested Development: International Monetary Fund Lending and Austerity Post COVID-19." Development Policy Review, 39(6), 919-938.

[2] Organization for Economic Co-operation and Development. (2022). Imposer efficacement le secteur informel en Afrique.

[3] African Development Bank. (2019). Création d'emplois décents - Stratégies, Politiques et Instruments.

qu'une inclusion plus grande des secteurs informels, sont essentiels pour transformer ces défis en opportunités de développement à long terme.

4.2.3. Défis de la qualité de l'éducation

La qualité de l'éducation en Afrique demeure un obstacle majeur au développement économique et social du continent. Le déséquilibre structurel entre les compétences enseignées et les besoins des marchés du travail constitue une entrave significative à la croissance. En 2023, bien que des progrès aient été réalisés en termes d'accès à l'éducation primaire, la qualité de l'enseignement reste insuffisante, comme en témoignent les faibles taux de maîtrise des compétences de base en lecture et en mathématiques[1]. Environ 48 % des enfants en Afrique subsaharienne ne maîtrisent pas les compétences de base à la fin du cycle primaire[2]. Ce manque de compétences de base limite gravement la capacité des jeunes Africains à s'intégrer dans le marché du travail formel et à poursuivre des études supérieures.

Le sous-financement des systèmes éducatifs en Afrique est une cause profonde de ces faiblesses. Selon la Banque mondiale, de nombreux pays africains allouent moins de 5 % de leur *Produit intérieur brut* à l'éducation, un niveau bien en dessous des recommandations internationales[3]. Cette insuffisance budgétaire se traduit par des infrastructures scolaires délabrées, des classes surchargées, et un accès limité aux technologies éducatives modernes. Les zones rurales sont particulièrement touchées par ces carences, ce qui aggrave les inégalités entre les élèves urbains et ruraux. Cette disparité dans la qualité de l'enseignement compromet l'égalité des chances et limite les perspectives d'avenir pour des millions d'enfants.

En outre, l'inadéquation entre les programmes éducatifs et les exigences du marché du travail constitue un frein majeur à l'emploi des jeunes. Les systèmes éducatifs africains sont encore trop centrés sur des modèles théoriques, déconnectés des réalités professionnelles et des compétences pratiques nécessaires dans des secteurs clés tels que l'agro-industrie, les technologies de l'information et la manufacture[4].

[1] UNICEF. (2022). Transforming Education in Africa.

[2] Word Bank. (2018). Facing Forward: Schooling for Learning in Africa.

[3] Word Bank. (2021). Education Finance Watch 2021.

[4] Banque africaine de développement. (2019). Conférence économique africaine 2019 : adapter la formation professionnelle aux besoins du marché pour accroître les opportunités d'emplois des jeunes africains.

Cette déconnexion entraîne un chômage élevé parmi les jeunes diplômés, malgré la croissance de certains secteurs économiques. Pour pallier cet écart, les décideurs doivent promouvoir des réformes qui intègrent l'acquisition de compétences techniques et professionnelles directement liées aux besoins des industries modernes.

La montée en puissance des technologies numériques constitue une opportunité que l'Afrique doit saisir rapidement. Les compétences numériques sont devenues essentielles dans le monde du travail globalisé, mais les systèmes éducatifs africains peinent à former un nombre suffisant de professionnels dans les domaines des *Technologies de de l'information et de la communication*, de la cybersécurité, et du développement logiciel. La Banque africaine de développement estime que la demande en compétences numériques augmentera de 30 % d'ici 2030[1]. Les réformes éducatives doivent donc inclure des programmes d'alphabétisation numérique pour permettre à la jeunesse africaine de s'intégrer pleinement dans l'*économie numérique*.

L'absence d'un système de formation professionnelle et technique solide aggrave encore cette situation. Les formations techniques, souvent sous-financées et mal structurées, ne permettent pas aux jeunes Africains d'acquérir les compétences pratiques nécessaires pour accéder à des emplois stables et bien rémunérés. Ce manque de compétences techniques laisse un grand nombre de jeunes dans l'économie informelle, où les emplois sont précaires et mal rémunérés[2]. Pour résoudre ce problème, les gouvernements africains doivent collaborer avec le secteur privé pour développer des programmes de formation en adéquation avec les besoins réels du marché.

Le déséquilibre entre les sexes dans l'accès à l'éducation aggrave encore l'écart de compétences. Les jeunes filles, en particulier dans les zones rurales, sont désavantagées en raison des mariages précoces, des normes sociales restrictives, et de la charge des travaux domestiques. Cela limite leur accès à l'éducation secondaire et supérieure, et par conséquent leur insertion dans le marché du travail formel[3]. Réduire cet

---

[1] Banque africaine de développement. (2024). Explorer la frontière numérique : briser les barrières et libérer le potentiel numérique de l'Afrique.

[2] Adams, A. V., Johansson de Silva, S., & Razmara, S. (2013). Improving Skills Development in the Informal Sector: Strategies for Sub-Saharan Africa. World Bank Publications.

[3] Versluys, E. (2020). Les normes de genre, le mariage des enfants et l'éducation des filles en Afrique de l'Ouest et du Centre. Save the Children International.

écart exige des politiques inclusives qui favorisent l'éducation des filles et leur participation aux programmes de formation professionnelle.

Un autre défi majeur est la reconnaissance des compétences informelles acquises sur le tas. De nombreux jeunes Africains qui travaillent dans l'économie informelle développent des compétences techniques précieuses, mais ces compétences ne sont souvent pas reconnues par les systèmes éducatifs formels[1]. Cela les empêche d'accéder à des emplois formels mieux rémunérés. La mise en place de systèmes de certification des compétences acquises par l'expérience pourrait permettre à ces travailleurs d'améliorer leur mobilité professionnelle et de contribuer davantage à l'économie formelle.

L'impact du manque de qualité de l'éducation sur les politiques publiques est profond. L'élaboration et la mise en œuvre de politiques doivent tenir compte de l'importance cruciale d'aligner les systèmes éducatifs sur les réalités économiques contemporaines. Pour cela, il est nécessaire de réformer en profondeur les curricula, de former des enseignants qualifiés, et de garantir que l'éducation reçue prépare les élèves à des carrières dans des secteurs en expansion tels que la technologie, l'agriculture moderne, et l'industrie manufacturière. La réforme des systèmes éducatifs doit inclure des évaluations rigoureuses pour ajuster les politiques en fonction des résultats observés.

Les défis liés à la qualité de l'éducation en Afrique freinent gravement le développement socio-économique du continent. Les réformes nécessaires exigent des investissements massifs dans les infrastructures éducatives, la modernisation des programmes scolaires, et l'intégration des compétences numériques et techniques. Les politiques publiques doivent être fondées sur une vision à long terme pour garantir que la jeunesse africaine puisse non seulement répondre aux besoins du marché du travail actuel, mais aussi s'adapter aux exigences futures de l'économie mondiale

4.2.4. Défis de l'insécurité alimentaire

L'insécurité alimentaire en Afrique constitue une crise multiforme exacerbée par des facteurs complexes, parmi lesquels le *changement climatique*, les conflits armés, et les chocs économiques. En 2023, plus de 282 millions de personnes sur le continent souffrent de sous-alimentation, une augmentation constante au cours de la dernière

[1] Organisation internationale du Travail. (2015). Reconnaissance des acquis de l'expérience : Guide pratique.

décennie[1]. Cette situation menace la stabilité sociale et économique de nombreuses nations africaines, tout en compromettant les efforts de développement durable. La question de la sécurité alimentaire se pose donc comme un enjeu crucial pour les gouvernements, les institutions internationales et les acteurs privés.

Le *changement climatique* joue un rôle central dans l'aggravation de la crise alimentaire. Les régions comme le Sahel et la Corne de l'Afrique sont particulièrement vulnérables aux sécheresses et inondations répétées. Ces événements climatiques perturbent les cycles agricoles et réduisent la productivité des cultures essentielles comme le maïs, le mil et le sorgho. Les baisses de rendement dans certaines zones atteignent jusqu'à 30 %, et créent une dépendance accrue aux importations alimentaires tout en exposant les économies africaines aux fluctuations des prix mondiaux des denrées[2]. Cette vulnérabilité accentue le déséquilibre entre l'offre et la demande alimentaires, et rend les populations locales encore plus fragiles.

Les conflits armés, qui sévissent dans des régions comme le Soudan du Sud, le Saleh et l'Afrique centrale, sont un autre facteur majeur de l'insécurité alimentaire. Les conflits perturbent non seulement la production agricole mais aussi les chaînes d'approvisionnement. De plus, dans de nombreux cas, les groupes armés utilisent l'accès aux ressources alimentaires comme arme de guerre. Cela entraîne des déplacements massifs de populations, et rend l'accès à la nourriture encore plus difficile pour les personnes les plus vulnérables[3].

La pandémie de Covid-19 a également eu un impact négatif considérable sur la sécurité alimentaire en Afrique. Les restrictions liées au commerce et aux transports, combinées aux perturbations des chaînes d'approvisionnement, ont entraîné une augmentation des prix des denrées alimentaires de 10 à 20 % dans plusieurs pays africains[4]. Cette hausse des prix a particulièrement touché les ménages pauvres en

[1] FAO, FIDA, OMS, PAM et UNICEF. (2023). L'état de la sécurité alimentaire et de la nutrition dans le monde 2023.

[2] Niang, I., Ruppel, O. C., Abdrabo, M. A., Essel, A., Lennard, C., Padgham, J., & Urquhart, P. (2014). Africa. Dans V. R. Barros et al. (Éds.), Climate Change 2014: Impacts, Adaptation, and Vulnerability. Part B: Regional Aspects. Contribution du Groupe de travail II au cinquième rapport d'évaluation du GIEC.

[3] Organisation des Nations Unies pour l'alimentation et l'agriculture (FAO). (2021). Conflits et insécurité alimentaire en Afrique : une analyse régionale.

[4] Arndt, C., Davies, R., Gabriel, S., Harris, L., Makrelov, K., Robinson, S., ... & Anderson, L. (2020). COVID-19 lockdowns, income distribution, and food security: An analysis for South Africa. Global Food Security, 26, 100410.

milieu urbain, où une grande partie des revenus est déjà consacrée à l'achat de nourriture.

Un autre défi majeur réside dans l'inégalité d'accès aux ressources agricoles. En Afrique, environ 80 % des terres agricoles sont exploitées par des petits agriculteurs. Cependant, ces derniers manquent souvent d'accès aux intrants modernes, tels que l'irrigation, les engrais et les semences améliorées[1]. Cette vulnérabilité structurelle limite leur productivité et les rend particulièrement sensibles aux variations climatiques. De plus, les politiques agricoles privilégient souvent les grandes exploitations commerciales, et accentuent ainsi les inégalités dans l'accès à la nourriture.

La pauvreté structurelle aggrave la crise alimentaire. Malgré les progrès économiques dans certaines régions, environ 40 % de la population subsaharienne vit avec moins de 1,90 dollar par jour[2]. Cela limite considérablement la capacité des ménages à accéder à une alimentation adéquate. La pauvreté entrave également les investissements dans les technologies agricoles et les systèmes de production plus résilients, et crée ainsi un cercle vicieux où la faim et la pauvreté se renforcent mutuellement.

L'impact de l'insécurité alimentaire va au-delà des simples besoins nutritionnels et affecte profondément la santé publique. En 2023, environ 58 millions d'enfants africains souffrent de malnutrition chronique, avec comme corollaires des retards de croissance et une augmentation des taux de mortalité infantile[3]. La malnutrition affaiblit également les adultes, et réduit leur capacité à travailler et à participer pleinement à l'économie, ce qui limite encore davantage le potentiel de développement économique des pays africains[4].

Pour remédier à cette situation, il est essentiel d'adopter une approche holistique. Les politiques publiques doivent intégrer des stratégies de long terme et mobiliser des investissements dans les infrastructures rurales, la recherche agricole, et des réformes foncières visant à améliorer l'accès des petits exploitants aux ressources

---

[1] Liverpool-Tasie, L. S. O., & Cunguara, B. (2018). Determinants of agricultural productivity and mechanization in Africa: A comparative analysis. Food Policy, 74, 183-198.

[2] Headey, D., & Ecker, O. (2013). Rethinking the measurement of food security: from first principles to best practice. Food Security, 5(3), 327-343.

[3] UNICEF. (2023). Rapport annuel de l'UNICEF 2023.

[4] World Bank. (2018). Accelerating Poverty Reduction in Africa. Washington, DC: World Bank.

nécessaires pour augmenter leur productivité. La promotion de l'*agriculture intelligente* face au climat, qui combine des techniques modernes de gestion des terres avec des technologies numériques, constitue un levier crucial pour renforcer la résilience des systèmes agricoles face aux chocs externes.

Les politiques de protection sociale jouent également un rôle essentiel dans la lutte contre l'insécurité alimentaire. Il est crucial de garantir que les populations les plus vulnérables aient accès à des filets de sécurité adéquats, notamment en période de crise. Les programmes de transfert monétaire, par exemple, permettent aux familles les plus pauvres d'acheter de la nourriture, même lorsque les prix augmentent en raison de chocs économiques ou climatiques[1]. Ces mesures doivent être renforcées et élargies pour couvrir un plus grand nombre de ménages dans les régions à risque.

L'insécurité alimentaire en Afrique est un problème complexe qui nécessite des solutions intégrées et bien coordonnées. Les gouvernements africains, en collaboration avec la communauté internationale, doivent adopter des politiques agricoles durables, renforcer la résilience des petits exploitants et garantir que les systèmes de protection sociale puissent atténuer les effets des crises alimentaires sur les populations les plus vulnérables[2]. Sans ces réformes structurelles, les efforts de développement durable risquent d'être compromis sur le long terme.

4.3. Défis environnementaux et climatiques

Les défis environnementaux et climatiques représentent une menace croissante pour le développement durable en Afrique. Malgré sa faible contribution aux émissions mondiales de gaz à effet de serre, le continent subit des impacts disproportionnés du *changement climatique*. Ces effets se manifestent par des sécheresses prolongées, des inondations, et une dégradation accélérée des écosystèmes. Ces perturbations compromettent non seulement la sécurité alimentaire et hydrique, mais accentuent également les tensions sociales et économiques, surtout dans les régions les plus vulnérables.

---

[1] Hoddinott, J., Sandström, S., & Upton, J. (2018). The impact of cash and food transfers: Evidence from a randomized intervention in Niger. Journal of Development Economics, 133, 1-63.

[2] Jayne, T. S., & Ameyaw, D. S. (2016). Africa's emerging agricultural transformation: Evidence, opportunities and challenges. Canadian Journal of Agricultural Economics/Revue canadienne d'agroéconomie, 64(1), 5-27.

Face à ces menaces, des solutions novatrices et adaptées au contexte local sont indispensables. L'agriculture climato-intelligente, la gestion durable des ressources en eau et la transition vers les énergies renouvelables figurent parmi les réponses prioritaires. Cependant, ces initiatives nécessitent un financement adéquat et une coopération renforcée entre les acteurs locaux et internationaux. La capacité des gouvernements africains à intégrer ces défis dans leurs stratégies de développement sera déterminante pour garantir la résilience des communautés et une croissance équitable et durable.

4.3.1. Défis du changement climatique en Afrique

Le *changement climatique* en Afrique se présente comme une menace existentielle pour le développement durable du continent qui exacerbe les vulnérabilités économiques et sociales. Alors que l'Afrique est responsable de moins de 3 % des émissions mondiales de gaz à effet de serre, ses populations sont confrontées à des phénomènes climatiques extrêmes, dont les effets sont amplifiés par des infrastructures inadéquates et des capacités institutionnelles limitées[1]. En 2023, des sécheresses prolongées, des inondations dévastatrices et des vagues de chaleur intenses ont gravement affecté les secteurs clés, en particulier l'agriculture et les ressources hydriques.

L'agriculture, secteur névralgique pour de nombreux pays africains, est gravement menacée. Selon des études récentes, la baisse de productivité agricole pourrait atteindre 30 % d'ici 2050 dans certaines régions. La dépendance à l'agriculture pluviale et les systèmes de culture peu adaptés aux nouvelles réalités climatiques aggravent cette situation. L'agriculture climato-intelligente, intégrant des pratiques résilientes comme la diversification des cultures et l'utilisation de semences résistantes à la sécheresse, est désormais cruciale.

Le stress hydrique constitue un autre défi majeur. En 2022, des régions comme le Sahel et la Corne de l'Afrique[2] ont connu des pénuries d'eau sans précédent, exacerbées par la raréfaction des précipitations et la gestion inappropriée des ressources. La mauvaise

---

[1] Serdeczny, O., Adams, S., Baarsch, F., Coumou, D., Robinson, A., Hare, W., ... & Reinhardt, J. (2017). Climate change impacts in Sub-Saharan Africa: from physical changes to their social repercussions. Regional Environmental Change, 17(6), 1585-1600.

[2] Adjei, I., & Oyebamiji, O. A. (2024). Climate Change Impact on Migration and Food Security: An Existential Threat in Africa. International Journal of Earth Sciences Knowledge and Applications, 6(1), 90-106.

gestion des nappes phréatiques, combinée aux conflits croissants pour l'accès à l'eau, accentue les tensions entre communautés. Une réforme des politiques hydriques, axée sur une gestion durable et un meilleur partage des ressources, est indispensable pour éviter l'effondrement des écosystèmes et assurer la sécurité alimentaire.

La déforestation, qui progresse à un rythme alarmant, amplifie la vulnérabilité écologique du continent. Le déboisement massif pour des usages agricoles ou pour la production de charbon entraîne une dégradation des sols, une perte de biodiversité, et une réduction des capacités de séquestration du carbone[1]. Le projet de la Grande Muraille Verte, qui vise à restaurer les terres dégradées à travers le Sahel, est une initiative phare, mais son succès dépendra de la mobilisation des financements internationaux et de l'alignement des politiques nationales[2].

L'urbanisation rapide est une autre conséquence du *changement climatique*. Des migrations internes provoquées par la dégradation des terres et la perte des moyens de subsistance en zones rurales surchargent les villes africaines[3]. Les infrastructures urbaines, souvent inadéquates, ne parviennent pas à répondre à la demande croissante en services essentiels tels que l'eau potable et l'électricité. Pour atténuer ces risques, les décideurs doivent mettre en place des stratégies de résilience urbaine, qui incluent le verdissement des villes et le renforcement des infrastructures contre les événements climatiques extrêmes.

Les migrations climatiques ont également pris de l'ampleur. Des millions d'Africains quittent leurs terres face à la sécheresse ou aux inondations, ce qui accentue la pression sur les infrastructures des zones urbaines. En l'absence de politiques efficaces pour anticiper et gérer ces flux migratoires, les tensions sociales et les inégalités risquent de s'aggraver. Les politiques d'urbanisation doivent inclure des solutions d'aménagement du territoire, pour éviter l'apparition de crises humanitaires dans les grandes métropoles.

---

[1] Aleman, J. C., Jarzyna, M. A., & Staver, A. C. (2018). Forest extent and deforestation in tropical Africa since 1900. Nature Ecology & Evolution, 2(1), 26-33.

[2] Goffner, D., Sinare, H., & Gordon, L. J. (2019). The Great Green Wall for the Sahara and the Sahel Initiative as an opportunity to enhance resilience in Sahelian landscapes and livelihoods. Regional Environmental Change, 19(5), 1417-1428.

[3] Banque mondiale. (2021). Prévenir et anticiper les migrations climatiques en Afrique.

Le *financement climatique* est largement insuffisant pour faire face à ces défis. Alors que le continent nécessite environ 50 milliards de dollars par an pour financer ses programmes d'adaptation et d'atténuation, seuls 23 à 46 milliards sont actuellement mobilisés[1]. Cette lacune est d'autant plus préoccupante que la plupart des pays africains peinent à accéder aux mécanismes de financement international, tels que le *Fonds vert pour le climat*. Des efforts accrus sont nécessaires pour renforcer les capacités institutionnelles des gouvernements africains à capter ces ressources.

En revanche, le potentiel énergétique renouvelable de l'Afrique représente une opportunité majeure pour atténuer les impacts climatiques tout en stimulant le développement économique. Des initiatives comme *Desert to Power*, qui vise à transformer le Sahel en un pôle mondial de l'énergie solaire, démontrent que l'Afrique peut devenir un leader mondial des énergies propres[2]. Cette transition, si elle est bien gérée, pourrait contribuer à réduire la pauvreté énergétique et à stimuler la croissance économique dans les régions les plus touchées par les crises climatiques.

Les théories de la justice climatique offrent un cadre théorique pertinent pour comprendre les responsabilités inégales dans la crise climatique mondiale. L'Afrique, bien que victime des émissions globales, reçoit peu de soutien pour sa transition verte[3]. Les concepts de responsabilité partagée et de compensation financière doivent être intégrés dans les négociations internationales, afin de garantir que l'Afrique puisse s'adapter aux réalités climatiques tout en poursuivant son développement.

Les gouvernements africains doivent développer des politiques climatiques fondées sur la résilience, en intégrant des solutions innovantes et locales, tout en renforçant la coopération régionale et internationale. Les politiques publiques doivent inclure des plans de financement adaptés, des stratégies d'atténuation et d'adaptation

---

[1] Buchner, B. K., et al. (2021). Global climate finance: An update on the climate finance landscape for Africa. Environmental Economics and Policy Studies, 23(3), 409-426.

[2] Bekele, M., & Tadesse, D. (2020). Unlocking Africa's potential in renewable energy: The Desert to Power initiative and its impacts on energy access in the Sahel. Energy for Sustainable Development, 57, 107-118.

[3] Akinyemi, O., & Salau, A. T. (2020). The Global Climate Crisis and Climate Justice in Africa: Exploring the Disparities in Responsibility and Support. Environmental Economics and Policy Studies, 22(4), 577-595.

robustes, ainsi que des réformes structurelles pour protéger les populations les plus vulnérables. L'avenir du continent dépend de sa capacité à transformer ces défis climatiques en opportunités durables pour les générations futures.

4.3.2. Défis de l'accès à l'eau et l'assainissement

L'accès à l'eau potable et aux services d'assainissement en Afrique est l'un des enjeux les plus cruciaux pour le développement humain et économique du continent. En 2023, près de 400 millions de personnes en Afrique subsaharienne n'ont toujours pas accès à une source d'eau salubre, et environ 700 millions de personnes n'ont pas accès à des infrastructures d'assainissement adéquates[1]. Ce déficit constitue une menace majeure pour la santé publique, la sécurité alimentaire et le développement socio-économique, tout en exacerbant les inégalités entre les populations urbaines et rurales.

Sur le plan sanitaire, l'absence d'accès à une eau potable de qualité entraîne la propagation de maladies hydriques telles que le choléra, la dysenterie et les infections parasitaires. Chaque année, près de 115 000 enfants de moins de cinq ans meurent de maladies liées à l'eau en Afrique subsaharienne. Cette crise de l'eau s'accompagne d'un taux élevé de malnutrition, les enfants exposés à l'eau contaminée ayant plus de risques de souffrir de retard de croissance et de malabsorption des nutriments essentiels[2]. La résolution de ces problèmes passe nécessairement par des politiques de santé publique qui intègrent la construction d'infrastructures hydriques modernes.

L'impact de cette crise de l'eau va bien au-delà des conséquences sanitaires. Les disparités géographiques en matière d'accès aux services d'assainissement sont flagrantes. En zones rurales, où vivent près de 60 % des Africains, les infrastructures hydrauliques sont souvent inexistantes ou sous-développées[3]. Les femmes et les filles, principalement chargées de la collecte de l'eau, sont contraintes de parcourir de longues distances, ce qui limite leur accès à l'éducation et

---

[1] https://www.afdb.org/en/news-and-events/world-water-day-2023-accelerating-change-solving-africas-water-and-sanitation-crises-59935

[2] Cumming, O., & Cairncross, S. (2016). Can water, sanitation and hygiene help eliminate stunting? Current evidence and policy implications. Maternal & Child Nutrition, 12(Suppl 1), 91-105.

[3] Graham, J. P., Hirai, M., & Kim, S. S. (2016). An analysis of water collection labor among women and children in 24 sub-Saharan African countries. PLOS ONE, 11(6), e0155981.

au travail rémunéré. Dans les zones urbaines, les infrastructures existantes sont saturées, en particulier dans les bidonvilles, où la demande en eau et en services d'assainissement dépasse largement l'offre disponible.

Le *changement climatique* aggrave considérablement la situation. En Afrique, des événements climatiques extrêmes tels que les sécheresses et les inondations affectent directement la disponibilité de l'eau douce. Les sécheresses prolongées réduisent les réserves d'eau, tandis que les inondations contaminent les sources d'eau potable avec des eaux usées, et rendent les infrastructures hydriques vulnérables tout en augmentant les risques sanitaires. Les tensions autour de l'accès à l'eau se sont intensifiées dans des régions déjà touchées par la rareté des ressources, comme le Sahel, ce qui alimente des conflits intercommunautaires et fragilise encore davantage les gouvernements locaux[1].

Pour répondre à ces défis, les politiques publiques doivent viser à renforcer la *gestion des ressources en eau* à travers le développement d'infrastructures résilientes et durables. Il est essentiel d'investir dans des technologies telles que la récupération de l'eau de pluie, la désalinisation pour les régions côtières et les systèmes de purification à petite échelle pour les zones rurales isolées. Ces solutions, bien qu'innovantes, nécessitent un engagement financier conséquent ainsi qu'une coordination entre les gouvernements, le secteur privé et les organisations internationales.

Le financement est d'ailleurs l'un des principaux obstacles à l'amélioration de l'accès à l'eau et aux services d'assainissement. Selon la Banque mondiale, environ 114 milliards de dollars par an seraient nécessaires pour atteindre l'objectif d'un accès universel à l'eau potable et à l'assainissement dans le monde, et une part importante de cette somme est requise pour l'Afrique[2]. Toutefois, les budgets nationaux alloués à ce secteur sont souvent insuffisants, tandis que les programmes d'aide internationale, bien que cruciaux, ne comblent pas les lacunes en matière de financement.

---

[1] Benjaminsen, T. A., & Ba, B. (2019). Why do pastoralists in Mali join jihadist groups? A political ecological explanation. The Journal of Peasant Studies, 46(1), 1-20.

[2] Hutton, G., & Varughese, M. (2016). The costs of meeting the 2030 Sustainable Development Goal targets on drinking water, sanitation, and hygiene. World Bank Water and Sanitation Program.

Une gouvernance solide et inclusive est également indispensable pour garantir l'efficacité des politiques publiques dans ce domaine. Les projets d'accès à l'eau et d'assainissement doivent être conçus en tenant compte des réalités locales et en impliquant les communautés dans la prise de décision. Les femmes, qui jouent un rôle central dans la *gestion des ressources en eau* au niveau domestique, doivent être activement incluses dans la planification et la mise en œuvre des politiques hydriques[1]. La participation communautaire garantit non seulement une meilleure appropriation des infrastructures mais favorise aussi la durabilité des projets à long terme.

Il est essentiel de développer des mécanismes de transparence et de responsabilisation dans la gestion des ressources financières allouées aux infrastructures d'eau et d'assainissement[2]. L'absence de contrôle efficace et d'une gestion rigoureuse des ressources financières mène souvent à des inefficacités ou à une corruption institutionnelle, ce qui empêche les fonds disponibles d'atteindre les communautés qui en ont le plus besoin. Renforcer la transparence permettrait une meilleure utilisation des ressources et maximiserait l'impact des investissements.

Enfin, l'élaboration, la mise en œuvre et l'évaluation des politiques publiques en matière d'eau et d'assainissement doivent être intégrées dans une stratégie globale de gestion durable des ressources naturelles. L'optimisation des bassins versants, la régulation de l'usage industriel de l'eau et la préservation des écosystèmes aquatiques doivent être des priorités pour garantir la durabilité de l'accès à l'eau[3]. En outre, les évaluations régulières des projets hydriques, menées avec rigueur scientifique, permettent de mesurer leur impact et d'ajuster les stratégies en fonction des résultats obtenus.

La crise de l'eau en Afrique nécessite une approche holistique qui intègre des solutions techniques, une gouvernance inclusive, et des financements adéquats[4]. Les décideurs politiques africains doivent s'engager à mobiliser les ressources nécessaires, à renforcer les

---

[1] Naiga, R., Ananga, E. O., & Kakumba, U. (2024). Gendered participation in water governance: implications for successful communitybased water management and women empowerment. International Journal of Rural Management, 20(2), 255-270.

[2] Schoeberlein, J. (2022). National strategies for advancing good governance in Africa. Transparency International.

[3] George-Williams, H. E., Hunt, D. V., & Rogers, C. D. (2024). Sustainable Water Infrastructure: Visions and Options for Sub-Saharan Africa. Sustainability, 16(4), 1592.

[4] Boureima, M. (2016). Gestion intégrée de l'eau et politiques de développement en Afrique de l'Ouest.

capacités institutionnelles, et à encourager une participation active des communautés pour relever ce défi crucial au développement durable du continent.

4.4. Défis technologiques et énergétiques

Les défis technologiques et énergétiques en Afrique reflètent des enjeux critiques pour le développement du continent. L'accès limité à des infrastructures énergétiques fiables et abordables entrave l'industrialisation et la fourniture de services publics essentiels, exacerbant les disparités socio-économiques. Parallèlement, le retard technologique persistant limite l'intégration des innovations numériques dans des secteurs clés tels que l'agriculture, la santé, et l'éducation et freine le potentiel de transformation économique et sociale.

Pour surmonter ces obstacles, il est indispensable de renforcer les investissements dans les énergies renouvelables et les technologies émergentes. Des initiatives telles que *Desert to Power* et l'essor des *fintechs* illustrent les opportunités pour réduire les inégalités énergétiques et financières. Toutefois, ces avancées nécessitent des réformes institutionnelles, des cadres réglementaires solides et des financements innovants pour garantir que les bénéfices des progrès technologiques et énergétiques soient inclusifs et durables.

4.4.1. Défis énergétiques

Le déficit énergétique en Afrique représente un frein majeur au développement durable du continent et affectent aussi bien l'industrialisation que les services publics essentiels. Environ 600 millions de personnes en Afrique subsaharienne n'ont toujours pas accès à l'électricité en 2023, un chiffre qui souligne l'ampleur du problème[1]. Cette absence d'accès à une énergie abordable et fiable limite considérablement les opportunités économiques, en particulier dans les zones rurales, tout en entravant l'amélioration des infrastructures de santé, d'éducation et de production. La résolution de ce défi nécessite une approche intégrée, mobilisant des ressources financières, politiques et institutionnelles.

---

[1] Ezeh, M. C., & Okoroafor, E. R. (2023, July). Balancing Energy Access in Sub-Saharan Africa: A Comparative Analysis of Energy Accessibility in Sub-Saharan Africa and Northern Africa. In SPE Nigeria Annual International Conference and Exhibition (p. D022S025R007). SPE.

Le recours massif aux sources d'énergie traditionnelles, telles que le bois, le charbon de bois et la biomasse, est un problème persistant. Près de 80 % des ménages en Afrique subsaharienne utilisent encore la biomasse pour cuisiner. Cela a des conséquences désastreuses sur l'environnement, notamment la déforestation et la dégradation des sols, tout en posant des risques sanitaires graves. La combustion de ces combustibles entraîne une pollution de l'air intérieur, responsable de maladies respiratoires, notamment chez les femmes et les enfants[1]. Pour sortir de cette dépendance, les gouvernements africains doivent promouvoir des solutions énergétiques modernes et propres.

L'accès inégal à l'électricité entre les zones urbaines et rurales perpétue les disparités socio-économiques. Tandis que certaines grandes villes bénéficient d'un accès à l'électricité relativement stable, environ 80 % des habitants des zones rurales n'ont toujours pas accès à une source d'énergie fiable[2]. Cela entrave non seulement le développement des petites entreprises rurales, mais limite aussi l'accès aux soins de santé, à l'éducation et aux *Technologies de de l'information et de la communication*. Ce fossé énergétique exacerbe les inégalités et freine les progrès en matière de réduction de la pauvreté.

Le coût élevé de l'électricité est un autre défi de taille. En Afrique subsaharienne, le prix moyen de l'électricité atteint 0,18 USD par kilowattheure, bien au-dessus de la moyenne mondiale, qui est de 0,12 USD[3]. Ces coûts élevés résultent d'une combinaison de facteurs, notamment la nécessité d'importer des combustibles fossiles et l'obsolescence des infrastructures électriques. De plus, la vétusté des réseaux de distribution entraîne des pertes considérables, et augmente encore les coûts de production. Cette situation dissuade les investisseurs étrangers et locaux de s'implanter dans des secteurs énergivores, et limite grandement les opportunités de croissance industrielle[4].

---

[1] Akakpo, K., Fontodji, J. K., Lare, Y., Adam, R., Kokutse, A. D., & Kokou, K. (2024). Overview of bioenergy use and production in sub-Saharan Africa. Renewable and Sustainable Energy Reviews, 204, 114800.

[2] Blimpo, M. P., & Cosgrove-Davies, M. (2019). Electricity access in sub-Saharan Africa: Uptake, reliability, and complementary factors for economic impact. World Bank Publications.

[3] Eberhard, A., Gratwick, K., Morella, E., & Antmann, P. (2017). Independent power projects in sub-Saharan Africa: Investment trends and policy lessons. Energy Policy, 108, 390-424.

[4] Eberhard, A., & Godinho, C. (2017). A review and exploration of the status, context, and political economy of power sector reforms in Sub-Saharan Africa. Energy Policy, 105, 153-166.

Les coupures fréquentes d'électricité, connues sous le nom de *load shedding*, sont un problème chronique, même dans les pays relativement avancés comme l'Afrique du Sud. Ces interruptions nuisent à la productivité industrielle et perturbent les services publics, notamment les hôpitaux et les écoles[1]. Pour pallier ces insuffisances, il est urgent de moderniser les infrastructures énergétiques et de diversifier les sources d'approvisionnement, en particulier par le développement des énergies renouvelables.

Les énergies renouvelables, notamment solaire et éolienne, représentent une solution prometteuse pour répondre au déficit énergétique. L'Afrique, et en particulier la région du Sahel, possède un potentiel immense en matière d'énergie solaire, avec plus de 3 200 heures d'ensoleillement par an[2]. Des initiatives telles que *Desert to Power*, soutenue par la Banque africaine de développement, visent à exploiter cette ressource pour fournir de l'électricité à des millions de personnes. Cependant, ces projets rencontrent des obstacles financiers et institutionnels qui ralentissent leur mise en œuvre à grande échelle.

L'un des principaux freins au développement des énergies renouvelables est le manque de financements adéquats. Selon la Banque mondiale, pour atteindre l'objectif d'accès universel à l'électricité d'ici 2030, l'Afrique subsaharienne devra investir environ 120 milliards de dollars par an[3]. Or, les investissements actuels ne représentent qu'une fraction de ce montant. Les gouvernements africains doivent donc mobiliser des ressources à la fois nationales et internationales, en renforçant les *Partenariats public-privé* et en accédant à des mécanismes de financement innovants tels que les *obligations vertes* et les fonds climatiques internationaux.

La gouvernance énergétique constitue également un défi majeur. Pour attirer des investisseurs privés, il est essentiel d'améliorer la transparence des régulations et d'assurer la prévisibilité des cadres

---

[1] Avordeh, T. K., Salifu, A., Quaidoo, C., & Opare-Boateng, R. (2024). Impact of power outages: Unveiling their influence on micro, small, and medium-sized enterprises and poverty in Sub-Saharan Africa-An in-depth literature review. Heliyon.

[2] Bamisile, O., Dongsheng, C., Li, J., Adun, H., Olukoya, R., Bamisile, O., & Huang, Q. (2023). Renewable energy and electricity incapacitation in sub-Sahara Africa: Analysis of a 100% renewable electrification in Chad. Energy Reports, 9, 1-12.

[3] Peters, R., Berlekamp, J., Kabiri, C., Kaplin, B. A., Tockner, K., & Zarfl, C. (2024). Sustainable pathways towards universal renewable electricity access in Africa. Nature Reviews Earth & Environment, 5(2), 137-151.

législatifs[1]. Des réformes institutionnelles, notamment la création de régulateurs indépendants, sont nécessaires pour garantir que les projets énergétiques soient mis en œuvre de manière efficace et équitable[2]. Ces réformes doivent également inclure des mécanismes de participation citoyenne, afin de garantir que l'expansion de l'accès à l'électricité profite aux populations marginalisées.

Les défis énergétiques en Afrique sont multiples et complexes, mais des solutions existent. L'essor des énergies renouvelables, combiné à des réformes institutionnelles et à une mobilisation accrue des financements, pourrait transformer le paysage énergétique du continent[3]. Toutefois, pour réussir, les politiques publiques doivent être adaptées aux réalités locales, tout en intégrant les meilleures pratiques internationales en matière de durabilité et de gestion des ressources.

4.4.2. Défis et opportunités de l'innovation technologique

L'innovation technologique en Afrique est en train de devenir un levier central pour la transformation économique, sociale et environnementale du continent[4]. Bien que l'Afrique ait longtemps été perçue comme en retard sur le plan technologique, elle fait preuve d'une capacité remarquable à adopter et à adapter des technologies de pointe pour répondre à ses besoins spécifiques. La progression rapide des *Technologies de de l'information et de la communication*, notamment l'essor des téléphones mobiles et de l'internet, a ouvert la voie à de nouvelles opportunités dans des domaines variés tels que la *finance numérique*, l'agriculture, et la santé[5].

L'un des domaines où cette innovation a le plus d'impact est la *finance numérique* qui a révolutionné l'inclusion financière en

---

[1] Falcone, P. M. (2023). Sustainable energy policies in developing countries: a review of challenges and opportunities. Energies, 16(18), 6682.

[2] Gawusu, S., & Ahmed, A. (2024). Africa's Transition to Cleaner Energy: Regulatory Imperatives and Governance Dynamics. In Energy Regulation in Africa: Dynamics, Challenges, and Opportunities (pp. 25-51). Cham: Springer Nature Switzerland.

[3] Ackah, I., Asiama, R. K., Ohene, A. O., Essuman, V. A., Eshun, M. E., Owusu, C., & Nyarko, P. (2024). The Gains and Pains of the Energy Transition: A Perspective on Sub-Saharan Africa. In Energy Regulation in Africa: Dynamics, Challenges, and Opportunities (pp. 453-472). Cham: Springer Nature Switzerland.

[4] Calderon, C., & Cantu, C. (2021). The impact of digital infrastructure on African development.

[5] Ndung'u, N., & Oguso, A. (2023). Digital technology and innovation in Africa: leapfrogging in finance. In Technological Leapfrogging and Innovation in Africa (pp. 89-111). Edward Elgar Publishing.

permettant à des millions de personnes en Afrique d'accéder aux services financiers via leurs téléphones portables. Ces innovations ont transformé non seulement les transferts d’argent, mais aussi l'accès au crédit pour les petites entreprises, et ont stimulé aussi la croissance économique[1]. Ce modèle est un exemple marquant de la manière dont l'innovation peut combler les lacunes du système bancaire traditionnel en Afrique.

L'*agriculture intelligente* est un autre secteur clé. L’Afrique, où l’agriculture emploie plus de 60 % de la population, voit dans la technologie une solution pour relever les défis posés par le *changement climatique* et l’insécurité alimentaire[2]. Des outils tels que les drones pour la surveillance des cultures, les capteurs pour analyser les sols, et les *plateformes numériques* pour connecter les agriculteurs aux marchés, améliorent les rendements et réduisent les pertes après récolte. L’agriculture climato-intelligente devient ainsi indispensable pour accroître la résilience des systèmes agricoles africains face aux bouleversements environnementaux.

Dans le domaine de la santé, l’innovation technologique a permis de répondre à des problématiques d'accès aux soins dans des zones reculées, souvent dépourvues d'infrastructures médicales adéquates[3]. Des initiatives comme *Zipline*, qui utilise des drones pour livrer des médicaments dans des régions éloignées du Rwanda, illustrent le potentiel des technologies pour révolutionner la logistique médicale[4]. De plus, les plateformes de santé numérique permettent aux patients de consulter des médecins à distance, ce qui optimise l'accès aux soins dans des environnements où les ressources médicales sont limitées[5].

---

[1] van Zanden, J. L. (2023). Examining the Relationship of Information and Communication Technology and Financial Access in Africa. Journal of Business and Economic Options, 6(3), 26-36.

[2] Okoronkwo, D. J., Ozioko, R. I., Ugwoke, R. U., Nwagbo, U. V., Nwobodo, C., Ugwu, C. H., ... & Mbah, E. C. (2024). Climate smart agriculture? Adaptation strategies of traditional agriculture to climate change in sub-Saharan Africa. Frontiers in Climate, 6, 1272320.

[3] Olatunji, G., Isarinade, T. D., Emmanuel, K., Olatunji, D., & Aderinto, N. (2023). Exploring the transformative role of drone technology in advancing healthcare delivery in Africa; a perspective. Annals of Medicine and Surgery, 85(10), 5279-5284.

[4] Stierlin, N., Risch, M., & Risch, L. (2024). Current Advancements in Drone Technology for Medical Sample Transportation. Logistics, 8(4), 104.

[5] Gwala, R. S., & Mashau, P. (2024). Digitalisation of Healthcare and the Fourth and Fifth Industrial Revolutions in Africa. In Multi-Sector Analysis of the Digital Healthcare Industry (pp. 231-258). IGI Global.

Cependant, malgré ces réussites, l'adoption des technologies en Afrique reste confrontée à des obstacles structurels. L'accès à internet, bien que croissant, reste limité dans de nombreuses régions rurales, et en 2023, seulement 28 % des Africains avaient une connexion internet stable. Le manque d'infrastructures télécoms et énergétiques, ainsi que la faiblesse des compétences numériques, limitent encore l'intégration des technologies dans l'ensemble des secteurs économiques[1]. La priorité doit donc être donnée à l'expansion des infrastructures numériques et à la formation aux compétences technologiques, afin de garantir que la révolution numérique soit inclusive.

Le développement des compétences est essentiel pour que l'Afrique puisse pleinement bénéficier de l'innovation technologique. En effet, les systèmes éducatifs actuels peinent à former une main-d'œuvre capable de répondre aux besoins en compétences numériques, comme la programmation, l'analyse de données ou la cybersécurité[2]. Pour répondre à la demande croissante dans ces domaines, les gouvernements africains doivent promouvoir l'éducation technique et la formation professionnelle dans les technologies de l'information. Le renforcement des capacités humaines est fondamental pour intégrer le continent dans l'*économie numérique* mondiale.

Le financement des innovations technologiques est également un défi. Le capital-risque, bien que présent dans certaines régions comme l'Afrique de l'Ouest et du Sud, reste limité. De nombreuses startups technologiques africaines rencontrent des difficultés pour lever des fonds suffisants afin de développer leurs projets à grande échelle[3]. Des initiatives telles que le Fonds africain pour l'innovation et les incubateurs régionaux commencent toutefois à offrir des solutions pour soutenir ces entreprises innovantes. Ces initiatives doivent être renforcées pour soutenir l'écosystème des startups et favoriser la création de solutions technologiques adaptées aux besoins locaux.

L'inclusion sociale est un aspect souvent négligé, mais essentiel du potentiel transformateur des technologies en Afrique. Les innovations technologiques doivent être conçues pour inclure les populations

---

[1] Kouladoum, J. C. (2023). Digital infrastructural development and inclusive growth in Sub-Saharan Africa. Journal of Social and Economic Development, 25(2), 403-427.

[2] Asongu, S. A., & Le Roux, S. (2017). "Enhancing ICT for inclusive human development in Sub-Saharan Africa." Technological Forecasting and Social Change, 118, 44-54.

[3] Stevanovic, D., & Wanyang Ochieng, M. (2023). Growth and Success: In the Context of Startups in Sub-Saharan Africa.

marginalisées, notamment dans les zones rurales, où l'accès aux services financiers, à l'éducation et à la santé est limité[1]. Les *plateformes numériques* d'apprentissage et les technologies financières inclusives jouent un rôle crucial dans la réduction des inégalités en donnant aux populations les plus vulnérables les outils nécessaires pour améliorer leurs conditions de vie.

Les politiques publiques jouent un rôle clé dans l'élaboration, la mise en œuvre et l'évaluation de l'impact des innovations technologiques en Afrique. Les gouvernements africains doivent adopter des stratégies de régulation flexibles et encourager les *Partenariats public-privé* pour stimuler l'innovation. De plus, la création de cadres législatifs et réglementaires favorisant l'accès aux technologies numériques, tout en protégeant les droits des utilisateurs, est cruciale pour créer un environnement propice à l'innovation.

L'innovation technologique en Afrique offre des opportunités sans précédent pour transformer les économies et améliorer les conditions de vie. Cependant, pour que cette transformation soit pleinement réalisée, il est impératif de lever les obstacles structurels, de renforcer les compétences techniques et de garantir que les avantages des technologies soient partagés de manière équitable. Les décideurs politiques doivent intégrer ces priorités dans leurs stratégies de développement pour que l'Afrique puisse s'imposer comme un acteur majeur de la révolution technologique mondiale.

[1] Wanof, M. I. (2023). Digital technology innovation in improving financial access for low-income communities. Technology and Society Perspectives (TACIT), 1(1), 26-34.

V

FORMULATION DES POLITIQUES PUBLIQUES

La formulation des politiques publiques constitue un processus complexe et multidimensionnel, où s'entrelacent des dynamiques politiques, sociales et économiques souvent imprévisibles. En Afrique, cette complexité est accrue par des contextes locaux hétérogènes et une multitude d'acteurs influençant les priorités publiques. La diversité des réalités africaines oblige les gouvernements et les institutions à ajuster constamment leurs approches pour garantir des politiques adaptées aux besoins de leurs populations. Les défis structurels, tels que la *gouvernance hybride*, la dépendance institutionnelle et les inégalités sociales, rendent nécessaire une analyse rigoureuse et contextualisée.

Les théories traditionnelles de la formulation des politiques, comme celle des *flux multiples* ou de la *dépendance au sentier*, trouvent ici une application spécifique. Dans le contexte africain, ces théories révèlent des limitations propres à des environnements marqués par des héritages coloniaux persistants et une dépendance aux financements extérieurs. La convergence entre les problématiques locales, les solutions envisagées et les dynamiques politiques est souvent difficile à établir, ce qui ralentit l'adoption de réformes pourtant cruciales[1]. Les modèles théoriques offrent néanmoins des outils pour comprendre comment certaines priorités émergent dans l'agenda public et pourquoi d'autres restent marginalisées[2].

Les acteurs impliqués dans la formulation des politiques publiques en Afrique incluent non seulement les gouvernements et les citoyens, mais également des institutions internationales, des Organisations non-gouvernementales et des entreprises multinationales. Ces entités, souvent porteuses d'intérêts divergents, influencent fortement le choix des priorités politiques et la nature des solutions envisagées. La pression exercée par les donateurs internationaux, par exemple, tend à orienter les politiques vers des solutions standardisées, parfois

---

[1] Diongue, M. (2017). "La dépendance au sentier et la réforme des politiques publiques en Afrique : le cas de la politique agricole au Sénégal." Revue Internationale des Sciences Administratives, 83(2), 311-329.

[2] Makhanya, M. T. B. (2024). between Intersectionality and Socioeconomic Inequality. Bridging Social Inequality Gaps-Concepts, Theories, Methods, and Tools: Concepts, Theories, Methods, and Tools, 51.

déconnectées des réalités locales. Cette influence étrangère crée une tension entre les impératifs de souveraineté nationale et les exigences des bailleurs de fonds, limitant ainsi l'autonomie des décideurs africains.

L'identification des *problèmes publics* est une étape fondamentale dans la formulation des politiques, mais elle est elle-même influencée par des dynamiques de pouvoir complexes[1]. Les questions de gouvernance, par exemple, sont fréquemment mises en avant par des acteurs internationaux, au détriment de priorités locales comme l'accès à l'eau ou l'éducation. Cette construction sociale des *problèmes publics*, étudiée dans les théories de cadrage, montre que la perception des enjeux varie selon les acteurs impliqués. En Afrique, cette diversité de points de vue et d'intérêts nécessite une approche inclusive, afin de garantir une représentativité des préoccupations locales dans les décisions publiques.

Les institutions jouent un rôle central dans la formulation des politiques, encadrant les interactions entre les différents acteurs et influençant les choix stratégiques. Selon les théories institutionnelles, les règles formelles et informelles qui régissent les comportements ont un impact direct sur l'efficacité des politiques publiques[2]. En Afrique, ces institutions sont souvent marquées par des logiques hybrides où les normes coutumières coexistent avec les structures étatiques. Cette dualité institutionnelle peut engendrer des tensions qui compliquent la mise en œuvre des réformes. Pour que les politiques soient acceptées, il est donc essentiel d'intégrer ces dimensions informelles dans les processus de formulation.

Les méthodes d'analyse et de diagnostic des *problèmes publics* jouent également un rôle déterminant dans la formulation des politiques. Les gouvernements africains s'appuient souvent sur des données fournies par des organisations internationales, telles que la Banque mondiale, mais ces données globales masquent parfois des disparités locales significatives. L'utilisation de données désagrégées et contextualisées est essentielle pour éviter les erreurs d'interprétation et formuler des politiques réellement adaptées aux réalités locales. Cette

---

[1] Shawoo, Z., Maltais, A., Dzebo, A., & Pickering, J. (2023). Political drivers of policy coherence for sustainable development: An analytical framework. Environmental Policy and Governance, 33(4), 339-350.

[2] Bruckert, M., & Pannier, E. (2024). Institutional Pluralism and Interactions Between Normative Systems: A Theoretical Overview. The Palgrave Handbook of Political Norms in Southeast Asia, 17-28.

précision dans l'analyse permet de mieux répondre aux attentes des populations, notamment dans les zones rurales où les besoins diffèrent de ceux des zones urbaines.

L'environnement politique africain, souvent instable, influence la capacité des décideurs à initier des réformes durables. Les changements fréquents de gouvernement, les transitions politiques et les crises économiques ou sécuritaires redéfinissent constamment les priorités publiques. Ces contextes de forte volatilité créent un besoin de flexibilité et d'adaptabilité dans les processus de formulation des politiques[1]. Les décideurs doivent être capables d'ajuster leurs stratégies en fonction des évolutions de l'environnement, tout en maintenant une vision cohérente des objectifs à long terme.

La gouvernance des ressources naturelles en Afrique est un exemple pertinent des défis liés à la formulation des politiques publiques. L'exploitation des ressources par des multinationales étrangères, souvent au détriment des communautés locales, révèle l'influence des intérêts économiques externes sur les choix politiques. Pour protéger les intérêts des populations locales, il est essentiel que les politiques publiques intègrent des principes de gouvernance durable et de participation citoyenne. Les approches participatives, qui incluent les communautés dans la prise de décision, renforcent la légitimité des politiques et favorisent leur acceptabilité.

La *transformation numérique* constitue une opportunité stratégique pour moderniser les systèmes de gouvernance et améliorer la prestation des services publics. Cependant, sans une politique inclusive, cette révolution technologique risque d'accentuer les inégalités entre zones urbaines et rurales. La formulation de politiques numériques adaptées aux contextes locaux, avec un accès équitable aux infrastructures, est cruciale pour éviter que les innovations technologiques ne creusent davantage la *fracture numérique*. Cette inclusion garantit une transformation digitale plus juste, bénéfique pour l'ensemble de la population africaine.

Enfin, la formulation des politiques publiques en Afrique doit être ancrée dans une vision de développement durable et de résilience. Les effets du *changement climatique*, de l'urbanisation rapide et de la *croissance démographique* imposent de nouvelles priorités pour les décideurs. Les politiques doivent intégrer des objectifs d'adaptation aux

[1] Hickey, S., & Hossain, N. (Eds.). (2019). The politics of inclusive development: Interrogating the evidence. Oxford University Press.

impacts climatiques et de *gestion des ressources naturelles* pour assurer un avenir stable et prospère. Cette orientation vers la durabilité est d'autant plus cruciale que les contraintes budgétaires limitent la capacité des États africains à investir massivement dans les infrastructures et les services publics.

Ainsi, la formulation des politiques publiques en Afrique représente un équilibre complexe entre des dynamiques locales et des pressions internationales. L'adoption d'une approche contextuelle, inclusive et durable permet de maximiser l'impact des politiques et d'améliorer leur efficacité à long terme. Pour les chercheurs et les décideurs, cette compréhension approfondie des réalités africaines est essentielle pour répondre aux défis du continent et construire des sociétés résilientes et prospères.

5.1. Les théories d'identification des problèmes publics

L'identification des *problèmes publics* une des étapes fondamentales dans le processus d'élaboration des politiques publiques, particulièrement en Afrique où les contextes socio-économiques et politiques sont complexes. Comprendre ces processus exige d'intégrer des cadres théoriques robustes et d'adapter ces concepts aux réalités locales africaines. La formulation de politiques efficaces repose sur une bonne compréhension des institutions, des acteurs impliqués, des dynamiques historiques et de l'influence des organisations internationales.

Tout d'abord, la notion de *problème public* renvoie à une question sociale, économique ou politique perçue comme suffisamment problématique pour nécessiter une intervention de l'État[1]. Selon Hilgartner et Bosk, les *problèmes publics* ne sont pas seulement définis objectivement ; ils sont le résultat d'une construction sociale, façonnée par la manière dont les acteurs (gouvernements, médias, citoyens) perçoivent et encadrent les enjeux[2]. En Afrique, cette construction sociale est influencée par des dynamiques locales et globales.

---

[1] Darbon, D., & Provini, O. (2018). "Vers de nouvelles recherches sur les politiques publiques en Afrique." Politique africaine, 149(1), 5-21.

[2] Hilgartner, S., & Bosk, C. L. (1988). The rise and fall of social problems: A public arenas model. American Journal of Sociology, 94(1), 53–78. https://doi.org/10.1086/228951

La théorie des *flux multiples*, développée par John Kingdon, offre un cadre théorique essentiel pour comprendre comment un problème émerge dans l'agenda politique. Kingdon postule que trois flux distincts doivent converger pour qu'un problème soit priorisé : le *flux des problèmes* (la reconnaissance du problème), le *flux des solutions* (les options politiques disponibles), et le *flux politique* (le contexte institutionnel et les opportunités politiques)[1]. Cette théorie montre aussi pourquoi certains problèmes restent marginalisés, surtout lorsqu'il n'y a pas de solutions perçues comme immédiatement disponibles ou adaptées.

Douglass North a grandement contribué à la compréhension du rôle des institutions dans l'élaboration des politiques publiques. Selon North, les institutions sont les règles formelles et informelles qui encadrent les interactions sociales et économiques[2]. En Afrique, ces institutions sont souvent héritées de la période coloniale, et certaines d'entre elles sont devenues des institutions extractives, conçues pour bénéficier à une élite restreinte, au détriment du développement économique inclusif. Ce cadre théorique permet de comprendre pourquoi certains *problèmes publics* persistent en Afrique, comme la pauvreté, en dépit des réformes politiques. L'analyse de North révèle également l'importance des institutions informelles (normes sociales et traditions) dans l'Afrique rurale, où ces normes ont souvent plus de poids que les lois formelles dans la gouvernance locale.

La théorie des *systèmes politiques* de David Easton complète cette perspective en expliquant comment les *systèmes politiques* transforment les demandes sociales en politiques publiques[3]. Dans un système bien fonctionnel, les demandes des citoyens sont prises en compte, transformées en politiques, et implémentées efficacement. Cependant, en Afrique, de nombreux gouvernements font face à des défis structurels et institutionnels, tels que des capacités administratives limitées, des ressources insuffisantes et la corruption. Ces faiblesses peuvent entraîner une mauvaise réponse aux demandes publiques et exacerbent les crises sociales et politiques. L'incapacité à fournir des services de base comme l'accès à la santé ou à l'éducation a souvent été une source de mécontentement populaire.

---

[1] Kingdon, J. W. (1995). Agendas, alternatives, and public policies (2nd ed.). HarperCollins College Publishers.

[2] North, D. C. (1990). Institutions, Institutional Change and Economic Performance. Cambridge University Press.

[3] Easton, D. (1965). A framework for political analysis. Prentice-Hall.

La collecte et l'utilisation des données empiriques jouent un rôle crucial dans l'identification des *problèmes publics*. Toutefois, il est essentiel de contextualiser ces données pour éviter les erreurs dans l'élaboration des politiques[1]. Des indicateurs globaux de pauvreté ou de croissance économique peuvent masquer des disparités régionales importantes, comme c'est le cas entre les zones urbaines et rurales dans plusieurs pays africains. Le recours à des données désagrégées est donc crucial pour des politiques publiques mieux adaptées aux réalités locales.

Un autre cadre analytique clé est la *cartographie des parties prenantes*, qui permet d'identifier les acteurs influençant l'élaboration des politiques. En Afrique, les parties prenantes incluent non seulement les gouvernements et les citoyens, mais aussi les organisations internationales, les Organisations non-gouvernementales et les entreprises multinationales. Ces acteurs, particulièrement les acteurs externes, influencent souvent les priorités gouvernementales.

La théorie des *cadres cognitifs* de Erving Goffman explore la manière dont les problèmes sont présentés, ou cadrés, pour capter l'attention des décideurs politiques et du grand public[2]. Le cadrage d'un problème influence non seulement sa visibilité, mais aussi les réponses politiques qui lui sont apportées. En Afrique, les gouvernements, influencés par les médias et les élites politiques, peuvent choisir de cadrer certains problèmes comme des priorités, tandis que d'autres sont ignorés ou minimisés. La corruption est souvent présentée comme un problème moral individuel, ce qui conduit à des politiques punitives ciblant des individus, au lieu de réformes structurelles visant à renforcer les institutions publiques.

La théorie des *groupes d'intérêts* de Arthur Bentley est utile pour comprendre comment différents groupes, qu'ils soient économiques, politiques ou sociaux, influencent l'élaboration des politiques publiques[3]. En Afrique, les *groupes d'intérêts* incluent non seulement des acteurs locaux comme les syndicats et les groupes communautaires, mais aussi des acteurs externes, tels que les multinationales et les

---

[1] Sandefur, J., & Glassman, A. (2015). "The Political Economy of Bad Data: Evidence from African Survey and Administrative Statistics." The Journal of Development Studies, 51(2), 116-132.

[2] Goffman, E. (1974). Frame analysis: An essay on the organization of experience. Harvard University Press.

[3] Bentley, A. F. (1908). The process of government: A study of social pressures. University of Chicago Press.

organisations internationales. Dans le secteur des ressources naturelles, les compagnies pétrolières ou minières ont souvent un rôle majeur dans la définition des priorités politiques, parfois au détriment des préoccupations environnementales ou des droits des communautés locales[1].

Paul Pierson, avec sa théorie de la *dépendance au sentier*, explique pourquoi certaines trajectoires institutionnelles sont difficiles à modifier[2]. Selon Pierson, les choix politiques faits dans le passé créent des contraintes qui limitent les options disponibles pour l'avenir. En Afrique, cette théorie aide à comprendre pourquoi des réformes économiques et sociales échouent à changer durablement la situation. Les *programmes d'ajustement structurel* imposés dans les années 1980 par le Fonds monétaire international ont, par exemple, enfermé certains pays africains dans des dépendances institutionnelles et économiques et ont limité leur capacité à innover pour résoudre des problèmes structurels tels que le chômage ou la pauvreté[3].

La théorie des *réseaux de politiques publiques* de Rhodes et Marsh met en lumière les interactions complexes entre les différents acteurs qui influencent la gestion des *problèmes publics*[4]. En Afrique, les décisions politiques sont souvent le résultat de négociations entre une multitude d'acteurs : gouvernements, Organisations non-gouvernementales, entreprises privées, et organisations internationales. Dans la gestion des infrastructures énergétiques, ces réseaux d'acteurs peuvent influencer la manière dont les priorités sont fixées et retarder parfois la mise en œuvre de solutions adaptées aux réalités locales.

Au total, l'identification et l'analyse des *problèmes publics* en Afrique nécessitent une compréhension approfondie des dynamiques institutionnelles et sociales, ainsi que l'utilisation de cadres théoriques rigoureux. Ces cadres théoriques permettent de mieux saisir pourquoi

---

[1] Kuttu, S., Soku, M. G., Amidu, M., & Coffie, W. (2024). Corruption, Taxation of Natural Resources and Sustainable Development in Africa. In Taxation and Management of Natural Resources in Africa (pp. 373-419). Cham: Springer Nature Switzerland.

[2] Pierson, P. (2004). Politics in time: History, institutions, and social analysis. Princeton University Press.

[3] Banson, K., Nguyen, N. C., Kusi, K. A., Yeboah, R. M., & Duah, E. (2024). A Systems Thinking Approach to Overcome Setbacks in African Socio-Economic Development: What every politician must know. Journal of Systems Thinking Preprints.

[4] Marsh, D., & Rhodes, R. A. W. (1992). Policy networks in British government. Clarendon Press.

certains *problèmes publics* sont priorisés, comment les solutions sont formulées, et comment les réformes peuvent être adaptées pour répondre aux besoins des populations africaines tout en prenant en compte les contraintes locales et internationales.

5.1.1. Théories centrées sur les dynamiques institutionnelles

Les théories centrées sur les processus et dynamiques institutionnelles offrent une compréhension approfondie des interactions entre les institutions, les trajectoires historiques et les *systèmes politiques*, qui encadrent l'identification et la gestion des *problèmes publics*.

Douglass North considère les institutions comme des ensembles de règles formelles (lois, règlements) et informelles (normes sociales, traditions) qui structurent les comportements humains. Pour North, les institutions ne se limitent pas aux organisations visibles (État, agences, entreprises) ; elles englobent les règles formelles et informelles qui structurent les interactions humaines[1]. Ces cadres normatifs réduisent les incertitudes dans les interactions sociales et économiques et influencent les incitations et les décisions. En Afrique, la coexistence d'institutions modernes et de normes traditionnelles crée des tensions[2]. Les politiques publiques qui négligent ces normes informelles rencontrent souvent des résistances ce qui limite leur mise en œuvre et leur efficacité.

La théorie de North met en lumière l'importance des institutions informelles dans des environnements caractérisés par des structures étatiques faibles[3]. Les règles communautaires, telles que la solidarité intergénérationnelle ou les mécanismes informels de redistribution, jouent un rôle clé dans la gouvernance locale. Ces normes, bien qu'invisibles dans les cadres formels, influencent les comportements collectifs et façonnent les perceptions des réformes institutionnelles.

Les institutions évoluent lentement mais s'adaptent aux changements sociaux par des *processus de rétroaction*. North souligne que les réformes imposées de manière brusque, sans ancrage dans les dynamiques locales, ont peu de chances de réussir. En Afrique, les

---

[1] North, D. C. (1990). Institutions, institutional change and economic performance. Cambridge University Press.

[2] Baldwin, K. (2016). "The Paradox of Traditional Chiefs in Democratic Africa." Cambridge University Press.

[3] Hyden, G. (2013). "African Politics in Comparative Perspective." Cambridge University Press.

politiques qui intègrent les chefs coutumiers ou les leaders communautaires comme partenaires dans l'élaboration des réformes obtiennent généralement de meilleurs résultats[1]. Cette approche collaborative favorise l'adhésion des populations et renforce la légitimité institutionnelle.

Paul Pierson, avec la théorie de la *dépendance au sentier*, analyse l'impact des choix historiques sur les trajectoires institutionnelles actuelles[2]. En Afrique, les systèmes administratifs, économiques et politiques hérités de la colonisation continuent de structurer les cadres décisionnels. Les structures centralisées établies pour faciliter l'extraction des ressources naturelles persistent et limitent la capacité des États à répondre efficacement aux besoins locaux.

La *dépendance au sentier* repose sur un processus d'auto-renforcement où chaque choix renforce les précédents, rendant les déviations coûteuses[3]. Les systèmes fiscaux africains illustrent cette dynamique. Les exemptions fiscales accordées aux élites économiques, issues d'arrangements historiques, maintiennent des inégalités structurelles[4]. Ces distorsions limitent les capacités de l'État à financer des réformes inclusives, perpétuant les blocages institutionnels.

Pierson souligne l'importance des moments critiques ou des bifurcations institutionnelles, qui peuvent redéfinir les trajectoires. En Afrique, les périodes de transition, comme les indépendances ou les transitions démocratiques, ont représenté des opportunités pour reconfigurer les institutions. Toutefois, en l'absence de stratégies planifiées, ces moments ont souvent renforcé des modèles existants plutôt qu'introduit des innovations structurelles adaptées aux réalités locales.

La théorie des *systèmes politiques* de David Easton propose une approche systémique pour comprendre les flux entre citoyens et institutions[5]. Le système politique est perçu comme un processus où les entrées, telles que les demandes sociales et les soutiens, sont

---

[1] Fischer, A. M., & Storm, S. (2023). The return of debt crisis in developing countries: shifting or maintaining dominant development paradigms? Development and Change, 54(5), 954-993.

[2] Pierson, P. (2004). Politics in time: History, institutions, and social analysis. Princeton University Press.

[3] Parker, M. O. (2023). The interdependent co-evolution of path dependency and dynamic capabilities (Doctoral dissertation, Heriot-Watt University).

[4] Frankema, E., de Haas, M., & van Waijenburg, M. (2023). Inequality regimes in Africa from pre-colonial times to the present. African Affairs, 122(486), 57-94.

[5] Easton, D. (1965). A systems analysis of political life. Wiley.

transformées en sorties sous forme de décisions et de politiques publiques. En Afrique, ces flux sont fortement influencés par des contraintes internes - ressources limitées, fragilité institutionnelle - et des pressions externes - exigences des bailleurs de fonds.

Easton met l'accent sur les mécanismes de rétroaction qui permettent d'évaluer l'impact des politiques publiques et d'ajuster les priorités. En Afrique, ces mécanismes sont souvent inefficaces, en raison de l'absence de systèmes robustes de *Suivi et évaluation*. Cette faiblesse institutionnelle limite la capacité des gouvernements à rectifier leurs politiques en fonction des besoins réels des populations, aggravant les écarts entre attentes sociales et réponses politiques.

Les *systèmes politiques* africains sont marqués par une dépendance aux financements externes et par l'influence des acteurs internationaux. Les ajustements structurels imposés par le Fonds monétaire international et la Banque mondiale, par exemple, ont souvent ignoré les réalités locales, renforçant des inégalités et exacerbant les tensions sociales[1]. Ces interventions, bien qu'orientées vers la stabilisation macroéconomique, ont parfois réduit la marge de manœuvre des États pour répondre aux demandes internes.

L'identification des problèmes publiques dans les *systèmes politiques* africains reflètent une diversité de demandes, allant de l'accès aux services de base à la justice sociale. Cependant, les ressources limitées et la corruption freinent la transformation de cette identification en choix efficaces. Les attentes sociales non satisfaites conduisent à des frustrations qui affaiblissent la légitimité des institutions et augmentent les risques d'instabilité.

L'analyse des choix montre que les politiques publiques africaines sont souvent le fruit de compromis entre priorités locales et exigences internationales. Ces politiques, souvent conçues pour répondre aux critères des bailleurs de fonds, manquent parfois de cohérence avec les besoins réels des populations[2]. L'intégration des mécanismes de consultation et de participation citoyenne pourrait améliorer cette adéquation et renforcer la légitimité des décisions.

La complémentarité entre les théories de North, Pierson et Easton offre un cadre analytique cohérent pour diagnostiquer les défis

[1] Zeineddine, A. (2025). The Role of International Aid and Development Assistance. In Unveiling Developmental Disparities in the Middle East (pp. 327-350). IGI Global.
[2] Vigneswaran, D., Söderberg, N., Welfens, N., & Bonjour, S. (2024). Capitalizing on a crisis: the European Union Trust Fund for Africa. European journal of international relations, 13540661241260606.

institutionnels et politiques en Afrique. North met en évidence l'importance des normes informelles, Pierson souligne les verrouillages historiques, et Easton propose une analyse des interactions systémiques. Ensemble, elles permettent une compréhension intégrée des dynamiques de gouvernance.

Pour les décideurs africains, ces théories suggèrent des stratégies pratiques pour renforcer la résilience institutionnelle. L'intégration des normes informelles dans les réformes, l'identification des moments critiques pour impulser des changements structurels, et le renforcement des mécanismes de rétroaction sont autant de pistes pour améliorer l'efficacité des politiques publiques.

Ces approches théoriques permettent d'élaborer des politiques plus inclusives et adaptées aux contextes locaux. En tenant compte des spécificités institutionnelles, des trajectoires historiques et des pressions contemporaines, elles offrent des solutions durables aux défis complexes de la gouvernance en Afrique. Les décideurs peuvent ainsi naviguer dans des environnements institutionnels fragmentés, tout en répondant efficacement aux besoins des populations et en renforçant la confiance publique.

5.1.2. Théories axées sur les dynamiques sociales

Les théories axées sur les dynamiques sociales et les acteurs offrent un cadre rigoureux pour analyser comment les interactions entre divers groupes, réseaux et perceptions collectives influencent l'élaboration des politiques publiques. Ces théories permettent d'explorer les mécanismes complexes qui façonnent les décisions dans des contextes marqués par des asymétries de pouvoir, des ressources limitées et des perceptions divergentes[1].

La théorie des *groupes d'intérêts* d'Arthur Bentley présente une vision pluraliste des politiques publiques, où l'État est une arène de confrontation entre groupes cherchant à défendre leurs intérêts[2]. Bentley démontre que la politique publique résulte de la négociation entre ces forces sociales. En Afrique, cette dynamique est particulièrement pertinente, car elle explique comment des acteurs variés – syndicats, groupes religieux, multinationales – influencent les

---

[1] De Herdt, T., & Olivier de Sardan, J.-P. (2015). Real Governance and Practical Norms in Sub-Saharan Africa: The Game of the Rules. Routledge.

[2] Bentley, A. F. (1908). The process of government: A study of social pressures. University of Chicago Press.

priorités gouvernementales, souvent au détriment des groupes moins structurés et moins dotés de ressources.

Les *groupes d'intérêts* en Afrique reflètent des dynamiques socio-économiques spécifiques. Les syndicats, par exemple, utilisent des moyens de pression comme les grèves pour influencer les politiques sociales, tandis que les associations communautaires mobilisent des réseaux locaux pour défendre des causes environnementales ou éducatives[1]. Cependant, ces groupes doivent souvent rivaliser avec des acteurs puissants, tels que les entreprises multinationales, qui disposent de ressources financières, de leviers politiques et d'une capacité d'influence supérieure.

Les déséquilibres structurels dans la capacité des *groupes d'intérêts* à influencer les politiques publiques sont une caractéristique centrale du contexte africain. Les groupes bénéficiant de financements externes, comme certaines Organisations non-gouvernementales, peuvent exercer une influence disproportionnée, parfois au détriment des priorités locales. Les entreprises extractives, grâce à leur pouvoir économique, obtiennent souvent des exemptions fiscales qui réduisent la capacité de l'État à investir dans les services publics. Cette asymétrie de pouvoir soulève des questions de justice sociale et d'équité[2].

Les alliances stratégiques entre *groupes d'intérêts* renforcent leur capacité à influencer les politiques. En Afrique, ces alliances prennent souvent la forme de coalitions entre syndicats, Organisations non-gouvernementales, et organisations de la société civile. Ces groupes collaborent pour mobiliser des soutiens et orienter les négociations avec l'État. Dans le secteur de l'environnement, les alliances entre organisations internationales et associations locales ont permis d'obtenir des réformes significatives dans la *gestion des ressources naturelles*, bien que ces réformes soient parfois perçues comme imposées de l'extérieur[3].

---

[1] Novelli, M., Kutan, B., Kane, P., Celik, A., Pherali, T., & Benjamin, S. (2024). Laboratories of Learning: Social Movements, Education & Knowledge-Making in the Global South. University of Sussex.

[2] Buur, L., & Therkildsen, O. (2021). "The Political Economy of Extractives in Africa: What Are the Possibilities for Reform?" The Extractive Industries and Society, 8(2), 100883.

[3] Resource Matters. (2021). "La gouvernance des ressources naturelles en Afrique francophone est plus que jamais nécessaire." Natural Resource Governance Institute.

La théorie des *réseaux de politiques publiques* de Rhodes et Marsh introduit une analyse systémique des interactions entre acteurs[1]. Contrairement à une vision centralisée de l'État, cette théorie montre que les politiques émergent d'un réseau complexe d'interactions entre acteurs interdépendants. En Afrique, cette perspective est essentielle pour comprendre comment les gouvernements, les partenaires internationaux et les communautés locales collaborent pour concevoir des politiques adaptées à des environnements diversifiés et souvent instables.

Les *réseaux de politiques publiques* en Afrique se caractérisent par une forte interdépendance entre acteurs. Les États, souvent limités par des contraintes financières et techniques, dépendent des ressources fournies par des partenaires internationaux et des Organisations non-gouvernementales. Ces relations de dépendance influencent les priorités politiques et favorisent parfois des agendas externes aux dépens des besoins locaux. Les politiques d'ajustement structurel imposées par le ont réorienté les priorités économiques africaines, souvent avec des impacts sociaux significatifs.

La flexibilité des *réseaux de politiques publiques* permet une adaptation aux crises et aux changements contextuels. Dans le contexte où les crises sanitaires, environnementales et économiques sont fréquentes, les réseaux permettent une mobilisation rapide des ressources pour répondre aux urgences. Cependant, leur durabilité dépend de leur capacité à institutionnaliser des relations, à établir des règles communes et à réduire leur dépendance aux financements externes[2]. Cette institutionnalisation est essentielle pour garantir une continuité dans la gouvernance.

La théorie des *cadres cognitifs* d'Erving Goffman offre une analyse des perceptions sociales et de leur influence sur les politiques publiques[3]. Les *cadres cognitifs*, en tant que structures mentales, filtrent les informations et orientent l'interprétation des situations. En Afrique, cette théorie permet d'explorer comment les perceptions collectives,

---

[1] Marsh, D., & Rhodes, R. A. W. (1992). Policy networks in British government. Clarendon Press.

[2] Boin, A., & Lodge, M. (2016). "Designing Resilient Institutions for Transboundary Crisis Management: A Time for Public Administration." Public Administration, 94(2), 289-298.

[3] Goffman, E. (1974). Frame analysis: An essay on the organization of experience. Harvard University Press.

souvent façonnées par des récits historiques et culturels, influencent les réactions aux politiques gouvernementales.

Les *cadres cognitifs* sont des outils puissants de mobilisation politique et sociale. En Afrique, les gouvernements et les médias utilisent des narratifs spécifiques pour présenter les politiques publiques sous un jour favorable. Les campagnes de sensibilisation sur la santé publique, comme la vaccination, utilisent des cadres qui insistent sur la sécurité des communautés et la responsabilité collective, renforçant ainsi l'adhésion populaire[1]. Cependant, ces cadres peuvent aussi être manipulés pour détourner l'attention des enjeux critiques ou pour renforcer le pouvoir en place.

Les *cadres cognitifs* négatifs, tels que les stéréotypes, influencent également les politiques en Afrique. Les perceptions discriminatoires à l'égard de certains groupes, comme les minorités ethniques ou les migrants, peuvent conduire à des politiques excluantes[2]. La théorie de Goffman aide à déconstruire ces cadres pour promouvoir des politiques plus inclusives et équitables. En adoptant des cadres qui valorisent la diversité et la justice sociale, les décideurs peuvent renforcer la cohésion nationale.

La théorie des *cadres cognitifs* révèle également comment les perceptions collectives évoluent en réponse aux crises et aux événements majeurs. En Afrique, les cadres entourant des questions comme la gouvernance ou la corruption changent rapidement en fonction des dynamiques politiques. Les révolutions et les mouvements sociaux, par exemple, redéfinissent les perceptions des citoyens sur la légitimité de leurs gouvernements[3]. Les décideurs doivent intégrer ces changements pour ajuster leurs politiques et maintenir leur légitimité.

L'interaction entre les *cadres cognitifs* et les *réseaux de politiques publiques* montre comment les perceptions influencent les négociations entre acteurs[4]. En Afrique, les cadres construits autour de la souveraineté nationale et des droits humains influencent les interactions

---

[1] Waisbord, S. (2015). "Three Challenges for Communication and Global Social Change." Communication Theory, 25(2), 144-165.

[2] Akinola, A. O. (2018). "Ethnic Politics in Kenya and Nigeria: A Comparative Study." Journal of African Elections, 17(1), 41-65.

[3] Branch, A., & Mampilly, Z. C. (2015). Africa Uprising: Popular Protest and Political Change.

[4] Bachmann, J., & Schouten, P. (2018). "Concrete Sovereignty: International Law, State Authority and Popular Claim-Making in Africa." Development and Change, 49(5), 1253-1276.

entre les gouvernements et les organisations internationales. Ces cadres servent de base pour négocier des compromis qui équilibrent les priorités locales et les exigences externes, bien qu'ils puissent aussi être sources de tensions.

Enfin, les théories axées sur les dynamiques sociales et les acteurs permettent une analyse holistique des politiques publiques en Afrique. En intégrant les perspectives des *groupes d'intérêts*, des *réseaux de politiques publiques* et des *cadres cognitifs*, les décideurs peuvent mieux comprendre les tensions entre intérêts divergents, anticiper les réactions sociales et élaborer des politiques adaptées aux contextes locaux. Ces outils analytiques offrent des solutions pratiques pour renforcer la légitimité, l'équité et l'efficacité des politiques publiques.

5.1.3 Théories centrées sur les flux et la médiatisation

Les théories centrées sur les flux et la médiatisation examinent comment les problématiques émergent dans l'agenda politique, les dynamiques de concurrence pour l'attention publique et les conditions propices à l'adoption de politiques publiques[1]. Ces modèles, notamment le modèle de Hilgartner et Bosk ainsi que la théorie des *flux multiples* de Kingdon, permettent d'analyser en profondeur les processus décisionnels dans des environnements complexes comme ceux observés en Afrique.

Le modèle de Hilgartner et Bosk, également appelé modèle des *arènes publiques*, explore la manière dont les *problèmes publics* émergent et se maintiennent dans des espaces sociaux compétitifs. Il suggère que l'attention publique est une ressource limitée, disputée par différents acteurs pour mettre en avant leurs priorités[2]. Ce cadre est particulièrement pertinent en Afrique, où les *arènes publiques* incluent des acteurs diversifiés tels que les gouvernements, les Organisations non-gouvernementales, les médias et les communautés locales. Cette compétition reflète des rapports de force souvent asymétriques, influencés par des ressources financières et symboliques inégalement réparties.

---

[1] Madrid-Morales, D., Wasserman, H., & Ahmed, S. (2024). The geopolitics of disinformation: Worldviews, media consumption and the adoption of global strategic disinformation narratives. International Journal of Public Opinion Research, 36(3), edad042.

[2] Loseke, D. (2017). Thinking about social problems: An introduction to constructionist perspectives. Routledge.

Les *arènes publiques* africaines sont marquées par une pluralité d'acteurs et de perspectives qui enrichissent le débat public. Cependant, cette diversité peut également entraîner une fragmentation de l'attention et une dispersion des ressources qui rendent difficile la priorisation des enjeux. Les politiques de santé publique doivent souvent rivaliser avec des questions sécuritaires pour attirer l'attention des décideurs, ce qui peut entraîner une allocation inégale des ressources entre les secteurs.

Une des forces du modèle de Hilgartner et Bosk est sa capacité à révéler les dynamiques de pouvoir dans la sélection des problématiques prioritaires. En Afrique, les organisations internationales et les grandes Organisations non-gouvernementales disposent souvent de ressources significatives, leur permettant d'orienter l'agenda politique. Cette influence peut favoriser des priorités exogènes, tout en négligeant les besoins locaux immédiats, comme l'accès à l'eau potable ou l'emploi des jeunes[1].

Le modèle montre également comment les ressources symboliques, telles que l'accès aux médias, influencent la visibilité des problématiques. En Afrique, les médias jouent un rôle crucial en amplifiant certains enjeux, mais leur dépendance aux financements externes peut biaiser les récits vers des priorités internationales[2]. Cette dynamique souligne la nécessité pour les décideurs africains de développer des médias locaux indépendants capables de refléter les préoccupations des populations.

Les problématiques urbaines, telles que l'accès au logement et aux infrastructures, illustrent bien la compétition dans les *arènes publiques*. L'urbanisation rapide en Afrique attire souvent l'attention sur les défis des grandes villes et laisse les besoins des zones rurales marginalisés. Le modèle de Hilgartner et Bosk aide à comprendre ces biais et à concevoir des politiques équilibrées qui intègrent les intérêts des populations urbaines et rurales.

La théorie des *flux multiples* de John Kingdon analyse la manière dont trois flux distincts – les problèmes, les solutions et la dynamique politique – convergent pour créer des fenêtres d'opportunité propices à

---

[1] Wainberg, M. L., Scorza, P., Shultz, J. M., Helpman, L., Mootz, J. J., Johnson, K. A., ... & Arbuckle, M. R. (2017). Challenges and opportunities in global mental health: a research-to-practice perspective. Current psychiatry reports, 19, 1-10.

[2] Muneri, C. T. (2024). Evolving Journalism Practices in the Global South: Convergence, Continuities, and Disjuncture. In The Routledge Companion to Journalism in the Global South (pp. 409-418). Routledge.

l'adoption de politiques publiques[1]. Ce cadre dynamique est particulièrement pertinent en Afrique, où les environnements politiques et socio-économiques sont souvent instables et sujets à des crises récurrentes.

Le *flux des problèmes* regroupe les enjeux identifiés comme prioritaires par les décideurs. En Afrique, la multiplicité des défis – pauvreté, crises sanitaires, *changement climatique* – rend difficile la priorisation. La pandémie de Covid-19 a fait émerger de nouveaux problèmes, tels que la gestion des systèmes de santé fragiles, redéfinissant ainsi les priorités politiques à court terme tout en mettant de côté des défis structurels de long terme[2].

Le *flux des solutions* rassemble les idées et les propositions d'interventions issues des experts, des institutions et des groupes d'intérêt. En Afrique, ce flux est souvent influencé par des acteurs internationaux qui introduisent des modèles externes de gouvernance ou de développement. Cependant, ces solutions importées peuvent ne pas être adaptées aux réalités locales, créant une inadéquation entre les politiques adoptées et les besoins des populations[3].

Le *flux politique* est façonné par les dynamiques de pouvoir, les transitions politiques et les crises. En Afrique, les changements fréquents de gouvernement, les pressions des bailleurs de fonds et les tensions régionales influencent fortement ce flux. Une crise économique peut créer une opportunité pour introduire des réformes fiscales, mais la volatilité politique peut limiter leur mise en œuvre effective[4].

La convergence de ces trois flux ouvre des fenêtres d'opportunité pour agir. Ces moments sont souvent conditionnés par des crises, comme la sécheresse ou les épidémies, qui mobilisent rapidement l'attention publique et les ressources internationales. Cependant, ces fenêtres sont souvent courtes et nécessitent une préparation en amont pour maximiser leur impact. En Afrique, l'absence de mécanismes

---

[1] Kingdon, J. W. (1995). Agendas, alternatives, and public policies (2nd ed.). HarperCollins College Publishers.

[2] Hickey, S., Sen, K., & Bukenya, B. (Eds.). (2015). The Politics of Inclusive Development: Interrogating the Evidence. Oxford University Press.

[3] Kelsall, T. (2016). "Thinking and Working with Political Settlements." Overseas Development Institute.

[4] Hickey, S., Sen, K., & Bukenya, B. (Eds.). (2015). The Politics of Inclusive Development: Interrogating the Evidence. Oxford University Press.

robustes de *Suivi et évaluation* limite la capacité des gouvernements à anticiper ces moments et à agir efficacement.

Les limites de la théorie des *flux multiples* résident dans l'influence excessive des acteurs externes sur les solutions et les priorités. Les bailleurs de fonds internationaux, en dictant leurs conditions, peuvent restreindre l'autonomie des gouvernements africains et détourner les ressources de priorités locales. Cette dépendance réduit la capacité des États à concevoir des politiques réellement inclusives et adaptées[1].

En intégrant ces deux cadres théoriques, les décideurs africains peuvent adopter une approche stratégique pour prioriser les enjeux et renforcer leur légitimité. Le modèle de Hilgartner et Bosk aide à équilibrer les dynamiques de pouvoir dans les *arènes publiques*, tandis que la théorie des *flux multiples* offre un cadre pour aligner les priorités, les solutions et la dynamique politique. Cette combinaison peut améliorer la cohérence et l'impact des politiques publiques en Afrique.

Enfin, ces théories permettent de réfléchir à des mécanismes institutionnels pour renforcer la résilience des systèmes décisionnels. En développant des capacités locales pour identifier, prioriser et répondre aux besoins des populations, les gouvernements africains peuvent réduire leur dépendance aux influences externes et accroître la durabilité de leurs interventions. En mettant l'accent sur les spécificités locales tout en intégrant des solutions globales, ces cadres offrent une voie pour des politiques publiques plus inclusives et adaptées.

5.2. Méthodologies pour l'analyse du problème public

L'analyse des *problèmes publics* en Afrique repose sur une compréhension nuancée des dynamiques politiques, économiques, et sociales spécifiques au continent, qui doivent être intégrées à l'utilisation de méthodologies rigoureuses. L'efficacité de ces méthodes réside dans leur capacité à répondre aux besoins locaux tout en s'appuyant sur des concepts académiques éprouvés et des cadres analytiques robustes[2]. Dans un contexte africain marqué par la diversité des *systèmes politiques* et économiques, la fragilité institutionnelle, et

[1] Brown, W. (2013). "Sovereignty Matters: Africa, Donors, and the Aid Relationship." African Affairs, 112(447), 262-282.

[2] Darbon, D., Nakanabo Diallo, R., Provini, O., & Schlimmer, S. (2019). "Un état de la littérature sur l'analyse des politiques publiques en Afrique." AFD Research Papers, 2019-98.

les disparités socio-économiques, l'application de méthodologies appropriées permet non seulement de mieux cerner les problèmes, mais aussi de proposer des solutions adaptées aux réalités locales.

Les approches quantitatives jouent un rôle central dans l'identification des *problèmes publics* en Afrique, notamment à travers l'utilisation des données nationales issues des agences statistiques. Ces données permettent de dresser une première cartographie des indicateurs socio-économiques, comme le taux de pauvreté, le chômage, l'accès aux soins de santé, ou encore les niveaux d'éducation[1]. Toutefois, dans le contexte africain, ces indicateurs doivent être interprétés avec précaution. En effet, l'agrégation des données à l'échelle nationale peut masquer des disparités régionales importantes, notamment entre les zones urbaines et rurales. L'analyse des données statistiques doit donc être complétée par des méthodes qui permettent d'affiner cette compréhension et de mieux intégrer les dynamiques régionales.

Les analyses statistiques avancées, telles que les modèles de régression et les analyses multivariées, permettent d'identifier les facteurs déterminants qui influencent un *problème public*. En Afrique, l'usage de ces techniques est crucial pour comprendre les interactions complexes entre des variables comme l'éducation, la démographie et l'accès aux infrastructures[2]. Ces outils permettent d'aller au-delà de la simple corrélation, en identifiant les causalités potentielles et en évaluant l'impact des différents facteurs sur le *problème public*. Une étude des déterminants de la pauvreté en Afrique subsaharienne a révélé que l'accès à l'éducation des filles était l'un des principaux leviers pour réduire les inégalités économiques à long terme[3]. Cette analyse permet de formuler des recommandations politiques basées sur des données empiriques pour renforcer l'efficacité des politiques publiques.

Cependant, les approches quantitatives ne suffisent pas à elles seules pour capter les réalités sociales et culturelles qui façonnent les *problèmes publics*. Dans le contexte africain, où les structures formelles et informelles de gouvernance coexistent, les approches qualitatives

---

[1] Jerven, M. (2016). Research note: Africa by numbers: Reviewing the database approach to studying African economies. African Affairs, 115(459), 342-358.

[2] Shelton, R. C., Cooper, B. R., & Stirman, S. W. (2018). The sustainability of evidence-based interventions and practices in public health and health care. Annual review of public health, 39(1), 55-76.

[3] World Bank. (2018). Realizing the Full Potential of Social Safety Nets in Africa. Washington, DC: World Bank.

apportent une compréhension plus fine des perceptions et des dynamiques locales. Les entretiens semi-directifs, les groupes de discussion, et les ateliers participatifs permettent d'explorer les perceptions des communautés sur les *problèmes publics*. Ces méthodologies sont particulièrement utiles pour capter des dynamiques qui échappent aux enquêtes statistiques, comme la gestion des ressources par les autorités traditionnelles ou les normes sociales qui influencent le comportement des individus. Dans les zones rurales du Sahel, les perceptions des communautés concernant la gestion des terres et des ressources naturelles sont souvent déterminées par des normes coutumières qui entrent parfois en contradiction avec les lois formelles. Les méthodologies qualitatives permettent de mieux comprendre ces interactions complexes et d'ajuster les politiques publiques en fonction des attentes et des besoins des populations locales[1].

Les méthodes mixtes, qui combinent les approches qualitatives et quantitatives, permettent d'obtenir une vue d'ensemble du *problème public* tout en tenant compte des dynamiques locales. Dans le contexte africain, ces approches sont particulièrement pertinentes pour capter la diversité des situations et des perceptions. Les études combinant des enquêtes quantitatives sur les indicateurs de développement et des entretiens qualitatifs permettent d'identifier non seulement l'ampleur du problème, mais aussi les causes profondes et les dynamiques sociales qui sous-tendent ces défis. Cette approche intégrée est essentielle pour formuler des recommandations politiques fondées à la fois sur des preuves empiriques robustes et sur une compréhension fine des réalités locales.

L'*évaluation d'impact* des politiques publiques est une autre méthodologie clé qui permet de mesurer l'efficacité des interventions après leur mise en œuvre. En Afrique, l'*évaluation d'impact* permet de comprendre pourquoi certaines politiques ont réussi, tandis que d'autres ont échoué, et de tirer des leçons pour améliorer les futures interventions. L'*évaluation d'impact* des programmes de transfert monétaire en Afrique subsaharienne a montré que ces programmes avaient des effets positifs sur la réduction de la pauvreté et l'amélioration de l'accès à l'éducation, mais que leur efficacité

[1] Sjaastad, E., & Bromley, D. W. (2017). Indigenous land rights in sub-Saharan Africa: Appropriation, security and investment demand. In The Economics of Land Use (pp. 425-438). Routledge.

dépendait fortement de la qualité de la mise en œuvre locale et de l'adhésion des communautés bénéficiaires[1].

Les évaluations d'impact environnemental, qui sont couramment utilisées en Afrique dans les secteurs de l'exploitation minière ou de l'infrastructure, pour anticiper les conséquences des projets sur l'environnement et les communautés. Dans une logique de prévention des conflits et de durabilité, les évaluations d'impact offrent une dimension prospective qui permet d'adapter les interventions politiques aux risques anticipés et de réduire les effets négatifs sur les populations et les écosystèmes[2].

L'analyse des parties prenantes constitue une autre méthodologie cruciale dans l'identification des *problèmes publics* en Afrique. Cette approche permet de cartographier les acteurs impliqués dans un *problème public*, d'identifier leurs intérêts et d'évaluer leurs influences respectives[3]. Cette analyse est essentielle pour comprendre les dynamiques de pouvoir et les interactions entre les acteurs formels et informels. Dans la *gestion des ressources naturelles*, les acteurs locaux (chefs traditionnels, communautés) jouent souvent un rôle déterminant dans la mise en œuvre des politiques publiques, même si leurs intérêts divergent parfois de ceux des gouvernements ou des entreprises internationales. La prise en compte de ces acteurs est cruciale pour éviter les conflits et pour assurer une meilleure adhésion aux politiques publiques.

Enfin, l'utilisation des rapports internationaux et des indicateurs globaux fournit un cadre analytique qui permet de situer les *problèmes publics* africains dans une perspective comparative. Toutefois, ces indicateurs doivent être adaptés aux spécificités locales pour éviter des solutions trop standardisées et inappropriées[4]. Dans ce cadre, il est essentiel que les décideurs africains adoptent une approche critique et contextualisée des recommandations internationales, en tenant compte des réalités socio-économiques et culturelles locales. Cela permet d'intégrer des solutions globales tout en restant ancré dans le contexte

---

[1] World Bank. (2018). Realizing the Full Potential of Social Safety Nets in Africa. Washington, DC: World Bank.

[2] African Development Bank (AfDB). (2024). Environmental and Social Impact Assessments: Good Practice Note. African Development Bank.

[3] Bryson, J. M., & Quinn Patton, M. (2015). Analyzing and engaging stakeholders. Handbook of practical program evaluation, 36-61.

[4] United Nations Development Programme (UNDP). (2022). Human Development Report 2022: Uncertain Times, Unsettled Lives. New York: UNDP.

africain, garantissant ainsi une meilleure efficacité des politiques publiques.

Le bon usage des méthodologies d'identification des *problèmes publics* en Afrique repose sur une combinaison stratégique de méthodes qualitatives et quantitatives, adaptées aux réalités locales et soutenues par des concepts scientifiques rigoureux. Ces approches permettent de formuler des politiques publiques basées sur des données probantes, tout en tenant compte des dynamiques sociales, culturelles et économiques qui caractérisent les sociétés africaines. L'intégration de ces méthodologies dans le processus d'élaboration des politiques publiques renforce la capacité des gouvernements africains à répondre de manière plus efficace aux défis auxquels leurs populations sont confrontées.

5.2.1. Méthodes et analyses quantitative

Les méthodes quantitatives représentent un socle fondamental pour concevoir des politiques publiques rigoureuses et adaptées. Leur force réside dans leur capacité à transformer des phénomènes complexes en données exploitables pour une compréhension approfondie des dynamiques sociales, économiques et environnementales[1]. En Afrique, leur pertinence est renforcée par la nécessité de disposer d'outils analytiques pour naviguer dans des contextes marqués par des défis multiples et interconnectés. Elles offrent un cadre pour évaluer les besoins, identifier les priorités et anticiper les impacts des politiques, tout en garantissant une base scientifique aux décisions prises.

Un élément central de ces approches repose sur les enquêtes statistiques, lesquelles permettent de collecter des données fiables et représentatives. Ces enquêtes reposent sur des techniques comme l'échantillonnage stratifié et garantissent une couverture adéquate des sous-populations clés, notamment dans les zones rurales ou marginalisées. À titre d'exemple, une enquête sur les conditions de vie peut fournir des informations essentielles sur la pauvreté ou l'accès aux infrastructures pour guider les politiques d'investissement. Cependant, l'enjeu ne se limite pas à la collecte des données : leur analyse exige des méthodologies rigoureuses pour dégager des tendances exploitables et des causalités fiables[2].

---

[1] Kinyondo, A., & Pelizzo, R. (2018). Poor quality of data in Africa: What are the issues?. Politics & Policy, 46(6), 851-877.

[2] Heeringa, S. G., West, B. T., & Berglund, P. A. (2017). Applied survey data analysis. chapman and hall/CRC.

Les séries temporelles, souvent négligées dans leur potentiel, jouent un rôle majeur dans la prévision et l'analyse des évolutions à long terme. Elles permettent d'identifier des schémas répétitifs ou des points d'inflexion, essentiels pour des secteurs comme la santé publique ou l'agriculture. Dans le contexte où les systèmes économiques et sociaux sont sensibles aux fluctuations exogènes, comme les prix des matières premières ou les aléas climatiques, ces analyses permettent de planifier des politiques résilientes[1]. Une analyse des tendances démographiques pourrait éclairer les besoins en infrastructures scolaires et sanitaires pour les décennies à venir, évitant ainsi des goulots d'étranglement futurs.

Les modèles économétriques, quant à eux, apportent une sophistication supplémentaire en permettant d'étudier des interactions complexes entre variables. Un modèle à équations simultanées pourrait analyser les effets croisés des politiques fiscales sur la croissance économique, la consommation des ménages et l'investissement privé. Ces modèles permettent de mieux comprendre les synergies entre différents secteurs et d'anticiper les conséquences indirectes des réformes et renforcer ainsi la cohérence des politiques[2]. Toutefois, leur application nécessite des données fiables et des capacités analytiques avancées, ce qui soulève l'importance d'un renforcement des infrastructures et des compétences locales.

Une autre méthode d'une importance cruciale dans les contextes africains est l'analyse par variables instrumentales. Cette approche statistique permet de résoudre des problèmes de causalité, en distinguant les relations directes des corrélations apparentes. Dans le domaine de l'éducation, les variables instrumentales peuvent être utilisées pour estimer l'impact réel des programmes d'investissement dans les infrastructures scolaires sur les résultats académiques, en contrôlant des facteurs confondants tels que la pauvreté ou les contextes régionaux[3]. Ces résultats sont essentiels pour orienter les budgets publics de manière optimale.

---

[1] Pole, A., West, M., & Harrison, J. (2018). Applied Bayesian forecasting and time series analysis. Chapman and Hall/CRC.

[2] Mukherjee, C., White, H., & Wuyts, M. (2013). Econometrics and data analysis for developing countries. Routledge.

[3] Gennetian, L. A., Bos, J. M., & Morris, P. A. (2002). Using instrumental variables analysis to learn more from social policy experiments. Moving to the next level: Combining experimental and nonexperimental methods to advance employment policy research. New York: Russell Sage Foundation.

Les *Systèmes d'information géographique* constituent un autre pilier méthodologique pour une planification spatiale efficace. Ils permettent de superposer et de croiser des données géoréférencées et rendent visibles des disparités autrement difficilement identifiables. Un *système d'information géographique* bien conçu peut, par exemple, révéler des zones où les besoins en infrastructures de santé coïncident avec des taux élevés de mortalité infantile pour faciliter une priorisation des investissements. Ces outils, en combinant données socio-économiques et environnementales, renforcent l'efficience et l'impact des politiques ciblées, notamment dans les régions rurales isolées[1].

Les analyses de clustering et les techniques d'*analyse en composantes principales* apportent une valeur ajoutée dans le traitement des ensembles de données volumineux. Ces approches permettent de simplifier les bases de données tout en identifiant des structures sous-jacentes, comme les groupes de population ayant des caractéristiques similaires[2]. En Afrique, elles ont été utilisées pour regrouper des communautés en fonction de leur vulnérabilité socio-économique pour informer les stratégies d'allocation des ressources. Ce niveau de granularité est particulièrement crucial dans des contextes où les disparités entre régions et groupes sociaux peuvent être extrêmes.

La simulation et la modélisation, comme les *modèles d'équilibre général calculable*, permettent de tester des scénarios politiques dans des environnements virtuels, offrant ainsi une prévisualisation des impacts potentiels. Ces outils sont utilisés pour évaluer les effets à long terme des réformes économiques ou des politiques environnementales[3]. En simulant les conséquences d'une augmentation des investissements dans les énergies renouvelables, les décideurs peuvent estimer les gains potentiels en matière d'emploi, de réduction des émissions et de croissance économique. Ces analyses orientent les décisions vers des choix stratégiques basés sur des preuves concrètes.

Les méthodes d'apprentissage automatique et les algorithmes d'*Intelligence artificielle* ajoutent une dimension novatrice aux

---

[1] Chukwuocha, A. C., & Ac-Chukwuocha, N. (2014). Geographic information system planning and monitoring best practices for West Africa. African Journal of Environmental Science and Technology, 8(1), 31-40.

[2] Jolliffe, I. T., & Cadima, J. (2016). Principal component analysis: a review and recent developments. Philosophical transactions of the royal society A: Mathematical, Physical and Engineering Sciences, 374(2065), 20150202.

[3] Burfisher, M. E. (2021). Introduction to computable general equilibrium models. Cambridge University Press.

capacités analytiques des décideurs. Dans le contexte où les données massives deviennent de plus en plus disponibles grâce aux *technologies mobiles*, ces outils peuvent traiter des ensembles complexes pour identifier des schémas prédictifs[1]. Des modèles d'apprentissage automatique peuvent être utilisés pour anticiper les zones à risque de sécheresse pour aider les gouvernements à prévenir les crises alimentaires par des mesures préventives adaptées.

Les analyses longitudinales, souvent sous-exploitées, permettent de suivre l'évolution des groupes ou des individus sur de longues périodes. Elles sont particulièrement utiles pour évaluer les impacts cumulatifs des politiques publiques, comme les transferts monétaires ou les programmes de formation professionnelle[2]. Ces analyses offrent une perspective temporelle unique et révèlent non seulement les succès immédiats, mais aussi les effets différés ou inattendus des interventions.

L'intégration des méthodologies quantitatives avec des approches qualitatives renforce considérablement leur pertinence. Cette combinaison permet d'ajouter une dimension contextuelle aux données chiffrées et capture mieux des dynamiques socioculturelles souvent invisibles dans les analyses strictement quantitatives[3]. Une enquête qualitative pourrait éclairer les raisons pour lesquelles certaines politiques éducatives réussissent mieux dans certaines communautés, en identifiant des facteurs culturels ou locaux influençant leur mise en œuvre. Cette complémentarité méthodologique permet de concevoir des politiques publiques mieux adaptées aux réalités africaines.

Les méthodes quantitatives, lorsqu'elles sont appliquées avec rigueur scientifique et enrichies d'approches complémentaires, offrent une base robuste pour une gouvernance éclairée et inclusive. Leur utilité dépasse la simple collecte de données : elles permettent de concevoir des politiques qui répondent efficacement aux défis actuels tout en anticipant les besoins futurs[4]. L'investissement dans des capacités analytiques locales, des infrastructures modernes et des

---

[1] Ojokoh, B. A., Samuel, O. W., Omisore, O. M., Sarumi, O. A., Idowu, P. A., Chimusa, E. R., ... & Katsriku, F. A. (2020). Big data, analytics and artificial intelligence for sustainability. Scientific African, 9, e00551.

[2] Singer, J. D. (2003). Applied longitudinal data analysis: Modeling change and event occurrence. Oxford university press.

[3] Strijker, D., Bosworth, G., & Bouter, G. (2020). Research methods in rural studies: Qualitative, quantitative and mixed methods. Journal of Rural Studies, 78, 262-270.

[4] Wooldridge, J. M. (2020). Introductory econometrics: A modern approach. Australia: Cengage Learning.

collaborations internationales constitue une condition essentielle pour maximiser l'impact de ces approches dans la poursuite d'un développement durable et équitable en Afrique[1].

5.2.2. Méthodes qualitatives et mixtes

Les approches qualitatives s'imposent comme des méthodes fondamentales pour une analyse approfondie des politiques publiques. Elles vont au-delà des chiffres pour capturer les dynamiques culturelles, sociales et économiques qui influencent les comportements des populations[2]. En Afrique, où les contextes locaux varient considérablement, ces méthodes offrent une compréhension fine des perceptions, des motivations et des expériences. Leur pertinence repose sur leur capacité à contextualiser les enjeux, en intégrant des dynamiques informelles et souvent invisibles, cruciales pour concevoir des politiques adaptées et inclusives[3].

Parmi les outils qualitatifs les plus prisés, les entretiens approfondis permettent de recueillir des perspectives détaillées auprès des parties prenantes. Ces entretiens sont particulièrement précieux pour aborder des sujets sensibles ou complexes, tels que la perception des réformes gouvernementales ou les tensions foncières. En Afrique, les entretiens peuvent révéler des obstacles cachés à la mise en œuvre des politiques, comme les normes socioculturelles qui influencent l'accès aux services de santé ou l'éducation des filles[4]. Ces données enrichissent les analyses en complétant les lacunes souvent laissées par les approches quantitatives, notamment sur des sujets moins quantifiables, comme la satisfaction des bénéficiaires ou les dynamiques de pouvoir au sein des communautés[5].

Les groupes de discussion offrent une autre approche essentielle, particulièrement adaptée à l'analyse des dynamiques collectives et des perceptions partagées. En rassemblant des individus aux profils variés

---

[1] Lehohla, P. (2008). Statistical development in Africa in the context of the global statistical system. Statistical Journal of the IAOS, 25(1-2), 27-45.

[2] Flick, U. (2022). The SAGE handbook of qualitative research design.

[3] Halme, M., Piekkari, R., Matos, S., Wierenga, M., & Hall, J. (2024). Rigour vs. reality: Contextualizing qualitative research in the low-income settings in emerging markets. British Journal of Management, 35(1), 36-51.

[4] Pell, C., Straus, L., Andrew, E. V., Meñaca, A., & Pool, R. (2011). Social and cultural factors affecting uptake of interventions for malaria in pregnancy in Africa: a systematic review of the qualitative research. PloS one, 6(7), e22452.

[5] Bridges, K., & Woolcock, M. (2022). Measuring what matters: Principles for a balanced data suite that prioritizes problem-solving and learning. World Bank.

pour échanger sur un sujet donné, ces groupes permettent de mettre en lumière des normes sociales, des tensions ou des consensus[1]. Dans le cadre de politiques de *gestion des ressources naturelles* en Afrique, les groupes de discussion peuvent révéler les perceptions divergentes entre les communautés locales, les autorités étatiques et les investisseurs privés. Ces interactions révèlent également des nuances dans les priorités et les attentes des différentes parties prenantes et permettent aux décideurs de mieux cibler leurs interventions.

L'observation directe sur le terrain constitue une méthode qualitative puissante pour capturer les pratiques et les comportements dans leur contexte naturel. Contrairement aux enquêtes ou entretiens, qui s'appuient sur des réponses déclaratives, l'observation permet d'accéder à des éléments tacites souvent non exprimés. En Afrique, cette approche est particulièrement utile pour analyser les marchés informels, les pratiques agricoles traditionnelles ou les dynamiques familiales. L'observation des interactions sur un marché informel peut révéler des mécanismes d'entraide ou des dynamiques de pouvoir qui influencent le fonctionnement économique local pour fournir ainsi des données cruciales pour l'élaboration de politiques économiques inclusives[2].

L'analyse documentaire enrichit la compréhension des priorités et des discours sous-jacents aux politiques publiques. Les documents officiels, rapports d'organisations internationales et archives historiques constituent des sources précieuses pour déceler les tensions entre différentes visions du développement. Dans le domaine de l'éducation, l'analyse des politiques nationales peut révéler des biais implicites, comme une focalisation excessive sur les zones urbaines au détriment des communautés rurales[3]. Ces données offrent une base pour ajuster les stratégies afin de promouvoir une équité plus large dans l'allocation des ressources.

Les approches qualitatives permettent également de capturer les récits qui façonnent les perceptions et les résistances face aux politiques

---

[1] Winke, P. (2017). Using focus groups to investigate study abroad theories and practice. System, 71, 73-83.

[2] Concato, J., Lawler, E. V., Lew, R. A., Gaziano, J. M., Aslan, M., & Huang, G. D. (2010). Observational methods in comparative effectiveness research. The American journal of medicine, 123(12), e16-e23.

[3] Samoff, J. (1999). Education sector analysis in Africa: limited national control and even less national ownership. International Journal of Educational Development, 19(4-5), 249-272.

publiques. Ces récits, souvent ancrés dans l'histoire locale ou coloniale, influencent fortement la manière dont les communautés perçoivent les interventions externes[1]. En Afrique, par exemple, les récits autour de l'indépendance ou de la marginalisation économique peuvent alimenter des réticences face à certains programmes soutenus par des bailleurs internationaux. En comprenant ces récits, les décideurs peuvent formuler des politiques qui s'alignent sur les valeurs et les aspirations locales et renforcer leur acceptabilité.

La participation des parties prenantes constitue une dimension clé des approches qualitatives, en intégrant les points de vue des populations concernées dès les premières étapes de l'élaboration des politiques. Cette inclusion renforce non seulement la légitimité des décisions, mais permet également d'identifier des besoins spécifiques souvent négligés. Dans le contexte où les relations entre les gouvernements centraux et les communautés locales peuvent être fragiles, la consultation des parties prenantes améliore la cohérence des interventions et réduit les risques de rejet ou de conflit[2].

Cependant, les limites des approches qualitatives ne doivent pas être ignorées. Leur caractère souvent contextuel et spécifique limite la généralisation des résultats. Dans le contexte où les diversités linguistiques et culturelles sont considérables, les résultats obtenus dans une région peuvent ne pas être applicables ailleurs. Pour pallier cette limite, les approches qualitatives sont souvent intégrées dans des cadres méthodologiques mixtes, qui permettent de trianguler les résultats et d'accroître leur validité[3].

Les approches mixtes, combinant méthodes qualitatives et quantitatives, offrent une profondeur analytique accrue. Elles permettent de compléter les données quantitatives par des informations contextuelles riches, tout en renforçant la rigueur des analyses qualitatives par des données statistiques[4]. Une enquête nationale sur l'accès à l'eau potable peut être complétée par des entretiens qualitatifs

---

[1] Sanga, U., & Schlüter, M. Understanding narratives that shape food security and agricultural innovation in sub-Saharan Africa through collaborative storytelling and model simulation.

[2] Sherman, M. H., & Ford, J. (2014). Stakeholder engagement in adaptation interventions: an evaluation of projects in developing nations. Climate Policy, 14(3), 417-441.

[3] Creswell, J. W., & Plano Clark, V. L. (2023). Revisiting mixed methods research designs twenty years later. Handbook of mixed methods research designs, 21-36.

[4] Creswell, J. W., & Plano Clark, V. L. (2023). Revisiting mixed methods research designs twenty years later. Handbook of mixed methods research designs, 21-36.

explorant les perceptions locales sur la qualité de l'eau ou les pratiques de gestion communautaire[1]. Cette combinaison permet d'obtenir une vision plus holistique des problèmes et de leurs solutions potentielles.

Les méthodes mixtes se distinguent également par leur capacité à trianguler les données pour renforcer leur fiabilité[2]. Dans le contexte où les données quantitatives sont parfois incomplètes ou obsolètes, la *triangulation des données* permet de valider ou d'ajuster les conclusions initiales. Les statistiques sur la pauvreté peuvent être enrichies par des observations locales ou des *focus groups*, révélant des dimensions non capturées par les chiffres seuls, comme l'accès informel aux réseaux d'entraide.

La flexibilité méthodologique des approches mixtes est un autre atout. Ces méthodes permettent de moduler les outils et les séquences de collecte en fonction des objectifs et des contraintes spécifiques de chaque projet[3]. Dans le contexte où les environnements de recherche varient largement, cette flexibilité est essentielle. Une étude sur les impacts du *changement climatique* peut commencer par une analyse statistique des tendances météorologiques, suivie d'entretiens avec des agriculteurs pour comprendre leurs stratégies d'adaptation. Cette complémentarité garantit une compréhension approfondie et contextuelle des enjeux.

Toutefois, la mise en œuvre des approches mixtes nécessite des ressources substantielles, tant en termes de financement que de compétences. Dans le contexte où les budgets de recherche sont souvent limités, leur adoption exige une priorisation stratégique des études les plus critiques. Le renforcement des capacités locales est essentiel pour garantir que les chercheurs maîtrisent à la fois les outils qualitatifs et quantitatifs, afin d'assurer une intégration rigoureuse des données.

Enfin, les approches mixtes jouent un rôle stratégique dans la communication des résultats et la transparence des politiques publiques. En combinant des statistiques claires avec des récits locaux et des

---

[1] Campbell, R., Goodman-Williams, R., Feeney, H., & Fehler-Cabral, G. (2020). Assessing triangulation across methodologies, methods, and stakeholder groups: The joys, woes, and politics of interpreting convergent and divergent data. American Journal of Evaluation, 41(1), 125-144.

[2] Gibson, C. B. (2017). Elaboration, generalization, triangulation, and interpretation: On enhancing the value of mixed method research. Organizational Research Methods, 20(2), 193-223.

[3] Creswell, J. W., & Plano Clark, V. L. (2023). Revisiting mixed methods research designs twenty years later. Handbook of mixed methods research designs, 21-36.

analyses qualitatives, elles permettent de rendre les politiques plus accessibles au grand public[1]. Dans le contexte où la confiance dans les institutions publiques peut être limitée, cette transparence renforce la légitimité des décisions et encourage une participation citoyenne accrue.

Au total, les approches qualitatives et mixtes offrent une méthodologie robuste et nuancée pour l'élaboration des politiques publiques en Afrique. En intégrant des dynamiques contextuelles et des données empiriques rigoureuses, elles permettent de concevoir des interventions plus cohérentes, inclusives et efficaces. Investir dans la formation, les infrastructures et l'adaptation des outils de recherche est essentiel pour maximiser leur impact et répondre aux défis complexes du développement durable. Ces approches, bien qu'exigeantes, représentent une opportunité incontournable pour renforcer la pertinence et l'acceptabilité des politiques publiques à tous les niveaux.

[1] Patton, M. Q. (2014). Qualitative research & evaluation methods: Integrating theory and practice. Sage publications.

VI

LE FINANCEMENT ET GESTION DES POLITIQUES PUBLIQUES

L'Afrique est confrontée à des défis majeurs dans le financement et la mise en œuvre de ses politiques publiques, marqués par une forte dépendance aux financements extérieurs et une faible mobilisation des ressources internes. Dans un contexte de pressions économiques mondiales et d'infrastructures économiques sous-développées, il devient crucial pour les pays africains de trouver des mécanismes de financement innovants et de renforcer l'autonomie des États à travers des réformes fiscales et la lutte contre l'évasion fiscale. L'optimisation des ressources est essentielle pour réduire la dépendance à l'aide internationale et pour instaurer une gouvernance financière plus stable[1].

Les *Partenariats public-privé* sont identifiés comme une solution prometteuse pour le financement des infrastructures et services essentiels, en attirant l'expertise et le capital du secteur privé[2]. Cependant, le succès de ces partenariats repose sur un encadrement rigoureux qui garantit la transparence et la responsabilité. Parallèlement, l'utilisation d'instruments financiers innovants, tels que les *obligations vertes*, offre des perspectives de diversification des sources de financement, tout en soutenant des projets ayant un impact social et environnemental positif[3].

Dans la mise en œuvre des politiques publiques, l'Afrique adopte des approches de gestion inspirées des pratiques mondiales pour s'adapter à ses défis contextuels. La *Nouvelle gestion publique* [4], axée sur la transparence et la décentralisation, et la *Gestion Axée sur les Résultats*, orientée vers un suivi des résultats en temps réel, permettent

---

[1] Njau, A. P., Kombe, W. J., & Melyoki, L. L. (2023). Enhancing Domestic Resource Mobilization: Experiences, Challenges and Potential Opportunities from the Sub-Sahara Africa. International Journal of Social Science Research and Review, 6(3), 116-128.

[2] Dykes, B. J., & Jones, C. D. (2016). Public-private partnerships in Africa: Challenges and opportunities for future management research. Africa Journal of Management, 2(3), 381-393.

[3] Herrera, H. (2024). The proliferation of municipal green bonds in Africa and Latin America: the need for a climate justice approach. Environment & Urbanization, 36(1), 147-172.

[4] Ferlie, E. (2017). The new public management and public management studies. In Oxford Research Encyclopedia of Business and Management.

aux gouvernements d'optimiser les interventions et de réagir rapidement face aux crises. Ces approches sont complétées par la *Gestion participative*, qui renforce la légitimité des politiques en impliquant les citoyens, et la *Gestion du changement*, qui facilite les réformes dans des contextes parfois résistants[1].

Enfin, la *Gestion des connaissances* et la *Gestion de la performance* jouent un rôle central pour renforcer la résilience et la responsabilité des institutions publiques africaines[2]. En capitalisant sur les expériences locales et internationales, les gouvernements africains peuvent mieux répondre aux défis de développement, notamment en maximisant les ressources limitées dans des secteurs stratégiques. Les diverses méthodes de gestion adaptées aux spécificités africaines permettent aux décideurs d'optimiser l'impact de leurs interventions et de contribuer au développement durable du continent.

6.1. Mécanismes de financement des politiques publiques

L'Afrique fait face à des défis importants dans le financement de ses politiques publiques, notamment en raison de la dépendance aux financements extérieurs, de la faible mobilisation des ressources internes et des pressions économiques mondiales. Le cadre institutionnel et financier des politiques publiques africaines est souvent limité par des ressources budgétaires contraintes, une capacité fiscale inégale et des infrastructures économiques sous-développées[3]. Ces défis appellent des solutions innovantes et adaptées au contexte local pour garantir l'efficacité et la durabilité des politiques publiques dans un environnement complexe et changeant.

La mobilisation accrue des ressources domestiques est une priorité pour renforcer l'autonomie des États africains dans la mise en œuvre de

---

[1] Andrews, M. (2015). Explaining positive deviance in public sector reforms in development. World Development, 74, 197-208.

[2] Howard-Grenville, J., Davis, G. F., Dyllick, T., Miller, C. C., Thau, S., & Tsui, A. S. (2019). Sustainable development for a better world: Contributions of leadership, management, and organizations. Academy of Management Discoveries, 5(4), 355-366.

[3] Zaman, K. A. U., & Sarker, T. (2022). Public finance and fiscal instruments for sustainable development. De Gruyter Handbook of Sustainable Development and Finance, 153.

leurs politiques[1]. Une réforme fiscale bien pensée pourrait accroître les recettes intérieures tout en maintenant la compétitivité économique. La taxation progressive, la lutte contre l'évasion fiscale et l'intégration des acteurs informels au sein du système fiscal sont autant de leviers pour optimiser les revenus de l'État. Ces mesures, en ciblant les spécificités du contexte africain, réduiraient la dépendance vis-à-vis de l'aide internationale et favoriseraient une gouvernance financière plus stable et indépendante.

Les *Partenariats public-privé* représentent un mécanisme de financement prometteur pour les infrastructures et services essentiels. En Afrique, ils permettent d'attirer l'expertise et le capital du secteur privé dans des domaines stratégiques comme les énergies renouvelables, les transports et la santé. Toutefois, pour assurer leur succès, ces partenariats doivent être rigoureusement encadrés, avec des mécanismes de transparence et de responsabilité, pour éviter les dérives et maximiser les impacts sociaux. Les *Partenariats public-privé*, adaptés au contexte africain, peuvent ainsi jouer un rôle clé dans l'extension des capacités de l'État à répondre aux besoins de la population[2].

Les instruments financiers innovants, tels que les *obligations vertes* et les *obligations d'impact social*, créent de nouvelles opportunités de financement pour les politiques publiques. Ces outils attirent des investisseurs engagés dans des projets alignés avec les *Objectifs de développement durable* et les priorités climatiques du continent[3]. En intégrant ces mécanismes, les gouvernements africains peuvent diversifier leurs sources de financement, renforcer leur résilience face aux pressions économiques globales et soutenir des projets ayant un impact social et environnemental positif.

Le soutien des diasporas africaines et l'accès aux financements internationaux, comme ceux des fonds climatiques, constituent également des ressources stratégiques pour financer les priorités de développement. Les diasporas représentent un acteur financier majeur,

[1] Amutabi, C. (2023). Domestic Resource Mobilization for Economic Development in Africa: Challenges, Policy Options, and Prospects in the New Horizon.

[2] Bolton, P., Musca, X., & Samama, F. (2020). Global Public-Private Investment Partnerships: A Financing Innovation with Positive Social Impact. Journal of Applied Corporate Finance, 32(2), 31-41.

[3] Taghizadeh-Hesary, F., Zakari, A., Alvarado, R., & Tawiah, V. (2022). The green bond market and its use for energy efficiency finance in Africa. China Finance Review International, 12(2), 241-260.

via les transferts de fonds et l'investissement direct dans les initiatives locales et renforcent ainsi la mise en œuvre des politiques publiques[1].

Enfin, une gouvernance efficace et transparente dans la gestion des finances publiques et des projets financés est essentielle pour renforcer la confiance des investisseurs et des partenaires internationaux[2]. En développant des cadres de *Suivi et évaluation* rigoureux et en intégrant des approches participatives, les gouvernements africains peuvent non seulement optimiser l'allocation des ressources mais également assurer un impact durable de leurs politiques sur le bien-être des populations[3]. Ces mécanismes, adaptés au contexte africain, représentent une voie prometteuse pour un financement plus inclusif et efficace des politiques publiques sur le continent.

6.1.1. Mobilisation des ressources domestiques

La mobilisation des ressources domestiques représente un pilier essentiel pour financer durablement les politiques publiques en Afrique. Dans un contexte où la dépendance aux financements internationaux expose les économies africaines à des pressions extérieures et à une certaine volatilité, l'augmentation des recettes fiscales internes devient une priorité stratégique[4]. En renforçant leur capacité à collecter des ressources domestiques, les États africains peuvent accroître leur autonomie financière et réduire leur vulnérabilité face aux fluctuations des flux d'aide internationale. Cette approche assure également une meilleure prévisibilité des finances publiques et favorise une planification budgétaire cohérente avec les priorités nationales de développement.

La réforme des systèmes fiscaux est cruciale pour optimiser la collecte des ressources domestiques en Afrique. De nombreux systèmes fiscaux sur le continent restent marqués par une étroite base d'imposition et une évasion fiscale importante qui limitent leur capacité

---

[1] Newland, K. (2022). Destination-Country Policies to Foster Diaspora Engagement in Development. Migration Policy Institute.

[2] UNDP. (2020). Good Governance in Public Finance: Building Trust for Sustainable Development. New York: United Nations Development Programme.

[3] Saner, R., Yiu, L., & Nguyen, M. (2020). Monitoring the SDGs: Digital and social technologies to ensure citizen participation, inclusiveness and transparency. Development policy review, 38(4), 483-500.

[4] Umar, M. A., & Tusubira, F. N. (2017). Challenges of tax administration in developing countries: insights from the 5th Annual Tax Administration Research Centre Workshop, 2017. Journal of Tax Administration, 3(2), 108-123.

à générer des recettes substantielles[1]. La révision des régimes fiscaux vise à élargir la base d'imposition tout en rendant le système plus équitable et plus efficace. Cette réforme doit tenir compte des spécificités locales et des contraintes socio-économiques afin de ne pas compromettre la compétitivité économique, particulièrement dans des contextes où l'économie formelle reste fragile.

L'instauration d'une fiscalité progressive est un levier important pour renforcer l'équité du système fiscal tout en augmentant les recettes publiques. En adaptant les taux d'imposition aux capacités contributives des individus et des entreprises, les gouvernements peuvent rendre le système plus juste et plus favorable à la redistribution des richesses. Ce mécanisme de fiscalité progressive permet non seulement d'augmenter les revenus de l'État, mais aussi de réduire les inégalités économiques pour renforcer ainsi la cohésion sociale[2]. En Afrique, cette approche est particulièrement pertinente, car elle cible les contribuables les plus solvables tout en protégeant les couches vulnérables.

La réduction des incitations fiscales accordées aux grandes entreprises multinationales constitue également une stratégie potentielle pour renforcer la collecte des ressources domestiques. En Afrique, ces entreprises bénéficient souvent de régimes fiscaux très avantageux, ce qui limite leur contribution aux budgets publics. En révisant ces politiques d'incitation, les États peuvent accroître les recettes fiscales sans nécessairement compromettre l'attractivité des investissements[3]. Cette révision doit toutefois être encadrée par des études d'impact afin de minimiser les risques de désinvestissement dans des secteurs stratégiques.

Le soutien aux *Petites et moyennes entreprises* est essentiel pour stimuler la base fiscale locale. Les *Petites et moyennes entreprises* jouent un rôle crucial dans les économies africaines, car elles représentent une part importante de l'emploi et de l'activité économique. En allégeant les charges fiscales et administratives pour ces entreprises, les gouvernements peuvent favoriser leur croissance et

---

[1] Brown, K. B. (2021). Tax incentives and sub-Saharan Africa. Pepp. L. Rev., 48, 995.

[2] Hanson, A. (2021). Taxes and economic development: An update on the state of the economics literature. Economic Development Quarterly, 35(3), 232-253.

[3] Otusanya, O. J., Liu, J., & Lauwo, S. G. (2023). Influence of tax dodging on tax justice in developing countries: some theory and evidence from Sub-Saharan Africa. Journal of Financial Crime, 30(2), 332-360..

leur formalisation[1]. Cette intégration progressive des *Petites et moyennes entreprises* dans le tissu fiscal permet non seulement d'élargir la base d'imposition, mais aussi de diversifier les sources de recettes fiscales pour rendre le système moins dépendant de quelques grandes entreprises.

L'économie informelle constitue un défi majeur pour la collecte des ressources domestiques en Afrique. Avec une grande partie de l'activité économique échappant à l'impôt, les États perdent des ressources importantes. Pour intégrer cette économie informelle dans le système fiscal, des incitations adaptées, telles que des régimes fiscaux simplifiés, doivent être mises en place. La formalisation progressive de l'informel peut ainsi contribuer à l'élargissement de la base d'imposition, tout en renforçant la résilience économique des travailleurs informels[2].

La lutte contre l'évasion fiscale est également cruciale pour maximiser la collecte des ressources domestiques. En Afrique, l'évasion fiscale est particulièrement fréquente, souvent en raison de l'opacité des régimes fiscaux et de la faiblesse des mécanismes de contrôle. Le renforcement des capacités des administrations fiscales, accompagné de la coopération internationale pour limiter les flux financiers illicites, est indispensable pour récupérer des recettes importantes et renforcer l'intégrité du système fiscal[3].

L'amélioration de la transparence fiscale est essentielle pour encourager la conformité des contribuables. Les gouvernements africains doivent établir des mécanismes de transparence et de redevabilité pour s'assurer que les fonds collectés sont utilisés de manière efficace et en accord avec les priorités nationales. La transparence fiscale favorise une plus grande confiance des citoyens dans le système et encourage ainsi leur volonté de contribuer[4]. Cette confiance est particulièrement importante en Afrique, où le manque de

---

[1] Ussif, R., & Salifu, K. (2020). Contributions of small & medium enterprises to economic developments in sub-Saharan Africa. International Journal of Academic Accounting, 4(3), 63-78.

[2] Kiaga, A., & Leung, V. (2020). The transition from the informal to the formal economy in Africa. Global Employment Policy Review, Background Paper, 2..

[3] Okunogbe, O., & Santoro, F. (2023). Increasing tax collection in African countries: The role of information technology. Journal of African Economies, 32(Supplement_1), i57-i83.

[4] Al-Maghrebi, M. S., Sapiei, N. S., & Abdullah, M. (2022). Power, trust and transparency as determinant factors of tax compliance: A systematic review. Journal of Tax Reform, 8(3), 312-335.

transparence peut constituer un frein à la collecte des ressources internes.

La réforme des administrations fiscales est un autre aspect clé pour optimiser la mobilisation des ressources domestiques. En Afrique, de nombreuses administrations fiscales manquent de capacités techniques et institutionnelles pour gérer efficacement les recettes fiscales. La modernisation des outils de collecte, l'informatisation des systèmes et la formation des agents sont des mesures qui permettent d'améliorer l'efficacité de la collecte et de limiter les fraudes[1]. Ces réformes contribuent ainsi à renforcer la viabilité financière des politiques publiques.

Le renforcement de la coopération inter-régionale pour la collecte fiscale peut également bénéficier aux États africains. En développant des mécanismes de partage d'information et de coordination entre pays, les gouvernements peuvent limiter les pratiques d'évasion fiscale transfrontalière. Cette coopération permet de mieux contrôler les multinationales qui opèrent dans plusieurs pays et d'optimiser la collecte des impôts sur les bénéfices réalisés[2]. En Afrique, cette approche pourrait constituer un levier important pour renforcer l'autonomie financière des États.

La mobilisation des ressources domestiques a un impact direct sur l'efficacité de la mise en œuvre des politiques publiques. En augmentant les ressources budgétaires disponibles, les gouvernements africains peuvent mieux financer leurs programmes de santé, d'éducation et d'infrastructures. Cette capacité accrue de financement permet de garantir une exécution plus rapide et plus cohérente des politiques et peut réduire ainsi la dépendance aux financements externes, souvent conditionnels et volatils[3]. Les politiques publiques gagnent en stabilité et en prévisibilité, conditions indispensables pour l'atteinte des objectifs à long terme.

La mobilisation des ressources internes permet également de mieux aligner les politiques publiques avec les priorités nationales. Les

---

[1] Nembe, J. K., & Idemudia, C. (2024). Designing effective policies to address the challenges of global digital tax reforms. World Journal of Advanced Research and Reviews, 22(3), 1171-1183.

[2] Cobham, A., & Jansky, P. (2017). Illicit financial flows: An overview. Background paper for the Intergovernmental Group of Experts on Financing for Development, 8-10.

[3] Gwaindepi, A. (2022). Domestic revenue mobilization and informality: Challenges and opportunities for sub-Saharan Africa (No. 2022/120). WIDER Working Paper.

financements internationaux sont souvent orientés par des agendas extérieurs, qui ne coïncident pas toujours avec les besoins locaux[1]. En finançant leurs politiques par des ressources domestiques, les États africains peuvent ajuster leurs interventions aux priorités spécifiques des populations et garantir ainsi une plus grande pertinence des actions. Cette approche contribue à des résultats plus concrets et plus durables pour le développement.

L'impact durable de la mobilisation des ressources domestiques réside dans la pérennité des politiques financées[2]. Contrairement aux financements externes, les ressources internes ne sont pas limitées par des échéances ou des contraintes imposées par les bailleurs de fonds. Cette continuité dans le financement permet aux gouvernements africains de mettre en place des programmes de développement à long terme qui vont assurer un impact durable sur les conditions de vie des populations. Elle favorise également une appropriation nationale des politiques publiques, indispensable pour leur succès.

La mobilisation des ressources domestiques, en consolidant l'autonomie financière des États, ouvre la voie à une gouvernance plus souveraine et plus responsable. Elle permet aux gouvernements de prendre des décisions politiques sans contraintes externes, tout en renforçant la confiance des citoyens dans la gestion publique[3]. Cette autonomie accrue constitue un fondement pour une croissance inclusive et durable, soutenue par des politiques publiques efficaces et adaptées aux réalités africaines.

6.1.2. Les fonds souverains d'investissement

Les *fonds souverains* d'investissement représentent un mécanisme de financement stratégique pour les pays africains, en particulier ceux disposant de ressources naturelles abondantes. Ces fonds permettent de canaliser les revenus issus des exportations de matières premières vers des investissements productifs et diversifiés, au lieu de se limiter à une consommation immédiate ou à une dépendance excessive vis-à-vis de

---

[1] Oyinlola, M. A., Adedeji, A. A., Bolarinwa, M. O., & Olabisi, N. (2020). Governance, domestic resource mobilization, and inclusive growth in sub-Saharan Africa. Economic Analysis and Policy, 65, 68-88.

[2] Amutabi, C. (2023). Domestic Resource Mobilization for Economic Development in Africa: Challenges, Policy Options, and Prospects in the New Horizon.

[3] Bhushan, A., Samy, Y., & Medu, K. (2015). Financing the post-2015 development agenda: domestic revenue mobilisation in Africa. In Development in Africa (pp. 193-224). Policy Press.

ces ressources[1]. En structurant un fonds souverain, les États africains peuvent accumuler des réserves qui serviront à financer des projets de développement à long terme et d'assurer une stabilité financière face aux fluctuations des marchés mondiaux et aux chocs économiques externes[2]. Ce mécanisme devient un pilier de la résilience économique pour les pays exportateurs.

Les *fonds souverains* d'investissement jouent un rôle de stabilisation économique pour les pays africains[3]. En effet, les économies axées sur l'exportation de ressources naturelles sont souvent vulnérables aux variations des prix internationaux, comme ceux du pétrole, du gaz, des minéraux et des métaux précieux. En accumulant les surplus générés lors des périodes de hausse des prix, les *fonds souverains* permettent de lisser les cycles économiques et d'atténuer les effets des baisses de prix. Ce rôle de stabilisateur économique est crucial pour maintenir une croissance continue et pour éviter les déséquilibres budgétaires qui pourraient compromettre les investissements publics et les programmes de développement en cas de crise[4].

La diversification économique est l'un des principaux objectifs des *fonds souverains* en Afrique. Les pays riches en ressources naturelles, notamment en pétrole, gaz et minerais, sont confrontés au risque de *malédiction des ressources*, où la concentration excessive sur un seul secteur freine le développement des autres[5]. Les *fonds souverains* peuvent investir dans des secteurs stratégiques pour diversifier l'économie, comme les infrastructures, l'agriculture, l'industrie manufacturière et les services. En soutenant ces secteurs, les *fonds souverains* aident à réduire la dépendance aux ressources naturelles et

---

[1] Addison, T., & Lebdioui, A. (2022). Public savings in Africa: Do sovereign wealth funds serve development? (No. 2022/159). WIDER Working Paper.

[2] Gelb, A., Tordo, S., & Halland, H. (2017). Chapter 8. Sovereign Wealth Fund Investments in the Home Economy. In The New Frontiers of Sovereign Investment (pp. 124-149). Columbia University Press.

[3] Pouokam, N. (2021). Sharing Resource Wealth and Addressing Fragility. How to Achieve Inclusive Growth, 674-704.

[4] Moti, U. G. (2019). Africa's natural resource wealth: A paradox of plenty and poverty. Advances in Social Sciences Research Journal, 6(7), 483-504.

[5] Schilling, J., Saulich, C., & Engwicht, N. (2018). A local to global perspective on resource governance and conflict. Conflict, Security & Development, 18(6), 433-461.

à préparer les économies à un avenir plus résilient et inclusif, aligné avec les priorités nationales de développement[1].

Les *fonds souverains* offrent également une réserve de capital pour financer des projets de développement à long terme, souvent trop coûteux pour le budget annuel d'un État. En Afrique, les besoins en infrastructures de transport, d'énergie, de santé et d'éducation sont immenses et nécessitent des financements considérables. Les *fonds souverains* peuvent financer directement ou indirectement ces projets structurants et renforcer ainsi le capital physique et humain des pays[2]. En investissant dans des projets de développement, les *fonds souverains* contribuent à la création d'emplois, à l'amélioration des services publics et à la réduction des inégalités, des objectifs essentiels pour une croissance durable et inclusive.

Les *fonds souverains* d'investissement permettent également aux États africains de se constituer un capital financier pour les générations futures et de préserver ainsi les richesses nationales. Les ressources naturelles sont des actifs épuisables, et leur exploitation doit bénéficier non seulement aux générations présentes mais aussi aux futures. En constituant des fonds d'épargne ou des fonds intergénérationnels, les gouvernements africains peuvent transférer une partie des richesses actuelles aux générations futures pour assurer une continuité dans le développement[3]. Cette épargne intergénérationnelle favorise un développement durable et responsable, où les ressources ne sont pas uniquement exploitées pour le présent.

Les *fonds souverains* en Afrique peuvent également jouer un rôle dans la promotion des investissements étrangers en servant de catalyseurs pour attirer des capitaux privés. En investissant aux côtés d'investisseurs étrangers dans des projets locaux, les *fonds souverains* peuvent réduire les risques perçus et encourager des financements additionnels. Cette stratégie est particulièrement efficace dans les secteurs à fort potentiel de croissance mais présentant des risques

---

[1] Gelb, A., Tordo, S., & Halland, H. (2017). Chapter 8. Sovereign Wealth Fund Investments in the Home Economy. In The New Frontiers of Sovereign Investment (pp. 124-149). Columbia University Press.

[2] Chang, H. J., & Lebdioui, A. (2020). From fiscal stabilization to economic diversification: A developmental approach to managing resource revenues (No. 2020/108). WIDER Working Paper.

[3] Yan, J., & Haroon, M. (2023). Financing efficiency in natural resource markets mobilizing private and public capital for a green recovery. Resources Policy, 85, 103841.

élevés, comme les technologies propres, l'agriculture climato-résiliente et les infrastructures d'énergie renouvelable[1]. Les *fonds souverains*, en facilitant ces *co-investissements*, contribuent à renforcer la compétitivité économique des pays africains et à diversifier leurs partenaires économiques.

La gestion prudente et transparente des *fonds souverains* est indispensable pour garantir leur efficacité et leur crédibilité. Les États africains doivent adopter des cadres de gouvernance rigoureux, avec des mécanismes de contrôle et de transparence pour éviter les risques de mauvaise gestion et de corruption. En suivant les principes du Santiago, qui établissent des standards internationaux pour la gouvernance des *fonds souverains*, les gouvernements peuvent renforcer la confiance des citoyens et des investisseurs[2]. Une gouvernance solide assure que les fonds sont gérés dans l'intérêt public et qu'ils contribuent effectivement aux objectifs de développement national.

Les investissements des *fonds souverains* doivent être diversifiés pour minimiser les risques et optimiser les rendements. Les États africains peuvent adopter des portefeuilles d'investissements mixtes, comprenant des actifs à faible risque, comme les obligations, et des actifs plus risqués mais potentiellement plus rémunérateurs, comme les actions et les placements dans le secteur privé. Cette diversification permet aux *fonds souverains* de générer des revenus stables tout en se protégeant contre les fluctuations des marchés[3]. Dans le contexte où les économies sont souvent sensibles aux chocs externes, cette stratégie de *gestion des risques* est cruciale pour assurer la viabilité des fonds et leur contribution continue au financement du développement.

Les *fonds souverains* africains doivent également intégrer des *Objectifs de développement durable* dans leur stratégie d'investissement. En finançant des projets verts et socialement responsables, ces fonds contribuent aux efforts de lutte contre le

---

[1] Schena, P. J., & Gouett, M. (2022). Re-imaging development finance: sustainability, catalytic capital, and the role of sovereign wealth funds. In Regulation of State-Controlled Enterprises: An Interdisciplinary and Comparative Examination (pp. 307-326). Singapore: Springer Nature Singapore.

[2] Turner, R. A., Addison, J., Arias, A., Bergseth, B. J., Marshall, N. A., Morrison, T. H., & Tobin, R. C. (2016). Trust, confidence, and equity affect the legitimacy of natural resource governance. Ecology and Society, 21(3).

[3] Braunstein, J. (2017). The domestic drivers of state finance institutions: evidence from sovereign wealth funds. Review of International Political Economy, 24(6), 980-1003.

changement climatique et à la réduction des inégalités. Les *fonds souverains* peuvent ainsi devenir des acteurs clés de la transition énergétique et de la croissance inclusive en Afrique, en investissant dans les énergies renouvelables, les infrastructures résilientes et les entreprises sociales[1]. Ce positionnement aligné avec les Objectif de développement durable renforce la pertinence des *fonds souverains* pour répondre aux défis contemporains du continent.

Les partenariats internationaux sont essentiels pour renforcer les capacités techniques et institutionnelles des *fonds souverains* africains. En collaborant avec des *fonds souverains* expérimentés et des institutions financières internationales, les pays africains peuvent bénéficier de formations, de transferts de savoir-faire et de soutien technique pour optimiser la gestion de leurs fonds. Cette coopération internationale permet également d'accéder à des opportunités d'investissement mondiales[2]. En Afrique, ces partenariats renforcent la capacité des *fonds souverains* à soutenir les objectifs de développement de manière efficace et durable.

Les *fonds souverains* peuvent également jouer un rôle stabilisateur dans les marchés financiers nationaux en apportant de la liquidité et en investissant dans des actifs locaux. Dans le contexte où les marchés financiers sont souvent peu développés et volatils, les *fonds souverains* peuvent contribuer à stabiliser les marchés en investissant dans des obligations d'État, des actions d'entreprises locales et d'autres instruments financiers domestiques[3]. Cette intervention permet de renforcer la profondeur et la résilience des marchés financiers locaux en offrant de nouvelles opportunités de financement pour les entreprises africaines.

Enfin, les *fonds souverains* d'investissement permettent aux pays africains de renforcer leur capacité à affronter les défis futurs, qu'ils soient économiques, climatiques ou sociaux. Ces fonds offrent aux gouvernements une flexibilité accrue pour réagir aux crises et pour ajuster leurs stratégies de développement. Les *fonds souverains* se positionnent ainsi comme des instruments de souveraineté économique

---

[1] Bortolotti, B., Loss, G., & van Zwieten, R. W. (2023). The times are they a-changin'? Tracking sovereign wealth funds' sustainable investing. Journal of International Business Policy, 6(3), 276-305..

[2] Okpanachi, E., & Tremblay, R. C. (Eds.). (2021). The political economy of natural resource funds. Springer Nature.

[3] Addison, T., & Lebdioui, A. (2022). Public savings in Africa: Do sovereign wealth funds serve development? (No. 2022/159). WIDER Working Paper.

et de développement durable, offrant une vision à long terme et un soutien tangible pour les politiques publiques africaines, dans un monde en constante évolution.

6.1.3. Les Partenariats public-privé

Les *Partenariats public-privé* représentent un mécanisme de financement et de mise en œuvre des politiques publiques particulièrement pertinent pour l'Afrique, où les besoins en infrastructures et services de base sont considérables. Ils permettent aux gouvernements d'attirer l'investissement privé pour financer des projets d'envergure dans des secteurs stratégiques, tout en allégeant les contraintes budgétaires des États[1]. Les *Partenariats public-privé* renforcent la capacité des gouvernements africains à répondre aux défis de développement de manière plus efficiente et plus rapide[2]. Ce modèle offre un équilibre entre l'impératif de développement et la maîtrise des coûts, deux éléments cruciaux pour des États en quête de solutions viables et pérennes.

Le développement des infrastructures à travers les *Partenariats public-privé* est essentiel pour répondre aux besoins de base des populations africaines et améliorer la compétitivité économique des États. Les infrastructures de transport, par exemple, nécessitent des investissements massifs pour relier les zones rurales aux centres économiques et améliorer l'accès aux marchés. Les *Partenariats public-privé* permettent de mobiliser des capitaux privés pour financer, construire et maintenir ces infrastructures, tout en répartissant les risques entre le secteur public et privé[3]. Dans le contexte où le déficit en infrastructures limite le potentiel de croissance, les *Partenariats public-privé* sont un levier stratégique pour accélérer le développement et assurer des retombées socio-économiques tangibles.

Dans le secteur de la santé, les *Partenariats public-privé* offrent des solutions pour renforcer les infrastructures et améliorer l'accès aux

---

[1] Pérez-Pineda, J. A., & Wehrmann, D. (2021). Partnerships with the private sector: Success factors and levels of engagement in development cooperation. The Palgrave Handbook of Development Cooperation for Achieving the 2030 Agenda: Contested Collaboration, 649-670.

[2] Dykes, B. J., & Jones, C. D. (2016). Public-private partnerships in Africa: Challenges and opportunities for future management research. Africa Journal of Management, 2(3), 381-393..

[3] Bayliss, K., & Van Waeyenberge, E. (2023). The financialization of infrastructure in sub-Saharan Africa. In Financializations of Development (pp. 78-92). Routledge.

soins. Des hôpitaux et centres de santé financés et gérés en partenariat avec des entreprises privées peuvent bénéficier d'équipements modernes et de ressources humaines qualifiées[1]. En échange de leur investissement, les partenaires privés reçoivent des compensations sous forme de paiements publics ou de redevances pour assurer ainsi la rentabilité de l'opération[2]. En Afrique, ce modèle peut être étendu pour couvrir des services de santé spécialisés, souvent coûteux pour le secteur public seul. Grâce aux *Partenariats public-privé*, les gouvernements peuvent ainsi renforcer leurs systèmes de santé et garantir des soins de qualité, même dans des zones reculées.

Les technologies d'énergie renouvelable constituent un autre domaine prometteur pour les *Partenariats public-privé* en Afrique[3]. Face aux défis climatiques et à la dépendance énergétique, les États africains cherchent des solutions durables pour diversifier leurs sources d'énergie. Les *Partenariats public-privé* permettent de mobiliser des investissements privés dans le développement de centrales solaires, éoliennes et hydroélectriques pour contribuer à l'atteinte des *Objectifs de développement durable*. En partageant les coûts et les risques avec les entreprises spécialisées, les gouvernements peuvent encourager l'innovation technologique et promouvoir des infrastructures énergétiques résilientes. Cela renforce également l'autonomie énergétique des pays et réduit leur vulnérabilité face aux fluctuations des marchés mondiaux de l'énergie.

L'agriculture climato-résiliente est un domaine dans lequel les *Partenariats public-privé* peuvent jouer un rôle décisif pour la sécurité alimentaire en Afrique. Les partenariats avec des entreprises agricoles privées permettent d'introduire des technologies modernes, telles que l'irrigation goutte-à-goutte, les semences résistantes à la sécheresse et les pratiques de gestion durable des sols[4]. Les *Partenariats public-privé* contribuent à améliorer la productivité agricole et la résilience des agriculteurs face aux aléas climatiques. De plus, le secteur privé apporte

---

[1] Babacan, H. (2020). Public–private partnerships for global health: Benefits, enabling factors, and challenges. Handbook of global health, 1-34.

[2] Saner, R., Frilet, M., Barth-Coullaré, J. C., Baxter, D., Hayek, Z. A., Penyalver, D., & Turró, M. (2021). Making PPPs fit the 2030 Agenda.

[3] Godt, S. (2023). Overview of Public-Private Partnerships in Sub-Saharan Africa. Feminist Africa, 4(2), 38-70.

[4] Mrabet, R., & Moussadek, R. (2022). Development of climate smart agriculture in Africa. In Conservation Agriculture in Africa: Climate Smart Agricultural Development (pp. 17-65). GB: CABI.

son expertise en logistique et en commercialisation ce qui permet aux agriculteurs africains d'accéder à de nouveaux marchés[1]. Les *Partenariats public-privé* deviennent ainsi un vecteur essentiel de transformation agricole durable, aligné avec les priorités de sécurité alimentaire.

Pour assurer la réussite des *Partenariats public-privé*, la structuration et la régulation de ces partenariats sont déterminantes. Les contrats de *Partenariats public-privé* doivent être clairs et équilibrés, en définissant précisément les obligations, les risques et les bénéfices pour chaque partie. En Afrique, il est essentiel d'établir des cadres réglementaires robustes pour encadrer les partenariats, en assurant la transparence des transactions et la protection des intérêts publics. La régulation permet également d'éviter les abus de position dominante par les entreprises privées et garantit que les projets servent les objectifs de développement[2]. Les États africains peuvent renforcer la confiance des investisseurs tout en sécurisant les retombées pour les populations en mettant en place des agences de régulation indépendantes,

Les mécanismes de financement des *Partenariats public-privé* en Afrique doivent être adaptés aux particularités locales, en tenant compte des niveaux de risques et de rentabilité associés aux différents secteurs[3]. Des instruments financiers tels que les garanties publiques, les subventions de démarrage et les incitations fiscales permettent d'attirer les investisseurs privés tout en réduisant leurs risques financiers. Ces mécanismes facilitent le financement initial des projets et encouragent l'engagement à long terme des entreprises privées. Les États africains peuvent également collaborer avec des institutions financières internationales pour bénéficier de financements concessionnels et d'assistance technique et assurer ainsi la viabilité des projets de *Partenariats public-privé*[4].

---

[1] Benjamin, E. O., Ola, O., Lang, H., & Buchenrieder, G. (2021). Public-private cooperation and agricultural development in Sub-Saharan Africa: a review of Nigerian growth enhancement scheme and e-voucher program. Food Security, 13(1), 129-140.

[2] Tvarnø, C. D., & Denta, S. M. (2022). New frontiers of PPP law. In A Research Agenda for Public–Private Partnerships and the Governance of Infrastructure (pp. 177-199). Edward Elgar Publishing.

[3] Leigland, J. (2020). Public-private partnerships in Sub-Saharan Africa: the evidence-based critique. Oxford University Press, USA.

[4] Arimoro, A. E. (2020). Public-private partnerships in emerging economies. Routledge.

La répartition des risques dans les *Partenariats public-privé* est un aspect crucial pour la pérennité des partenariats. Les risques opérationnels, financiers et politiques doivent être judicieusement partagés entre les partenaires publics et privés. En Afrique, les États peuvent assumer une part des risques de régulation et de stabilité politique, tandis que les partenaires privés se chargent des risques techniques et financiers liés à l'exploitation des infrastructures[1]. Cette répartition permet de minimiser les coûts pour le secteur public tout en assurant la viabilité économique des projets pour le secteur privé. La *gestion des risques* contribue ainsi à la stabilité des projets de *Partenariats public-privé* et augmente leur probabilité de succès à long terme.

Les bénéfices économiques des *Partenariats public-privé* s'étendent au-delà de la simple réduction des dépenses publiques. Les *Partenariats public-privé* génèrent des emplois, augmentent les revenus locaux et stimulent la croissance économique. En Afrique, ces partenariats renforcent le tissu économique en favorisant l'intégration des entreprises locales dans les chaînes d'approvisionnement des projets. Cela crée un effet multiplicateur qui profite à l'ensemble de l'économie et permet aux États de maximiser l'impact social et économique de leurs politiques publiques, tout en favorisant un développement économique inclusif et durable.

Les *Partenariats public-privé* permettent également une plus grande efficience dans la mise en œuvre des politiques publiques. Le secteur privé, en apportant son expertise en gestion, en ingénierie et en technologie, optimise les processus et réduit les délais d'exécution des projets. Dans le contexte où les capacités administratives peuvent être limitées, l'implication du secteur privé permet de surmonter ces contraintes et d'assurer une meilleure performance des projets publics. Cette efficience opérationnelle se traduit par des gains de temps et de coûts et contribue à la réalisation plus rapide des objectifs de développement.

Les retombées positives des *Partenariats public-privé* en termes d'infrastructures et de services publics sont directement perceptibles pour les populations. L'accès à des infrastructures modernes, comme les routes, les hôpitaux et les réseaux électriques, améliore les

---

[1] Kouton, J., Sanogo, W., & Djomgoue, N. (2023). Risk allocation in energy infrastructure PPPs projects in selected African countries: does institutional quality, PPPs experience and income level make a difference? Economic Change and Restructuring, 56(1), 537-580.

conditions de vie et favorise l'inclusion sociale. En Afrique, les *Partenariats public-privé* bien conçus et bien exécutés permettent de réduire les inégalités d'accès aux services essentiels et contribuent ainsi à l'émergence de sociétés plus équitables[1]. Les populations bénéficient d'une meilleure qualité de vie, et les États réalisent leurs objectifs sociaux de manière plus durable.

La pérennité des projets de *Partenariats public-privé* dépend aussi de l'institutionnalisation des partenariats et de leur intégration dans les stratégies nationales de développement. Les gouvernements africains doivent veiller à ce que les projets de *Partenariats public-privé* soient alignés avec leurs priorités de développement à long terme et intégrés dans les plans nationaux d'investissement[2]. Cette intégration garantit la cohérence des actions et renforce l'impact des *Partenariats public-privé*, en assurant leur complémentarité avec d'autres initiatives publiques. En Afrique, cette démarche permet d'éviter la fragmentation des efforts et d'optimiser l'utilisation des ressources publiques et privées.

Les *Partenariats public-privé* représentent une réponse stratégique aux défis de financement et de mise en œuvre des politiques publiques en Afrique. Ils offrent une flexibilité et une adaptabilité qui répondent aux spécificités locales et aux enjeux globaux[3]. Les gouvernements africains peuvent transformer les contraintes budgétaires en opportunités de développement, tout en assurant des retombées tangibles pour leurs populations.

En garantissant des ressources stables et durables, la mobilisation des ressources domestiques permet de maximiser l'impact des politiques publiques en Afrique. Les investissements dans les infrastructures, la formation des jeunes et l'amélioration des services publics bénéficient ainsi de financements constants et génèrent des améliorations structurelles de l'économie. Ces effets durables renforcent la capacité des États africains à répondre aux défis du développement de manière autonome et résiliente.

---

[1] Levitt, R. E., Scott, W. R., & Garvin, M. J. (Eds.). (2019). Public–Private Partnerships for infrastructure development: Finance, stakeholder alignment, governance. Edward Elgar Publishing.

[2] Marx, A. (2019). Public-private partnerships for sustainable development: Exploring their design and its impact on effectiveness. Sustainability, 11(4), 1087.

[3] Onyoin, M., & Bovis, C. (2020). Policy and institutional enablers of public–private partnerships in the electricity sector in Uganda: A multi-level and path dependence perspective. International Journal of Public Sector Management, 33(6), 583-600.

6.1.4. Accès aux financements internationaux

L'amélioration de l'accès aux financements internationaux pour l'Afrique repose non seulement sur des mécanismes traditionnels comme les prêts concessionnels, les allégements de dette et les fonds climatiques, mais également sur des ressources clés issues de la coopération multilatérale et de la coopération bilatérale[1]. Ces sources de financement, fournies par des institutions internationales et des gouvernements partenaires, offrent un soutien crucial pour des projets de développement dans des secteurs essentiels comme les infrastructures, l'éducation, la santé et la résilience climatique. En diversifiant ainsi leurs partenariats financiers, les gouvernements africains peuvent mobiliser des ressources tout en s'assurant de la viabilité de leurs politiques publiques sur le long terme.

Les financements de la coopération multilatérale, issus d'organisations internationales comme la Banque mondiale, le Fonds monétaire international, et la Banque africaine de développement, jouent un rôle central dans le développement de projets structurants en Afrique[2]. Ces institutions fournissent des financements concessionnels à des taux d'intérêt faibles, ainsi que des subventions pour des projets de grande envergure. En Afrique, les financements multilatéraux permettent de financer des projets qui nécessitent des investissements importants, tels que les infrastructures de transport, les centrales énergétiques et les réseaux de distribution d'eau potable. En raison de leur impact potentiel et de leur capacité à mobiliser des co-investissements, ces financements sont souvent accompagnés d'un soutien technique et de conseils stratégiques et contribuent à une mise en œuvre plus efficace et durable des politiques publiques[3].

La coopération bilatérale, quant à elle, implique des accords de financement entre les gouvernements africains et des pays donateurs, tels que les États-Unis, la France, l'Allemagne, le Japon et la Chine. Ces accords permettent de lever des fonds pour des projets spécifiques, souvent en fonction des priorités partagées entre les pays partenaires.

---

[1] Kragelund, P. (2015). Towards convergence and cooperation in the global development finance regime: closing Africa's policy space? Cambridge Review of International Affairs, 28(2), 246-262.

[2] Reinsberg, B., Michaelowa, K., & Knack, S. (2017). Which donors, which funds? Bilateral donors' choice of multilateral funds at the World Bank. International Organization, 71(4), 767-802.

[3] Miyamoto, K., & Chiofalo, E. (2015). Official development finance for infrastructure: Support by multilateral and bilateral development partners.

La coopération bilatérale peut inclure des prêts à faible taux, des subventions et des transferts technologiques pour renforcer les capacités locales. En Afrique, cette coopération permet de répondre de manière ciblée aux besoins prioritaires, notamment dans les secteurs de la santé, de l'éducation et de la sécurité alimentaire[1]. A travers ces ressources bilatérales, les États africains diversifient leurs sources de financement tout en bénéficiant d'une expertise et d'un accompagnement technique pour des initiatives d'intérêt public.

Les financements concessionnels fournis par les institutions multilatérales et bilatérales permettent aux États africains de bénéficier de prêts assortis de conditions avantageuses ce qui limite ainsi le fardeau de la dette. Ce type de financement offre aux pays africains une opportunité de financer des projets de développement durable dans des secteurs sociaux et économiques stratégiques, tout en maintenant un niveau de dette soutenable[2]. En Afrique, ces financements concessionnels servent de levier pour les investissements dans les infrastructures essentielles, tels que les hôpitaux, les écoles, et les réseaux de transport. En structurant ces financements de manière cohérente avec leurs priorités de développement, les gouvernements africains optimisent l'impact de leurs investissements[3].

Les allégements de dette constituent également une composante essentielle des accords multilatéraux et bilatéraux. Grâce à des négociations avec leurs créanciers internationaux, les États africains peuvent obtenir des réductions de leurs obligations de remboursement pour libérer des ressources budgétaires qui peuvent être redirigées vers des investissements productifs et des programmes sociaux[4]. Cette mesure est cruciale pour les économies les plus endettées, en leur offrant un espace budgétaire élargi pour financer des projets de développement et renforcer leur résilience face aux chocs économiques. L'allègement de dette, lorsqu'il est bien structuré, aide à stabiliser les

---

[1] Lammersen, F., & Hynes, W. (2016). Aid for trade and the sustainable development agenda: Strengthening synergies.

[2] Smith, G. (2021). Where Credit is Due: How Africa's Debt Can be a Benefit, Not a Burden. Oxford University Press.

[3] Mustapha, S., & Prizzon, A. (2015). Debt sustainability and debt management in developing Countries. Economic and Private Sector Professional Evidence and Applied Knowledge Service Topic Guide. London: Overseas Development Institute.

[4] Patel, S., Steele, P., Kelly, L., & Adam, J. P. (2021). Innovative financing for Africa. Economics.

finances publiques tout en permettant aux gouvernements de concentrer leurs efforts sur leurs priorités nationales.

Les financements climatiques internationaux, tels que ceux du *Fonds vert pour le climat* et du *Fonds pour l'adaptation*, jouent un rôle fondamental pour soutenir des projets d'adaptation et de résilience face aux impacts du *changement climatique*. En Afrique, les financements climatiques internationaux permettent de financer des initiatives comme l'agriculture climato-résiliente, la gestion durable des ressources en eau et les infrastructures vertes[1]. Ces projets renforcent la capacité des pays africains à répondre aux défis environnementaux et à protéger les communautés locales. En structurant des projets conformes aux exigences des financements climatiques, les États africains augmentent leur capacité à attirer ces fonds et à renforcer leur résilience climatique[2].

Les Eurobonds et les financements privés offrent également aux pays africains une voie alternative pour accéder aux capitaux nécessaires au financement de projets d'infrastructure et de développement. En émettant des Eurobonds sur les marchés internationaux, les États africains peuvent mobiliser des fonds en devises étrangères, bien que ces fonds impliquent des obligations de remboursement plus strictes et des taux d'intérêt potentiellement plus élevés que les financements multilatéraux et bilatéraux[3]. De même, les financements privés, y compris les partenariats avec des fonds d'investissement et les initiatives de financement par impact, ciblent souvent des secteurs comme les énergies renouvelables et les nouvelles technologies, apportant des capitaux et une expertise technique indispensables pour des projets innovants[4]. En Afrique, ces mécanismes doivent être gérés de manière stratégique pour garantir que les investissements répondent aux priorités de développement tout en évitant les risques de surendettement.

---

[1] Baskaran, G., Ekeruche, A., Heitzig, C., Ordu, A. U., & Senbet, L. W. (2023). Financing Climate-Resilient Infrastructure in Africa.

[2] Fonta, W. M., Ayuk, E. T., & van Huysen, T. (2018). Africa and the Green Climate Fund: Current challenges and future opportunities. Climate policy, 18(9), 1210-1225.

[3] Mukoki, P. S. (2022). Infrastructure financing and bond markets development in sub-Saharan Africa (Doctoral dissertation, University of the Witwatersrand).

[4] Ragosa, G., & Warren, P. (2019). Unpacking the determinants of cross-border private investment in renewable energy in developing countries. Journal of Cleaner Production, 235, 854-865.

La coopération multilatérale et bilatérale, les Eurobonds, et les financements privés peuvent tous être intégrés dans une stratégie de financement international complète qui assure aux pays africains une marge de manœuvre budgétaire et une capacité d'investissement robuste[1]. Les gouvernements peuvent optimiser ces sources de financement en s'assurant qu'elles complètent les ressources domestiques et permettent une exécution plus efficace des politiques publiques. Cette intégration de diverses sources de financement permet une meilleure allocation des ressources, une *gestion des risques* améliorée et un impact durable sur les conditions de vie des populations[2].

Enfin, les États africains doivent veiller à renforcer leur gouvernance financière et leur transparence pour maximiser l'efficacité de ces financements internationaux. Les bailleurs de fonds et les investisseurs privés attendent des normes de gestion rigoureuses, des rapports réguliers et des mécanismes de suivi pour s'assurer que les fonds sont utilisés de manière efficiente[3]. Le renforcement des capacités institutionnelles et la mise en œuvre de cadres de gouvernance transparents renforcent la crédibilité des États et augmentent leur capacité à attirer des financements multilatéraux, bilatéraux, privés, et climatiques.

L'accès amélioré aux financements internationaux, en combinant les mécanismes de la coopération multilatérale et bilatérale avec des financements privés, des Eurobonds, et des fonds climatiques, offre aux gouvernements africains une flexibilité cruciale pour répondre aux défis contemporains[4]. En utilisant ces instruments de manière stratégique et en assurant une transparence rigoureuse, les États africains peuvent développer des projets alignés sur leurs priorités nationales, tout en assurant la stabilité économique et en renforçant leur résilience face aux crises mondiales.

---

[1] Traoré, B., Muzawazi, D., & Da Costa, R. (2023). Rethinking International Cooperation and Partnerships for Improved Development Impact and Self-Sustainability in Africa.

[2] Zhan, J. X., & Santos-Paulino, A. U. (2021). Investing in the Sustainable Development Goals: Mobilization, channeling, and impact. Journal of International Business Policy, 4(1), 166.

[3] Gatti, S. (2023). Project finance in theory and practice: designing, structuring, and financing private and public projects. Elsevier.

[4] Traoré, B., Muzawazi, D., & Da Costa, R. (2023). Rethinking International Cooperation and Partnerships for Improved Development Impact and Self-Sustainability in Africa.

6.1.5. Les obligations vertes et d'impact social

Les *obligations vertes* et les *obligations d'impact social* constituent des instruments financiers innovants et stratégiques pour financer des projets de développement durable en Afrique. Ces obligations permettent aux gouvernements et aux institutions publiques de lever des fonds pour des initiatives spécifiques, en orientant les capitaux privés vers des projets ayant des impacts sociaux et environnementaux mesurables[1]. Dans un contexte où les budgets publics sont limités et où les besoins en infrastructures durables sont considérables, ces instruments financiers offrent une opportunité unique pour diversifier les sources de financement tout en renforçant l'engagement envers les *Objectifs de développement durable*.

Les *obligations vertes* sont spécifiquement destinées au financement de projets environnementaux, comme les énergies renouvelables, la *gestion des ressources en eau* et la reforestation. Dans le contexte où les effets du *changement climatique* sont déjà perceptibles, le développement de telles infrastructures est crucial pour renforcer la résilience des économies et des populations[2]. En émettant des *obligations vertes*, les États africains peuvent mobiliser des fonds à des conditions favorables, tout en s'engageant à atteindre des objectifs écologiques précis. Cette approche attire des investisseurs responsables qui cherchent à aligner leurs portefeuilles sur des principes de finance durable pour contribuer à un financement ciblé des projets climatiques.

Les *obligations d'impact social*, quant à elles, ciblent des projets ayant des retombées positives sur les populations, notamment dans les domaines de l'éducation, de la santé et du logement. Ces obligations permettent aux gouvernements africains de financer des initiatives sociales qui répondent aux besoins fondamentaux des populations vulnérables, tout en offrant aux investisseurs la possibilité de générer un impact social mesurable[3]. Les *obligations d'impact social* sont souvent structurées pour offrir des rendements variables en fonction des résultats atteints afin d'encourager une gestion rigoureuse et orientée

---

[1] Bhutta, U. S., Tariq, A., Farrukh, M., Raza, A., & Iqbal, M. K. (2022). Green bonds for sustainable development: Review of literature on development and impact of green bonds. Technological Forecasting and Social Change, 175, 121378.

[2] Dai, Y., & Chen, X. (2023). Evaluating green financing mechanisms for natural resource management: Implications for achieving sustainable development goals. Resources Policy, 86, 104160.

[3] Cooper, C., Graham, C., & Himick, D. (2016). Social impact bonds: The securitization of the homeless. Accounting, Organizations and Society, 55, 63-82.

vers les résultats. Dans le contexte où les inégalités d'accès aux services de base sont encore marquées, ces obligations jouent un rôle crucial pour améliorer les conditions de vie des populations.

Pour garantir le succès des *obligations vertes* et des *obligations d'impact social*, une structuration rigoureuse et transparente est essentielle. Les émetteurs de ces obligations, qu'il s'agisse des États ou des institutions publiques, doivent définir des critères clairs de sélection des projets et des indicateurs de performance précis. Cette structuration permet de s'assurer que les fonds sont effectivement alloués à des initiatives durables et d'éviter les pratiques de *greenwashing* ou d'*impact washing*, qui peuvent nuire à la crédibilité de ces instruments[1]. Dans le contexte où la confiance des investisseurs peut être fragile, cette transparence renforce l'attrait des *obligations vertes* et sociales en garantissant un suivi rigoureux des impacts.

Le *Suivi et évaluation* des projets financés par des *obligations vertes* et sociales sont également cruciaux pour mesurer leur efficacité et leur impact. Les gouvernements africains peuvent s'appuyer sur des normes internationales, comme les *Green Bond Principles* et les *Social Bond Principles*, pour évaluer la performance environnementale et sociale des projets. Ces cadres normatifs fournissent des directives claires pour le suivi des indicateurs d'impact qui permettent aux émetteurs de produire des rapports réguliers sur l'avancement des projets et sur les résultats obtenus. En respectant ces normes, les États africains peuvent renforcer la transparence et la redevabilité de leurs politiques, tout en augmentant l'attrait des investisseurs pour ces instruments.

Le marché des *obligations vertes* et des *obligations d'impact social* présente un potentiel de croissance considérable, particulièrement dans le contexte de la finance climatique et de la transition énergétique[2]. Les États africains, en diversifiant leurs sources de financement grâce à ces instruments, peuvent s'affranchir partiellement de la dépendance aux aides internationales, tout en accédant à des capitaux mondiaux de plus en plus orientés vers des investissements durables. Ce potentiel est renforcé par l'intérêt croissant des *fonds souverains*, des banques de développement et des investisseurs institutionnels pour les projets à

[1] Bhutta, U. S., Tariq, A., Farrukh, M., Raza, A., & Iqbal, M. K. (2022). Green bonds for sustainable development: Review of literature on development and impact of green bonds. Technological Forecasting and Social Change, 175, 121378.

[2] Bhutta, U. S., Tariq, A., Farrukh, M., Raza, A., & Iqbal, M. K. (2022). Green bonds for sustainable development: Review of literature on development and impact of green bonds. Technological Forecasting and Social Change, 175, 121378.

impact positif. En développant un marché solide pour ces obligations, l'Afrique peut devenir un acteur clé de la finance durable à l'échelle mondiale[1].

Les *obligations vertes* et sociales permettent également une réduction du coût du financement pour les projets à impact, grâce à des rendements attractifs et à un risque perçu plus faible par les investisseurs responsables. Les investisseurs sont de plus en plus sensibles aux projets qui répondent aux enjeux climatiques et sociaux, ce qui contribue à réduire les primes de risque exigées pour ces investissements. En mobilisant des capitaux à un coût réduit, les gouvernements africains peuvent financer des projets d'envergure sans alourdir le fardeau de la dette publique, ce qui assure une gestion budgétaire plus soutenable et orientée vers l'impact[2].

La diversification des secteurs financés par les *obligations vertes* et sociales est essentielle pour maximiser l'impact de ces instruments en Afrique. Au-delà des énergies renouvelables, ces obligations peuvent soutenir des projets dans la gestion durable de l'eau, la gestion des déchets, la reforestation, ainsi que dans les infrastructures de santé et d'éducation. En finançant des projets multisectoriels, les *obligations vertes* et sociales renforcent la résilience des économies africaines face aux crises climatiques et sociales[3]. Elles permettent également de créer des synergies entre les différents secteurs et de maximiser les retombées économiques et sociales des investissements.

Les synergies entre les institutions publiques africaines et les institutions financières internationales sont également déterminantes pour le succès des *obligations vertes* et d'impact social[4]. En travaillant avec des partenaires comme la Banque mondiale, la Banque africaine de développement et le *Fonds vert pour le climat*, les États africains peuvent accéder à des financements concessionnels et bénéficier d'une assistance technique pour structurer et émettre ces obligations. Ces

---

[1] Presbitero, A. F., Ghura, D., Adedeji, O. S., & Njie, L. (2016). Sovereign bonds in developing countries: Drivers of issuance and spreads. Review of Development Finance, 6(1), 1-15.

[2] Noothout, P., de Jager, D., Tesnière, L., van Rooijen, S., Karypidis, N., Brückmann, R., ... & Resch, G. (2016). The impact of risks in renewable energy investments and the role of smart policies. DiaCore report.

[3] Bhutta, U. S., Tariq, A., Farrukh, M., Raza, A., & Iqbal, M. K. (2022). Green bonds for sustainable development: Review of literature on development and impact of green bonds. Technological Forecasting and Social Change, 175, 121378.

[4] Synergies between African public institutions and international financial institutions are also crucial to the success of green and social impact bonds.

partenariats renforcent la capacité des gouvernements africains à concevoir des projets de qualité, tout en garantissant le respect des normes internationales et l'attractivité pour les investisseurs mondiaux.

Les *obligations vertes* et d'impact social favorisent également l'appropriation locale des projets financés. En impliquant les communautés locales dans la sélection et la mise en œuvre des projets, les États africains peuvent s'assurer que les initiatives répondent aux besoins réels des populations et génèrent un impact durable[1]. Cette participation locale renforce la légitimité des projets, tout en augmentant leur efficacité et leur durabilité. Dans le contexte où l'appropriation communautaire est cruciale pour le succès des politiques publiques, les *obligations vertes* et sociales offrent un modèle de financement inclusif et participatif.

Au total, les *obligations vertes* et d'impact social sont des outils financiers puissants qui, lorsqu'ils sont bien structurés et transparents, peuvent mobiliser des ressources substantielles pour des projets de développement durable en Afrique[2]. Ils offrent une voie pour diversifier les financements, réduire la dépendance aux aides extérieures, et renforcer la résilience des économies africaines. Ces instruments constituent une réponse adaptée aux défis contemporains du continent, en alignant les objectifs financiers avec les impératifs sociaux et environnementaux, pour un impact profond et durable.

6.1.6. L'appui des diasporas africaines

L'appui des diasporas africaines représente un levier financier et économique stratégique pour les gouvernements africains, en offrant des flux de capitaux stables et un potentiel d'investissement considérable. Avec des millions de ressortissants établis à l'étranger, les diasporas africaines envoient chaque année des milliards de dollars sous forme de transferts de fonds vers leurs pays d'origine[3]. Ces envois de fonds constituent une source de financement essentielle, qui dépasse souvent les flux d'aide internationale et qui contribue directement à l'amélioration des conditions de vie des familles et des communautés locales. En structurant des mécanismes pour optimiser cet appui, les

[1] Chen, Y., & Volz, U. (2022). Scaling up sustainable investment through blockchain-based project bonds. Development Policy Review, 40(3).

[2] Rizzello, A., & Kabli, A. (2020). Sustainable financial partnerships for the SDGs: The case of social impact bonds. Sustainability, 12(13), 5362.

[3] Zeleza, P. T. (2019). Leveraging Africa's Global Diasporas for the Continent's Development. African Diaspora, 11(1-2), 144-161.

gouvernements africains peuvent transformer ces ressources en un puissant outil de développement économique et social.

Les envois de fonds des diasporas sont une source de revenu cruciale pour de nombreux ménages en Afrique et permettent de financer des besoins de base comme l'alimentation, la santé et l'éducation. Contrairement aux investissements traditionnels, ces fonds sont souvent anticycliques et stables et augmentent même en période de crise économique dans le pays d'origine[1]. Dans le contexte où de nombreuses familles dépendent de ces fonds pour survivre, les transferts de la diaspora renforcent la *résilience des communautés locales* face aux chocs économiques et aux aléas climatiques. Pour maximiser leur impact, les gouvernements africains peuvent faciliter et sécuriser les canaux de transfert de fonds, en réduisant les frais de transaction et en encourageant l'utilisation de *plateformes numériques* sécurisées[2].

La réduction des coûts de transfert est un objectif prioritaire pour optimiser les envois de fonds et en accroître l'impact économique. Actuellement, les frais de transfert vers l'Afrique subsaharienne sont parmi les plus élevés au monde et atteignent parfois plus de 10% du montant transféré[3]. En collaboration avec des institutions financières internationales et des acteurs privés, les gouvernements africains peuvent promouvoir la concurrence entre les prestataires de services de transfert de fonds pour réduire ces coûts. Cette diminution des coûts de transfert permettra aux bénéficiaires de recevoir une part plus importante des fonds envoyés et va augmenter leur capacité de consommation et d'investissement[4]. De plus, la facilitation de transferts numériques offre des moyens plus rapides et plus accessibles, surtout pour les populations rurales.

L'investissement direct de la diaspora constitue une autre forme de soutien financier puissant pour le développement économique local. Les membres de la diaspora, en tant qu'investisseurs individuels ou

---

[1] Gelb, S., Kalantaryan, S., McMahon, S., & Perez-Fernandez, M. (2021). Diaspora finance for development: from remittances to investment. Luxembourg: Publications Office of the European Union.

[2] Carment, D., & Calleja, R. (2018). Diasporas and Fragile states–beyond remittances assessing the theoretical and policy linkages. Journal of Ethnic and Migration Studies, 44(8), 1270-1288.

[3] Rustomjee, C. (2018). Issues and challenges in mobilizing African diaspora investment.

[4] Nnyanzi, J. B. (2016). What drives international remittances to Africa: Altruism, self-interest or the institutional environment? African Journal of Economic and Management Studies, 7(3), 397-418.

regroupés dans des associations, peuvent injecter des capitaux dans des projets de petite et moyenne envergure, notamment dans les secteurs de l'agriculture, de l'artisanat, du commerce et de l'immobilier[1]. Ces investissements directs permettent de financer des entreprises locales et de créer des emplois et stimulant l'économie régionale. Les gouvernements peuvent encourager cet investissement direct par des incitations fiscales, des facilités d'enregistrement et des mécanismes de co-investissement pour aligner les initiatives de la diaspora avec les priorités nationales de développement.

Les diasporas africaines jouent également un rôle crucial dans le financement des infrastructures sociales, notamment dans les secteurs de la santé et de l'éducation. Les envois de fonds sont souvent utilisés pour couvrir les frais de scolarité, financer des infrastructures éducatives, ou soutenir des centres de santé locaux[2]. Dans le contexte où les services publics peuvent être limités, cet appui direct des diasporas améliore l'accès aux soins et à l'éducation pour renforcer ainsi les capacités humaines et le capital social. Pour optimiser cet impact, les gouvernements africains peuvent créer des programmes d'appariement, où les fonds des diasporas sont complétés par des ressources publiques ou des dons internationaux pour financer des projets d'infrastructure sociale d'envergure.

Le capital humain et social des diasporas africaines est un autre atout majeur. Les compétences, les réseaux et l'expertise des membres de la diaspora peuvent être mis à profit pour le développement de projets innovants et pour le transfert de savoir-faire[3]. Les gouvernements africains peuvent encourager le retour temporaire ou l'engagement à distance de leurs diasporas qualifiées, à travers des programmes de mentorat, de formation professionnelle, ou de participation à des projets de développement local. L'engagement de la diaspora qualifiée dans des initiatives de renforcement des capacités contribue à pallier le manque

---

[12] Coles, A., Gray, L., & Momsen, J. (2015). The Entrepreneurial Landscape for African Women: Sectors and characteristics from microenterprises to large businesses. In The Routledge handbook of gender and development (pp. 465-478). Routledge.

[2] Taslakian, E. N., Garber, K., & Shekherdimian, S. (2022). Diaspora engagement: a scoping review of diaspora involvement with strengthening health systems of their origin country. Global Health Action, 15(1), 2009165.

[3] Tchawe, H. E. (2019). Management of knowledge transfer for capacity building in Africa. Journal of Comparative International Management, 20(1), 1-20.

de compétences dans certains secteurs clés et à renforcer la compétitivité de l'économie locale.

Les diasporas africaines peuvent également contribuer à renforcer les réserves de devises étrangères des pays d'origine. Les transferts de fonds et les investissements de la diaspora, effectués en devises fortes, augmentent les réserves de change, stabilisant ainsi la balance des paiements et soutenant la stabilité macroéconomique. Cette injection de devises étrangères permet de réduire la dépendance aux aides internationales et d'améliorer la capacité des États à faire face aux fluctuations économiques mondiales[1]. Les gouvernements peuvent également explorer des instruments financiers, tels que des *diaspora bonds* pour permettre aux membres de la diaspora d'investir dans des projets nationaux en échange de rendements attractifs, tout en renforçant la résilience financière du pays.

Les *diaspora bonds* sont des instruments financiers innovants qui permettent de mobiliser les ressources de la diaspora pour financer des projets d'infrastructure ou des programmes sociaux[2]. En émettant des obligations spécialement conçues pour les membres de la diaspora, les gouvernements africains offrent une opportunité aux ressortissants vivant à l'étranger d'investir dans leur pays d'origine, tout en bénéficiant d'un rendement sur leur investissement. Les diaspora bonds peuvent financer des projets dans les domaines de l'énergie, des transports ou de l'eau et contribuer ainsi au développement des infrastructures sans recourir uniquement aux financements étrangers traditionnels[3]. Cette mobilisation de capitaux privés réduit la dépendance des États vis-à-vis des bailleurs de fonds et renforce leur souveraineté économique.

Pour maximiser l'impact des envois de fonds et des investissements de la diaspora, les gouvernements africains doivent mettre en place des infrastructures financières et juridiques appropriées[4]. La simplification des procédures d'investissement, la création de guichets uniques pour

---

[1] Okolie, P. I. P., Osam, M., & Ezeamama, M. C. (2023). Impact of Exchange Rate on Foreign Reserves and Diaspora Remittances in Nigeria: 2015–2022. European Review in Accounting and Finance, 7 (1), 1-17.

[2] Olanrewaju, G. S., & Olaniran, S. O. (2020). Financing Education in Africa through Diaspora Bonds. African Journal of Development Studies, 10(3), 7.

[3] Ashiagbor, D., Deiana, R., Kappeler, A., Minsat, A., & Nguyen-Quoc, T. (2018). 9. financing infrastructure in africa. Banking in Africa, 201.

[4] Rustomjee, C. (2018). Issues and challenges in mobilizing African diaspora investment.

la diaspora et la protection des droits des investisseurs de la diaspora sont des mesures qui favorisent un climat de confiance et attirent davantage de capitaux. Ces infrastructures facilitent l'intégration des ressources de la diaspora dans le développement économique national, tout en assurant une transparence et une sécurité pour les investisseurs.

L'implication des diasporas africaines dans les politiques publiques permet également de renforcer la cohésion nationale et d'encourager l'engagement patriotique des ressortissants. En invitant les membres de la diaspora à participer aux débats sur les politiques de développement, les gouvernements africains peuvent s'assurer que les besoins et les aspirations des expatriés sont pris en compte dans les initiatives nationales[1]. Cet engagement permet de créer un sentiment d'appartenance et d'inciter les diasporas à investir de manière durable dans leur pays d'origine.

L'appui des diasporas africaines, par les transferts de fonds, les investissements directs, et l'engagement de leur capital humain, est une ressource précieuse pour les gouvernements africains. En mettant en place des mécanismes financiers sécurisés, en réduisant les coûts de transfert, et en développant des instruments financiers comme les *diaspora bonds*, les États africains peuvent canaliser cette source de financement vers des initiatives de développement durable. Intégrer l'appui de la diaspora dans les politiques publiques permet de renforcer l'autonomie financière, d'améliorer les conditions de vie des populations, et de construire un avenir plus prospère pour l'Afrique[2].

6.1.7. La microfinance et la finance inclusive

La microfinance et la finance inclusive sont des leviers essentiels pour promouvoir un développement économique durable et équitable en Afrique. Ces mécanismes permettent d'élargir l'accès aux services financiers pour les populations marginalisées, en particulier dans les zones rurales et informelles[3]. En intégrant ces populations aux systèmes financiers, les gouvernements africains peuvent catalyser l'activité économique locale, réduire les inégalités et renforcer la résilience des

---

[1] Constant, A. F., & Zimmermann, K. F. (2016). Diaspora economics: new perspectives. International Journal of Manpower, 37(7), 1110-1135.

[2] Chand, M. (2016). Leveraging the diaspora for Africa's economic development. Journal of African Business, 17(3), 273-290.

[3] Judijanto, L., Utami, E. Y., & Lesmana, T. (2024). Financial Inclusion Strategies: A Bibliometric Study of Microfinance and Economic Development Initiatives. West Science Interdisciplinary Studies, 2(04), 799-809.

ménages face aux chocs économiques. La microfinance et la finance inclusive sont ainsi des outils puissants pour soutenir les politiques de développement, en améliorant les opportunités d'investissement productif et en favorisant un entrepreneuriat à petite échelle[1].

La microfinance comprend un ensemble de services financiers – tels que les microcrédits, les micros-assurances, et les produits d'épargne – adaptés aux besoins des populations à faible revenu. Ces services permettent aux petits entrepreneurs, agriculteurs et travailleurs informels d'accéder à des financements pour investir dans des projets productifs[2]. Les microcrédits, par exemple, fournissent aux entrepreneurs locaux les fonds nécessaires pour démarrer ou étendre leurs activités. Cette injection de capital favorise la création d'emplois locaux et la génération de revenus pour renforcer les bases de l'économie locale. En soutenant la microfinance, les gouvernements africains créent un environnement propice à l'autonomie économique et à la réduction de la pauvreté.

La finance inclusive, au-delà de la microfinance, vise à intégrer l'ensemble des segments de la population dans le système financier, y compris les femmes, les jeunes et les populations rurales souvent exclues des services bancaires classiques. La finance inclusive englobe une gamme plus large de services financiers, tels que les comptes d'épargne mobiles, les services de paiement numérique et les plateformes de crédit en ligne, qui permettent aux populations marginalisées de gérer leurs finances plus facilement[3]. Dans le contexte où l'adoption des *technologies mobiles* est rapide, les services de finance mobile ont transformé l'accès aux services financiers, même dans les régions les plus éloignées. Ces innovations réduisent les barrières d'accès, et offrent aux populations locales des outils pour gérer leurs revenus et sécuriser leurs économies et contribuer ainsi à une inclusion financière plus large[4].

---

[1] Corrado, G., & Corrado, L. (2017). Inclusive finance for inclusive growth and development. Current opinion in environmental sustainability, 24, 19-23.
[2] Watkins, T. A. (2018). Introduction to microfinance.
[3] Cull, R., & Hartarska, V. (2023). Overview of microfinance, financial inclusion, and development. In Handbook of microfinance, financial inclusion and development (pp. 2-19). Edward Elgar Publishing.
[4] van Zanden, J. L. (2023). Examining the Relationship of Information and Communication Technology and Financial Access in Africa. Journal of Business and Economic Options, 6(3), 26-36.

Le rôle des technologies financières ou *fintech* est central dans l'expansion de la finance inclusive en Afrique. Les *fintech*, en utilisant des plateformes mobiles et des technologies numériques, permettent de surmonter les obstacles physiques et logistiques liés à l'accès aux services financiers traditionnels[1]. Dans le contexte où les infrastructures bancaires sont souvent insuffisantes dans les zones rurales, les services financiers mobiles ont démontré l'efficacité de cette approche. En intégrant les *fintech* dans leurs stratégies de finance inclusive, les gouvernements africains peuvent étendre la couverture des services financiers à un coût réduit, tout en stimulant l'innovation dans le secteur financier[2]. Cela renforce non seulement l'accessibilité mais aussi l'efficacité des politiques de développement économique.

Les micros-assurances sont également essentielles dans le cadre de la microfinance et de la finance inclusive, car elles protègent les populations vulnérables contre les risques et les imprévus, tels que les catastrophes naturelles, les maladies et les fluctuations des prix des produits agricoles[3]. Dans le contexte où les ménages ruraux dépendent souvent de l'agriculture de subsistance, les micros-assurances agricoles protègent les petits exploitants contre les pertes de récoltes dues aux aléas climatiques. En soutenant des programmes de micro-assurance, les gouvernements africains réduisent la vulnérabilité économique des populations rurales et stabilisent leurs revenus, ce qui va contribuer à une sécurité économique renforcée et à une réduction des inégalités.

Les *Institutions de microfinance* jouent un rôle fondamental en fournissant des services financiers adaptés aux besoins des petites entreprises et des travailleurs informels[4]. Les *Institutions de microfinance* travaillent en étroite collaboration avec les communautés locales pour offrir des formations et des services de conseil en gestion financière. Ces services d'accompagnement sont essentiels pour améliorer les compétences en gestion des finances personnelles et

---

[1] Ediagbonya, V., & Tioluwani, C. (2023). The role of fintech in driving financial inclusion in developing and emerging markets: issues, challenges and prospects. Technological Sustainability, 2(1), 100-119.

[2] Adelaja, A. O., Umeorah, S. C., Abikoye, B. E., & Nezianya, M. C. (2024). Advancing financial inclusion through fintech: Solutions for unbanked and underbanked populations. World Journal of Advanced Research and Reviews, 23(01), 427-438.

[3] Hillier, D. (2018). Facing Risk: Options and challenges in ensuring that climate/disaster risk finance and insurance deliver for poor people. Oxfam.

[4] Taiwo, J. N., & Benson, K. N. (2016). The role of microfinance institutions in financing small businesses. JIBC, 21(1).

professionnelles des bénéficiaires, ce qui augmente les chances de succès des micro-entreprises. Les gouvernements africains peuvent soutenir ces *Institutions de microfinance* par des cadres réglementaires favorables et des incitations fiscales pour encourager leur expansion dans les régions mal desservies.

Pour maximiser l'efficacité de la microfinance et de la finance inclusive, les gouvernements africains doivent adopter des cadres réglementaires adaptés. Ces cadres devraient protéger les emprunteurs contre les pratiques abusives tout en encourageant la croissance des *Institutions de microfinance* et des *fintech*. Une réglementation équilibrée garantit un accès équitable aux services financiers, tout en protégeant les consommateurs contre l'endettement excessif[1].

La finance inclusive soutient les politiques publiques africaines en renforçant la résilience économique des populations locales. En intégrant les ménages vulnérables au système financier, les gouvernements africains peuvent stabiliser les revenus des communautés rurales et renforcer leur capacité à faire face aux crises économiques. Ce filet de sécurité économique joue un rôle crucial pour atténuer les effets des chocs externes, comme les fluctuations des prix des matières premières et les crises climatiques[2]. Dans le contexte où les populations rurales sont souvent exposées à de tels risques, la finance inclusive agit comme un stabilisateur économique et réduit la dépendance aux aides d'urgence.

Les partenariats entre les gouvernements, les Organisations non-gouvernementales, les *Institutions de microfinance* et les entreprises *fintech* sont essentiels pour renforcer l'impact de la finance inclusive en Afrique. En collaborant avec ces acteurs, les gouvernements africains peuvent élargir la portée des services financiers et garantir que les initiatives de finance inclusive répondent aux besoins locaux[3]. Ces partenariats facilitent également la mise en œuvre de programmes de formation en littératie financière, qui sont cruciaux pour assurer une

---

[1] Chirambo, D. (2017). Enhancing climate change resilience through microfinance: Redefining the climate finance paradigm to promote inclusive growth in Africa. Journal of Developing Societies, 33(1), 150-173.

[2] Song, Y., Gong, Y., Song, Y., & Chen, X. (2024). Exploring the impact of digital inclusive finance on consumption volatility: Insights from household entrepreneurship and income volatility. Technological Forecasting and Social Change, 200, 123179.

[3] Danladi, S., Modibbo, U. M., & Prasad, M. S. V. (2023). Achieving sustainable development goals through financial inclusion: Collaborative approaches to fin-tech adoption in developing countries.

utilisation judicieuse des services financiers. Une collaboration étroite entre les acteurs publics et privés maximise l'efficacité des politiques de finance inclusive, en apportant expertise, technologie et financement pour soutenir les populations défavorisées.

La microfinance et la finance inclusive sont des outils essentiels pour atteindre un développement équitable et durable en Afrique. En fournissant un accès aux services financiers aux populations marginalisées, ces mécanismes soutiennent l'entrepreneuriat, renforcent l'autonomie des communautés, et stabilisent les économies locales. Pour les gouvernements africains, intégrer la microfinance et la finance inclusive dans leurs politiques publiques permet de construire une base économique plus résiliente, inclusive, et orientée vers la réduction de la pauvreté et des inégalités[1].

6.2. La mise en œuvre et la gestion des politiques publiques

L'importance de l'utilisation des approches de gestion reconnues mondialement dans la mise en œuvre des politiques publiques en Afrique est cruciale pour répondre aux défis contextuels et multiples auxquels le continent est confronté. Dans un contexte marqué par une croissance économique inégale, une dette publique croissante, les impacts du *changement climatique*, et une population jeune en expansion rapide, ces approches permettent de structurer les interventions de manière à optimiser l'impact et l'efficacité des politiques publiques[2].

La *Nouvelle gestion publique*, par exemple, s'appuie sur des principes de transparence, de responsabilité et d'efficacité, inspirés du secteur privé[3]. Dans le contexte où les ressources publiques sont souvent limitées, l'application des pratiques de la *Nouvelle gestion publique* favorise une utilisation plus efficiente de ces ressources. La décentralisation, un principe central de la *Nouvelle gestion publique*, permet aux gouvernements locaux d'adapter les services publics aux

---

[1] Cull, R., & Hartarska, V. (2023). Overview of microfinance, financial inclusion, and development. In Handbook of microfinance, financial inclusion and development (pp. 2-19). Edward Elgar Publishing.

[2] Head, B. W., & Alford, J. (2015). Wicked problems: Implications for public policy and management. Administration & society, 47(6), 711-739.

[3] Bryhinets, O. O., Svoboda, I., Shevchuk, O. R., Kotukh, Y. V., & Radich, V. Y. (2020). Public value management and new public governance as modern approaches to the development of public administration. Revista San Gregorio, 1(42), 205-214.

besoins spécifiques des communautés, en tenant compte des réalités locales tout en assurant une meilleure responsabilité des acteurs locaux.

La *Gestion axée sur les résultats* s'impose également comme une méthode indispensable pour les gouvernements africains, où les politiques doivent souvent être rapidement ajustées pour s'adapter à des crises imprévues. La *Gestion axée sur les résultats* met en avant des systèmes de *Suivi et évaluation* continus, permettant de mesurer les progrès réalisés en temps réel[1]. Dans le contexte africain, cette approche aide les décideurs à réagir rapidement aux défis socio-économiques en apportant des ajustements basés sur des preuves tangibles, maximisant ainsi les chances de succès des politiques publiques.

La *Gestion participative* joue un rôle central dans un continent où les contextes culturels et sociaux varient considérablement d'une région à l'autre. En impliquant les citoyens et les parties prenantes dans le processus décisionnel, cette approche renforce la légitimité et l'appropriation des politiques par les populations locales[2]. Dans le contexte où les systèmes de gouvernance traditionnelle et communautaire demeurent influents, la *Gestion participative* permet de tisser des liens de confiance entre les autorités publiques et les communautés locales, augmentant ainsi l'efficacité et la durabilité des politiques mises en place[3].

La *Gestion du changement* est un autre pilier de la mise en œuvre des politiques publiques en Afrique, particulièrement dans des contextes de réformes institutionnelles et de transformation économique[4]. Les approches de *Gestion du changement* aident à naviguer les résistances potentielles des parties prenantes et à assurer une transition en douceur. Dans le contexte où les réformes peuvent susciter des résistances dues à des dynamiques de pouvoir établies, une *Gestion du changement* efficace, basée sur une communication

---

[1] Verbeeten, F. H., & Speklé, R. F. (2015). Management control, results-oriented culture and public sector performance: Empirical evidence on new public management. Organization studies, 36(7), 953-978.

[2] Esparcia, J., & Abbasi, F. (2020). Territorial governance and rural development: Challenge or reality? Neoendogenous Development in European Rural Areas: Results and Lessons, 33-60.

[3] De Vente, J., Reed, M. S., Stringer, L. C., Valente, S., & Newig, J. (2016). How does the context and design of participatory decision-making processes affect their outcomes? Evidence from sustainable land management in global drylands. Ecology and society, 21(2).

[4] Doppelt, B. (2017). Leading change toward sustainability: A change-management guide for business, government and civil society. Routledge.

transparente et la formation des agents publics, est essentielle pour assurer l'adhésion et le succès des nouvelles politiques.

La *Gestion des connaissances*, quant à elle, vise à capitaliser sur les expériences passées et à diffuser les bonnes pratiques au sein des institutions publiques. L'intégration des connaissances locales, combinée aux expériences et savoirs issus d'autres contextes similaires, permet de concevoir des politiques mieux adaptées aux besoins des populations[1]. La *Gestion des connaissances* contribue à renforcer la résilience des institutions publiques, en leur permettant de s'appuyer sur un socle d'informations fiables pour affronter des défis aussi variés que le *changement climatique* ou la sécurité alimentaire.

Dans le contexte africain, la *Gestion de la performance* joue un rôle essentiel en renforçant la responsabilité des institutions publiques. En établissant des indicateurs de performance et en assurant un suivi régulier, cette approche garantit que les ressources sont bien utilisées pour atteindre les objectifs fixés[2]. Cette transparence est particulièrement importante en Afrique, où les citoyens exigent de plus en plus de redevabilité de la part des institutions publiques. La *Gestion de la performance* permet d'identifier les domaines nécessitant des améliorations, tout en mettant en avant les succès et les progrès réalisés.

La *Gestion intégrée des ressources*, combinée à une compréhension des contraintes locales, permet une utilisation optimale des ressources humaines, financières et matérielles disponibles pour la mise en œuvre des politiques publiques[3]. Dans le contexte où les ressources sont souvent limitées et inégalement réparties, cette approche permet de maximiser l'impact des politiques en priorisant les investissements dans des secteurs stratégiques comme l'agriculture, l'éducation et la santé, essentiels pour répondre aux besoins fondamentaux des populations.

La *Gestion par objectifs*[4] permet aux institutions publiques de clarifier les attentes et de mobiliser les ressources humaines autour

---

[1] Sindakis, S., Depeige, A., & Anoyrkati, E. (2015). Customer-centered knowledge management: challenges and implications for knowledge-based innovation in the public transport sector. Journal of Knowledge Management, 19(3), 559-578.

[2] Manyaka, K., & Sebola, M. P. (2015). Performance management in the South African Municipalities: Issues, trends and challenges. Journal of Public Administration, 50(si-1), 674-687.

[3] George, G., Schillebeeckx, S. J., & Liak, T. L. (2018). The management of natural resources: An overview and research agenda. Managing natural resources, 1-32.

[4] Favero, N., Meier, K. J., & O'Toole Jr, L. J. (2016). Goals, trust, participation, and feedback: Linking internal management with performance outcomes. Journal of Public Administration Research and Theory, 26(2), 327-343.

d'objectifs communs. En alignant les efforts des agents publics sur des objectifs précis, cette approche stimule l'engagement du personnel et améliore la cohésion au sein des administrations. Dans le contexte où les défis sont souvent multidimensionnels et complexes, la *Gestion par objectifs* permet de coordonner les interventions et d'éviter la fragmentation des efforts pour rendre les politiques publiques plus cohérentes.

L'adoption de la *Gestion de projet* dans les politiques publiques en Afrique permet de structurer les initiatives en étapes précises et mesurables, facilitant ainsi leur réalisation dans les délais et budgets impartis. Face aux crises sanitaires et économiques fréquentes, la *Gestion de projet* offre aux gouvernements africains un cadre pour répondre rapidement et efficacement aux urgences. Elle facilite également la coordination entre les différentes parties prenantes, améliorant ainsi la synergie entre les acteurs publics et privés[1].

La *Gestion de la qualité totale*, enfin, favorise une amélioration continue des processus et services publics tout en mettant l'accent sur la satisfaction des usagers[2]. Dans le contexte où les attentes des citoyens vis-à-vis des services publics sont croissantes, le *Gestion de la qualité totale* permet de mettre en place des standards de qualité et d'encourager une culture d'excellence au sein des administrations[3]. Cette approche aide les institutions publiques à répondre aux besoins des populations tout en améliorant leur image et leur crédibilité.

En somme, ces approches de gestion et de management, lorsqu'elles sont bien adaptées aux contextes locaux, offrent aux gouvernements africains des outils puissants pour renforcer l'efficacité des politiques publiques et répondre aux défis multiples du continent. Les approches de la *Nouvelle gestion publique*, de la *Gestion axée sur les résultats* et de la *Gestion participative*, entre autres, permettent aux décideurs d'optimiser les ressources, d'assurer une responsabilisation accrue et de renforcer la transparence dans la mise en œuvre des politiques.

---

[1] Golini, R., Kalchschmidt, M., & Landoni, P. (2015). Adoption of project management practices: The impact on international development projects of non-governmental organizations. International journal of project management, 33(3), 650-663.

[2] Bouranta, N., Psomas, E., Suárez-Barraza, M. F., & Jaca, C. (2019). The key factors of total quality management in the service sector: a cross-cultural study. Benchmarking: An International Journal, 26(3), 893-921.

[3] Baimenov, A., & Liverakos, P. (Eds.). (2019). Public service excellence in the 21st century. Springer.

6.2.1. Gestion axée sur l'efficacité et les résultats

Les approches de gestion axées sur l'efficacité et les résultats regroupent des méthodes telles que la *Gestion axée sur les résultats*, la *Gestion de la performance*, la *Gestion par objectifs* et la *Gestion de projet*. Ces approches, largement influencées par les théories managériales modernes, visent à optimiser la gestion des politiques publiques en mettant l'accent sur l'atteinte d'objectifs mesurables et sur l'amélioration de l'impact des interventions. Elles offrent un cadre structuré pour prioriser les actions, renforcer la transparence et maximiser l'efficacité des ressources limitées, particulièrement crucial dans le contexte africain.

Ces approches répondent aux défis croissants d'efficacité, de reddition de comptes et de durabilité dans les administrations publiques. La *Gestion axée sur les résultats* se concentre sur les impacts concrets, tandis que la *Gestion de la performance* favorise une culture d'amélioration continue grâce à des mécanismes d'évaluation réguliers. La *Gestion par objectifs*, en alignant les efforts individuels et collectifs, renforce la cohérence stratégique des politiques publiques. Enfin, la *Gestion de projet* propose une méthodologie rigoureuse pour structurer, exécuter et évaluer les interventions pour assurer une mise en œuvre efficace des initiatives.

Cependant, ces approches présentent des défis, notamment en termes de capacités institutionnelles, d'infrastructures de collecte de données et de coordination. Leur mise en œuvre nécessite un soutien politique fort, des systèmes de *Suivi et évaluation* robustes et des investissements dans la formation et la technologie. Malgré ces obstacles, elles offrent des opportunités significatives pour améliorer la gestion publique, stimuler l'innovation et garantir des résultats tangibles pour les populations. En adoptant ces approches, les administrations africaines peuvent transformer les défis en leviers de développement durable et inclusif.

6.2.1.1. La Gestion axée sur les résultats

La *Gestion Axée sur les Résultats*, qui tire ses racines des théories managériales de Peter Drucker[1], repose sur une logique de planification et de performance orientée vers l'atteinte d'objectifs mesurables et spécifiques. Ce cadre conceptuel a été rapidement adopté par les

---

[1] Bhattarai, R. N. (2020). Basic concepts and approaches of results based management. Journal of Population and Development, 1(1), 156-171.

organisations internationales et les gouvernements pour optimiser la gestion des ressources publiques et améliorer l'efficacité des interventions[1]. L'un des principes fondateurs de la *Gestion axée sur les résultats* est de transformer les processus publics en se concentrant davantage sur les résultats et les impacts concrets des politiques, plutôt que sur les seuls moyens mobilisés[2]. Elle incite à définir des indicateurs précis et des mécanismes de *Suivi et évaluation* pour mesurer l'atteinte des objectifs, une pratique qui se révèle cruciale dans le contexte de la gestion des politiques publiques en Afrique, où les ressources sont souvent limitées et les défis multidimensionnels.

La *Gestion axée sur les résultats* permet d'apporter une réponse efficace aux besoins des populations en optimisant l'allocation des ressources[3]. Dans un contexte marqué par une *croissance démographique* rapide et des demandes sociales croissantes, la *Gestion axée sur les résultats* contribue à focaliser les politiques sur des objectifs spécifiques, mesurables et réalisables en permettant d'éviter le gaspillage des fonds publics. Les gouvernements peuvent ainsi prioriser les secteurs stratégiques tels que la santé, l'éducation et les infrastructures, et évaluer les progrès réalisés pour réajuster les politiques en temps réel[4]. Cette capacité d'adaptation est cruciale dans un environnement où les conditions socio-économiques évoluent rapidement.

La *Gestion axée sur les résultats* favorise également la transparence et la redevabilité des institutions publiques. Dans le contexte où la corruption et la mauvaise gestion des fonds publics sont des problématiques récurrentes, la mise en place de systèmes de *Suivi et évaluation* renforce la confiance des citoyens envers leurs

---

[1] Shields, J., & North-Samardic, A. (2015). 4 Managing for results. Managing employee performance and reward: concepts, practices, strategies, 78.

[2] Vähämäki, J., & Verger, C. (2019). Learning from results-based management evaluations and reviews.

[3] Ouda, H. A. (2015). Results-based systems are the path towards results-oriented government. International Journal on Governmental Financial Management, 15(1), 46-69.

[4] TSIKOMIA, M., & Arsan, A. (2021). Why Should the Budgetary Performance of Municipalities Be Optimized: Performance-Based Management. Annals of the University Dunarea de Jos of Galati: Fascicle: I, Economics & Applied Informatics, 27(1).

administrations[1]. Les gouvernements, en adoptant des pratiques de transparence via la *Gestion axée sur les résultats*, peuvent offrir une meilleure visibilité sur l'utilisation des ressources et justifier les décisions prises. Cette transparence devient un atout pour améliorer la légitimité des politiques publiques et mobiliser un soutien plus large de la part de la population.

Cependant, l'application de la *Gestion axée sur les résultats* pose des défis importants. L'un des principaux obstacles réside dans le manque de capacités institutionnelles et techniques pour mettre en œuvre efficacement les processus de *Suivi et évaluation* [2]. Dans de nombreux pays africains, les administrations publiques manquent d'expertise et d'outils pour collecter, analyser et interpréter les données nécessaires à une *gestion axée sur les résultats*. Cette faiblesse institutionnelle limite souvent la portée des réformes et l'efficacité des politiques publiques, entravant ainsi l'atteinte des objectifs de développement.

De plus, la *Gestion axée sur les résultats*, en se concentrant sur des indicateurs quantitatifs, peut parfois négliger des aspects qualitatifs essentiels. Dans le contexte africain, où des enjeux comme l'équité et l'inclusivité sont primordiaux, une gestion focalisée sur la performance peut marginaliser certaines populations vulnérables en favorisant les zones urbaines et mieux équipées[3]. Cette limitation implique que les décideurs doivent intégrer des indicateurs qualitatifs et qualitatifs afin de garantir que les politiques bénéficient de manière équitable à toutes les couches de la société.

La *Gestion axée sur les résultats* ouvre néanmoins des opportunités importantes pour améliorer la cohérence et l'impact des politiques publiques. En intégrant des mécanismes de *Suivi et évaluation* systématiques, les gouvernements peuvent mieux identifier les besoins, ajuster les priorités et s'assurer que les ressources sont allouées de manière optimale. Dans des secteurs comme la santé publique, l'application de la *Gestion axée sur les résultats* a permis d'améliorer le

---

[1] Ramogayane, R., & Jarbandhan, D. B. (2018). Embedding a results-based management culture to improve public service performance in South Africa. Administratio Publica, 26(2), 138-157.

[2] de Lancer Julnes, P. (2017). Performance-based management systems: Effective implementation and maintenance. Routledge.

[3] Nytting, E. (2022). Achieving aid effectiveness through results-based management:: A chimera?.

suivi des programmes de vaccination et de réduire significativement le taux de mortalité infantile dans plusieurs pays africains[1].

Pour maximiser les bénéfices de la *Gestion axée sur les résultats*, il est essentiel de renforcer les systèmes d'information et de données. La collecte de données fiables et actualisées est fondamentale pour évaluer la performance des politiques et prendre des décisions éclairées[2]. Cependant, en Afrique, les infrastructures de collecte de données sont souvent insuffisantes. Investir dans la modernisation des systèmes d'information et former les personnels administratifs devient donc une priorité pour garantir le succès de la *Gestion axée sur les résultats* et la crédibilité des politiques publiques.

La *Gestion axée sur les résultats* peut également être renforcée par l'adoption de cadres méthodologiques spécifiques, tels que le cadre logique, qui aide à structurer les objectifs, les activités et les résultats attendus des programmes publics. Cette structuration facilite non seulement la planification, mais aussi le suivi des progrès et l'évaluation de l'impact, contribuant ainsi à une meilleure gestion des ressources et à une mise en œuvre plus efficace des politiques. L'utilisation de cadres méthodologiques permet d'harmoniser les interventions et de renforcer leur cohérence au sein des différentes administrations africaines.

Il est aussi crucial de promouvoir une culture de *Gestion axée sur les résultats* dans les administrations africaines[3]. Cela implique de sensibiliser les fonctionnaires publics à l'importance de la *Gestion axée sur les résultats* et de mettre en place des incitations pour encourager la performance et la redevabilité[4]. La mise en place de formations spécifiques et la création de mécanismes de récompense pour les agents qui atteignent leurs objectifs peuvent contribuer à motiver le personnel et à améliorer la qualité des services publics.

La collaboration entre les gouvernements, les partenaires internationaux et la société civile est essentielle pour le succès de la

---

[1] Moro-Visconti, R. (2024). Results-Based Financing in Healthcare: Evidence from Northern Uganda.

[2] Khan, K. J., Begum, N., & Razak, A. (2020). Practicing results based management for enhancement of quality and performance of social development and humanitarian programmes. Universal Journal of Management, 8(5), 231-253.

[3] Ramogayane, R., & Jarbandhan, D. B. (2018). Embedding a results-based management culture to improve public service performance in South Africa. Administratio Publica, 26(2), 138-157.

[4] Chen, C. A., & Hsieh, C. W. (2015). Knowledge sharing motivation in the public sector: the role of public service motivation. International Review of Administrative Sciences, 81(4), 812-832.

Gestion axée sur les résultats[1]. Les partenariats permettent de fournir un soutien technique et financier, ainsi que de partager les meilleures pratiques. Des initiatives telles que les programmes de l'Union africaine, qui encouragent l'harmonisation des pratiques de la *Gestion axée sur les résultats* entre les États membres, illustrent l'importance de la coopération régionale pour le développement durable sur le continent[2].

Il est enfin crucial d'adopter une approche adaptative pour la mise en œuvre de la *Gestion axée sur les résultats*. Les contextes politiques et socio-économiques variés du continent exigent que les cadres de gestion soient révisés régulièrement pour rester pertinents et efficaces. L'adaptabilité garantit que les politiques publiques puissent répondre aux besoins changeants de la population et s'adapter aux crises émergentes, telles que les crises économiques ou climatiques.

La *Gestion Axée sur les Résultats* constitue un cadre précieux pour la gestion des politiques publiques. Elle permet de renforcer la transparence, la redevabilité et l'efficience et répond aux attentes croissantes des populations africaines en matière de qualité des services publics[3]. Toutefois, pour maximiser son impact, il est crucial de l'adapter aux spécificités locales, de renforcer les capacités institutionnelles et de promouvoir une culture de gestion axée sur la performance et l'inclusivité.

6.2.1.2. La gestion de la performance

La *Gestion de la performance* est un processus systématique visant à optimiser l'efficacité et l'efficience des organisations en évaluant, mesurant et améliorant constamment leurs résultats[4]. Ce cadre théorique, influencé par des concepts de la *Nouvelle gestion publique*

---

[1] Ouda, H. A. (2015). Results-based systems are the path towards results-oriented government. International Journal on Governmental Financial Management, 15(1), 46-69.

[2] Olawuyi, D. S. (2015). The increasing relevance of rights-based approaches to resource governance in Africa: Shifting from regional aspiration to local realization. McGill International Journal of Sustainable Development Law and Policy, 11(2), 294-337.

[3] Mulongo, G., Sindi, K., Okello, J. J., Wanjohi, L., Mudege, N. N., & Quinn, S. (2015). Improving performance tracking, knowledge generation, and learning for effective result-based management: Sub Saharan Africa monitoring, evaluation & learning (ME&L) strategy.

[4] Helmold, M., & Samara, W. (2019). Progress in performance management. Springer International Publishing.

et des approches managériales du secteur privé, a été conçu pour s'assurer que les activités menées par les institutions publiques sont alignées avec leurs objectifs stratégiques. Dans le contexte africain, la *Gestion de la performance* s'avère essentielle pour faire face aux multiples défis auxquels les administrations publiques sont confrontées, notamment les attentes croissantes des citoyens, les contraintes budgétaires et les besoins pressants en matière de services publics. Elle permet aux gouvernements africains de rationaliser leurs actions, d'allouer efficacement leurs ressources et de maximiser l'impact des politiques publiques[1].

La *Gestion de la performance* offre un cadre structuré pour renforcer la cohérence des politiques publiques, en s'assurant qu'elles répondent aux objectifs de développement nationaux et régionaux[2]. En définissant des indicateurs de performance clairs et mesurables, cette approche permet de suivre les progrès réalisés dans des secteurs clés tels que la santé, l'éducation, et l'infrastructure, et d'ajuster les interventions en fonction des résultats obtenus. En se concentrant sur les objectifs finaux et les résultats tangibles, les administrations publiques peuvent mieux identifier les priorités et éviter les déperditions de ressources, un enjeu crucial dans des environnements à ressources limitées[3].

La *Gestion de la performance* améliore également la transparence et la reddition de comptes, des éléments essentiels pour renforcer la confiance des citoyens envers les institutions publiques[4]. Dans le contexte où le manque de transparence et la corruption minent parfois la légitimité des gouvernements, la mise en œuvre de mécanismes de *Suivi et évaluation* des performances permet de rendre compte de l'utilisation des ressources publiques. En communiquant les résultats de manière claire et accessible, les administrations africaines peuvent renforcer leur crédibilité, mobiliser le soutien de la population et

---

[1] Buick, F., Blackman, D. A., O'Donnell, M. E., O'Flynn, J. L., & West, D. (2015). Can enhanced performance management support public sector change? Journal of Organizational Change Management, 28(2), 271-289.

[2] Van Dooren, W., Bouckaert, G., & Halligan, J. (2015). Performance management in the public sector. Routledge.

[3] Vian, T. (2020). Anti-corruption, transparency and accountability in health: concepts, frameworks, and approaches. Global health action, 13(sup1), 1694744.

[4] Beeri, I., Uster, A., & Vigoda-Gadot, E. (2019). Does performance management relate to good governance? A study of its relationship with citizens' satisfaction with and trust in Israeli local government. Public Performance & Management Review, 42(2), 241-279.

encourager la participation citoyenne dans le processus de gouvernance.

L'un des avantages majeurs de la *Gestion de la performance* est sa capacité à instaurer une culture de l'amélioration continue au sein des administrations publiques africaines. En encourageant un processus d'évaluation constant et rigoureux, cette approche aide les institutions à apprendre de leurs réussites et de leurs erreurs, à identifier les domaines nécessitant des améliorations et à développer des solutions adaptatives pour surmonter les obstacles[1]. Cette culture de l'amélioration continue est essentielle pour faire face aux défis dynamiques et évolutifs du développement, notamment ceux liés aux crises économiques, aux changements climatiques, et aux questions de santé publique.

La *Gestion de la performance* permet également de renforcer l'efficacité des administrations publiques africaines en promouvant l'utilisation optimale des ressources humaines, financières et matérielles[2]. Dans un contexte où les gouvernements doivent souvent gérer des budgets limités, cette approche permet d'allouer les ressources aux secteurs prioritaires, en fonction des résultats attendus et des indicateurs de performance définis. Ce ciblage stratégique des ressources est crucial pour maximiser l'impact des interventions publiques et garantir que les efforts investis produisent des résultats significatifs et durables.

Néanmoins, la mise en œuvre de la *Gestion de la performance* en Afrique présente plusieurs défis. Le premier réside dans le manque de capacités institutionnelles et de compétences spécialisées pour concevoir et mettre en œuvre des systèmes de *Gestion de la performance* efficaces[3]. Dans de nombreux pays africains, les infrastructures de collecte de données et les compétences analytiques sont limitées, ce qui entrave la capacité des administrations publiques à mesurer et à interpréter les résultats de manière fiable. Ce manque de capacités institutionnelles limite l'efficacité de la *Gestion de la*

---

[1] Gerrish, E. (2016). The impact of performance management on performance in public organizations: A meta-analysis. Public Administration Review, 76(1), 48-66.

[2] Bryson, J. M. (2018). Strategic planning for public and nonprofit organizations: A guide to strengthening and sustaining organizational achievement. John Wiley & Sons.

[3] Meyer, K. E., & Xin, K. R. (2018). Managing talent in emerging economy multinationals: Integrating strategic management and human resource management. The International Journal of Human Resource Management, 29(11), 1827-1855.

performance et réduit la pertinence des informations utilisées pour la prise de décision.

Un autre défi concerne l'appropriation des processus de *Gestion de la performance* par le personnel administratif. Certaines administrations publiques sont encore caractérisées par des structures hiérarchiques rigides et une culture de la rétention d'information[1]. L'adhésion des agents publics à la *Gestion de la performance* peut être entravée par une méfiance vis-à-vis de l'évaluation, qui est parfois perçue comme un outil de contrôle ou de sanction plutôt que comme un levier d'amélioration[2]. Il est donc essentiel de promouvoir une culture d'acceptation de l'évaluation et d'encourager les fonctionnaires à considérer la *Gestion de la performance* comme un moyen d'améliorer l'efficacité collective.

La *Gestion de la performance* fait également face à des enjeux de données et d'infrastructures technologiques. Les systèmes de *Gestion de la performance* reposent sur la disponibilité de données précises et à jour, mais dans de nombreux pays africains, les systèmes de collecte, de stockage et d'analyse de données sont encore peu développés[3]. Pour pallier ces lacunes, il est nécessaire d'investir dans les infrastructures numériques, de renforcer les compétences en gestion des données et d'adopter des technologies adaptées aux contextes locaux afin de garantir la fiabilité et la pertinence des informations utilisées.

Malgré ces défis, la *Gestion de la performance* offre d'importantes opportunités pour améliorer la cohérence, l'efficience et l'impact des politiques publiques. En permettant une évaluation régulière des performances, elle offre aux gouvernements la flexibilité d'adapter leurs stratégies en fonction des résultats obtenus et des leçons apprises. Cette adaptabilité est cruciale dans un environnement changeant où les priorités et les besoins des populations évoluent constamment, en particulier dans des domaines sensibles comme la sécurité alimentaire, l'emploi, et le développement durable.

La *Gestion de la performance* encourage également l'innovation dans le secteur public. Dans le contexte où les défis de développement exigent des solutions novatrices, la *Gestion de la performance* fournit

---

[1] Peters, B. G. (2018). The politics of bureaucracy: An introduction to comparative public administration. Routledge.

[2] Raadschelders, J., & Vigoda-Gadot, E. (2015). Global dimensions of public administration and governance: A comparative voyage. John Wiley & Sons.

[3] Helmold, M., & Samara, W. (2019). Progress in performance management. Springer International Publishing.

un cadre pour expérimenter de nouvelles approches, évaluer leur efficacité et ajuster les interventions en fonction des résultats[1]. Cette approche favorise l'innovation institutionnelle en permettant aux administrations d'explorer des solutions alternatives et de se réorienter rapidement en fonction des résultats obtenus, ce qui renforce la capacité d'adaptation et de résilience des politiques publiques.

Pour maximiser les bénéfices de la *Gestion de la performance*, il est essentiel de promouvoir une culture de l'apprentissage organisationnel au sein des administrations africaines. En mettant en place des mécanismes de retour d'expérience, les administrations peuvent non seulement identifier les bonnes pratiques, mais aussi adapter leurs stratégies en fonction des enseignements tirés[2]. Cette culture d'apprentissage est un atout précieux pour assurer la durabilité et l'efficacité des politiques, en permettant une adaptation continue des pratiques en fonction des réalités du terrain.

La collaboration entre les gouvernements, les organisations internationales et le secteur privé est une autre opportunité offerte par la *Gestion de la performance*. Ces partenariats permettent de bénéficier de l'expertise technique, des ressources financières et des innovations technologiques nécessaires pour optimiser les processus de *Gestion de la performance*[3]. Les programmes de soutien et les partenariats, notamment avec des organisations comme la Banque mondiale et l'Union africaine, offrent un cadre pour renforcer les capacités institutionnelles et diffuser les bonnes pratiques dans les différents pays africains.

L'intégration de la *Gestion de la performance* dans les stratégies de développement nationales et régionales est également essentielle pour garantir une cohérence et une continuité dans les actions publiques. Cette intégration permet aux gouvernements de coordonner leurs efforts, de fixer des objectifs communs et d'aligner les politiques publiques avec les priorités de développement durable. L'alignement

---

[1] Grossi, G., Kallio, K. M., Sargiacomo, M., & Skoog, M. (2020). Accounting, performance management systems and accountability changes in knowledge-intensive public organizations: a literature review and research agenda. Accounting, Auditing & Accountability Journal, 33(1), 256-280.

[2] Oh, S. Y., & Han, H. S. (2020). Facilitating organizational learning activities: Types of organizational culture and their influence on organizational learning and performance. Knowledge Management Research & Practice, 18(1), 1-15.

[3] Arnaboldi, M., Lapsley, I., & Steccolini, I. (2015). Performance management in the public sector: The ultimate challenge. Financial Accountability & Management, 31(1), 1-22.

des objectifs de performance avec les *Objectifs de développement durable* de l'Organisation des nations-unies est particulièrement pertinent pour s'assurer que les efforts des administrations contribuent au progrès économique, social et environnemental du continent.

Enfin, le succès de la *Gestion de la performance* repose sur le soutien politique et le leadership des dirigeants. Dans le contexte où les décisions politiques influencent fortement la gestion publique, l'engagement des leaders est essentiel pour donner du poids aux initiatives de performance, mobiliser les ressources nécessaires et instaurer une culture de l'évaluation au sein des administrations[1]. Ce soutien doit être visible et soutenu pour encourager les agents publics à s'engager pleinement dans les processus de *Gestion de la performance*.

La *Gestion de la performance* est un levier essentiel pour renforcer l'efficacité, la transparence et la durabilité des politiques publiques. Bien qu'elle pose des défis en termes de capacités institutionnelles, de culture organisationnelle et d'infrastructures, ses bénéfices en matière de cohérence, de flexibilité et d'innovation sont significatifs[2]. En investissant dans les infrastructures de données, en promouvant une culture d'apprentissage et en intégrant la *Gestion de la performance* dans les stratégies de développement, les gouvernements africains peuvent rendre leurs politiques publiques plus adaptatives, plus inclusives et plus impactantes pour le développement du continent.

6.2.1.3. La Gestion par objectifs

La *Gestion par objectifs* (*Management by Objectives*) est une approche managériale qui repose sur l'établissement d'objectifs *Spécifiques, mesurables, atteignables, réalistes et temporellement définis* pour aligner les efforts individuels et collectifs avec les objectifs stratégiques d'une organisation[3]. Initiée par Peter Drucker dans les années 1950, cette méthode vise à responsabiliser les employés et à créer un engagement collectif vers des objectifs communs. Dans le contexte des administrations publiques africaines, la *Gestion par objectifs* peut jouer

---

[1] Rosenbloom, D. H., Kravchuk, R. S., & Clerkin, R. M. (2022). Public administration: Understanding management, politics, and law in the public sector. Routledge.

[2] Grossi, G., Kallio, K. M., Sargiacomo, M., & Skoog, M. (2020). Accounting, performance management systems and accountability changes in knowledge-intensive public organizations: a literature review and research agenda. Accounting, Auditing & Accountability Journal, 33(1), 256-280.

[3] Ashfaq, M. (2018). Managing by objectives (MBO) and government agencies: A critical review. European Journal of Business and Management, 10(28), 49-53.

un rôle crucial en renforçant l'efficacité des politiques publiques, en augmentant la transparence et la responsabilité, et en maximisant l'impact des ressources disponibles dans un environnement souvent limité en moyens financiers et humains.

La *Gestion par objectifs* permet d'améliorer la cohérence et l'alignement des politiques publiques avec les priorités nationales et régionales. Dans de nombreux pays africains, les objectifs de développement sont vastes et multidimensionnels. En définissant des objectifs clairs pour chaque niveau de l'administration, la *Gestion par objectifs* aide les gouvernements à structurer leurs actions autour de résultats concrets et mesurables[1]. Cette approche permet de traduire les grandes priorités nationales en objectifs opérationnels précis, assurant ainsi que les efforts sont dirigés vers des résultats qui répondent aux besoins réels des populations.

Un autre avantage de la *Gestion par objectifs* réside dans sa capacité à instaurer une culture de performance au sein des administrations publiques africaines. Dans le contexte où les attentes des citoyens en matière de services publics sont croissantes, la *Gestion par objectifs* permet de responsabiliser les agents publics en leur assignant des objectifs individuels et collectifs. En fixant des objectifs précis et en instaurant des indicateurs de performance, la *Gestion par objectifs* encourage les employés à travailler de manière proactive pour atteindre les résultats escomptés, renforçant ainsi l'efficacité et la qualité des services publics[2].

La *Gestion par objectifs* améliore également la transparence et la reddition de comptes. Dans le contexte où la transparence est un enjeu majeur pour renforcer la confiance des citoyens envers les institutions publiques, la *Gestion par objectifs* offre un cadre structuré pour suivre les progrès et mesurer l'efficacité des politiques[3]. Les objectifs fixés deviennent des références claires pour évaluer la performance des agents et des départements, ce qui permet de rendre compte de

---

[1] Auriacombe, C., & van der Walt, G. (2021). Fundamental policy challenges influencing sustainable development in Africa. Africa's Public Service Delivery and Performance Review, 9(1), 381.

[2] Diallo, A. (2023). Contribution du management stratégique des compétences à l'amélioration de la performance durable de l'administration publique sénégalaise: résultats d'une recherche-intervention au ministère du commerce et des Pme (Doctoral dissertation, HESAM Université).

[3] Gabriel, E. Y. (2024). Obstacles à la transparence budgétaire en Afrique de l'Ouest: Déterminants et réformes essentielles. Revue Internationale de la Recherche Scientifique et de l'Innovation (Revue-IRSI), 2(5), 1108-1128.

l'utilisation des ressources publiques. Cette transparence accrue favorise une meilleure gouvernance et contribue à légitimer les actions publiques.

La *Gestion par objectifs* encourage également une meilleure communication et une meilleure coordination entre les différents niveaux et départements d'une organisation[1]. Les administrations publiques africaines sont souvent fragmentées, et la coordination entre les ministères et les agences peut être un défi. La *Gestion par objectifs* permet de créer des liens entre les objectifs des différentes unités administratives, en s'assurant que leurs efforts sont alignés et complémentaires. Cette approche favorise une meilleure synergie, limitant les duplications d'efforts et renforce l'impact global des politiques publiques.

Toutefois, la mise en œuvre de la *Gestion par objectifs* pose plusieurs défis. L'un des principaux obstacles réside dans la fixation d'objectifs réalistes et atteignables dans un environnement complexe et souvent imprévisible. Dans des contextes marqués par des contraintes financières et des défis structurels, les administrations peuvent éprouver des difficultés à établir des objectifs *Spécifiques, mesurables, atteignables, réalistes et temporellement définis* qui tiennent compte des réalités locales[2]. Pour surmonter ce défi, il est essentiel d'impliquer les parties prenantes dans le processus de fixation des objectifs, en s'assurant que ceux-ci sont basés sur des analyses réalistes des ressources disponibles et des conditions opérationnelles.

Un autre défi majeur est la collecte et la gestion des données pour suivre les progrès vers les objectifs fixés. La *Gestion par objectifs* repose sur la mesure des performances, mais dans de nombreux pays africains, les infrastructures de collecte de données sont limitées, et les systèmes de suivi peuvent être rudimentaires. Ce manque de données fiables et actualisées entrave la capacité des administrations à évaluer les progrès réalisés[3]. Pour pallier ce problème, il est nécessaire d'investir dans le renforcement des infrastructures de données et de mettre en place des systèmes de *Suivi et évaluation* adaptés aux besoins des administrations africaines.

---

[1] Peters, B. G. (2015). Pursuing horizontal management: The politics of public sector coordination. University Press of Kansas.

[2] Head, B. W., & Alford, J. (2015). Wicked problems: Implications for public policy and management. Administration & society, 47(6), 711-739.

[3] DeNisi, A. S., & Murphy, K. R. (2017). Performance appraisal and performance management: 100 years of progress? Journal of applied psychology, 102(3), 421.

La *Gestion par objectifs* exige également une culture organisationnelle orientée vers la performance et la responsabilité, qui peut ne pas être présente dans certaines administrations africaines. Dans des contextes où la hiérarchie est forte et où l'autorité est souvent valorisée plus que les résultats, la gestion par objectifs peut rencontrer des résistances[1]. Pour faciliter l'adoption de la *Gestion par objectifs*, il est crucial de sensibiliser les agents publics à ses avantages et de promouvoir une culture d'adhésion volontaire aux objectifs, en valorisant les efforts et les résultats obtenus, plutôt qu'en sanctionnant les échecs.

Malgré ces défis, la *Gestion par objectifs* présente des opportunités significatives pour améliorer l'efficacité et l'impact des politiques publiques. En permettant une *planification stratégique* et une priorisation des actions, elle offre aux gouvernements une méthode pour maximiser l'utilisation des ressources disponibles[2]. Dans des secteurs prioritaires comme la santé, l'éducation et les infrastructures, la *Gestion par objectifs* permet de définir des objectifs précis et de mobiliser les ressources de manière ciblée pour obtenir des résultats concrets, tout en assurant une meilleure responsabilité des agents publics.

La *Gestion par objectifs* favorise également l'innovation en encourageant les agents à chercher des solutions créatives pour atteindre leurs objectifs[3]. Dans le contexte où les défis sont variés et souvent imprévisibles, l'innovation est essentielle pour concevoir des solutions adaptées aux réalités locales. La *Gestion par objectifs*, en offrant un cadre flexible pour l'atteinte des objectifs, permet aux administrations d'expérimenter de nouvelles approches[4] et de s'ajuster en fonction des résultats obtenus. Cette capacité d'adaptation est

---

[1] Verbeeten, F. H., & Speklé, R. F. (2015). Management control, results-oriented culture and public sector performance: Empirical evidence on new public management. Organization studies, 36(7), 953-978.

[2] Johnsen, Å. (2015). Strategic management thinking and practice in the public sector: A strategic planning for all seasons? Financial Accountability & Management, 31(3), 243-268.

[3] Lopes, C. M., Scavarda, A., Hofmeister, L. F., Thomé, A. M. T., & Vaccaro, G. L. R. (2017). An analysis of the interplay between organizational sustainability, knowledge management, and open innovation. Journal of cleaner production, 142, 476-488.

[4] Fuertes, G., Alfaro, M., Vargas, M., Gutierrez, S., Ternero, R., & Sabattin, J. (2020). Conceptual framework for the strategic management: a literature review—descriptive. Journal of engineering, 2020(1), 6253013.

cruciale pour répondre aux besoins émergents et pour garantir que les politiques publiques restent pertinentes et efficaces.

Pour maximiser les bénéfices de la *Gestion par objectifs*, il est essentiel de promouvoir une culture de l'apprentissage au sein des administrations publiques africaines. En instaurant des mécanismes de retour d'expérience, les administrations peuvent tirer parti des enseignements des initiatives passées et améliorer continuellement leurs processus[1]. La mise en place de sessions de révision périodiques permet d'évaluer les succès et les échecs, d'identifier les bonnes pratiques et d'apporter des ajustements pour atteindre les objectifs de manière plus efficiente.

Les partenariats avec le secteur privé et les organisations internationales sont également un levier pour soutenir la *Gestion par objectifs*. Ces partenariats permettent de bénéficier d'un soutien technique et financier et de partager les meilleures pratiques en matière de gestion par objectifs[2]. Des initiatives régionales et des programmes d'assistance de partenaires internationaux, tels que ceux de l'Union africaine ou de la Banque mondiale, offrent aux administrations africaines des outils et des ressources pour mettre en œuvre la *Gestion par objectifs* de manière efficace.

Enfin, pour garantir le succès de la *Gestion par objectifs*, le soutien politique et le leadership sont indispensables. L'engagement des dirigeants est essentiel pour assurer la pérennité de la *Gestion par objectifs*, mobiliser les ressources nécessaires et promouvoir une culture de responsabilité[3]. Les leaders politiques et administratifs doivent montrer l'exemple en adoptant la *Gestion par objectifs* comme une approche de gestion stratégique et en encourageant les agents publics à s'aligner sur les objectifs nationaux de développement.

La *Gestion par objectifs* est une méthode puissante pour renforcer l'efficacité, la transparence et la responsabilité des politiques publiques.

---

[1] N'Gbeche, L. J. C. (2022). Stratégies de renforcement des capacités et institutionnalisation de l'évaluation dans l'administration publique en Afrique francophone (Doctoral dissertation, École nationale d'administration publique (ENAP)).

[2] Jamila, E. Z., & Kouskous, A. (2023). Gouvernance Des Partenariats Public-Privé Innovants, Axée Sur Les Objectifs De Développement Durable: Expérience Des Pays De L'Afrique. International journal of applied management and economics, 2(05).

[3] Howard-Grenville, J., Davis, G. F., Dyllick, T., Miller, C. C., Thau, S., & Tsui, A. S. (2019). Sustainable development for a better world: Contributions of leadership, management, and organizations. Academy of Management Discoveries, 5(4), 355-366.

Bien qu'elle présente des défis en termes de fixation d'objectifs, de collecte de données et de culture organisationnelle, ses avantages en matière d'alignement stratégique, de performance et d'innovation sont considérables. En investissant dans les systèmes de *Suivi et évaluation*, en favorisant une culture de l'apprentissage et en encourageant le soutien politique, les gouvernements africains peuvent maximiser l'impact de la *Gestion par objectifs* et s'assurer que leurs politiques publiques répondent efficacement aux besoins de leurs citoyens.

6.2.1.4. La Gestion de projet

La *Gestion de projet* est une méthodologie structurée visant à planifier, organiser, exécuter et superviser des projets afin d'atteindre des objectifs spécifiques dans des délais et des budgets définis[1]. Cette approche repose sur des principes établis, comme ceux du *Project Management Institute*, et s'appuie sur des étapes clés : l'initiation, la planification, l'exécution, le suivi et la clôture[2].

Dans le contexte africain, la *Gestion de projet* est particulièrement cruciale pour assurer le succès des initiatives publiques dans un environnement où les ressources sont souvent limitées, où les besoins sont multiples et où les contraintes opérationnelles peuvent être importantes[3]. Une *Gestion de projet* rigoureuse permet aux gouvernements africains et aux institutions de développement d'optimiser l'utilisation des ressources et de maximiser l'impact des interventions dans des domaines clés tels que l'infrastructure, la santé, l'éducation, et l'agriculture.

L'une des principales forces de la *Gestion de projet* réside dans sa capacité à définir des objectifs clairs et mesurables dès le début du projet[4]. Dans le contexte où les priorités de développement sont diverses et évolutives, la *Gestion de projet* permet de traduire les objectifs stratégiques en résultats concrets et tangibles. En définissant les livrables et les indicateurs de succès dès l'initiation, les gestionnaires de projet peuvent s'assurer que les ressources sont

---

[1] Harrison, F., & Lock, D. (2017). Advanced project management: a structured approach. Routledge.

[2] Hyttinen, K. (2017). Project management handbook. Laurea Julkaisut 76.

[3] Bayiley, Y. T., & Teklu, G. K. (2016). Success factors and criteria in the management of international development projects: Evidence from projects funded by the European Union in Ethiopia. International Journal of Managing Projects in Business, 9(3), 562-582.

[4] Kerzner, H. (2018). Project management best practices: Achieving global excellence. John Wiley & Sons.

allouées de manière efficace et que les efforts de l'équipe sont orientés vers des résultats spécifiques. Cette clarté contribue à renforcer la cohérence et la pertinence des initiatives publiques.

La *Gestion de projet* offre également une structure de planification rigoureuse, indispensable pour coordonner les multiples acteurs et activités nécessaires à la réalisation des projets publics. Grâce à la planification des étapes, des délais et des ressources, la *Gestion de projet* permet de minimiser les risques de retards et de dépassements budgétaires. Cette approche est cruciale dans un contexte où les projets publics africains, comme la construction d'infrastructures ou la mise en place de services de santé, nécessitent souvent la collaboration entre plusieurs ministères, organisations et partenaires internationaux[1].

La *Gestion de projet* améliore la transparence et la responsabilité au sein des administrations africaines en instaurant des mécanismes de *Suivi et évaluation* réguliers. Dans le contexte où la transparence des dépenses publiques est essentielle pour maintenir la confiance des citoyens, la *Gestion de projet* permet de suivre les progrès en temps réel, de mesurer la performance des équipes et de vérifier que les fonds publics sont utilisés de manière adéquate[2]. Les rapports d'avancement et les audits périodiques facilitent une reddition de comptes rigoureuse et contribuent à légitimer les actions des gouvernements et des institutions.

La *Gestion de projet* est également un outil puissant pour identifier et gérer les risques. Dans le contexte où les projets publics sont souvent exposés à des risques variés (financiers, politiques, climatiques), la capacité à anticiper et à gérer ces risques est cruciale[3]. La *Gestion de projet* propose des méthodologies pour évaluer les risques potentiels dès le départ et pour mettre en place des stratégies de mitigation, comme la diversification des sources de financement ou la planification de mesures d'urgence. Cette anticipation des risques permet aux projets de mieux résister aux perturbations et d'assurer leur succès même dans des contextes incertains.

---

[1] Larsen, J. K., Shen, G. Q., Lindhard, S. M., & Brunoe, T. D. (2016). Factors affecting schedule delay, cost overrun, and quality level in public construction projects. Journal of management in engineering, 32(1), 04015032.

[2] Kariuki, P., & Reddy, P. (2017). Operationalizing an effective monitoring and evaluation system for local government: Considerations for best practice. African Evaluation Journal, 5(2), 1-8.

[3] Mentis, M. (2015). Managing project risks and uncertainties. Forest ecosystems, 2(1), 2.

Un autre avantage de la *Gestion de projet* est son accent sur l'efficacité et l'optimisation des ressources. Dans des pays africains où les ressources financières et humaines sont souvent limitées, la *Gestion de projet* aide à maximiser l'impact de chaque ressource[1]. En identifiant les priorités et en allouant les ressources de manière stratégique, la *Gestion de projet* permet d'éviter les gaspillages et de s'assurer que chaque investissement contribue directement à l'atteinte des objectifs du projet. Cette approche est particulièrement bénéfique dans des domaines tels que les infrastructures, où les projets nécessitent des ressources matérielles et humaines conséquentes.

Cependant, la mise en œuvre de la *Gestion de projet* présente plusieurs défis. L'un des principaux obstacles est le manque de compétences spécialisées en *Gestion de projet* au sein des administrations publiques. La *Gestion de projet* requiert des compétences techniques et organisationnelles spécifiques, et dans de nombreux pays africains, ces compétences sont rares[2]. Pour pallier ce manque, il est nécessaire d'investir dans la formation et le développement des capacités en *Gestion de projet*, en dotant les agents publics des compétences nécessaires pour planifier, exécuter et superviser efficacement les projets.

Un autre défi majeur réside dans les infrastructures de suivi et de collecte de données, qui sont souvent insuffisantes. La *Gestion de projet* repose sur une collecte de données fiable pour mesurer les progrès et ajuster les actions en fonction des résultats obtenus. Cependant, le manque de systèmes de collecte de données robustes et de technologies de suivi peut limiter la capacité des gestionnaires de projet à obtenir une vision précise de l'avancement des projets[3]. L'investissement dans des infrastructures de suivi et l'intégration de technologies numériques adaptées sont essentiels pour surmonter ce défi.

La *Gestion de projet* doit également s'adapter aux spécificités culturelles et sociales locales. Les projets publics impliquent souvent de nombreux acteurs, y compris des communautés locales et des organisations de la société civile. La *Gestion de projet* nécessite donc

---

[1] Sanchez, O. P., & Terlizzi, M. A. (2017). Cost and time project management success factors for information systems development projects. International Journal of Project Management, 35(8), 1608-1626.

[2] Jacob, S., Souissi, S., & Defacqz, S. (2023). La gestion agile dans le secteur public. Cahiers de recherche sur l'administration publique à l'ère numérique, (8).

[3] Kerzner, H. (2022). Project management metrics, KPIs, and dashboards: a guide to measuring and monitoring project performance. John wiley & sons.

une approche participative qui prenne en compte les attentes et les besoins des parties prenantes. L'intégration de mécanismes de consultation et de dialogue avec les populations concernées renforce l'acceptabilité des projets et leur pérennité, en garantissant que les interventions répondent véritablement aux besoins des communautés bénéficiaires.

Malgré ces défis, la *Gestion de projet* offre des opportunités significatives pour renforcer l'efficacité des politiques publiques. En intégrant des approches innovantes et en adaptant les méthodologies aux réalités locales, les gestionnaires de projet peuvent maximiser l'impact des initiatives de développement. En intégrant des *technologies mobiles* pour le suivi en temps réel des projets d'infrastructure ou en utilisant des approches agiles pour adapter les projets en fonction des retours d'expérience, les administrations africaines peuvent rendre leurs interventions plus réactives et plus performantes[1].

La *Gestion de projet* favorise également la collaboration entre le secteur public, le secteur privé et les partenaires internationaux. Les projets publics, notamment dans les infrastructures, bénéficient souvent d'investissements étrangers ou de *Partenariats public-privé*. La *Gestion de projet* fournit un cadre pour harmoniser les efforts de ces différents acteurs, en s'assurant que leurs contributions sont alignées sur les objectifs globaux du projet. Ce partenariat permet de mobiliser des ressources supplémentaires et d'accéder à des expertises spécialisées, augmentant ainsi les chances de succès des projets.

Pour maximiser les bénéfices de la *Gestion de projet*, il est essentiel d'instaurer une culture de l'apprentissage continu au sein des administrations publiques africaines. En tirant des leçons des succès et des échecs des projets passés, les administrations peuvent améliorer leurs pratiques et affiner leurs stratégies. La mise en place de bilans post-projet et de sessions de retour d'expérience permet d'identifier les meilleures pratiques et de renforcer les compétences des équipes pour les projets futurs[2].

L'appropriation politique et le soutien des dirigeants sont également cruciaux pour la réussite de la *Gestion de projet*. En raison de l'influence des décideurs politiques sur les initiatives publiques, leur engagement

---

[1] Neumann, O., & Mettler, T. 17.1 Importance de l'innovation pour l'administration publique.

[2] Shokouhi, P. (2022). Using Post-Project Reviews for Risk Assessment of Construction Projects (Master's thesis, Middle East Technical University).

est indispensable pour assurer la cohérence, la continuité et le financement des projets[1]. Les dirigeants doivent jouer un rôle de catalyseurs en promouvant la *Gestion de projet* comme un levier stratégique et en soutenant les efforts pour développer les compétences en gestion au sein des administrations.

Enfin, pour garantir le succès de la *Gestion de projet*, il est important d'intégrer des mécanismes d'*évaluation d'impact* qui permettent de mesurer non seulement les résultats immédiats, mais aussi les effets à long terme des projets. Dans le contexte où les défis de développement sont souvent complexes et multidimensionnels, l'*évaluation d'impact* offre une vision plus globale des résultats des politiques publiques. En intégrant cette dimension, les gouvernements peuvent s'assurer que les projets publics contribuent de manière significative au développement durable et à l'amélioration des conditions de vie des populations[2].

La *Gestion de projet* représente un outil indispensable pour optimiser l'efficacité, la transparence et l'impact des politiques publiques. Bien qu'elle soit confrontée à des défis en termes de capacités techniques, d'infrastructures de suivi et d'adaptation aux réalités locales, ses avantages en matière de structuration, de *gestion des risques* et de collaboration sont considérables. En investissant dans le développement des compétences, en adaptant les méthodologies aux spécificités locales et en renforçant le soutien politique, les gouvernements africains peuvent maximiser les bénéfices de la *Gestion de projet* et transformer leurs initiatives publiques en moteurs de développement durable et inclusif[3].

6.2.2. Gestion intégrative et participative

Les approches de gestion intégratives et participatives, comprenant la *Gestion participative*, la *Gestion intégrée des ressources*, la *Gestion du changement* et la *Gestion des connaissances*, visent à transformer les pratiques administratives en alignant les ressources, les acteurs et les perspectives dans une démarche inclusive et durable. En combinant

---

[1] Romero-Torres, A., Brunet, M., Lalonde, B., & Aubry, M. (2023). La maturité en gestion de projet: améliorer la performance organisationnelle. PUQ.

[2] Picciotto, R. (2020). Towards a 'New Project Management's movement? An international development perspective. International Journal of Project Management, 38(8), 474-485.

[3] Nwokolo, S. C., Eyime, E. E., Obiwulu, A. U., & Ogbulezie, J. C. (2023). Africa's path to sustainability: harnessing technology, policy, and collaboration. Trends in Renewable Energy, 10(1), 98-131.

coordination intersectorielle, implication des parties prenantes et partage des savoirs, elles offrent une réponse stratégique aux défis complexes des politiques publiques en Afrique. Ces approches s'appuient sur la complémentarité des compétences et intègrent les spécificités culturelles, sociales et économiques pour garantir des interventions efficaces et adaptées.

Dans le contexte africain, ces approches renforcent la légitimité et l'efficacité des politiques publiques en s'appuyant sur des mécanismes de collaboration et de participation. La *Gestion participative* favorise l'appropriation des politiques par les citoyens et limite les résistances locales. La *Gestion intégrée des ressources* optimise l'allocation et l'utilisation durable des ressources disponibles. La *Gestion du changement* accompagne les réformes institutionnelles en assurant l'adhésion des parties prenantes. Enfin, la *Gestion des connaissances* capitalise sur les savoirs accumulés pour éviter les erreurs répétées et stimuler l'innovation. Ensemble, ces approches, bien qu'exigeantes en termes de coordination et de capacités institutionnelles, offrent une voie prometteuse pour des politiques inclusives, transparentes et résilientes en Afrique.

6.2.2.1. La gestion participative

La *Gestion participative*, une approche qui encourage l'implication active des parties prenantes dans la prise de décision et la mise en œuvre des politiques publiques, est une méthode particulièrement prometteuse pour les pays africains. Ses fondements scientifiques trouvent leurs origines dans les théories de la participation communautaire et des dynamiques de pouvoir, développées dans les années 1960 et 1970, qui mettent en avant la participation des citoyens comme un facteur clé de succès des politiques publiques[1]. Cette approche vise non seulement à intégrer les voix des citoyens, mais aussi à garantir que les politiques sont conçues en tenant compte des besoins et priorités des populations concernées, renforçant ainsi leur légitimité et leur efficacité.

La *Gestion participative* permet de renforcer la cohérence des politiques publiques en s'assurant qu'elles répondent réellement aux

[1] Diop, P. (2017). Vers une stratégie de gestion participative multi-usages de la ressource en eau dans le delta du fleuve Sénégal: processus de décision et outils de régulation autour du lac de Guiers (Doctoral dissertation, Université Paris Saclay (COmUE); Université Cheikh Anta Diop (Dakar)).

besoins des populations[1]. Dans le contexte où les défis sociaux, économiques et environnementaux sont souvent complexes et multidimensionnels, la participation des communautés locales, des organisations de la société civile, et des groupes marginalisés permet de mieux identifier les besoins prioritaires et d'adapter les interventions. Cela est particulièrement crucial dans les zones rurales, où les réalités locales diffèrent souvent de celles des centres urbains.

L'un des principaux avantages de la *Gestion participative* réside dans son potentiel à améliorer l'appropriation des politiques par les populations[2]. Lorsqu'elles sont impliquées dès les premières étapes, les communautés se sentent plus responsables des projets, augmentant ainsi leur engagement et leur adhésion aux politiques. Dans le contexte où certaines initiatives publiques peuvent rencontrer des résistances culturelles ou sociales, la *Gestion participative* permet d'intégrer les spécificités locales et de réduire les résistances en créant un sentiment de collaboration et de partenariat.

Cette approche favorise également la transparence et la redevabilité des administrations publiques. Dans le contexte où la corruption et le manque de confiance dans les institutions publiques sont des défis majeurs, la *Gestion participative* offre une voie pour renforcer la transparence des processus décisionnels[3]. En impliquant les citoyens dans le *Suivi et évaluation* des projets, elle permet un contrôle direct des actions et de l'utilisation des ressources, limitant ainsi les risques de mauvaise gestion et de détournement de fonds publics.

Toutefois, la mise en œuvre de la *Gestion participative* pose plusieurs défis. Le premier obstacle réside dans le manque de capacités institutionnelles pour organiser et structurer la participation des citoyens de manière effective. Dans de nombreux pays africains, les ressources et le savoir-faire nécessaires pour faciliter un engagement inclusif sont limités, ce qui peut compromettre l'efficacité de cette approche[4]. Les gouvernements doivent ainsi investir dans le

---

[1] Nabatchi, T., & Leighninger, M. (2015). Public participation for 21st century democracy. John Wiley & Sons.

[2] Bacq, S., & Aguilera, R. V. (2022). Stakeholder governance for responsible innovation: A theory of value creation, appropriation, and distribution. Journal of management studies, 59(1), 29-60.

[3] Androniceanu, A. (2021). Transparency in public administration as a challenge for a good democratic governance. Revista» Administratie si Management Public «(RAMP), (36), 149-164.

[4] Maesschalck, M. (2017). Gouvernance réflexive de la recherche et de la connaissance innovante (Vol. 4). ISTE Group.

renforcement des capacités et dans la formation des agents publics pour qu'ils puissent mobiliser et gérer la participation citoyenne de manière adéquate.

Un autre défi concerne la représentativité des participants. Dans le contexte africain, il peut être difficile de s'assurer que toutes les voix, y compris celles des groupes marginalisés, sont entendues. La *Gestion participative* peut parfois être capturée par des groupes d'élite ou des individus influents au détriment des populations vulnérables[1]. Pour contrer cela, il est essentiel de mettre en place des mécanismes de sélection et de participation inclusive, afin de garantir que les décisions reflètent véritablement les intérêts de toute la communauté.

La *Gestion participative* nécessite également un temps d'implémentation souvent plus long que les approches descendantes[2]. Dans le contexte où les besoins sont pressants et où les gouvernements font face à des pressions pour des résultats rapides, cette temporalité peut être un obstacle. Les décideurs doivent trouver un équilibre entre les exigences de rapidité et l'inclusion des parties prenantes, en assurant que la participation n'entrave pas l'efficacité des interventions mais qu'elle renforce plutôt leur impact à long terme.

Malgré ces défis, la *Gestion participative* offre des opportunités significatives pour améliorer l'impact et la durabilité des politiques publiques[3]. En favorisant l'implication des citoyens, elle encourage une meilleure utilisation des ressources, car les politiques sont plus susceptibles d'être acceptées et maintenues par les populations locales. Dans des secteurs comme la *gestion des ressources naturelles*, l'implication des communautés locales permet de prendre en compte les connaissances traditionnelles et de concevoir des politiques de préservation plus respectueuses des écosystèmes locaux[4].

La *Gestion participative* peut aussi contribuer à la résolution des conflits. Dans le contexte où les tensions intercommunautaires peuvent être exacerbées par des questions de terres ou de ressources,

---

[1] Levine, J. R. (2017). The paradox of community power: Cultural processes and elite authority in participatory governance. Social Forces, 95(3), 1155-1179.

[2] Favoreu, C., Carassus, D., & Maurel, C. (2016). Le management stratégique en milieu public: Approche rationnelle, politique ou collaborative ? Revue internationale des sciences administratives, 82(3), 465-482.

[3] Fung, A. (2015). Putting the public back into governance: The challenges of citizen participation and its future. Public administration review, 75(4), 513-522.

[4] Vaillancourt, L. (2017). Effets écologiques, sociaux et économiques de l'implication des communautés locales dans la planification et la gestion participative des aires protégées.

l'implication de toutes les parties dans la formulation des politiques aide à apaiser les tensions et à prévenir les conflits[1]. En facilitant un dialogue constructif et en prenant en compte les intérêts diversifiés, elle crée un cadre de coopération qui limite les sources de tensions et renforce la cohésion sociale.

Pour maximiser les bénéfices de la *Gestion participative*, il est essentiel de mettre en place des mécanismes de *Suivi et évaluation* rigoureux qui impliquent les communautés elles-mêmes[2]. Cela permet non seulement de vérifier l'efficacité des politiques, mais aussi de maintenir l'engagement des citoyens dans le processus à long terme. Des initiatives locales de suivi communautaire des projets publics ont montré des résultats positifs, en permettant une évaluation constante des progrès et en garantissant la transparence des actions.

Il est également crucial de promouvoir une culture d'engagement citoyen au sein des administrations africaines. Cela nécessite de sensibiliser les fonctionnaires à l'importance de la participation et de les encourager à voir les citoyens non seulement comme des communautés bénéficiaires, mais aussi comme des partenaires dans le processus de développement. Cette culture de la collaboration entre les administrations et les citoyens peut transformer la manière dont les politiques sont perçues et mises en œuvre.

Les partenariats avec les organisations de la société civile et les institutions internationales peuvent renforcer la *Gestion participative*. Ces partenariats apportent un soutien technique et financier, et permettent de partager des pratiques éprouvées dans d'autres contextes. Des programmes de l'Union africaine et des Nations Unies ont soutenu des initiatives de *Gestion participative* dans divers pays africains, contribuant à renforcer la capacité des gouvernements locaux à mobiliser la participation citoyenne[3].

L'adaptabilité de la *Gestion participative* est également un atout pour les pays africains. Les contextes culturels, économiques et politiques

---

[1] Krätli, S., & Toulmin, C. (2020). Conflit entre agriculteurs et éleveurs en Afrique subsaharienne. IIED, London.

[2] Reed, M. S., Vella, S., Challies, E., De Vente, J., Frewer, L., Hohenwallner-Ries, D., ... & Van Delden, H. (2018). A theory of participation: what makes stakeholder and public engagement in environmental management work? Restoration ecology, 26, S7-S17.

[3] Ngunjiri, M. W. (2023). Citizen participation in local governance in Africa: A selection of case studies. International Institute for Democracy and Electoral Assistance (International IDEA).

varient considérablement à travers le continent, et la *Gestion participative* offre la flexibilité nécessaire pour ajuster les interventions aux besoins et aux dynamiques locales. Cette adaptabilité est cruciale pour garantir que les politiques publiques restent pertinentes et efficaces, même en cas de changements ou de crises[1].

La *Gestion participative* représente une approche prometteuse pour renforcer la pertinence, l'efficacité et la durabilité des politiques publiques[2]. Bien qu'elle présente des défis liés aux capacités institutionnelles et à l'inclusivité, ses avantages en termes de transparence, d'appropriation et de résolution de conflits sont significatifs. En investissant dans le renforcement des capacités, en assurant une participation inclusive et en promouvant une culture de partenariat, les gouvernements africains peuvent maximiser les bénéfices de la *Gestion participative* et ainsi contribuer à un développement plus harmonieux et durable.

6.2.2.2. La Gestion intégrée des ressources

La *Gestion intégrée des ressources* est une approche holistique qui vise à optimiser l'utilisation des ressources disponibles – humaines, financières, matérielles et naturelles – pour atteindre des objectifs stratégiques de manière durable et efficace[3]. Cette approche, issue des théories de la gestion systémique et du développement durable, met l'accent sur la coordination, la planification et la synergie entre différents types de ressources. Dans le contexte africain, où les gouvernements et les institutions publiques font face à des défis croissants liés à la rareté des ressources et à la complexité des besoins de développement, la *Gestion intégrée des ressources* est essentielle pour maximiser l'impact des politiques publiques et améliorer la résilience des économies locales.

L'un des atouts majeurs de La *Gestion intégrée des ressources* est sa capacité à coordonner l'allocation des ressources entre différents secteurs. Les ressources sont souvent limitées et inégalement réparties,

---

[1] Marín-González, F., Moganadas, S. R., Paredes-Chacín, A. J., Yeo, S. F., & Subramaniam, S. (2022). Sustainable local development: consolidated framework for cross-sectoral cooperation via a systematic approach. Sustainability, 14(11), 6601.

[2] Blomkamp, E. (2018). The promise of co-design for public policy 1. In Routledge handbook of policy design (pp. 59-73). Routledge.

[3] Gianni, M., Gotzamani, K., & Tsiotras, G. (2017). Multiple perspectives on integrated management systems and corporate sustainability performance. Journal of cleaner production, 168, 1297-1311.

rendant difficile une gestion sectorielle fragmentée[1]. La *Gestion intégrée des ressources* permet de s'assurer que les ressources sont allouées là où elles auront le plus grand impact, en tenant compte des interactions entre les secteurs tels que l'agriculture, la santé, l'éducation et les infrastructures. Cette approche intégrée permet d'éviter les duplications et de maximiser l'efficacité des investissements publics.

La *Gestion intégrée des ressources* favorise également une gestion plus durable des ressources naturelles, un aspect crucial dans le contexte africain. Le continent est riche en ressources naturelles, mais l'exploitation excessive et non coordonnée de ces ressources peut mener à des crises environnementales et économiques[2]. La *Gestion intégrée des ressources* prend en compte la durabilité à long terme en intégrant des pratiques de gestion qui minimisent les impacts négatifs sur l'environnement. En optimisant la gestion de l'eau dans des zones où l'agriculture et les besoins domestiques se concurrencent, la *Gestion intégrée des ressources* assure une utilisation équilibrée et durable des ressources en eau.

La *Gestion intégrée des ressources* aide aussi à renforcer la résilience des institutions publiques face aux chocs extérieurs, comme les crises économiques, les changements climatiques ou les crises sanitaires. En optimisant la coordination des ressources, les gouvernements peuvent répondre plus efficacement aux urgences et ajuster rapidement les politiques en fonction des nouvelles priorités. Lors de la pandémie de Covid-19, la *Gestion intégrée des ressources* a permis à certains pays de réallouer des ressources de manière stratégique pour renforcer les systèmes de santé, distribuer des aides alimentaires et soutenir les populations vulnérables[3].

Une autre force de la *Gestion intégrée des ressources* est sa capacité à encourager une approche participative et inclusive dans la gestion des ressources. Dans le contexte où les structures communautaires jouent un rôle central, la *Gestion participative* des ressources permet d'impliquer les populations locales et les acteurs communautaires dans

---

[1] Bartlett, C. A., & Ghoshal, S. (2017). Managing across borders: New organizational responses. In International Business (pp. 307-317). Routledge.

[2] Erdoğan, S., Çakar, N. D., Ulucak, R., Danish, & Kassouri, Y. (2021). The role of natural resources abundance and dependence in achieving environmental sustainability: evidence from resource-based economies. Sustainable Development, 29(1), 143-154.

[3] World Bank. (2020). Protecting People and Economies: Integrated Policy Responses to COVID-19.

les processus de prise de décision. Cette implication renforce l'appropriation des politiques et la transparence des actions publiques. Elle garantit également que les priorités des communautés sont prises en compte, ce qui est essentiel pour le succès à long terme des programmes de développement.

La *Gestion intégrée des ressources* améliore l'efficience des institutions publiques africaines en minimisant les gaspillages et en optimisant l'allocation des fonds. Dans des contextes où les budgets publics sont limités, la *Gestion intégrée des ressources* aide à éviter les investissements non prioritaires ou redondants[1]. Elle permet également de rationaliser les dépenses publiques en intégrant la planification budgétaire avec les besoins stratégiques identifiés. Cette approche est particulièrement bénéfique dans des secteurs comme l'infrastructure et l'énergie, où des décisions non coordonnées peuvent conduire à des pertes financières importantes.

Malgré ses nombreux avantages, la mise en œuvre de la *Gestion intégrée des ressources* pose des défis importants. Le premier obstacle réside dans la fragmentation des institutions et le manque de coordination entre les différents ministères et agences publiques[2]. En l'absence d'une culture de collaboration et de structures interinstitutionnelles solides, la gestion des ressources reste souvent cloisonnée, ce qui limite l'efficacité de la *Gestion intégrée des ressources*. Pour surmonter cet obstacle, il est nécessaire de mettre en place des plateformes de coordination interinstitutionnelles et d'instaurer une culture de coopération entre les agences.

Un autre défi majeur pour la *Gestion intégrée des ressources* est le manque de capacités techniques et de compétences spécialisées en gestion systémique[3]. La *Gestion intégrée des ressources* nécessite des compétences en planification, en analyse des interactions entre ressources et en évaluation de la durabilité, des compétences qui sont parfois limitées dans certaines administrations publiques africaines. Pour remédier à ce manque, il est essentiel d'investir dans la formation

---

[1] Ekins, P., Hughes, N., Brigenzu, S., Arden Clark, C., Fischer-Kowalski, M., Graedel, T., ... & Westhowk, H. (2016). Resource efficiency: Potential and economic implications.

[2] Cejudo, G. M., & Michel, C. L. (2017). Addressing fragmented government action: Coordination, coherence, and integration. Policy Sciences, 50, 745-767.

[3] Asrar-ul-Haq, M., & Anwar, S. (2016). A systematic review of knowledge management and knowledge sharing: Trends, issues, and challenges. Cogent business & management, 3(1), 1127744.

et le renforcement des capacités des agents publics, en mettant l'accent sur le développement des compétences en analyse systémique et en gestion des ressources.

La collecte de données et le suivi sont également des aspects essentiels, mais souvent limités dans le contexte africain. La mise en œuvre efficace de la *Gestion intégrée des ressources* repose sur des données fiables pour évaluer les ressources disponibles, les besoins et les interactions entre secteurs. Cependant, de nombreux pays africains manquent d'infrastructures et de systèmes de collecte de données robustes, ce qui limite leur capacité à planifier et à ajuster efficacement les politiques en fonction des réalités du terrain. Le développement de systèmes d'information intégrés et l'investissement dans la collecte de données sont donc cruciaux pour le succès de la *Gestion intégrée des ressources*[1].

Une opportunité majeure offerte par la *Gestion intégrée des ressources* est la capacité d'optimiser l'utilisation des ressources humaines en encourageant la collaboration interdisciplinaire. Dans le contexte où les ressources humaines qualifiées sont souvent concentrées dans les zones urbaines ou limitées dans certains domaines, la *Gestion intégrée des ressources* encourage la collaboration entre experts de différentes disciplines et favorise une utilisation partagée des compétences[2]. Cette approche permet d'optimiser les ressources humaines disponibles et d'améliorer la qualité des politiques publiques.

La *Gestion intégrée des ressources* contribue également à renforcer les *Partenariats public-privé* en intégrant les ressources et l'expertise du secteur privé dans les initiatives publiques. Les *Partenariats public-privé* sont essentiels pour financer et mettre en œuvre des projets d'infrastructure de grande envergure. La gestion intégrée permet de coordonner les contributions des secteurs public et privé de manière harmonieuse, en s'assurant que les intérêts des deux parties sont alignés sur les objectifs de développement national. Ces partenariats permettent de mobiliser des ressources additionnelles, de réduire les risques et d'assurer une meilleure gestion des projets.

---

[1] Mao, H., Liu, S., Zhang, J., & Deng, Z. (2016). Information technology resource, knowledge management capability, and competitive advantage: The moderating role of resource commitment. International journal of information management, 36(6), 1062-1074.

[2] Huo, B., Han, Z., Chen, H., & Zhao, X. (2015). The effect of high-involvement human resource management practices on supply chain integration. International Journal of Physical Distribution & Logistics Management, 45(8), 716-746.

Pour maximiser les bénéfices de la *Gestion intégrée des ressources*, il est essentiel de promouvoir une culture de la gestion intégrée au sein des administrations publiques africaines. Cela nécessite un changement de mentalité vers une approche plus holistique et collaborative, où chaque ministère ou département considère ses actions non pas de manière isolée, mais comme une partie d'un système plus vaste[1]. La promotion de cette culture de l'intégration peut se faire à travers des formations, des ateliers interinstitutionnels et des mécanismes d'incitation pour encourager les agents à adopter des pratiques collaboratives.

La *Gestion intégrée des ressources* offre également des perspectives pour la gestion des crises et des risques[2]. En Afrique, les crises climatiques, économiques et sanitaires sont fréquentes, et la *Gestion intégrée des ressources* permet aux gouvernements de mobiliser et de coordonner rapidement les ressources nécessaires pour y faire face. En intégrant les données sur les risques dans la planification des ressources, les administrations publiques africaines peuvent anticiper les crises et réagir de manière plus résiliente, en limitant les impacts sur les populations vulnérables.

La réussite de la *Gestion intégrée des ressources* repose sur le soutien politique et la volonté des leaders à adopter une vision à long terme. L'engagement des dirigeants politiques est essentiel pour donner du poids aux initiatives de *Gestion intégrée des ressources*, mobiliser les ressources nécessaires et promouvoir la coopération entre les institutions[3]. Les leaders doivent jouer un rôle de modèles en adoptant des pratiques de gestion intégrée et en encourageant les autres acteurs à faire de même, montrant ainsi que la *Gestion intégrée des ressources* est un pilier stratégique du développement durable.

La *Gestion intégrée des ressources* est une approche essentielle pour optimiser l'utilisation des ressources publiques et renforcer l'efficacité des politiques publiques. Bien qu'elle présente des défis en termes de coordination institutionnelle, de compétences techniques et de collecte

---

[1] Meuleman, L. (2021). Public administration and governance for the SDGs: Navigating between change and stability. Sustainability, 13(11), 5914.

[2] Koh, S. L., Suresh, K., Ralph, P., & Saccone, M. (2024). Quantifying organizational resilience: an integrated resource efficiency view. International Journal of Production Research, 62(16), 5737-5756.

[3] van Noordwijk, M. (2019). Integrated natural resource management as pathway to poverty reduction: Innovating practices, institutions and policies. Agricultural Systems, 172, 60-71.

de données, ses bénéfices en matière de durabilité, de résilience et de cohérence des politiques sont significatifs. En investissant dans la formation, les infrastructures de données et la promotion d'une culture de collaboration, les gouvernements africains peuvent maximiser l'impact de la *Gestion intégrée des ressources* et assurer un développement plus équilibré, inclusif et durable.

6.2.2.3. La gestion du changement

La *Gestion du changement*, fondée sur des théories telles que celles de Kurt Lewin et John Kotter, vise à accompagner les organisations dans des transitions complexes en assurant l'adhésion des parties prenantes et en minimisant les résistances[1]. Ce processus s'avère particulièrement crucial dans les contextes africains, où les réformes institutionnelles et les politiques de développement se heurtent souvent à des structures de gouvernance traditionnelles et à des attentes socio-économiques divergentes. La *Gestion du changement* permet de structurer la transition de manière proactive, en identifiant les défis potentiels et en mettant en place des mécanismes de soutien adaptés pour réussir les transformations dans les politiques publiques[2].

La *Gestion du changement* est essentielle pour répondre aux évolutions rapides des environnements politique, économique et social. Les pays africains sont confrontés à des pressions extérieures et intérieures, telles que les attentes croissantes des citoyens pour des services de qualité, les exigences des partenaires internationaux, et les fluctuations économiques mondiales[3]. La *Gestion du changement* offre aux gouvernements un cadre pour anticiper et réagir de manière coordonnée, facilitant l'adaptation des politiques publiques aux nouvelles réalités tout en limitant les perturbations pour les populations.

Un des apports majeurs de la *Gestion du changement* est sa capacité à intégrer les parties prenantes dans le processus de transformation. Dans le contexte où les réformes institutionnelles peuvent être perçues avec méfiance, il est crucial d'impliquer les citoyens, les leaders communautaires et les représentants des secteurs public et privé dès les

---

[1] Sarayreh, B. H., Khudair, H., & Barakat, E. A. (2013). Comparative study: The Kurt Lewin of change management. International Journal of Computer and Information Technology, 2(4), 626-629.

[2] Doppelt, B. (2017). Leading change toward sustainability: A change-management guide for business, government and civil society. Routledge.

[3] Waddell, D., Creed, A., Cummings, T. G., & Worley, C. G. (2016). Organizational change: Development and transformation. Cengage Au.

premières étapes[1]. Cette inclusion favorise l'appropriation des réformes et renforce la légitimité des politiques publiques, réduisant ainsi les résistances qui pourraient compromettre la mise en œuvre des nouvelles initiatives.

La communication est un autre pilier central de la *Gestion du changement*. Une communication claire et transparente permet d'expliquer les raisons des réformes, leurs avantages, et les étapes de leur mise en œuvre[2]. Dans le contexte où le manque d'information peut créer des tensions et de la désinformation, une stratégie de communication bien structurée aide à dissiper les craintes et à promouvoir une compréhension commune des objectifs de la politique. En mobilisant les médias locaux, les canaux numériques et les réseaux communautaires, les gouvernements peuvent renforcer l'adhésion des populations et assurer une transition en douceur vers les nouvelles pratiques.

La *Gestion du changement* met également l'accent sur le développement des compétences et le renforcement des capacités, deux aspects cruciaux dans les administrations africaines souvent confrontées à des limitations en ressources humaines qualifiées[3]. La formation continue, la mise en place de programmes de mentorat et l'accompagnement des agents publics facilitent l'adaptation aux nouvelles méthodes de travail et aux réformes structurelles. En investissant dans le développement des compétences, les gouvernements africains s'assurent que leurs équipes disposent des connaissances et des outils nécessaires pour mettre en œuvre efficacement les changements souhaités.

Cependant, l'application de la *Gestion du changement* rencontre plusieurs défis, notamment en raison de la diversité des structures sociales et des modes de gouvernance. La fragmentation des structures de pouvoir, les dynamiques politiques complexes et les résistances culturelles nécessitent des approches hautement contextualisées et

---

[1] Waddell, S. (2017). Societal learning and change: How governments, business and civil society are creating solutions to complex multi-stakeholder problems. Routledge.
[2] Bellantuono, N., Nuzzi, A., Pontrandolfo, P., & Scozzi, B. (2021). Digital transformation models for the I4. 0 transition: Lessons from the change management literature. Sustainability, 13(23), 12941.
[3] Waddell, D., Creed, A., Cummings, T. G., & Worley, C. G. (2016). Organizational change: Development and transformation. Cengage Au.

adaptatives[1]. La *Gestion du changement* doit donc être flexible et respectueuse des réalités locales, en tenant compte des dynamiques traditionnelles et des réseaux informels qui influencent souvent les décisions au niveau communautaire.

La *Gestion du changement* repose aussi sur l'identification et la gestion des résistances, qui sont inhérentes à toute transformation majeure. Ces résistances peuvent être particulièrement prononcées dans les secteurs où les pratiques traditionnelles sont profondément ancrées[2]. La mise en place de stratégies pour identifier les réticences dès le début du processus et pour y répondre de manière constructive est essentielle pour minimiser les oppositions. Cela peut inclure des consultations régulières avec les groupes concernés, des adaptations de la réforme pour répondre aux inquiétudes, et des initiatives visant à montrer les bénéfices du changement.

Une des opportunités offertes par la *Gestion du changement* dans le contexte africain est l'optimisation des ressources. En s'assurant que les réformes sont bien comprises et acceptées, les gouvernements limitent les coûts liés aux retards, aux erreurs et aux inefficacités[3]. La gestion proactive des transformations permet d'éviter les ajustements coûteux et de maximiser l'impact des ressources allouées aux réformes, ce qui est d'autant plus important dans un contexte de ressources souvent limitées.

La *Gestion du changement* contribue également à renforcer la résilience des institutions publiques face aux crises. Les administrations sont régulièrement confrontées à des chocs externes, qu'ils soient économiques, climatiques ou sécuritaires. La capacité des administrations à s'adapter rapidement et efficacement est renforcée par la *Gestion du changement*, qui prépare les structures publiques à affronter les défis de manière organisée et cohérente[4].

Une culture organisationnelle orientée vers l'adaptabilité et l'amélioration continue est également un atout majeur de la *Gestion du*

---

[1] Doppelt, B. (2017). Leading change toward sustainability: A change-management guide for business, government and civil society. Routledge.

[2] Temper, L., Walter, M., Rodriguez, I., Kothari, A., & Turhan, E. (2018). A perspective on radical transformations to sustainability: resistances, movements and alternatives. Sustainability Science, 13, 747-764.

[3] DeGhetto, K., Gray, J. R., & Kiggundu, M. N. (2016). The African Union's Agenda 2063: Aspirations, challenges, and opportunities for management research. Africa Journal of Management, 2(1), 93-116.

[4] Kettl, D. F. (2015). The transformation of governance: Public administration for the twenty-first century. Jhu Press.

changement. La promotion de cette culture permet aux administrations de se doter d'une vision proactive, où le changement est perçu non pas comme une contrainte, mais comme une opportunité d'évolution. Les gouvernements africains peuvent ainsi mobiliser l'enthousiasme et l'engagement de leurs agents en valorisant leur rôle dans le processus de transformation.

Pour réussir, la *Gestion du changement* nécessite également un soutien politique fort. Les dirigeants politiques doivent jouer un rôle de catalyseurs en montrant l'exemple et en encourageant une vision commune des réformes[1]. Dans le contexte où les décisions politiques influencent fortement l'administration publique, le soutien des leaders est essentiel pour donner du poids aux initiatives de changement et pour inciter les fonctionnaires à embrasser les nouvelles pratiques. Ce soutien doit se traduire par un engagement visible, des ressources adéquates et des mécanismes d'incitation adaptés.

Enfin, pour garantir le succès des réformes, il est nécessaire d'instituer des systèmes de *Suivi et évaluation* solides. La mise en place de tels systèmes permet de mesurer les progrès réalisés et d'apporter les ajustements nécessaires en fonction des retours d'expérience. Le suivi des indicateurs de changement offre aux décideurs une visibilité sur l'impact des réformes et sur la manière dont elles influencent les performances des services publics, créant ainsi un environnement d'apprentissage continu[2].

La *Gestion du changement* représente une approche essentielle pour réussir la mise en œuvre des politiques publiques. Bien qu'elle pose des défis en raison des spécificités culturelles et institutionnelles du continent, ses avantages en termes de mobilisation, d'adaptabilité et de renforcement des capacités sont significatifs. En adoptant une *Gestion du changement* adaptée au contexte africain, les gouvernements peuvent garantir une mise en œuvre plus efficace, cohérente et durable des réformes, contribuant ainsi de manière significative au développement et à la résilience des institutions publiques du continent.

---

[1] Fernandez, S., & Rainey, H. G. (2017). Managing successful organizational change in the public sector. In Debating public administration (pp. 7-26). Routledge.

[2] Gao, J. (2015). Performance measurement and management in the public sector: Some lessons from research evidence. Public Administration and Development, 35(2), 86-96.

6.2.2.4. La Gestion des connaissances

La *Gestion des connaissances* est un processus stratégique qui vise à capturer, structurer, partager et exploiter les connaissances au sein des organisations pour optimiser leur performance et leur capacité d'innovation. Fondée sur des théories issues de la sociologie des organisations, de l'économie de la connaissance et de la psychologie cognitive, la *Gestion des connaissances* prend en compte des éléments clés comme le partage des savoirs, la création de connaissances, l'apprentissage organisationnel, et l'innovation continue[1]. Dans le contexte africain, où les ressources humaines et matérielles sont souvent limitées, la *Gestion des connaissances* s'avère cruciale pour maximiser l'impact des politiques publiques en capitalisant sur les savoirs et les expériences accumulées.

La *Gestion des connaissances* est particulièrement pertinente pour pallier les défis de ressources humaines et institutionnelles. Les administrations publiques et les organisations de développement sont confrontées à des défis complexes et changeants, et la rotation du personnel, le manque de formation continue et les départs en retraite constituent des pertes potentielles de connaissances précieuses[2]. La *Gestion des connaissances* permet de créer un réservoir de savoirs institutionnels et réduit ainsi l'impact de ces pertes et assurant la continuité des politiques publiques. Elle permet de conserver les meilleures pratiques et d'éviter la répétition d'erreurs passées, ce qui améliore la résilience des administrations face aux changements et aux crises.

L'un des principaux atouts de la *Gestion des connaissances* réside dans sa capacité à améliorer l'efficacité des politiques publiques en facilitant la circulation de l'information et des bonnes pratiques[3]. Dans le contexte où les gouvernements sont souvent confrontés à des défis similaires – tels que la lutte contre la pauvreté, l'amélioration de l'accès à l'éducation et la *gestion des ressources naturelles* – la *Gestion des*

---

[1] Shujahat, M., Hussain, S., Javed, S., Malik, M. I., Thurasamy, R., & Ali, J. (2017). Strategic management model with lens of knowledge management and competitive intelligence: A review approach. VINE Journal of Information and Knowledge Management Systems, 47(1), 55-93.

[2] Asrar-ul-Haq, M., & Anwar, S. (2016). A systematic review of knowledge management and knowledge sharing: Trends, issues, and challenges. Cogent business & management, 3(1), 1127744.

[3] McNabb, D. E. (2015). Knowledge management in the public sector: A blueprint for innovation in government. Routledge.

connaissances permet aux différentes administrations et régions de tirer parti des expériences et des succès d'autres programmes. Ce transfert de savoirs est essentiel pour optimiser les politiques, éviter les écueils et reproduire des solutions éprouvées, tout en tenant compte des spécificités locales.

La *Gestion des connaissances* favorise également l'innovation en encourageant l'apport de nouvelles idées et solutions[1]. L'innovation est un levier important pour répondre aux défis de développement, en particulier dans les domaines de la santé, de l'éducation et de l'agriculture. En intégrant des pratiques de *Gestion des connaissances*, les administrations peuvent mettre en place des plateformes pour partager les idées, évaluer leur faisabilité et tester des solutions innovantes. Cette approche permet aux administrations africaines de s'adapter rapidement aux besoins émergents, tout en développant des solutions locales adaptées aux réalités du terrain.

La *Gestion des connaissances* contribue également à la transparence et à la redevabilité des politiques publiques. Dans le contexte où la corruption et la faible confiance envers les institutions sont des problématiques récurrentes, la *Gestion des connaissances* permet de tracer les décisions et d'assurer une meilleure traçabilité des processus administratifs. La documentation des processus, la communication des résultats et la diffusion des connaissances contribuent à renforcer la confiance des citoyens en montrant comment les ressources publiques sont utilisées et comment les décisions sont prises[2]. Ce processus de transparence est essentiel pour renforcer la légitimité des administrations et favoriser la participation citoyenne.

Néanmoins, la mise en œuvre de la *Gestion des connaissances* rencontre plusieurs défis, notamment en termes de ressources et d'infrastructures. Le manque d'infrastructures numériques dans certaines régions et le faible accès aux technologies limitent la capacité des gouvernements et des administrations locales à stocker et partager les informations. Cette carence technologique entrave la diffusion rapide et efficace des savoirs[3]. Pour surmonter cet obstacle, il est nécessaire d'investir dans les infrastructures numériques et de

---

[1] McNabb, D. E. (2015). Knowledge management in the public sector: A blueprint for innovation in government. Routledge.

[2] Rao, M. (2012). Knowledge management tools and techniques. Routledge.

[3] Svärd, P. (2018). Access to government information: a global phenomenon but what are the challenges? ESARBICA Journal: Journal of the Eastern and Southern Africa Regional Branch of the International Council on Archives, 37, 158-177.

développer des solutions technologiques adaptées aux besoins et aux contraintes locales.

Un autre défi majeur réside dans la culture organisationnelle. Dans le contexte où certaines administrations publiques sont encore marquées par une structure hiérarchique forte et une réticence au partage des informations, la mise en œuvre de la *Gestion des connaissances* nécessite un changement de mentalité. La rétention de l'information est parfois perçue comme un moyen de préserver un pouvoir personnel ou un avantage compétitif. Pour que la *Gestion des connaissances* soit efficace, il est donc crucial de promouvoir une culture de partage et de collaboration, en soulignant les bénéfices collectifs et institutionnels du partage des savoirs.

Malgré ces défis, la *Gestion des connaissances* offre des opportunités significatives pour renforcer les capacités des administrations africaines[1]. En structurant les savoirs et en les rendant accessibles, la *Gestion des connaissances* permet aux agents publics de prendre des décisions plus informées et de réagir rapidement aux évolutions du contexte. Dans les situations d'urgence, comme les crises sanitaires ou les catastrophes naturelles, la *Gestion des connaissances* permet de mobiliser des connaissances et des stratégies d'intervention éprouvées, contribuant ainsi à une gestion plus efficace des crises.

La *Gestion des connaissances* joue également un rôle crucial dans le développement des compétences et le renforcement des capacités des fonctionnaires publics. En documentant les pratiques et les connaissances, elle facilite la formation des nouveaux agents et la transmission des savoirs au sein des administrations[2]. Les programmes de formation basés sur les connaissances accumulées dans le passé permettent aux administrations africaines de maintenir un niveau élevé de compétences et de s'adapter aux exigences évolutives des politiques publiques.

La mise en place de *Communautés de pratique* et de *réseaux d'apprentissage* est une autre opportunité qu'offre la *Gestion des connaissances*. Dans le contexte où les administrations sont souvent dispersées géographiquement, ces *Communautés de pratique*

---

[1] De Angelis, C. T. (2013). A knowledge management and organizational intelligence model for public administration. International Journal of Public Administration, 36(11), 807-819.

[2] Mahdi, O. R., Almsafir, M. K., & Yao, L. (2011). The role of knowledge and knowledge management in sustaining competitive advantage within organizations: A review. African Journal of Business Management, 5(23), 9912.

permettent de connecter les experts, de faciliter l'échange de connaissances et de promouvoir l'apprentissage collectif[1]. Ces réseaux renforcent la collaboration inter-régionale et inter-institutionnelle et facilitent la mise en œuvre de politiques publiques harmonisées et adaptées aux différents contextes locaux.

Pour maximiser les bénéfices de la *Gestion des connaissances*, il est essentiel d'adopter des systèmes de *Suivi et évaluation* rigoureux qui permettent d'évaluer l'efficacité des politiques publiques et de tirer des enseignements des expériences passées[2]. Le suivi des performances des politiques en fonction des connaissances accumulées est un outil puissant pour affiner les stratégies et s'assurer que les politiques sont bien alignées sur les besoins des populations. Les indicateurs de performance basés sur les connaissances permettent d'assurer la pertinence et la durabilité des initiatives.

L'adaptabilité est également un atout important de la *Gestion des connaissances* dans le contexte africain. Les environnements socio-économiques évoluent rapidement, et la capacité des administrations à ajuster leurs politiques en fonction des connaissances disponibles est cruciale[3]. La *Gestion des connaissances*, en rendant accessibles les leçons apprises et les bonnes pratiques, permet de réagir rapidement aux changements et de s'adapter aux crises émergentes, qu'il s'agisse de perturbations économiques, de crises sanitaires ou de catastrophes naturelles.

Pour garantir le succès de la *Gestion des connaissances*, il est également important d'encourager le soutien politique et le leadership dans les processus de *Gestion des connaissances*. Le soutien des leaders politiques est essentiel pour assurer l'allocation des ressources nécessaires et promouvoir une culture du partage au sein des administrations. Le leadership joue un rôle de catalyseur en instaurant des valeurs de collaboration et en montrant l'exemple dans le partage des savoirs.

---

[1] Borzillo, S., Aznar, S., & Schmitt, A. (2011). A journey through communities of practice: How and why members move from the periphery to the core. European Management Journal, 29(1), 25-42.

[2] Head, B. W. (2016). Toward more "evidence-informed" policy making? Public administration review, 76(3), 472-484.

[3] Buheji, M. (2018). Understanding the power of resilience economy: An inter-disciplinary perspective to change the world attitude to socio-economic crisis. Mohamed Buheji.

Enfin, la *Gestion des connaissances* doit être intégrée dans la stratégie globale de développement des administrations africaines. Elle doit être perçue non pas comme un simple outil technique, mais comme un élément fondamental du processus décisionnel et de l'efficacité organisationnelle[1]. En alignant la *Gestion des connaissances* avec les *Objectifs de développement durable* et les priorités nationales, les gouvernements africains peuvent maximiser l'impact des politiques publiques et assurer un développement inclusif et résilient.

La *Gestion des connaissances* offre un potentiel immense pour renforcer la cohérence, l'efficience et l'impact des politiques publiques[2]. Bien qu'elle présente des défis en matière de culture organisationnelle et d'infrastructures, ses bénéfices en termes de continuité des savoirs, de renforcement des compétences et d'innovation sont substantiels. En investissant dans les infrastructures, en favorisant une culture de partage et en intégrant la *Gestion des connaissances* dans les stratégies de développement, les gouvernements africains peuvent transformer leurs administrations et rendre leurs politiques publiques plus adaptées, plus durables et plus résilientes.

6.2.3. Gestion pour l'amélioration continue et la qualité

Les approches orientées vers l'amélioration continue et la qualité, telles que la *Nouvelle gestion publique* et la *Gestion de la qualité totale*, constituent des leviers stratégiques pour moderniser les administrations publiques et renforcer leur impact. Ces approches reposent sur des principes clés, tels que la performance, la transparence et l'adaptation continue et visent à améliorer l'efficacité des politiques publiques tout en répondant aux attentes croissantes des citoyens. En s'inspirant des pratiques managériales modernes, elles mettent en avant la planification, le *Suivi et évaluation* rigoureux des performances et l'implication des parties prenantes dans la gestion des services publics.

Dans le contexte africain, ces approches offrent des opportunités significatives pour répondre aux défis structurels et opérationnels des administrations publiques. La *Nouvelle gestion publique* favorise une meilleure allocation des ressources, une responsabilisation accrue des agents publics et une décentralisation adaptée aux réalités locales. De

---

[1] Andreeva, T., & Kianto, A. (2012). Does knowledge management really matter? Linking knowledge management practices, competitiveness and economic performance. Journal of knowledge management, 16(4), 617-636.

[2] Hopkins, D., & Jackson, D. (2013). Building the capacity for leading and learning. In Effective leadership for school improvement (pp. 84-104). Routledge.

son côté, la *Gestion de la qualité totale* renforce la satisfaction des citoyens en plaçant leurs besoins au centre des priorités tout en instaurant une culture d'amélioration continue. Cependant, pour garantir leur succès, il est essentiel d'adapter ces approches aux spécificités locales, de développer des capacités institutionnelles solides et de promouvoir une culture organisationnelle axée sur la qualité et la performance.

6.2.3.1. La Nouvelle Gestion Publique

La *Nouvelle gestion publique* représente un tournant majeur dans la réforme des administrations publiques et vise à améliorer leur efficacité, leur efficience et leur transparence en s'inspirant des pratiques managériales du secteur privé[1]. Ce cadre de gestion s'insère dans un contexte marqué par de nombreux défis : croissance économique fragile, dette publique croissante, accès limité aux services essentiels et institutions souvent fragiles[2]. La *Nouvelle gestion publique* propose des concepts tels que la *Gestion par objectifs*, l'évaluation de la performance et la décentralisation, permettant ainsi d'optimiser la gestion des ressources tout en renforçant la responsabilité des acteurs publics.

Une force notable de la *Nouvelle gestion publique* dans le contexte africain réside dans sa capacité à promouvoir une culture de performance au sein des administrations publiques. Les gouvernements africains, confrontés à des attentes croissantes de la part des populations et des bailleurs de fonds, peuvent mieux mesurer l'impact de leurs actions et réorienter leurs politiques pour répondre aux besoins prioritaires[3]. En instaurant des indicateurs de performance et en mettant en place des systèmes de *Suivi et évaluation* rigoureux, la *Nouvelle gestion publique* favorise une utilisation optimale des ressources dans des domaines stratégiques tels que la santé, l'éducation et les infrastructures.

---

[1] Laegreid, P., & Christensen, T. (Eds.). (2013). Transcending new public management: the transformation of public sector reforms. Ashgate Publishing, Ltd..

[2] Streeck, W. (2014). The politics of public debt: Neoliberalism, capitalist development and the restructuring of the state. German economic review, 15(1), 143-165.

[3] Bao, G., Wang, X., Larsen, G. L., & Morgan, D. F. (2013). Beyond new public governance: A value-based global framework for performance management, governance, and leadership. Administration & society, 45(4), 443-467.

La *Nouvelle gestion publique* encourage également la décentralisation, un principe crucial pour l'Afrique, où les réalités et besoins locaux varient considérablement d'une région à l'autre. La décentralisation rapproche les services publics des citoyens, renforçant l'adaptabilité des politiques publiques aux spécificités régionales et culturelles. Ce processus aide à déconcentrer le pouvoir des capitales vers les gouvernements locaux, offrant ainsi une réponse plus rapide et plus appropriée aux enjeux locaux. Cela favorise également une meilleure participation citoyenne, rendant les administrations locales plus responsables et transparentes.

Un autre atout de la *Nouvelle gestion publique* est le renforcement de la transparence et de la reddition de comptes, éléments essentiels pour le développement Dans le contexte où la corruption et le manque de transparence sont des défis majeurs[1]. En introduisant des mécanismes de contrôle et d'évaluation de la performance, la *Nouvelle gestion publique* permet de surveiller l'utilisation des fonds publics et de s'assurer que les objectifs sont atteints. Cette transparence accrue contribue à renforcer la confiance des citoyens dans leurs institutions, créant un environnement plus propice à la mise en œuvre des politiques publiques.

Cependant, l'application de la *Nouvelle gestion publique* présente aussi des limites. La transposition de pratiques managériales issues de contextes occidentaux peut s'avérer inefficace sans une adaptation aux spécificités culturelles, économiques et sociales locales[2]. Dans le contexte où la solidarité communautaire et les systèmes de gouvernance informelle jouent un rôle central, une adaptation contextuelle est nécessaire pour éviter des réformes inefficaces ou inappropriées. Cette inadéquation est une critique majeure de la *Nouvelle gestion publique* dans le contexte africain, nécessitant des ajustements pour en maximiser les bénéfices.

La focalisation de la *Nouvelle gestion publique* sur la performance quantitative peut également être inadaptée aux objectifs sociaux,

---

[1] Den Heyer, G. (2011). New public management: A strategy for democratic police reform in transitioning and developing countries. Policing: An International Journal of Police Strategies & Management, 34(3), 419-433.

[2] Drori, G. S., Höllerer, M. A., & Walgenbach, P. (Eds.). (2014). Global themes and local variations in organization and management. Routlege, Taylor & Francis Group.

comme l'équité et l'accessibilité des services[1]. Dans le contexte où les inégalités sont élevées, un modèle de gestion axé principalement sur la rentabilité et la performance peut accentuer les disparités en privilégiant les régions déjà bien desservies. Cette limitation impose de réévaluer les indicateurs de performance en y intégrant des critères d'équité, afin de s'assurer que les politiques publiques bénéficient également aux populations marginalisées.

Bien que la décentralisation permette de rapprocher les services des populations, elle soulève des défis en matière de capacités institutionnelles et de ressources humaines. Dans de nombreux pays africains, les administrations locales manquent de moyens et de compétences pour assumer efficacement leurs nouvelles responsabilités[2]. Cette faiblesse peut engendrer des disparités dans la qualité des services fournis et créer des inégalités entre les régions. La réussite de la décentralisation dépend donc de la capacité des gouvernements centraux à soutenir et renforcer les administrations locales.

Malgré ces défis, la *Nouvelle gestion publique* présente des opportunités significatives pour moderniser les administrations publiques africaines, notamment par l'intégration des *Technologies de de l'information et de la communication*[3]. L'intégration des *Technologies de l'information et de la communication* dans le secteur public facilite l'accès des citoyens aux services essentiels et améliore l'efficacité des processus administratifs. Les *plateformes numériques* permettent de simplifier les démarches administratives et de rendre les services publics plus accessibles, même dans les régions éloignées, tout en renforçant la transparence des processus décisionnels.

Les *Partenariats public-privé* encouragés par la *Nouvelle gestion publique* constituent une autre opportunité stratégique pour combler les lacunes de financement dans des secteurs clés. Dans le contexte où les ressources publiques sont souvent insuffisantes pour financer les infrastructures de base, les *Partenariats public-privé* permettent de

---

[1] Dolamore, S., & Whitebread, G. (2022). Recalibrating public service: Valuing engagement, empathy, social equity, and ethics in public administration. Public Integrity, 24(4-5), 375-386.

[2] Dick-Sagoe, C. (2020). Decentralization for improving the provision of public services in developing countries: A critical review. Cogent Economics & Finance, 8(1), 1804036.

[3] Hanna, N. K. (2010). Transforming government and building the information society: Challenges and opportunities for the developing world.

mobiliser des capitaux privés et d'accéder à des technologies et compétences spécialisées[1]. Ces partenariats jouent un rôle crucial dans le développement d'infrastructures, telles que les routes et les hôpitaux, tout en réduisant la pression financière sur les gouvernements.

L'innovation est également favorisée par la *Nouvelle gestion publique*, offrant aux administrations publiques africaines une flexibilité et une adaptabilité accrues pour répondre aux défis complexes du développement[2]. En promouvant une culture d'amélioration continue et d'innovation, la *Nouvelle gestion publique* stimule des solutions créatives et des approches nouvelles dans la prestation des services publics. Cette orientation vers l'innovation permet de concevoir des politiques publiques plus résilientes, mieux adaptées aux besoins changeants des populations locales.

La *Nouvelle gestion publique* introduit aussi une culture de l'optimisation des ressources humaines[3]. En intégrant des outils de gestion moderne, elle permet de motiver et de responsabiliser les agents publics et favorise une meilleure productivité et un engagement accru envers les objectifs des politiques. Cette culture de performance améliore la qualité des services publics et rend les administrations plus réactives aux attentes des citoyens.

Face aux défis économiques, sociaux et environnementaux auxquels l'Afrique fait face, la *Nouvelle gestion publique* peut jouer un rôle de catalyseur pour une gestion publique plus efficace et impactante[4]. Cependant, pour que son adoption soit réussie, il est crucial que ses principes soient contextualisés et adaptés aux réalités locales. Les gouvernements africains doivent s'approprier ces principes tout en intégrant des mécanismes de participation citoyenne et des critères d'équité pour garantir l'inclusivité des politiques publiques.

La *Nouvelle gestion publique*, lorsqu'elle est bien appliquée, peut renforcer la résilience des économies africaines face aux crises

---

[1] Casady, C. B., Eriksson, K., Levitt, R. E., & Scott, W. R. (2020). (Re) defining public-private partnerships (PPPs) in the new public governance (NPG) paradigm: an institutional maturity perspective. Public management review, 22(2), 161-183.

[2] Sørensen, E., & Torfing, J. (2011). Enhancing collaborative innovation in the public sector. Administration & society, 43(8), 842-868.

[3] Semenets-Orlova, I., Shevchuk, R., Plish, B., Grydiushko, I., & Maistrenko, K. (2022). Innovative approaches to development of human potential in modern public administration. Economic Affairs, 67(4s), 915-926.

[4] Brinkerhoff, D. W., & Brinkerhoff, J. M. (2015). Public sector management reform in developing countries: Perspectives beyond NPM orthodoxy. Public Administration and Development, 35(4), 222-237.

externes, comme les fluctuations des prix des matières premières ou les perturbations des *chaînes d'approvisionnement mondiales*[1]. En misant sur l'efficience et la réactivité, la *Nouvelle gestion publique* permet aux gouvernements de réagir plus rapidement aux chocs économiques, offrant ainsi une plus grande stabilité pour le développement à long terme.

La *Nouvelle gestion publique* propose un ensemble d'outils et de méthodes qui, bien qu'inspirés du secteur privé, peuvent transformer la gestion publique en améliorant son efficacité et son impact[2]. Cependant, son succès repose sur une adaptation minutieuse aux contextes locaux, en tenant compte des spécificités culturelles et institutionnelles propres à chaque pays. Pour maximiser son impact, les gouvernements africains doivent renforcer leurs capacités institutionnelles et encourager une approche inclusive qui favorise une participation citoyenne active et une répartition équitable des ressources et des bénéfices des politiques publiques.

6.2.3.2. La Gestion de la qualité totale

La *Gestion de la qualité totale* ou *Total Quality Management* est une approche managériale systématique visant à améliorer en continu la qualité des produits, des services et des processus organisationnels[3]. Initialement développée dans les années 1950 et popularisée par des experts comme W. Edwards Deming et Joseph Juran, la *Gestion de la qualité totale* repose sur des principes clés, tels que l'engagement envers la satisfaction des parties prenantes, l'implication de tous les niveaux de l'organisation et la focalisation sur l'amélioration continue[4]. Dans le contexte des administrations publiques africaines, la *Gestion de la qualité totale* peut jouer un rôle déterminant pour accroître l'efficacité, la transparence et l'impact des politiques publiques, tout en

---

[1] Belhadi, A., Kamble, S. S., Venkatesh, M., Jabbour, C. J. C., & Benkhati, I. (2022). Building supply chain resilience and efficiency through additive manufacturing: An ambidextrous perspective on the dynamic capability view. International Journal of Production Economics, 249, 108516.

[2] Bryson, J. M., Crosby, B. C., & Bloomberg, L. (2014). Public value governance: Moving beyond traditional public administration and the new public management. Public administration review, 74(4), 445-456.

[3] Aljuboury, M. I. A. Organizational Excellence and Entrepreneurship Opportunity Towards TQM by Reviewing Deming's and Juran's Total Works.

[4] Deming, W. E., Juran, J., Crosby, P., & Berwick, D. Quality Principles. Training Module Managing Performance, 35.

répondant aux attentes croissantes des citoyens en matière de qualité des services.

L'un des principes fondamentaux de la *Gestion de la qualité totale* est son orientation client, qui se traduit, dans le secteur public, par une focalisation sur les besoins et la satisfaction des citoyens[1]. Dans le contexte où les populations demandent de plus en plus des services publics de qualité, la *Gestion de la qualité totale* offre un cadre pour placer le citoyen au centre de chaque processus décisionnel. Cette approche permet de mieux aligner les politiques publiques sur les attentes des populations et de s'assurer que les ressources publiques sont utilisées pour améliorer directement le bien-être de la société. En appliquant les principes de la *Gestion de la qualité totale* dans des secteurs comme la santé et l'éducation, les administrations publiques peuvent augmenter la qualité des services tout en répondant aux besoins spécifiques des communautés locales.

La *Gestion de la qualité totale* met également l'accent sur l'amélioration continue, un processus crucial pour l'évolution des institutions publiques africaines dans un environnement dynamique et en constante mutation[2]. En instaurant une culture d'apprentissage permanent, la *Gestion de la qualité totale* aide les organisations à identifier les inefficacités, à ajuster leurs processus et à s'adapter aux évolutions des besoins des populations. Dans un contexte africain où les administrations doivent souvent faire face à des défis variés – des crises économiques aux changements climatiques en passant par les crises sanitaires – la capacité à adapter les pratiques et à améliorer constamment la qualité des services devient une nécessité stratégique pour assurer la résilience des institutions.

La *Gestion de la qualité totale* favorise également la responsabilisation et la transparence au sein des administrations[3]. La transparence des processus et la redevabilité des services publics sont des enjeux majeurs pour renforcer la confiance des citoyens. En appliquant des méthodes de *Gestion de la qualité totale*, les administrations peuvent rendre leurs processus de gestion plus transparents et introduire des mécanismes de *Suivi et évaluation* clairs.

---

[1] Morgan, C., & Murgatroyd, S. (1994). Total quality management in the public sector: An international perspective. McGraw-Hill Education (UK).

[2] Ross, J. E. (2017). Total quality management: Text, cases, and readings. Routledge.

[3] Harrison, T. M., & Sayogo, D. S. (2014). Transparency, participation, and accountability practices in open government: A comparative study. Government information quarterly, 31(4), 513-525.

La documentation des processus, la définition d'indicateurs de performance et la mise en place d'audits réguliers permettent de garantir que les ressources sont utilisées de manière optimale et que les décisions sont fondées sur des données objectives[1]. Ces pratiques renforcent la légitimité des actions publiques et augmentent la confiance des citoyens dans leurs institutions.

L'approche *Gestion de la qualité totale* repose également sur l'implication de tous les employés dans la démarche qualité, de manière à ce que chaque membre de l'organisation se sente responsable de l'amélioration continue[2]. Dans le contexte où la culture organisationnelle dans le secteur public peut être marquée par une hiérarchie forte, la *Gestion de la qualité totale* permet de créer une culture d'engagement collectif. En impliquant chaque agent public, des cadres aux agents de terrain, la *Gestion de la qualité totale* encourage un sentiment d'appropriation des processus et des objectifs. Cette implication renforce la motivation des agents et améliore leur engagement envers la mission de l'institution, favorisant ainsi une performance accrue et une qualité de service améliorée[3].

La *Gestion de la qualité totale* offre aussi des méthodologies pour détecter et réduire les sources de gaspillage et d'inefficacité, ce qui est particulièrement précieux dans les pays africains où les ressources publiques sont limitées[4]. En analysant les processus et en identifiant les points de friction ou de redondance, la *Gestion de la qualité totale* permet d'optimiser l'utilisation des ressources, d'éliminer les étapes inutiles et de rationaliser les opérations. Dans la gestion des infrastructures publiques, l'application des principes de la *Gestion de la qualité totale* peut réduire les coûts de maintenance et améliorer la durabilité des investissements, ce qui maximise l'impact des fonds publics[5].

Malgré ses nombreux avantages, l'adoption de la *Gestion de la qualité totale* présente plusieurs défis. L'un des principaux obstacles

---

[1] Smith, P. (1993). Outcome-related Performance Indicators and Organizational Control in the Public Sector 1. British journal of Management, 4(3), 135-151.

[2] Hackman, J. R., & Wageman, R. (1995). Total quality management: Empirical, conceptual, and practical issues. Administrative science quarterly, 309-342.

[3] Bowen, D. E., & Lawler III, E. E. (1992). Total quality-oriented human resources management. Organizational dynamics, 20(4), 29-41.

[4] Oakland, J. S. (2014). Total quality management and operational excellence: text with cases. Routledge.

[5] Bourgault, J. (2017). Horizontalité et gestion publique. Presses de l'Université Laval.

réside dans le manque de compétences spécialisées en gestion de la qualité au sein des administrations publiques. La *Gestion de la qualité totale* nécessite une compréhension approfondie des processus qualité et des compétences analytiques pour mesurer les performances et identifier les zones d'amélioration[1]. Dans de nombreuses administrations africaines, ces compétences sont encore rares. Pour pallier cette lacune, il est essentiel de développer des programmes de formation et de renforcement des capacités pour les agents publics, en leur donnant les outils et les connaissances nécessaires pour mener à bien la démarche qualité.

Un autre défi est l'infrastructure de collecte et d'analyse de données, qui est souvent limitée dans les administrations africaines. La *Gestion de la qualité totale* repose sur des données précises pour évaluer la qualité des processus et identifier les améliorations possibles[2]. Cependant, sans des systèmes de collecte de données efficaces, il devient difficile de suivre les progrès et d'ajuster les actions en fonction des résultats. Pour surmonter cet obstacle, les gouvernements africains doivent investir dans des infrastructures technologiques et des systèmes d'information qui permettent un suivi rigoureux et précis des processus et des résultats.

La *Gestion de la qualité totale* implique également un changement de culture organisationnelle vers une plus grande ouverture à la collaboration, à la transparence et à la réceptivité aux critiques constructives[3]. Les administrations publiques peuvent être confrontées à des résistances culturelles, notamment une réticence à remettre en question les processus existants. La mise en œuvre de la *Gestion de la qualité totale* nécessite donc un effort soutenu pour instaurer une culture de l'amélioration continue et du feedback[4]. Cela peut se faire en favorisant un leadership participatif et en incitant les agents à voir la qualité comme un engagement personnel et institutionnel.

Malgré ces défis, la *Gestion de la qualité totale* offre des opportunités significatives pour améliorer l'efficacité et l'impact des

---

[1] Mitra, A. (2016). Fundamentals of quality control and improvement. John Wiley & Sons.

[2] Pesqueux, Y. (2020). Les références de la gestion de la qualité.

[3] Bridges, E. (2018). Executive ethical decisions initiating organizational culture and values. Journal of service theory and practice, 28(5), 576-608.

[4] Baird, K., Jia Hu, K., & Reeve, R. (2011). The relationships between organizational culture, total quality management practices and operational performance. International journal of operations & production management, 31(7), 789-814.

politiques publiques. En intégrant les principes de la *Gestion de la qualité totale*, les gouvernements africains peuvent non seulement améliorer la qualité des services, mais aussi augmenter la satisfaction des citoyens, qui jouent un rôle clé dans l'évaluation de la performance des services publics. Cette satisfaction citoyenne renforce la légitimité des institutions et contribue à un climat de confiance et de coopération entre les citoyens et les autorités publiques.

La *Gestion de la qualité totale* favorise également une meilleure intégration entre les différents niveaux et départements d'une organisation publique, en encourageant la coordination et la coopération interinstitutionnelle[1]. Dans le contexte africain, où les administrations peuvent être fragmentées, la *Gestion de la qualité totale* facilite la mise en place de processus transversaux qui alignent les efforts de différentes unités administratives. En harmonisant les pratiques et en renforçant la synergie entre les départements, la *Gestion de la qualité totale* contribue à la cohérence des politiques publiques et optimise les efforts pour répondre aux besoins des populations[2].

Pour maximiser les bénéfices de la *Gestion de la qualité totale*, il est important de promouvoir une culture de retour d'expérience et d'apprentissage organisationnel au sein des administrations africaines. En mettant en place des bilans de projet et des sessions de feedback régulier, les organisations peuvent identifier les leçons tirées des réussites et des échecs, et ajuster les pratiques en conséquence. Cette démarche d'apprentissage continu garantit que les administrations publiques évoluent constamment pour mieux répondre aux attentes des citoyens.

Le soutien politique et le leadership sont également cruciaux pour la réussite de la *Gestion de la qualité totale* dans le secteur public africain. En raison de l'influence des décideurs politiques sur les institutions publiques, l'engagement des leaders est essentiel pour encourager la mise en œuvre de la *Gestion de la qualité totale* et pour allouer les ressources nécessaires. Les leaders doivent jouer un rôle exemplaire en soutenant activement la démarche qualité et en promouvant une vision commune de l'amélioration continue au sein de l'administration.

---

1 Costumato, L. (2021). Collaboration among public organizations: a systematic literature review on determinants of interinstitutional performance. International Journal of Public Sector Management, 34(3), 247-273.

2 Meuleman, L. (2021). Public administration and governance for the SDGs: Navigating between change and stability. Sustainability, 13(11), 5914.

Pour garantir la réussite de la *Gestion de la qualité totale*, il est important d'intégrer des mécanismes d'évaluation qui permettent de mesurer l'effet des initiatives de qualité sur le bien-être des citoyens et sur la performance des politiques publiques[1]. Dans le contexte où les besoins de développement sont souvent multidimensionnels, l'évaluation fournit une perspective à long terme sur l'efficacité des actions publiques et permet de s'assurer que la démarche qualité contribue au développement durable.

La *Gestion de la qualité totale* est un outil puissant pour améliorer l'efficacité, la transparence et la satisfaction des citoyens dans le secteur public africain[2]. Bien qu'elle soit confrontée à des défis liés aux compétences techniques, à l'infrastructure de données et à la culture organisationnelle, ses avantages en matière d'amélioration continue, d'efficacité opérationnelle et de légitimité institutionnelle sont considérables. En investissant dans les compétences en gestion de la qualité, en renforçant l'infrastructure de suivi et en intégrant la *Gestion de la qualité totale* dans la stratégie de développement, les gouvernements africains peuvent maximiser l'impact de leurs politiques publiques et créer des services plus résilients, plus adaptatifs et plus orientés vers les besoins des citoyens.

---

[1] Mohsin, M., Shamsudin, M. N., Jaffri, N. R., Idrees, M., & Jamil, K. (2024). Unveiling the contextual effects of total quality management to enhance sustainable performance. The TQM Journal.

[2] Ljungholm, D. P. (2015). The impact of transparency in enhancing public sector performance. Contemporary Readings in Law and Social Justice, 7(1), 172-178.

VII

CADRE DE SUIVI ET ÉVALUATION DES POLITIQUES PUBLIQUES EN AFRIQUE

Élaborer un cadre de *Suivi et évaluation* pour les politiques publiques exige une approche multidimensionnelle qui réponde aux spécificités contextuelles du continent tout en s'alignant sur les standards internationaux d'efficacité, de transparence et de participation[1]. Ce cadre doit intégrer des éléments fondamentaux qui garantissent l'atteinte des objectifs stratégiques, la réactivité face aux défis locaux, et l'optimisation des ressources publiques dans un environnement marqué par des contraintes économiques et des attentes sociétales croissantes.

La première dimension essentielle réside dans la définition d'objectifs clairs, spécifiques et mesurables, adaptés aux priorités de développement des différents pays africains. Ces objectifs doivent être contextualisés pour répondre aux besoins urgents de la population en matière de réduction de la pauvreté, de sécurité alimentaire, d'éducation et de résilience climatique[2]. Pour cela, chaque objectif doit s'appuyer sur des indicateurs de performance *Spécifiques, mesurables, atteignables, réalistes et temporellement définis* qui assurent une orientation vers des résultats concrets et mesurables. Le choix d'indicateurs pertinents permet de traduire les grandes ambitions nationales en cibles opérationnelles et assurer ainsi une cohérence entre les priorités politiques et les interventions pratiques sur le terrain.

L'approche de *Gestion axée sur les résultats* constitue le second pilier de ce cadre de *Suivi et évaluation*, en privilégiant les impacts et les résultats concrets au lieu de se focaliser uniquement sur les processus[3]. Dans le contexte où les ressources publiques sont souvent limitées, l'approche *Gestion axée sur les résultats* assure que chaque action est directement orientée vers l'atteinte de résultats mesurables, et permet de concentrer les efforts des institutions sur des interventions

---

[1] Mapitsa, C. B., & Churchill, C. (Eds.). (2023). Monitoring Systems in Africa. African Sun Media.

[2] Chimhowu, A. O., Hulme, D., & Munro, L. T. (2019). The 'New'national development planning and global development goals: Processes and partnerships. World Development, 120, 76-89.

[3] Ba, A. (2024). Suivi, évaluation et gestion de la qualité des données. Harmattan, ISBN: 978-2-336-44458-1, EAN: 9782336444581.

ayant un effet tangible sur la vie des citoyens. Ce cadre inclut la mise en place d'indicateurs de performance détaillés et contextualisés qui permettent d'évaluer les avancées en fonction des objectifs fixés et d'adapter les actions en conséquence, assurant ainsi une approche flexible et orientée vers les résultats[1].

La participation des parties prenantes représente une autre dimension cruciale pour garantir la pertinence et la durabilité des politiques publiques[2]. Les structures communautaires et les organisations de la société civile jouent un rôle important dans les dynamiques sociales et économiques africaines. Intégrer ces parties prenantes dans le processus de *Suivi et évaluation* permet d'obtenir des retours d'expérience pertinents et d'augmenter l'acceptabilité des politiques. Cette approche inclusive favorise la transparence et renforce l'appropriation des politiques par les populations locales, élément essentiel pour assurer la pérennité des initiatives publiques dans des environnements marqués par des réalités socioculturelles variées.

Un *Système d'information intégré* est indispensable pour centraliser et structurer les données de suivi, en rendant celles-ci accessibles aux décideurs et aux parties prenantes impliquées[3]. Ce système d'information doit être robuste et capable d'agréger des données provenant de diverses sources, garantissant une collecte et une analyse de qualité. Dans le contexte où les infrastructures de collecte de données sont parfois insuffisantes, le développement de systèmes technologiques adaptés et d'outils numériques facilitera l'accès aux données en temps réel et permettra une réactivité accrue dans la prise de décisions. Une attention particulière doit être accordée à la fiabilité et à la validité des données, qui sont essentielles pour des évaluations objectives et précises.

La transparence et la reddition de comptes sont des éléments fondamentaux pour renforcer la confiance des citoyens envers leurs institutions. Le manque de transparence peut nuire à la légitimité des administrations publiques, et une reddition de comptes accrue est nécessaire pour assurer l'efficacité et l'optimisation des ressources

---

[1] Ba, A. (2024). Suivi, évaluation et gestion de la qualité des données. Harmattan, ISBN: 978-2-336-44458-1, EAN: 9782336444581.

[2] Hermans, F. L., Haarmann, W. M., & Dagevos, J. F. (2011). Evaluation of stakeholder participation in monitoring regional sustainable development. Regional Environmental Change, 11, 805-815.

[3] Ba, A. (2021). How to measure monitoring and evaluation system effectiveness? African Evaluation Journal, 9(1), 953.

publiques. Le cadre de *Suivi et évaluation* doit intégrer des mécanismes de rapports réguliers et d'audits indépendants qui permettent de surveiller et d'évaluer en continu l'utilisation des ressources et l'atteinte des objectifs fixés[1]. Ces mécanismes de reddition de comptes doivent également inclure la publication des résultats, garantissant ainsi que les citoyens et les parties prenantes aient accès aux informations pertinentes sur la performance des politiques publiques.

Pour faire face aux contextes imprévisibles et aux crises potentielles, le cadre de *Suivi et évaluation* doit être conçu de manière flexible et adaptative[2]. Les crises économiques, climatiques ou sanitaires nécessitent des ajustements rapides des politiques publiques. Un cadre de *Suivi et évaluation* adaptatif permet aux décideurs de réévaluer les priorités en fonction des nouvelles informations et de reconfigurer les interventions de manière à répondre aux évolutions des besoins. Cette flexibilité est cruciale pour garantir que les politiques restent pertinentes et réactives face aux dynamiques en constante évolution des environnements locaux.

La capacité institutionnelle et les compétences des agents publics constituent une autre dimension clé. Le cadre de *Suivi et évaluation* doit intégrer des programmes de formation continue pour renforcer les compétences des équipes de *Suivi et évaluation*[3]. Le manque de capacités techniques dans les administrations publiques peut limiter l'efficacité du *Suivi et évaluation*, d'où l'importance de développer les compétences en matière de collecte, d'analyse et de gestion des données[4]. Le renforcement des capacités institutionnelles permet d'assurer la durabilité des systèmes de *Suivi et évaluation* et de garantir une gestion efficace des informations pour une prise de décision éclairée.

Les évaluations périodiques sont également indispensables pour comprendre les succès et les échecs des interventions et adapter les stratégies en fonction des résultats obtenus. Ce processus de retour

---

[1] Lopez-Acevedo, G., & Krause, P. (2012). Building better policies: The nuts and bolts of monitoring and evaluation systems. World Bank Publications.

[2] Ba, A. Development Program Monitoring and Evaluation System Effectiveness. (2019). EMS, Économie et société, Management / Organisation / Stratégie - ISBN: 978-2-37687-288-7.

[3] Ba, A. (2021). How to measure monitoring and evaluation system effectiveness? African Evaluation Journal, 9(1), 953.

[4] Ba, A. (2024). Suivi, évaluation et gestion de la qualité des données. Harmattan, ISBN: 978-2-336-44458-1, EAN: 9782336444581.

d'expérience est essentiel pour renforcer la résilience des institutions publiques et pour capitaliser sur les leçons apprises. Le cadre de *Suivi et évaluation* doit inclure des dispositifs d'évaluation à différentes étapes de la mise en œuvre des politiques, permettant d'identifier les ajustements nécessaires et d'améliorer les futures interventions en fonction des résultats observés.

L'alignement avec les *Objectifs de développement durable* et les cadres de développement international est essentiel pour positionner les politiques nationales africaines dans une perspective régionale et globale. En permettant une comparaison des progrès avec d'autres pays, le cadre de *Suivi et évaluation* encourage une harmonisation des politiques et facilite la coopération régionale face aux défis globaux. Cet alignement avec les *Objectifs de développement durable* favorise également une approche plus intégrée et holistique du développement, tenant compte des interactions entre les objectifs économiques, sociaux et environnementaux pour un impact durable[1].

Le cadre de *Suivi et évaluation*, basé sur des principes d'efficacité, de transparence, d'inclusion et d'adaptabilité, vise à améliorer la gestion des politiques publiques en assurant une prise de décision fondée sur des preuves et en maximisant les retombées positives pour les citoyens. En intégrant des éléments tels que la *Gestion axée sur les résultats*, la participation des parties prenantes, et une capacité institutionnelle renforcée, il constitue une base solide pour répondre aux exigences du développement durable et à la complexité des défis africains actuels et futurs.

7.1. Approches et principes stratégiques

Les systèmes de *Suivi et évaluation* des politiques publiques reposent sur des approches stratégiques qui allient rigueur méthodologique et adaptabilité. La définition d'objectifs clairs et mesurables constitue le socle de ces systèmes qui orientent les politiques vers des résultats précis et vérifiables. Ce cadre méthodologique assure une gestion efficace des ressources publiques tout en facilitant l'évaluation de l'impact des interventions. Il est renforcé par l'adoption d'une culture axée sur les résultats, qui recentre les efforts institutionnels sur des changements concrets dans les conditions de vie des citoyens.

---

[1] Bodansky, D. M., Hoedl, S. A., Metcalf, G. E., & Stavins, R. N. (2016). Facilitating linkage of climate policies through the Paris outcome. Climate Policy, 16(8), 956-972.

La réussite des systèmes de *Suivi et évaluation* dépend également de l'implication des acteurs concernés. La participation des parties prenantes garantit que les politiques tiennent compte des réalités locales et des besoins spécifiques des populations, tout en renforçant la transparence et l'appropriation des résultats. Par ailleurs, la prise de décision basée sur les preuves permet d'ancrer les politiques dans des données fiables et des analyses rigoureuses et augmente leur pertinence et leur efficacité. Cette approche assure une meilleure allocation des ressources et favorise une redevabilité accrue.

Enfin, la flexibilité et l'adaptabilité complètent ces principes en permettant d'ajuster les politiques face aux imprévus et aux évolutions rapides des contextes socio-économiques. Ces capacités d'adaptation, soutenues par les technologies modernes et le renforcement des capacités institutionnelles, offrent aux gouvernements les outils nécessaires pour concevoir des politiques publiques plus inclusives, résilientes et orientées vers des résultats durables. Ensemble, ces approches stratégiques constituent un cadre intégré pour maximiser l'impact des systèmes de *Suivi et évaluation* en Afrique.

7.1.1. Définition des objectifs clairs et mesurables

Les origines scientifiques de la définition des objectifs clairs et mesurables dans le cadre de *Suivi et évaluation* des politiques publiques reposent sur des concepts de *Gestion de la performance*, en particulier la *Gestion axée sur les résultats* et l'approche *Spécifiques, mesurables, atteignables, réalistes et temporellement définis*, popularisée par George T. Doran en 1981[1]. Cette méthodologie assure que chaque objectif fixé soit précis, vérifiable et lié à un calendrier pour faciliter l'évaluation de l'efficacité des politiques mises en œuvre. Ces concepts, ancrés dans les travaux de Dabelstein et Patton (2013) sur la gestion des résultats, visent à accroître l'efficience des interventions publiques en optimisant les ressources et en concentrant les efforts sur les résultats attendus[2]. Dans les politiques publiques africaines, cette approche est d'une importance cruciale pour améliorer la qualité des interventions et répondre aux défis de développement du continent.

[1] Doran, C. F. (1991). Systems in crisis: new imperatives of high politics at century's end (Vol. 16). Cambridge University Press.

[2] Dabelstein, N., & Patton, M. Q. (2013). Lessons learned and the contributions of the Paris Declaration Evaluation to evaluation theory and practice. Canadian Journal of Program Evaluation, 27(3), 173-200.

L'application de la gestion des objectifs clairs et mesurables dans le cadre des politiques publiques africaines se révèle essentielle pour l'efficacité du management des politiques et des programmes[1]. Ce cadre permet aux décideurs de s'appuyer sur des indicateurs bien définis pour évaluer les performances des politiques publiques, en facilitant la mobilisation des parties prenantes et l'alignement des efforts sur des cibles stratégiques. Dans le contexte africain, marqué par des défis de gouvernance et des contraintes de ressources, cette approche permet d'éviter les déperditions de ressources en se concentrant sur des objectifs prioritaires et atteignables, maximisant ainsi l'impact des politiques sur le terrain.

L'une des forces de cette approche réside dans sa capacité à fournir une direction et une vision commune aux interventions publiques. Dans le contexte où les ressources humaines et financières sont souvent limitées, les objectifs clairs et mesurables facilitent la mobilisation des acteurs locaux et des *partenaires de développement* autour de priorités clairement établies. Cela permet d'assurer que les actions entreprises convergent vers des résultats concrets, mesurables et alignés sur les besoins spécifiques des populations locales. Les travaux de Ba (2021) sur l'efficacité des systèmes de *Suivi et évaluation* soulignent l'importance de l'implication des parties prenantes pour assurer la transparence et la légitimité des interventions dans des environnements socio-économiques complexes[2].

Cependant, l'application de cette méthodologie est confrontée à des défis significatifs. La collecte de données de haute qualité, indispensable pour évaluer les progrès réalisés, demeure difficile dans plusieurs contextes en raison de capacités institutionnelles limitées et d'infrastructures statistiques insuffisantes. De plus, la rigidité inhérente à certains objectifs prédéfinis peut limiter la flexibilité des politiques publiques, particulièrement dans des environnements où l'adaptabilité est essentielle pour faire face aux crises et aux changements imprévus. La gestion de la flexibilité des objectifs, tout en maintenant des

---

[1] Howlett, M. (2019). Designing public policies: Principles and instruments. Routledge.

[2] Ba, A. (2021). How to measure monitoring and evaluation system effectiveness? African Evaluation Journal, 9(1), 953.

standards de qualité et de précision, est donc une compétence cruciale pour les gestionnaires de politiques publiques africaines[1].

Les opportunités offertes par l'adoption de cette approche sont notables. L'amélioration des systèmes de collecte et d'analyse de données, soutenue par des initiatives internationales et régionales, permet de pallier certaines des limitations actuelles et d'améliorer la qualité des informations disponibles pour l'évaluation des politiques. Les programmes d'aide au développement et de renforcement des capacités visent à doter les gouvernements africains des outils méthodologiques et des infrastructures nécessaires pour construire des systèmes de *Suivi et évaluation* robustes et efficaces[2].

L'un des principaux avantages de la définition d'objectifs clairs et mesurables dans le cadre des politiques publiques réside dans sa capacité à renforcer la transparence et la redevabilité des institutions. Dans le contexte où la méfiance envers les institutions publiques est parfois forte, cette méthodologie offre un cadre pour évaluer l'impact réel des politiques et rendre compte des progrès réalisés de manière transparente. En adoptant des critères de performance explicites et des indicateurs mesurables, les gouvernements africains peuvent répondre aux attentes des citoyens en matière de transparence et de responsabilisation, tout en renforçant la confiance publique[3].

La capacité institutionnelle constitue un autre pilier central de la gestion des objectifs clairs et mesurables[4]. L'efficacité du *Suivi et évaluation* dépend fortement des compétences des équipes chargées de la collecte et de l'analyse des données. Il est essentiel de renforcer les capacités institutionnelles pour que les acteurs en charge du suivi et de l'évaluation puissent maîtriser les outils modernes de *Gestion de la performance* et adopter des pratiques rigoureuses dans l'analyse des données collectées. Les initiatives de formation et de développement

---

[1] Rosenbloom, D. H., Kravchuk, R. S., & Clerkin, R. M. (2022). Public administration: Understanding management, politics, and law in the public sector. Routledge.

[2] Vallejo, B., & Wehn, U. (2016). Capacity development evaluation: The challenge of the results agenda and measuring return on investment in the global south. World Development, 79, 1-13.

[3] Dubnick, M., & Frederickson, H. G. (2011). Public accountability: Performance measurement, the extended state, and the search for trust. National Academy of Public Administration & The Kettering Foundation.

[4] Ba, A. (2024). Suivi, évaluation et gestion de la qualité des données. Harmattan, ISBN: 978-2-336-44458-1, EAN: 9782336444581.

professionnel contribuent à améliorer ces compétences, assurant ainsi une gestion efficace des systèmes de *Suivi et évaluation*[1].

La *Gestion axée sur les résultats* et l'adoption d'objectifs clairs et mesurables favorisent également l'évaluation régulière et l'ajustement des politiques publiques. Dans le contexte où les conditions économiques et politiques sont souvent imprévisibles, cette approche permet aux décideurs d'adapter les politiques en fonction des retours d'expérience et des nouvelles données. Les évaluations périodiques permettent d'identifier les succès et les échecs des politiques en cours, et de les ajuster pour maximiser leur efficacité dans un environnement en constante évolution, comme le souligne la recherche de Ba (2021)[2].

La transparence et la redevabilité des actions publiques sont également renforcées par l'utilisation d'objectifs clairs et mesurables. En adoptant des critères de performance explicites et des indicateurs clairs, les gouvernements africains peuvent mieux communiquer les progrès réalisés aux citoyens et aux *partenaires de développement*, augmentant ainsi la confiance des parties prenantes dans les institutions publiques[3]. Cette transparence dans la gestion des politiques publiques est un élément essentiel pour assurer la légitimité des actions entreprises et favoriser l'appropriation des résultats par les populations locales.

En intégrant les technologies modernes de collecte et d'analyse de données, les systèmes de *Suivi et évaluation* basés sur des objectifs clairs et mesurables peuvent atteindre un niveau de performance supérieur[4]. Les innovations technologiques, telles que les *Systèmes d'information géographique* et les bases de données numériques, facilitent la collecte de données en temps réel et permettent de suivre les indicateurs de performance avec une grande précision. Ces technologies renforcent la capacité des gouvernements africains à prendre des décisions basées sur des preuves, en améliorant la rapidité et la *fiabilité des données* disponibles.

---

[1] Ba, A. (2019). Development Program Monitoring and Evaluation System Effectiveness. EMS, Économie et société, Management / Organisation / Stratégie - ISBN: 978-2-37687-288-7.

[2] Ba, A. (2021). How to measure monitoring and evaluation system effectiveness? African Evaluation Journal, 9(1), 953.

[3] Waddington, H., Sonnenfeld, A., Finetti, J., Gaarder, M., John, D., & Stevenson, J. (2019). Citizen engagement in public services in low-and middle-income countries: A mixed-methods systematic review of participation, inclusion, transparency and accountability (PITA) initiatives. Campbell Systematic Reviews, 15(1-2), e1025.

[4] Ba, A. (2024). Suivi, évaluation et gestion de la qualité des données. Harmattan, ISBN: 978-2-336-44458-1, EAN: 9782336444581.

L'adoption d'objectifs clairs et mesurables dans le cadre de *Suivi et évaluation* des politiques publiques permet une gestion plus efficace, transparente et axée sur les résultats des interventions publiques[1]. Bien que des défis subsistent en matière de collecte de données et de capacité institutionnelle, les opportunités offertes par les initiatives de renforcement des capacités, l'implication des parties prenantes et l'intégration des technologies numériques offrent des perspectives prometteuses pour améliorer l'impact des politiques publiques sur le continent.

7.1.2. L'adoption d'une culture de résultats

L'adoption d'une *Culture de résultats*, fondée sur la *Gestion Axée sur les résultats*, constitue un levier stratégique essentiel pour améliorer l'efficacité et l'impact des politiques publiques. Inspirée des théories de la *Gestion de la performance* et de la *planification stratégique*, la *Gestion axée sur les résultats* repose sur la fixation d'objectifs spécifiques, mesurables et réalistes, accompagnés de systèmes de *Suivi et évaluation* rigoureux pour orienter les décisions en fonction des résultats obtenus[2].

Popularisée dans les années 1990, cette approche propose un cadre permettant de recentrer les interventions publiques autour de résultats concrets, ce qui est crucial pour un continent où les ressources sont limitées et les attentes des citoyens élevées. Ba, dans ses travaux sur l'efficacité des systèmes de *Suivi et évaluation*, souligne que la *Gestion axée sur les résultats* renforce la transparence, la redevabilité et l'optimisation des ressources et contribue à des politiques publiques plus adaptées et plus performantes dans les contextes africains[3].

La *Culture de résultats* transforme profondément les systèmes de gestion publique, en déplaçant l'accent des processus et des activités vers l'atteinte d'objectifs mesurables et de résultats concrets. Plutôt que de se concentrer uniquement sur les tâches administratives, cette

---

[1] Verbeeten, F. H., & Speklé, R. F. (2015). Management control, results-oriented culture and public sector performance: Empirical evidence on new public management. Organization studies, 36(7), 953-978.

[2] Mazouz, B., Rousseau, A., & With the collaboration of Pierre-André Hudon. (2016). Strategic management in public administrations: a results-based approach to strategic public management. International Review of Administrative Sciences, 82(3), 411-417.

[3] Ba, A. (2021). How to measure monitoring and evaluation system effectiveness? African Evaluation Journal, 9(1), 953.

approche permet de structurer les efforts des institutions publiques autour de changements tangibles dans la vie des citoyens[1]. En adoptant des indicateurs de performance clairs et des objectifs précis, les gouvernements africains peuvent suivre l'efficacité de leurs politiques et ajuster les interventions pour qu'elles répondent aux besoins spécifiques de leurs populations.

La transparence et la redevabilité, deux éléments centraux de la *Gestion Axée sur les résultats*, sont particulièrement pertinents dans les contextes africains, où la confiance envers les institutions publiques est parfois faible. La *Culture de résultats* fournit un cadre structuré pour mesurer les progrès et rendre des comptes aux citoyens et aux *partenaires de développement*. La transparence accrue concernant les performances et les résultats permet d'instaurer une relation de confiance entre gouvernements et citoyens, tout en favorisant une plus grande participation et un soutien accru pour les politiques adoptées. Ainsi, la *Gestion axée sur les résultats* renforce la légitimité des actions publiques et améliore la perception de l'efficacité des politiques publiques[2].

En maximisant l'efficience des ressources publiques, la *Gestion axée sur les résultats* permet également d'optimiser les dépenses dans un environnement de ressources limitées. La nécessité de réduire les gaspillages de ressources est cruciale, et en concentrant les investissements publics sur des objectifs mesurables, la *Gestion axée sur les résultats* aide les gouvernements à prioriser les interventions ayant un impact immédiat et tangible[3]. Dans des secteurs prioritaires comme la santé, l'éducation et les infrastructures, cette approche garantit que chaque investissement public contribue directement à des résultats concrets et à des améliorations pour les populations en maximisant l'impact de chaque dépense publique.

Cependant, la mise en œuvre de la *Gestion axée sur les résultats* n'est pas sans défis. Les systèmes de *Suivi et évaluation* nécessaires à la réussite de la *Gestion axée sur les résultats* exigent des compétences techniques et analytiques avancées, souvent limitées au sein des

---

[1] Schedler, K., & Proeller, I. (2010). Outcome-oriented public management: a responsibility-based approach to the new public management. IAP.

[2] Dubnick, M., & Frederickson, H. G. (2011). Public accountability: Performance measurement, the extended state, and the search for trust. National Academy of Public Administration & The Kettering Foundation.

[3] Aljuwaied, M., Almanei, M., Litos, L., & Salonitis, K. (2024). Lean Thinking and Resource Efficiency in the Design of Public Services. Procedia CIRP, 128, 894-899.

administrations africaines. Ba (2024) souligne l'importance de programmes de formation et de renforcement des capacités pour développer l'expertise nécessaire en matière de collecte et d'analyse de données[1]. Sans données fiables et mises à jour, il est difficile de mesurer les résultats et d'évaluer l'impact réel des politiques publiques. En investissant dans des technologies modernes de collecte et d'analyse de données, ainsi que dans le développement des compétences en *Suivi et évaluation*, les gouvernements africains peuvent pallier ces lacunes et renforcer leurs capacités institutionnelles.

La flexibilité, un autre aspect essentiel de la *Gestion axée sur les résultats*, permet aux gouvernements africains d'adapter leurs politiques publiques aux contextes souvent instables du continent, comme les crises économiques ou climatiques. La capacité d'ajuster les interventions en fonction des nouvelles données et des besoins émergents renforce la résilience institutionnelle et assure la pertinence des politiques dans des environnements changeants. Cette adaptabilité, intégrée au modèle *Gestion axée sur les résultats*, permet aux décideurs africains de répondre rapidement aux urgences et de garantir ainsi des politiques réactives et ajustées aux réalités locales[2].

La participation des parties prenantes est également un élément fondamental de la *Gestion axée sur les résultats*. Dans les sociétés africaines, où les dynamiques locales jouent un rôle clé, l'inclusion des acteurs communautaires et des organisations de la société civile dans le *Suivi et évaluation* renforce la transparence et accroît l'acceptabilité sociale des politiques. En impliquant les parties prenantes dès les phases de planification, les gouvernements peuvent s'assurer que les politiques répondent aux besoins réels des populations, et non seulement aux priorités institutionnelles ou des bailleurs de fonds[3]. Cette approche participative renforce la légitimité des politiques et favorise une meilleure appropriation par les communautés locales.

Pour maximiser les bénéfices de la *Gestion axée sur les résultats*, il est essentiel d'instaurer un engagement politique fort qui va permettre aux gouvernements de mobiliser les ressources nécessaires et de

---

[1] Ba, A. (2024). Suivi, évaluation et gestion de la qualité des données. Harmattan, ISBN: 978-2-336-44458-1, EAN: 9782336444581.

[2] Williams, A. (2016). Options for results monitoring and evaluation for resilience building operations.

[3] Blackburn, J., Chambers, R., & Gaventa, J. (2018). Mainstreaming participation in development. In Making development work (pp. 61-82). Routledge.

promouvoir une culture de redevabilité au sein des administrations[1]. Les dirigeants politiques jouent un rôle exemplaire en soutenant activement l'approche *Gestion axée sur les résultats* et en démontrant son importance pour la gestion publique. Le soutien politique renforce l'engagement des agents publics et instaure un climat de responsabilité institutionnelle, favorisant ainsi une adoption durable de la *Culture de résultats*.

La *Gestion axée sur les résultats* encourage également l'innovation au sein des administrations publiques en favorisant l'expérimentation de nouvelles approches pour atteindre les objectifs[2]. Dans un contexte où les défis de développement sont souvent complexes et multiformes, la *Gestion axée sur les résultats* offre aux gouvernements un cadre pour tester des solutions innovantes, en évaluant systématiquement leur efficacité et leur pertinence pour les réalités locales. Cette capacité d'innovation renforce la performance institutionnelle et permet de découvrir des méthodes de travail mieux adaptées aux contextes africains.

Les mécanismes de retour d'expérience ou *feedback loops*, tels que soulignés par Ba (2024), sont essentiels pour une mise en œuvre efficace de la *Gestion axée sur les résultats*. Ces mécanismes permettent aux gouvernements de tirer des leçons des interventions passées et d'améliorer les pratiques futures, en assurant une adaptation constante des stratégies[3]. Dans le contexte où les conditions socio-économiques évoluent rapidement, les dispositifs de rétroaction aident les décideurs à ajuster les politiques en temps réel, renforçant ainsi l'impact et la durabilité des initiatives publiques.

L'adoption d'une *Culture de résultats* fondée sur la *Gestion Axée sur les Résultats* représente un cadre puissant pour renforcer l'efficacité des systèmes de *Suivi et évaluation*. Bien que des obstacles subsistent, notamment en matière de capacités techniques et de collecte de données, les opportunités offertes par la *Gestion axée sur les résultats* pour optimiser l'utilisation des ressources, renforcer la transparence et

---

[1] Alsharari, N. M. (2022). Institutionalization of results-based budgeting in the public sector: political and economic pressures. Asian Review of Accounting, 30(3), 352-377.

[2] Verbeeten, F. H., & Speklé, R. F. (2015). Management control, results-oriented culture and public sector performance: Empirical evidence on new public management. Organization studies, 36(7), 953-978.

[3] Ba, A. (2024). Suivi, évaluation et gestion de la qualité des données. Harmattan, ISBN: 978-2-336-44458-1, EAN: 9782336444581.

impliquer les parties prenantes sont essentielles pour une gouvernance plus inclusive et réactive. En appliquant les principes de la *Gestion axée sur les résultats* et les recommandations de Ba (2021), les gouvernements africains peuvent transformer leurs systèmes de *Suivi et évaluation* pour mieux répondre aux défis actuels et futurs, tout en assurant des politiques publiques efficaces, transparentes et adaptées aux besoins des populations[1].

7.1.3. La participation des parties prenantes

La participation des parties prenantes est un élément fondamental pour renforcer l'efficacité, la transparence et l'appropriation des politiques publiques, particulièrement dans le cadre des systèmes de *Suivi et évaluation*[2]. Cette approche repose sur l'inclusion active des différents acteurs impliqués ou impactés par les politiques publiques, y compris les citoyens, les communautés locales, les organisations de la société civile, le secteur privé, et les *partenaires de développement*. Dans un environnement complexe et diversifié tel que l'Afrique, l'implication des parties prenantes permet d'intégrer les perspectives et les besoins des communautés bénéficiaires ultimes pour favoriser une meilleure acceptabilité et un impact plus significatif des interventions publiques[3].

L'un des principaux avantages de la participation des parties prenantes dans les processus de *Suivi et évaluation* est qu'elle favorise une meilleure compréhension et appropriation des politiques par les communautés locales[4]. En impliquant les communautés bénéficiaires et les acteurs locaux dès la phase de planification, les gouvernements peuvent s'assurer que les politiques sont adaptées aux besoins spécifiques et aux réalités socioculturelles. Cette approche participative renforce la pertinence des politiques et réduit le risque d'échec des interventions. Dans le contexte où les conditions socio-économiques et

---

[1] Ba, A. (2021). How to measure monitoring and evaluation system effectiveness? African Evaluation Journal, 9(1), 953.

[2] Sherman, M. H., & Ford, J. (2014). Stakeholder engagement in adaptation interventions: an evaluation of projects in developing nations. Climate Policy, 14(3), 417-441.

[3] Thizy, D., Emerson, C., Gibbs, J., Hartley, S., Kapiriri, L., Lavery, J., ... & Robinson, B. (2019). Guidance on stakeholder engagement practices to inform the development of area-wide vector control methods. PLoS neglected tropical diseases, 13(4), e0007286.

[4] Hawkins, C. V., & Wang, X. (2012). Sustainable development governance: Citizen participation and support networks in local sustainability initiatives. Public Works Management & Policy, 17(1), 7-29.

culturels varient considérablement, l'inclusion des parties prenantes assure que les décisions politiques tiennent compte des spécificités locales et favorise leur efficacité et leur durabilité.

La participation des parties prenantes améliore également la transparence et la redevabilité des institutions publiques. Dans le contexte où la confiance envers les institutions publiques est parfois faible, l'inclusion des parties prenantes dans le processus de *Suivi et évaluation* permet de renforcer la légitimité des politiques[1]. Les citoyens, en étant informés des objectifs, des progrès et des résultats des politiques, sont davantage enclins à faire confiance aux gouvernements et à s'impliquer activement dans les initiatives publiques. Les rapports de performance et les séances de retour d'information aux parties prenantes renforcent la transparence et permettent aux citoyens de comprendre les décisions prises et les impacts des politiques sur leur quotidien.

La participation des parties prenantes, en encourageant un retour d'expérience continu, joue également un rôle central dans l'apprentissage organisationnel et l'amélioration continue des politiques publiques[2]. Les retours des acteurs de terrain, comme les Organisations non-gouvernementales, les associations communautaires, et les représentants des populations locales, apportent des informations précieuses sur les obstacles et les réussites rencontrés dans la mise en œuvre des politiques. Dans le contexte où les réalités du terrain peuvent varier considérablement entre les régions, ces retours permettent aux gouvernements d'ajuster les politiques en temps réel et d'optimiser leur impact, garantissant que les interventions restent pertinentes et alignées sur les besoins des communautés bénéficiaires.

Les systèmes de *Suivi et évaluation* participatifs, qui incluent les parties prenantes à chaque étape, offrent un cadre pour renforcer l'engagement et l'appropriation des politiques par les communautés locales. Les gouvernements doivent faire face à des défis de mise en œuvre, souvent amplifiés par des ressources limitées et des infrastructures insuffisantes. En engageant les parties prenantes locales, les administrations publiques peuvent partager la charge de la collecte

---

[1] Kusters, K., Buck, L., de Graaf, M., Minang, P., van Oosten, C., & Zagt, R. (2018). Participatory planning, monitoring and evaluation of multi-stakeholder platforms in integrated landscape initiatives. Environmental management, 62(1), 170-181.

[2] Wamsler, C. (2017). Stakeholder involvement in strategic adaptation planning: Transdisciplinarity and co-production at stake? Environmental Science & Policy, 75, 148-157.

de données et obtenir des informations plus nuancées et contextualisées[1]. Les organisations de la société civile et les groupes communautaires peuvent contribuer activement à la collecte de données et au suivi des projets, rendant ainsi le système de *Suivi et évaluation* plus robuste et pertinent pour les contextes locaux.

Cependant, la mise en œuvre d'un processus de *Suivi et évaluation* participatif pose certains défis. Le premier concerne les compétences et les capacités techniques des parties prenantes locales. Dans plusieurs pays africains, les acteurs de terrain peuvent manquer de compétences en matière de collecte de données, d'analyse et de gestion de l'information ce qui limite leur capacité à participer efficacement aux processus de *Suivi et évaluation*[2]. Pour pallier cette lacune, des programmes de formation et de renforcement des capacités doivent être mis en place pour permettre aux parties prenantes locales de jouer un rôle actif et informé dans le processus de *Suivi et évaluation*.

La gestion des attentes constitue un autre défi pour l'inclusion des parties prenantes dans le *Suivi et évaluation*. Les parties prenantes, en particulier les citoyens et les communautés locales, peuvent avoir des attentes élevées quant aux résultats des politiques, ce qui peut générer des frustrations si les résultats escomptés ne sont pas atteints[3]. Il est essentiel de communiquer de manière transparente et réaliste sur les objectifs, les contraintes et les délais des politiques publiques pour éviter les malentendus et maintenir un climat de confiance. Cette gestion des attentes est cruciale pour assurer une collaboration harmonieuse et une participation continue des parties prenantes.

Les contraintes logistiques et géographiques représentent également un obstacle à la participation des parties prenantes dans de nombreux contextes africains. Dans des régions reculées ou difficiles d'accès, la mobilisation des parties prenantes locales et la collecte de données peuvent être particulièrement complexes. Le recours à des technologies numériques, telles que les applications mobiles et les plateformes de collecte de données en ligne, peut offrir des solutions pour surmonter

---

[1] Schwoerer, K., Keppeler, F., Mussagulova, A., & Puello, S. (2022). CO-DESIGN-ing a more context-based, pluralistic, and participatory future for public administration. Public Administration, 100(1), 72-97.

[2] Porter, S., & Goldman, I. (2013). A growing demand for monitoring and evaluation in Africa. African Evaluation Journal, 1(1), 9.

[3] Blackburn, J., Chambers, R., & Gaventa, J. (2018). Mainstreaming participation in development. In Making development work (pp. 61-82). Routledge.

ces obstacles et faciliter la participation des acteurs locaux, même dans des environnements géographiquement dispersés.

La protection des données et la confidentialité sont également des enjeux cruciaux pour un *Suivi et évaluation* participatif. La collecte et le partage d'informations sensibles nécessitent des mesures rigoureuses de sécurité des données, en particulier lorsque les informations concernent des communautés vulnérables[1]. Les gouvernements africains doivent adopter des normes de protection des données et sensibiliser les parties prenantes aux bonnes pratiques en matière de gestion de l'information. Cela garantit non seulement la confidentialité des données, mais également le respect de la vie privée des citoyens impliqués dans le processus de *Suivi et évaluation.*

Le soutien politique et l'engagement des dirigeants sont essentiels pour promouvoir une participation active des parties prenantes dans le *Suivi et évaluation.* Les dirigeants politiques jouent un rôle déterminant en créant un environnement favorable à l'inclusion et en démontrant l'importance de la participation citoyenne. Ce soutien politique incite les agents publics et les acteurs locaux à collaborer dans un cadre transparent et orienté vers des résultats communs. Les dirigeants doivent également s'assurer que les structures de gouvernance encouragent et valorisent la participation des parties prenantes, en reconnaissant leur rôle dans le succès des politiques publiques.

La participation des parties prenantes offre une opportunité de renforcer l'équité et l'inclusion sociale dans la mise en œuvre des politiques publiques. En intégrant les voix des groupes marginalisés, y compris les femmes, les jeunes et les minorités, les systèmes de *Suivi et évaluation* deviennent plus représentatifs et sensibles aux besoins de tous[2]. Cette approche inclusive permet de concevoir des politiques plus équitables et de s'assurer que les bénéfices des interventions publiques sont répartis de manière équitable entre les différentes communautés. L'inclusion de perspectives diverses enrichit également la compréhension des défis locaux et contribue à l'adoption de solutions mieux adaptées aux réalités du terrain.

La participation des parties prenantes dans le cadre de *Suivi et évaluation* des politiques publiques est un levier puissant pour

[1] Lobe, B., Morgan, D., & Hoffman, K. A. (2020). Qualitative data collection in an era of social distancing. International journal of qualitative methods, 19, 1609406920937875.

[2] Clark, J. K. (2018). Designing public participation: Managing problem settings and social equity. Public Administration Review, 78(3), 362-374.

améliorer la transparence, la redevabilité et l'efficacité des interventions publiques. Bien que des défis subsistent, notamment en termes de compétences techniques, de gestion des attentes et de protection des données, les avantages de l'inclusion des parties prenantes sont significatifs. En investissant dans le renforcement des capacités, en assurant une communication transparente et en adoptant des solutions technologiques adaptées, les gouvernements africains peuvent tirer pleinement parti de la participation des parties prenantes pour des politiques publiques plus inclusives, pertinentes et durables.

7.1.4. La prise de décision basée sur les preuves

La *prise de décision basée sur les preuves* est un pilier essentiel pour l'efficacité et l'impact des politiques publiques, notamment en Afrique où les défis de développement sont complexes et les ressources limitées. La *prise de décision basée sur les preuves* repose sur l'utilisation systématique de données fiables, d'analyses rigoureuses et d'évaluations empiriques pour éclairer les décisions gouvernementales[1]. En s'appuyant sur des preuves solides, les gouvernements africains peuvent mieux orienter leurs interventions, allouer les ressources de manière optimale et améliorer la transparence et la redevabilité. Dans des contextes en constante évolution, la *prise de décision basée sur les preuves* garantit que les politiques répondent aux besoins réels des populations et qu'elles sont fondées sur une compréhension approfondie des dynamiques sociales, économiques et environnementales[2].

La première composante clé de la *prise de décision basée sur les preuves* est l'accès à des données fiables et de haute qualité. Dans le contexte où les infrastructures de collecte de données sont parfois insuffisantes, l'accès aux informations exactes peut poser un défi[3]. Cependant, la qualité des données est cruciale pour une prise de décision éclairée. La mise en place de systèmes robustes de collecte et

[1] Holdsworth, M., Aryeetey, R. N., Jerling, J., Taljaard, C., Nago, E., Colecraft, E., ... & Verstraeten, R. (2016). The challenges, opportunities, and lessons learned in evidence-informed decision making in Africa. Achieving a nutrition revolution for Africa: the road to healthier diets and optimal nutrition, 2015, 115-130.

[2] Cairney, P., & Weible, C. M. (2017). The new policy sciences: Combining the cognitive science of choice, multiple theories of context, and basic and applied analysis. Policy Sciences, 50, 619-627.

[3] Kiregyera, B. (2015). The emerging data revolution in Africa: Strengthening the statistics, policy and decision-making chain. African Sun Media.

de gestion des données, incluant les technologies numériques et les *Systèmes d'information géographique*, permet de rassembler des informations précises et actualisées pour améliorer la pertinence des décisions. Les données fiables fournissent une base solide pour évaluer les options politiques, réduire les incertitudes et ajuster les stratégies en fonction des réalités du terrain.

L'objectivité des données est également essentielle dans le cadre de la *prise de décision basée sur les preuves*. Les décisions politiques sont parfois influencées par des considérations partisanes ou des intérêts spécifiques, ce qui peut biaiser les priorités et réduire l'efficacité des politiques[1]. La *prise de décision basée sur les preuves* exige une neutralité des informations utilisées pour garantir que les décisions sont prises dans l'intérêt général. Les gouvernements peuvent renforcer cette objectivité en s'appuyant sur des institutions indépendantes de collecte et d'analyse de données, telles que des bureaux nationaux de statistiques ou des instituts de recherche. En minimisant les biais, les décideurs obtiennent une vue plus précise des problèmes à résoudre, ce qui leur permet de mieux aligner les politiques sur les besoins des citoyens.

La capacité d'analyse est un autre élément fondamental pour tirer le meilleur parti de la *prise de décision basée sur les preuves*. Le manque de compétences techniques en analyse de données peut limiter l'impact de la *prise de décision basée sur les preuves*[2]. Pour que les données soient exploitées efficacement, il est nécessaire de développer les capacités institutionnelles en matière de statistiques, d'évaluation et de recherche empirique. Le renforcement des compétences analytiques permet aux agents publics de transformer les données brutes en *insights* exploitables et faciliter la compréhension des tendances et des facteurs clés. Des analyses économétriques, des évaluations d'impact et des études de corrélation peuvent fournir des *insights* précieux pour optimiser les politiques publiques dans des secteurs tels que l'éducation, la santé et l'agriculture.

La transparence dans la gestion des données et des analyses est un facteur crucial pour assurer la crédibilité de la *prise de décision basée*

---

[1] Weber, T. J., Hydock, C., Ding, W., Gardner, M., Jacob, P., Mandel, N., ... & Van Steenburg, E. (2021). Political polarization: Challenges, opportunities, and hope for consumer welfare, marketers, and public policy. Journal of Public Policy & Marketing, 40(2), 184-205.

[2] De Marchi, G., Lucertini, G., & Tsoukiàs, A. (2016). From evidence-based policy making to policy analytics. Annals of operations research, 236(1), 15-38.

sur les preuves. Dans le contexte où les citoyens demandent de plus en plus de transparence dans la gouvernance, la publication des données et des résultats d'analyse renforce la confiance du public et légitime les décisions prises[1]. En partageant les preuves qui soutiennent les décisions, les gouvernements africains démontrent leur engagement envers la redevabilité et montrent que leurs actions sont fondées sur des faits et non sur des conjectures. La transparence dans la *prise de décision basée sur les preuves* contribue également à encourager un débat public informé, où les citoyens et les parties prenantes peuvent comprendre les motivations et les objectifs des politiques publiques[2].

La flexibilité pour adapter les politiques en fonction des nouvelles données est également indispensable dans la *prise de décision basée sur les preuves*. Dans le contexte où Dans le contexte où les conditions socio-économiques peuvent évoluer rapidement, les gouvernements doivent pouvoir ajuster les interventions en fonction des informations les plus récentes. La *prise de décision basée sur les preuves* implique une mise à jour constante des données et des analyses, permettant aux décideurs d'adapter les politiques de manière proactive et réactive[3]. En cas de crise sanitaire, la capacité d'utiliser des données en temps réel pour ajuster les ressources et les efforts est cruciale pour une réponse efficace. La flexibilité de la *prise de décision basée sur les preuves* garantit que les décisions restent pertinentes face aux évolutions rapides du contexte.

L'implication des parties prenantes dans la collecte et l'interprétation des données renforce la légitimité de la *prise de décision basée sur les preuves*. L'inclusion des citoyens, des organisations de la société civile, des chercheurs et des partenaires internationaux dans le processus de *prise de décision basée sur les preuves* permet de diversifier les perspectives et d'enrichir l'analyse des problèmes[4]. Cette participation améliore la qualité des données, en intégrant des perspectives locales qui pourraient autrement être négligées. En outre, l'implication des

---

[1] Kahn, T., Baron, A., & Vieyra, J. C. (2018). Digital technologies for transparency in public investment: new tools to empower citizens and governments.

[2] McKay, S., Murray, M., MacIntyre, S., & Kashyap, A. (2015). Evidence-based policymaking and the public interest: lessons in legitimacy. Town Planning Review, 86(2), 133-154.

[3] van Ooijen, C., Ubaldi, B., & Welby, B. (2019). A data-driven public sector: Enabling the strategic use of data for productive, inclusive and trustworthy governance.

[4] Hanna, N. K. (2010). Transforming government and building the information society: Challenges and opportunities for the developing world.

parties prenantes dans l'interprétation des résultats et des analyses garantit que les politiques répondent aux besoins exprimés par les communautés et que les interventions sont culturellement et socialement appropriées[1].

La *prise de décision basée sur les preuves* exige également des infrastructures technologiques robustes pour la collecte, le stockage et le traitement des données. L'accès aux technologies de l'information peut être limité dans certaines régions, ce qui restreint l'efficacité de la collecte de données. Les gouvernements africains doivent investir dans des infrastructures numériques adaptées, telles que des *plateformes de collecte de données mobiles* et des bases de données centralisées, pour garantir que les informations nécessaires à la prise de décision sont disponibles et bien protégées. Les solutions technologiques modernes permettent également une collecte de données en temps réel, essentielle pour la réactivité des politiques publiques[2].

La *gestion de la qualité des données* est cruciale pour la *prise de décision basée sur les preuves*, notamment en termes de fiabilité, d'actualité et de pertinence des informations. Des données de qualité médiocre peuvent fausser les analyses et conduire à des décisions inefficaces. Pour assurer une qualité élevée, les gouvernements africains doivent mettre en place des protocoles rigoureux de contrôle et de validation des données. Les systèmes de *gestion de la qualité des données*, intégrés aux systèmes de *Suivi et évaluation*, permettent de détecter les erreurs et les incohérences dans les informations, garantissant ainsi que les décisions reposent sur des bases solides et objectives[3].

La *prise de décision basée sur les preuves* favorise également une culture de l'apprentissage organisationnel[4]. Dans le contexte où les institutions publiques font face à des défis variés et complexes, la *prise de décision basée sur les preuves* encourage l'apprentissage continu à

---

[1] Skivington, K., Matthews, L., Simpson, S. A., Craig, P., Baird, J., Blazeby, J. M., ... & Moore, L. (2021). Framework for the development and evaluation of complex interventions: gap analysis, workshop and consultation-informed update. Health technology assessment (Winchester, England), 25(57), 1.

[2] Ba, A. (2024). Suivi, évaluation et gestion de la qualité des données. Harmattan, ISBN: 978-2-336-44458-1, EAN: 9782336444581.

[3] Ba, A. (2024). Suivi, évaluation et gestion de la qualité des données. Harmattan, ISBN: 978-2-336-44458-1, EAN: 9782336444581.

[4] Austin, M. J., & Claassen, J. (2013). Impact of organizational change on organizational culture: Implications for introducing evidence-based practice. Evidence for child welfare practice, 321-359.

partir des données et des expériences passées. En analysant systématiquement les résultats des politiques et en intégrant les leçons tirées dans la planification future, les administrations peuvent améliorer l'efficacité et l'impact de leurs interventions. Cette approche de l'apprentissage continu renforce la capacité des gouvernements à ajuster et à améliorer constamment leurs stratégies et garantit des politiques plus durables et adaptées aux réalités locales.

L'engagement politique et le leadership sont essentiels pour instaurer et pérenniser une culture de *prise de décision basée sur les preuves*. Dans le contexte où les politiques peuvent être influencées par des pressions externes, il est crucial que les dirigeants politiques soutiennent activement l'utilisation des preuves pour la prise de décision. Un leadership fort et engagé montre l'exemple en valorisant les données comme fondement des décisions et en encourageant les agents publics à adopter une approche analytique et rigoureuse. Les dirigeants qui intègrent la *prise de décision basée sur les preuves* dans leur gouvernance renforcent non seulement la crédibilité des politiques, mais aussi la confiance des citoyens dans l'administration publique[1].

La *prise de décision basée sur les preuves* est une stratégie incontournable pour renforcer l'efficacité, la transparence et la pertinence des politiques publiques. Bien que des défis subsistent, notamment en termes de qualité des données, d'infrastructures technologiques et de compétences techniques, les opportunités offertes par la *prise de décision basée sur les preuves* pour optimiser les décisions et renforcer la redevabilité sont considérables. En investissant dans les infrastructures de données, en développant les capacités analytiques et en promouvant une culture de transparence, les gouvernements africains peuvent transformer leurs systèmes de *Suivi et évaluation* et garantir des décisions fondées sur des preuves solides, pour des politiques publiques plus efficaces, équitables et durables.

7.1.5. La flexibilité et l'adaptabilité

La flexibilité et l'adaptabilité sont des caractéristiques essentielles pour la réussite des systèmes de *Suivi et évaluation* des politiques publiques[2], surtout dans des contextes africains marqués par des changements rapides, des crises fréquentes et des contraintes variées. La capacité

---

[1] Bundi, P., & Pattyn, V. (2023). Trust, but verify? Understanding citizen attitudes toward evidence-informed policy making. Public Administration, 101(4), 1227-1246.
[2] Ba, A. (2021). How to measure monitoring and evaluation system effectiveness? African Evaluation Journal, 9(1), 953.

d'adapter les politiques et les stratégies en fonction des nouvelles informations, des retours d'expérience et des évolutions du contexte permet aux gouvernements de mieux répondre aux besoins des populations et d'optimiser l'impact de leurs interventions[1]. La flexibilité et l'adaptabilité confèrent aux administrations la résilience nécessaire pour faire face aux imprévus et garantir que les politiques publiques restent pertinentes et efficaces dans des environnements en constante évolution.

L'un des avantages principaux de la flexibilité dans les systèmes de *Suivi et évaluation* est la possibilité de réajuster les objectifs et les priorités en temps réel. Dans le contexte où des crises économiques, sanitaires et climatiques peuvent survenir de manière imprévisible, les systèmes de *Suivi et évaluation* rigides risquent de devenir rapidement obsolètes[2]. Un cadre flexible permet aux décideurs de modifier les indicateurs de performance, de redéfinir les cibles et d'allouer les ressources en fonction des besoins actuels, assurant ainsi une meilleure adaptation des politiques aux défis émergents. En cas de crise sanitaire, la possibilité de rediriger les ressources et les efforts vers des priorités urgentes, comme la santé publique, est cruciale pour une réponse rapide et efficace.

L'adaptabilité des systèmes de *Suivi et évaluation* repose également sur la capacité d'intégrer des données nouvelles et des retours d'expérience dans les processus décisionnels. Dans le contexte où les conditions locales peuvent varier de manière significative entre les régions et les communautés, la collecte continue de données actualisées permet de mieux comprendre les spécificités locales et d'adapter les politiques en fonction des réalités du terrain[3]. Cette approche adaptative permet de capter les nuances culturelles, économiques et sociales, qui influencent l'efficacité des politiques, et de concevoir des interventions mieux alignées sur les besoins des différentes populations.

L'utilisation de technologies numériques facilite également la flexibilité des systèmes de *Suivi et évaluation* en permettant une

---

[1] Anderies, J. M., Folke, C., Walker, B., & Ostrom, E. (2013). Aligning key concepts for global change policy: robustness, resilience, and sustainability. Ecology and society, 18(2).

[2] Ba, A. (2024). Suivi, évaluation et gestion de la qualité des données. Harmattan, ISBN: 978-2-336-44458-1, EAN: 9782336444581.

[3] Napier, A. D., Depledge, M., Knipper, M., Lovell, R., Ponarin, E., Sanabria, E., & Thomas, F. (2017). Culture matters: using a cultural contexts of health approach to enhance policy making. World Health Organization. Regional Office for Europe.

collecte de données en temps réel et un suivi dynamique des indicateurs de performance. Les *plateformes numériques* et les applications mobiles offrent aux administrations la possibilité de surveiller les évolutions sur le terrain et de réagir rapidement aux changements[1]. Dans le contexte où les infrastructures de collecte de données peuvent être limitées, l'adoption de ces technologies améliore la réactivité des gouvernements, assurant une prise de décision plus rapide et une adaptation proactive des politiques. Lors d'une sécheresse ou d'une crise alimentaire, la disponibilité de données en temps réel sur les niveaux de ressources et les besoins des communautés permet d'ajuster rapidement les réponses humanitaires et de cibler les zones les plus affectées.

La flexibilité des systèmes de *Suivi et évaluation* favorise également l'innovation dans la conception et la mise en œuvre des politiques publiques[2]. Les défis de développement sont souvent complexes et nécessitent des solutions novatrices. Un cadre adaptatif encourage les administrations à expérimenter de nouvelles approches, à tester des solutions pilotes et à apprendre de ces expériences pour ajuster et améliorer les politiques. Cette capacité d'expérimentation et de réajustement renforce l'efficacité des interventions en permettant aux gouvernements de trouver les méthodes les plus appropriées pour résoudre les problèmes spécifiques aux contextes locaux.

Un autre aspect clé de la flexibilité et de l'adaptabilité est la gestion des ressources. Dans le contexte où les ressources sont souvent limitées, la capacité à redéployer rapidement les fonds et les équipements en fonction des priorités changeantes est cruciale pour optimiser l'impact des politiques. Les systèmes de *Suivi et évaluation* flexibles permettent une réaffectation des ressources en cas de besoin, évitant ainsi les gaspillages et assurant que les investissements publics répondent aux priorités les plus urgentes. Pendant une crise climatique, la réorientation des ressources vers des initiatives de résilience environnementale ou d'aide d'urgence peut aider à atténuer les impacts sur les populations vulnérables.

La participation des parties prenantes renforce également la flexibilité et l'adaptabilité des systèmes de *Suivi et évaluation.* En

---

[1] Ba, A. (2019). Development Program Monitoring and Evaluation System Effectiveness. EMS, Économie et société, Management / Organisation / Stratégie - ISBN: 978-2-37687-288-7.

[2] Ba, A. (2019). Development Program Monitoring and Evaluation System Effectiveness. EMS, Économie et société, Management / Organisation / Stratégie - ISBN: 978-2-37687-288-7.

intégrant les retours des citoyens, des organisations de la société civile et des communautés locales, les gouvernements peuvent adapter les politiques en fonction des attentes et des perceptions de ceux qui en sont directement affectés[1]. Dans le contexte où les dynamiques locales sont souvent diversifiées, la consultation des parties prenantes permet de s'assurer que les interventions publiques tiennent compte des réalités vécues par les populations. Cette approche participative favorise également l'acceptabilité des politiques, en renforçant la confiance et l'adhésion des communautés.

L'adoption d'une approche de gouvernance adaptative permet également de mieux anticiper les risques et de renforcer la résilience institutionnelle. Des systèmes de *Suivi et évaluation* flexibles permettent de mettre en place des mécanismes d'alerte précoce et des plans de contingence, garantissant une réponse plus rapide et plus coordonnée face aux situations d'urgence.

La flexibilité des systèmes de *Suivi et évaluation* implique aussi la capacité à modifier les méthodologies d'évaluation en fonction des objectifs et des contextes spécifiques. Les méthodes de collecte de données doivent souvent être adaptées aux contraintes locales, comme l'accès difficile aux zones rurales ou la barrière linguistique. La possibilité d'ajuster les techniques d'enquête, par exemple en utilisant des entretiens de groupe ou des observateurs locaux, permet d'obtenir des données de meilleure qualité et de mieux représenter les réalités locales pour assurer des évaluations plus précises et plus pertinentes[2].

La formation et le développement des compétences sont essentiels pour garantir la flexibilité des systèmes de *Suivi et évaluation.* Il est nécessaire de former les agents publics à des approches adaptatives et à la *Gestion de la performance* pour qu'ils puissent réagir de manière proactive aux changements. Le renforcement des capacités techniques permet aux administrations de disposer de personnels capables de gérer les ajustements requis et d'assurer la continuité et l'efficacité des politiques. Les programmes de formation en *Gestion de la performance*, en analyse de données et en techniques d'adaptation offrent aux gouvernements les compétences nécessaires pour déployer des systèmes de *Suivi et évaluation* véritablement flexibles.

---

[1] Waddell, S. (2017). Societal learning and change: How governments, business and civil society are creating solutions to complex multi-stakeholder problems. Routledge.
[2] Correa, T., & Pavez, I. (2016). Digital inclusion in rural areas: A qualitative exploration of challenges faced by people from isolated communities. Journal of Computer-Mediated Communication, 21(3), 247-263.

La flexibilité des systèmes de *Suivi et évaluation* doit être soutenue par un engagement politique fort. Les dirigeants doivent promouvoir une culture de la gouvernance adaptative et montrer l'exemple en prenant des décisions fondées sur des données et en adaptant les politiques lorsque cela est nécessaire[1]. Cet engagement au niveau politique est essentiel pour mobiliser les ressources nécessaires, encourager une gestion agile et assurer que les agents publics adoptent une approche orientée vers les résultats. Les dirigeants peuvent également valoriser les retours d'expérience et les évaluations périodiques comme des outils d'apprentissage et d'amélioration continue.

La flexibilité et l'adaptabilité des systèmes de *Suivi et évaluation* sont des atouts majeurs pour assurer des politiques publiques efficaces, résilientes et centrées sur les besoins réels des populations[2]. Bien que des défis subsistent, notamment en termes de compétences techniques, d'infrastructures et de coordination, les opportunités offertes par une gouvernance adaptative, l'intégration de technologies numériques et l'implication des parties prenantes sont significatives. En investissant dans le développement des compétences, en adoptant des approches innovantes et en assurant un soutien politique fort, les gouvernements africains peuvent optimiser leurs systèmes de *Suivi et évaluation* pour répondre aux enjeux actuels et futurs, garantissant des politiques publiques mieux adaptées et plus durables.

7.2. Systèmes et outils de Suivi et évaluation

Les systèmes et outils de *Suivi et évaluation* jouent un rôle déterminant dans l'amélioration des politiques publiques, en renforçant leur efficacité et leur transparence. Le *Système d'information intégré* se distingue comme un levier stratégique qui centralise et structure les données essentielles[3]. En offrant une vue cohérente des performances et des résultats, le *Système d'information intégré* permet une prise de

---

[1] Rijke, J., Brown, R., Zevenbergen, C., Ashley, R., Farrelly, M., Morison, P., & van Herk, S. (2012). Fit-for-purpose governance: A framework to make adaptive governance operational. Environmental Science & Policy, 22, 73-84.

[2] Swanson, D., Barg, S., Tyler, S., Venema, H., Tomar, S., Bhadwal, S., ... & Drexhage, J. (2010). Seven tools for creating adaptive policies. Technological Forecasting and Social Change, 77(6), 924-939.

[3] Peppard, J., & Ward, J. (2016). The strategic management of information systems: Building a digital strategy. John Wiley & Sons.

décision éclairée et une gestion agile des interventions, particulièrement dans les contextes complexes et dynamiques.

La *qualité de l'information et des données* constitue un autre pilier fondamental des systèmes de *Suivi et évaluation*. Des données fiables, précises et actualisées sont indispensables pour garantir la crédibilité des évaluations et la pertinence des décisions[1]. En mettant en place des mécanismes de contrôle et en investissant dans des capacités analytiques avancées, les gouvernements peuvent surmonter les défis liés à la collecte et à la gestion des données, tout en renforçant la confiance des citoyens et des partenaires.

Les *infrastructures technologiques et numériques* offrent des opportunités uniques pour moderniser les systèmes de *Suivi et évaluation*. Les technologies avancées, telles que les *Systèmes information géographique* et l'*Intelligence artificielle*, facilitent une collecte et une analyse en temps réel et optimisent la réactivité et l'impact des politiques publiques. Ensemble, ces outils et systèmes constituent les fondations d'un *Suivi et évaluation* efficace, capable de répondre aux besoins croissants de gouvernance axée sur les résultats et l'anticipation des défis futurs.

7.2.1. Le Système d'information intégré

Le *Système d'information intégré* est un levier stratégique crucial pour la gestion efficace des politiques publiques, en particulier dans le cadre des systèmes de *Suivi et évaluation*[2]. Ce type de système centralise, structure et rend accessible les données essentielles pour une prise de décision éclairée et permet aux gouvernements de suivre les impacts des politiques en temps réel et de les ajuster en fonction des besoins émergents. Dans un contexte caractérisé par des ressources limitées et des défis de gouvernance, le *Système d'information intégré* constitue un outil précieux pour optimiser l'efficacité des interventions publiques, améliorer la transparence et renforcer la redevabilité des institutions[3].

Un *Système d'information intégré* repose sur une architecture numérique qui intègre des données provenant de multiples sources et

---

[1] Ba, A. (2024). Suivi, évaluation et gestion de la qualité des données. Harmattan, ISBN: 978-2-336-44458-1, EAN: 9782336444581.

[2] Peppard, J., & Ward, J. (2016). The strategic management of information systems: Building a digital strategy. John Wiley & Sons.

[3] Juiz, C., Guerrero, C., & Lera, I. (2014). Implementing good governance principles for the public sector in information technology governance frameworks. Open Journal of Accounting, 2014.

offre une vue d'ensemble cohérente et unifiée des performances et des résultats des politiques publiques[1]. Dans le contexte où les informations sont souvent fragmentées entre différentes entités gouvernementales, le *Système d'information intégré* permet de consolider les données de manière à faciliter l'accès des différents acteurs institutionnels. Cette intégration assure une harmonisation des informations partagées par les ministères et les départements pour faciliter la coordination des actions et la cohérence des politiques, tout en renforçant la capacité de suivi et d'analyse.

L'un des principaux avantages du *Système d'information intégré* est son impact sur la qualité des données disponibles pour le *Suivi et évaluation*. Les administrations africaines font souvent face à des problèmes de qualité des données, tels que des doublons, des incohérences et des erreurs de saisie. Un *Système d'information intégré* bien conçu peut automatiser les contrôles de cohérence et détecter les anomalies, garantissant ainsi des données plus précises et fiables[2]. En utilisant des technologies modernes de collecte et d'analyse, telles que les *Systèmes d'information géographique* et l'*Intelligence artificielle*, un *Système d'information intégré* peut intégrer des données en temps réel, ce qui renforce la pertinence et l'actualisation des informations pour la prise de décision[3].

La centralisation des données dans un *Système d'information intégré* améliore également leur accessibilité pour les acteurs impliqués. Dans le contexte où l'information est souvent dispersée, un *Système d'information intégré* permet de centraliser et de faciliter l'accès à des informations partagées de manière continue et accessible[4]. Cette accessibilité accrue aux données favorise une prise de décision plus rapide et plus éclairée, ce qui est essentiel pour adapter les politiques en

---

[1] Cordella, A., & Iannacci, F. (2010). Information systems in the public sector: The e-Government enactment framework. The Journal of Strategic Information Systems, 19(1), 52-66.

[2] Ba, A. (2024). Suivi, évaluation et gestion de la qualité des données. Harmattan, ISBN: 978-2-336-44458-1, EAN: 9782336444581.

[3] Liu, X., Wang, X., Wright, G., Cheng, J. C., Li, X., & Liu, R. (2017). A state-of-the-art review on the integration of Building Information Modeling (BIM) and Geographic Information System (GIS). ISPRS International journal of geo-information, 6(2), 53.

[4] Lu, Y., & K.(Ram) Ramamurthy. (2011). Understanding the link between information technology capability and organizational agility: An empirical examination. MIS quarterly, 931-954.

fonction des retours d'expérience et pour répondre aux besoins des citoyens.

Le *Système d'information intégré* joue également un rôle clé dans la transparence et la redevabilité des gouvernements africains. Les citoyens et les *partenaires de développement* demandent de plus en plus de transparence dans la gestion des ressources publiques. Un *Système d'information intégré* bien structuré permet aux gouvernements de rendre les informations de performance accessibles au public et de renforcer la confiance des citoyens et favorisant une gouvernance plus ouverte[1]. En publiant les résultats des politiques publiques, les gouvernements africains peuvent démontrer leur engagement en faveur de la transparence et de l'efficacité, tout en montrant des preuves concrètes de l'utilisation des ressources.

Cependant, la mise en œuvre d'un *Système d'information intégré* comporte des défis importants. Le premier est lié à l'infrastructure technologique, souvent inadéquate dans certaines régions. Un *Système d'information intégré* performant nécessite des infrastructures robustes pour le stockage, le traitement et la sécurité des données[2]. En l'absence de telles infrastructures, les risques de perte de données et de menaces pour la cybersécurité augmentent. Les gouvernements africains doivent investir dans des infrastructures numériques fiables pour garantir le bon fonctionnement et la sécurité des systèmes d'information, afin de maximiser l'efficacité et la durabilité des *Système d'information intégré*.

Le développement des compétences techniques représente un autre défi. La gestion, l'analyse et l'interprétation des données requièrent des compétences spécifiques souvent peu présentes au sein des administrations publiques africaines. Le renforcement des capacités institutionnelles à travers des programmes de formation est donc indispensable pour doter le personnel des compétences nécessaires à la gestion d'un *Système d'information intégré* et à l'utilisation des informations dans les processus décisionnels[3]. Cela comprend des

---

[1] van Ooijen, C., Ubaldi, B., & Welby, B. (2019). A data-driven public sector: Enabling the strategic use of data for productive, inclusive and trustworthy governance.

[2] Parviainen, P., Tihinen, M., Kääriäinen, J., & Teppola, S. (2017). Tackling the digitalization challenge: how to benefit from digitalization in practice. International journal of information systems and project management, 5(1), 63-77.

[3] James, E. A., Slater, T., & Bucknam, A. (2012). Action research for business, nonprofit, and public administration: A tool for complex times. Sage.

formations en analyse de données, en gestion de l'information et en sécurité informatique.

Un autre aspect critique du *Système d'information intégré* est la protection des données et la confidentialité. Les cadres réglementaires pour la protection des données sont souvent en cours de développement, et il est crucial d'adopter des normes de sécurité robustes pour garantir la confidentialité des informations et protéger la vie privée des citoyens. L'intégration des normes internationales, telles que celles du *Règlement général sur la protection des données* de l'Union européenne, peut servir de référence pour établir des standards élevés de protection des données au niveau national et régional[1].

Le *Système d'information intégré* améliore également la capacité des institutions à gérer les crises et à anticiper les risques. Dans le contexte où les crises climatiques, sanitaires et économiques sont fréquentes, un *Système d'information intégré* performant permet de suivre l'évolution des situations en temps réel, d'identifier les zones les plus vulnérables et de mobiliser rapidement les ressources nécessaires[2]. Cette capacité de suivi et d'anticipation renforce la réactivité des institutions face aux chocs externes et garantit que les politiques publiques s'adaptent rapidement aux nouveaux défis.

Le *Système d'information intégré* est aussi un atout pour l'évaluation des politiques publiques. En intégrant des outils d'analyse avancés et des techniques de visualisation des données, un *Système d'information intégré* permet aux décideurs d'évaluer les résultats des politiques de manière plus précise et de comprendre les tendances et les impacts des interventions[3]. Dans le contexte où les besoins d'analyse peuvent être complexes et nécessiter une approche multidimensionnelle, un *Système d'information intégré* doté de capacités analytiques sophistiquées représente une ressource clé pour améliorer la compréhension et l'évaluation de l'efficacité des politiques publiques.

---

[1] Tikkinen-Piri, C., Rohunen, A., & Markkula, J. (2018). EU General Data Protection Regulation: Changes and implications for personal data collecting companies. Computer Law & Security Review, 34(1), 134-153.

[2] Yang, L., Yang, S. H., & Plotnick, L. (2013). How the internet of things technology enhances emergency response operations. Technological Forecasting and Social Change, 80(9), 1854-1867.

[3] Park, S., Bekemeier, B., Flaxman, A., & Schultz, M. (2022). Impact of data visualization on decision-making and its implications for public health practice: a systematic literature review. Informatics for Health and Social Care, 47(2), 175-193.

La flexibilité du *Système d'information intégré* est un autre avantage pour les gouvernements africains en permettant d'adapter les politiques en fonction des nouvelles informations et des retours d'expérience[1]. Dans des environnements instables, où les priorités peuvent rapidement changer, la capacité de réajuster les politiques selon les données recueillies est essentielle. Un *Système d'information intégré* bien conçu offre cette souplesse en permettant une gestion agile des interventions et une adaptation proactive aux besoins évolutifs des populations.

Le soutien politique et un leadership fort sont essentiels pour la réussite d'un *Système d'information intégré*. L'engagement des dirigeants politiques est indispensable pour assurer le financement et promouvoir une culture de gestion fondée sur les données. Les leaders jouent un rôle décisif en montrant l'importance d'un *Système d'information intégré* pour une gouvernance efficace et en incitant les agents publics à s'approprier cette technologie[2]. En intégrant l'utilisation active des données dans leurs pratiques, les dirigeants démontrent l'utilité concrète des *Système d'information intégré* pour la prise de décision et renforcent leur légitimité institutionnelle.

Un *Système d'information intégré* favorise une approche participative et inclusive en permettant aux parties prenantes, notamment les citoyens, de s'impliquer dans le processus de *Suivi et évaluation*[3]. En rendant les données accessibles et compréhensibles pour le public, le *Système d'information intégré* permet aux citoyens de mieux comprendre les politiques publiques et d'avoir une voix dans l'évaluation des politiques.

Le *Système d'information intégré* est un instrument stratégique pour renforcer la gestion des politiques publiques[4]. Bien que sa mise en œuvre soit confrontée à des défis d'infrastructure, de compétences techniques et de protection des données, les avantages qu'il offre en termes de transparence, de réactivité et de gestion des crises sont

---

[1] Janssen, M., & Van Der Voort, H. (2016). Adaptive governance: Towards a stable, accountable and responsive government. Government Information Quarterly, 33(1), 1-5.

[2] Crosby, B. C., & Bryson, J. M. (2010). Integrative leadership and the creation and maintenance of cross-sector collaborations. The leadership quarterly, 21(2), 211-230.

[3] Saner, R., Yiu, L., & Nguyen, M. (2020). Monitoring the SDGs: Digital and social technologies to ensure citizen participation, inclusiveness and transparency. Development policy review, 38(4), 483-500.

[4] Bretschneider, S. I., & Mergel, I. (2015). Technology and public management information systems: Where we have been and where we are going. In The State of Public Administration (pp. 187-203). Routledge.

indéniables. En investissant dans des infrastructures adaptées, en développant les compétences nécessaires et en assurant la protection des données, les gouvernements africains peuvent tirer pleinement parti des avantages d'un *Système d'information intégré* pour transformer leurs systèmes de *Suivi et évaluation* et promouvoir une gouvernance plus efficace, résiliente et axée sur les résultats.

7.2.2. La qualité de l'information et des données

La *qualité de l'information et des données* est un élément fondamental dans le cadre de *Suivi et évaluation* des politiques publiques, particulièrement dans les contextes africains où les décisions reposent souvent sur des informations limitées ou inexactes[1]. La qualité des données garantit la crédibilité, l'efficacité et l'orientation stratégique des politiques et permet aux gouvernements de prendre des décisions fondées sur des preuves fiables. La fiabilité, la précision, l'actualité, la complétude et la *pertinence des données* sont des critères essentiels pour assurer que les politiques publiques soient conçues, mises en œuvre et évaluées de manière cohérente avec les objectifs de développement des populations[2].

La *fiabilité des données* est le premier pilier de leur qualité. Les sources de données peuvent varier considérablement en termes de rigueur méthodologique, et des erreurs fréquentes dans la collecte ou la saisie peuvent altérer la précision des informations disponibles[3]. Des processus de validation rigoureux et des contrôles de qualité automatisés au sein des systèmes d'information permettent d'identifier et de corriger ces erreurs et garantir que les données collectées sont fidèles aux réalités du terrain. Un *Suivi et évaluation* basé sur des données fiables est essentiel pour la crédibilité des politiques publiques et renforce la confiance des citoyens et des *partenaires de développement*[4].

---

[1] Ba, A. (2024). Suivi, évaluation et gestion de la qualité des données. Harmattan, ISBN: 978-2-336-44458-1, EAN: 9782336444581.

[2] Sebastian-Coleman, L. (2012). Measuring data quality for ongoing improvement: a data quality assessment framework. Newnes.

[3] Hassenstein, M. J., & Vanella, P. (2022). Data quality—concepts and problems. Encyclopedia, 2(1), 498-510.

[4] Dubnick, M., & Frederickson, H. G. (2011). Public accountability: Performance measurement, the extended state, and the search for trust. National Academy of Public Administration & The Kettering Foundation.

La *précision des données* est également cruciale pour un *Suivi et évaluation* efficace. Les données imprécises ou approximatives peuvent conduire à des décisions mal orientées et à des interventions inefficaces et peuvent entraîner des pertes de ressources et des frustrations parmi les populations. Dans le secteur de la santé, des données précises sur les taux de mortalité, de morbidité et de couverture vaccinale sont essentielles pour formuler des politiques sanitaires pertinentes[1]. Des techniques avancées de collecte et d'analyse, comme les enquêtes basées sur les ménages et les *Systèmes d'information géographique*, permettent de recueillir des informations de haute précision et renforcent l'efficacité des interventions.

L'*actualité des données* est également déterminante pour la réactivité des politiques publiques. Dans un environnement souvent soumis à des changements rapides (climatiques, économiques, sociaux), l'utilisation de données obsolètes peut limiter la capacité des gouvernements à réagir adéquatement aux nouvelles situations. Des systèmes de collecte en temps réel, alimentés par des technologies numériques telles que les applications mobiles et les plateformes en ligne, permettent de garantir que les données utilisées pour le *Suivi et évaluation* sont toujours à jour et optimisent la réactivité et la pertinence des politiques[2].

La *complétude des données* est une autre dimension essentielle de la qualité de l'information. Des données incomplètes peuvent donner une vision partielle ou biaisée des réalités et limitent l'efficacité des politiques[3]. Dans le contexte où les infrastructures de collecte de données sont parfois faibles, il est courant que certaines données manquent, surtout dans les zones rurales ou difficiles d'accès. Des stratégies de collecte exhaustive, telles que l'utilisation de réseaux de collecteurs locaux et la coordination entre les différentes agences gouvernementales, peuvent pallier ces manques et assurer une couverture complète des informations nécessaires pour des décisions informées et équitables.

La *pertinence des données* garantit que les informations recueillies répondent effectivement aux objectifs des politiques et aux besoins des populations. Dans le contexte où les ressources sont limitées, la collecte

---

[1] Jha, P. (2014). Reliable direct measurement of causes of death in low-and middle-income countries. BMC medicine, 12, 1-10.

[2] Nalubega, T., & Uwizeyimana, D. E. (2019). Public sector monitoring and evaluation in the Fourth Industrial Revolution: Implications for Africa. Africa's Public Service Delivery and Performance Review, 7(1), 1-12.

[3] Enders, C. K. (2022). Applied missing data analysis. Guilford Publications.

et l'analyse de données doivent être focalisées sur des indicateurs directement liés aux résultats escomptés. Pour une politique de développement agricole, les indicateurs de production, de productivité, d'accès aux marchés et de résilience climatique sont bien plus pertinents que des données générales. La *pertinence des données* renforce la capacité des décideurs à évaluer précisément l'impact des politiques et à ajuster les stratégies en fonction des résultats obtenus[1].

La *gestion de la qualité des données* rencontre des défis notables. Le manque de compétences techniques en matière de collecte, de traitement et d'analyse des données au sein des administrations publiques est un obstacle majeur. Pour pallier cette lacune, des programmes de formation et de renforcement des capacités sont indispensables pour doter les agents publics des compétences nécessaires en matière de gestion des données et d'analyse statistique. En intégrant des modules de formation réguliers, les gouvernements africains peuvent développer une expertise technique en matière de qualité de l'information, améliorant ainsi la *fiabilité des données* collectées.

Les infrastructures technologiques insuffisantes représentent un autre obstacle à la qualité des données. La collecte, le stockage et l'analyse des données nécessitent des systèmes informatiques robustes et des réseaux de communication fiables, souvent absents dans les zones rurales et reculées[2]. Les investissements dans les infrastructures numériques, tels que les systèmes d'information intégrés, les bases de données sécurisées et les *plateformes de collecte de données mobiles*, sont essentiels pour garantir que les données soient de haute qualité, accessibles et bien protégées.

La coordination entre les agences et les institutions est cruciale pour éviter la duplication des efforts et garantir la cohérence des données. La fragmentation des sources de données entre différents ministères et départements peut entraîner des incohérences et des doublons. Un système de gestion des données bien coordonné, avec des protocoles communs de collecte et de partage d'information, peut renforcer la cohérence des données et faciliter leur utilisation à travers différents secteurs. La mise en place de cadres de collaboration

---

[1] Hák, T., Janoušková, S., & Moldan, B. (2016). Sustainable Development Goals: A need for relevant indicators. Ecological indicators, 60, 565-573.

[2] Nandi, S., Thota, S., Nag, A., Divyasukhananda, S., Goswami, P., Aravindakshan, A., ... & Mukherjee, B. (2016). Computing for rural empowerment: enabled by last-mile telecommunications. IEEE Communications Magazine, 54(6), 102-109.

interinstitutionnelle et de plateformes de données centralisées améliore l'intégration des informations et permet une vue d'ensemble cohérente des performances des politiques publiques[1].

L'utilisation de technologies avancées offre des opportunités significatives pour améliorer la qualité des données. Les solutions numériques, telles que l'*Intelligence artificielle* et l'apprentissage automatique, facilitent l'analyse des grandes quantités de données et permettent de détecter des modèles, des tendances et des anomalies dans les informations recueillies[2]. En intégrant ces technologies dans les systèmes de *Suivi et évaluation*, les gouvernements africains peuvent non seulement améliorer la qualité des données, mais aussi optimiser les processus d'évaluation des politiques et accroître leur efficacité.

Les systèmes de rétroaction et d'apprentissage organisationnel jouent également un rôle central dans le maintien et l'amélioration de la qualité des données[3]. En mettant en place des mécanismes de retour d'expérience, les administrations publiques peuvent identifier les faiblesses dans les processus de collecte de données et ajuster les pratiques pour renforcer la qualité. Les sessions de retour d'expérience et les évaluations post-projet permettent aux équipes de *Suivi et évaluation* de tirer des leçons des défis rencontrés et de développer des stratégies pour améliorer la précision et la *fiabilité des données*.

La *qualité de l'information et des données* est indispensable pour renforcer la transparence et la redevabilité des institutions. Dans le contexte où la confiance des citoyens envers les institutions peut être fragile, des données de haute qualité permettent aux gouvernements de justifier les décisions prises et de montrer les résultats obtenus de manière objective. La qualité des données joue un rôle fondamental pour rendre des comptes aux citoyens et aux *partenaires de*

---

[1] Kuteesa, A., & Kyotalimye, M. (2019). Documentation and data handling: How can Africa promote record keeping and investment in data management? African Journal of Food, Agriculture, Nutrition and Development, 19(1), 14171-14189.

[2] Paramesha, M., Rane, N. L., & Rane, J. (2024). Big data analytics, artificial intelligence, machine learning, internet of things, and blockchain for enhanced business intelligence. Partners Universal Multidisciplinary Research Journal, 1(2), 110-133.

[3] Mahmoud Saleh, F. I., & Karia, N. (2024). Management of Monitoring, Evaluation, Accountability, and Learning. In Value-driven Management for International Development and Aid Projects (pp. 73-91). Singapore: Springer Nature Singapore.

développement, favorisant ainsi une gouvernance plus transparente et plus légitime[1].

La *qualité de l'information et des données* est un pilier essentiel pour garantir l'efficacité et la pertinence des politiques publiques. Bien que des défis subsistent, notamment en matière de compétences techniques, d'infrastructures et de coordination, les opportunités offertes par les technologies modernes et les approches collaboratives sont considérables[2]. En investissant dans le développement des compétences, les infrastructures numériques et la protection des données, les gouvernements africains peuvent améliorer la qualité des systèmes de *Suivi et évaluation* et assurer des décisions fondées sur des données fiables qui favorisent une gouvernance plus efficace, réactive et centrée sur les besoins des populations.

7.2.3. Les infrastructures technologiques et numériques

Les *infrastructures technologiques et numériques* sont devenues des piliers indispensables pour la gestion efficace des politiques publiques, en particulier dans les contextes africains où les besoins de développement sont complexes et où la modernisation de la gouvernance est une priorité[3]. Ces infrastructures englobent les plateformes de gestion de données, les *Systèmes d'information géographique*, les outils d'analyse de données, ainsi que les réseaux de communication qui facilitent le *Suivi et évaluation* et l'ajustement des politiques en temps réel. En investissant dans des infrastructures technologiques robustes et adaptées, les gouvernements africains peuvent améliorer la qualité et la rapidité des décisions, renforcer la transparence et la redevabilité, et maximiser l'efficacité des ressources publiques[4].

---

[1] Bratton, M., & Gyimah-Boadi, E. (2016). Do trustworthy institutions matter for development? Corruption, trust, and government performance in Africa. Afrobarometer dispatch, (112), 6.

[2] Brunetti, F., Matt, D. T., Bonfanti, A., De Longhi, A., Pedrini, G., & Orzes, G. (2020). Digital transformation challenges: strategies emerging from a multi-stakeholder approach. The TQM Journal, 32(4), 697-724.

[3] Hanna, N. K. (2010). Transforming government and building the information society: Challenges and opportunities for the developing world.

[4] Hanna, N. K. (2010). Transforming government and building the information society: Challenges and opportunities for the developing world.

L'un des principaux avantages des *infrastructures technologiques et numériques* est la centralisation et l'accessibilité des données[1]. Dans le contexte où les informations sur les performances des politiques peuvent être éparses et fragmentées, les *plateformes numériques* centralisées permettent de rassembler et d'organiser les données dans un système unique. Cette centralisation facilite la coordination entre les différents ministères et agences gouvernementales et préserve contre les duplications d'efforts en assurant une vue d'ensemble cohérente des résultats. Les décideurs peuvent ainsi accéder à des données actualisées et harmonisées, ce qui renforce la cohérence des politiques publiques et permet une gestion plus agile et efficace des ressources.

Les infrastructures numériques renforcent également la précision et la *fiabilité des données* utilisées dans les systèmes de *Suivi et évaluation*[2]. Les erreurs de saisie, les doublons et les incohérences peuvent limiter la qualité des informations disponibles. Les systèmes automatisés de collecte et de traitement des données, tels que les applications mobiles de collecte de données, les capteurs *Internet of Things* et les bases de données intelligentes, permettent de minimiser ces erreurs et d'assurer une meilleure précision des informations[3]. Cette amélioration de la qualité des données est essentielle pour que les gouvernements puissent fonder leurs décisions sur des preuves fiables et mettre en œuvre des politiques basées sur des informations rigoureuses.

L'utilisation des *Systèmes d'information géographique* est un autre atout majeur des infrastructures technologiques dans les politiques publiques[4]. Dans le contexte où les conditions géographiques et démographiques varient considérablement d'une région à l'autre, les *Systèmes d'information géographique* permettent de cartographier les besoins et de cibler les interventions en fonction des spécificités locales.

Dans le secteur de la santé, les *Systèmes d'information géographique* permettent de localiser les zones de forte prévalence de certaines maladies et d'adapter les ressources sanitaires en conséquence. Dans

---

[1] ElMassah, S., & Mohieldin, M. (2020). Digital transformation and localizing the sustainable development goals (SDGs). Ecological Economics, 169, 106490.

[2] World Health Organization. (2016). Monitoring and evaluating digital health interventions: a practical guide to conducting research and assessment.

[3] Constantinides, P., & Barrett, M. (2015). Information infrastructure development and governance as collective action. Information Systems Research, 26(1), 40-56.

[4] Folger, P. (2010). Geospatial information and geographic information systems (GIS): Current issues and future challenges. DIANE Publishing.

l'agriculture, ils permettent de surveiller les conditions météorologiques et les rendements des cultures et facilitent une gestion proactive des crises alimentaires. Les *Systèmes d'information géographique* contribuent ainsi à optimiser l'allocation des ressources et à assurer une réponse adaptée aux réalités locales.

Les infrastructures numériques facilitent également l'automatisation des processus de *Suivi et évaluation* et permettent un suivi en temps réel des indicateurs de performance. Dans le contexte où les conditions peuvent évoluer rapidement, l'automatisation des systèmes de *Suivi et évaluation* permet aux gouvernements de réagir immédiatement aux changements et de rediriger les ressources en fonction des besoins émergents[1]. Les outils d'analyse de données en temps réel, comme les *tableaux de bord interactifs*, offrent aux décideurs une vision dynamique des résultats et des performances des politiques, renforcent la capacité d'adaptation des administrations publiques et maximisent l'impact des interventions.

La transparence est un autre avantage essentiel des infrastructures numériques. Dans le contexte où la demande de transparence et de redevabilité est croissante, les *plateformes numériques* permettent aux gouvernements de rendre les données de performance accessibles au public. En publiant régulièrement des informations sur les budgets, les résultats des politiques et les allocations de ressources, les gouvernements renforcent la confiance des citoyens et des *partenaires de développement*[2]. Cette transparence, rendue possible par les infrastructures numériques, permet de promouvoir une gouvernance plus ouverte et participative, où les citoyens peuvent suivre les progrès des politiques publiques et exercer un contrôle démocratique sur l'utilisation des ressources.

L'accessibilité accrue des informations grâce aux infrastructures numériques favorise également une participation citoyenne renforcée. Dans le contexte où les inégalités d'accès à l'information peuvent être prononcées, les *plateformes numériques* facilitent la diffusion des informations dans des formats accessibles et multilingues. Les

---

[1] Hanna, N. K. (2010). Transforming government and building the information society: Challenges and opportunities for the developing world.

[2] Reggi, L., & Dawes, S. (2016). Open government data ecosystems: Linking transparency for innovation with transparency for participation and accountability. In Electronic Government: 15th IFIP WG 8.5 International Conference, EGOV 2016, Guimarães, Portugal, September 5-8, 2016, Proceedings 15 (pp. 74-86). Springer International Publishing.

applications mobiles, les plateformes de réseaux sociaux et les sites gouvernementaux permettent aux citoyens de s'informer sur les politiques en cours et de contribuer activement au processus de prise de décision[1]. Cette accessibilité renforce l'implication des communautés locales et des organisations de la société civile, qui peuvent apporter des retours d'expérience et des suggestions d'amélioration et enrichir le processus de gouvernance.

Le développement des infrastructures numériques offre également des opportunités pour le renforcement des compétences et l'apprentissage organisationnel[2]. Dans le contexte où le manque de compétences techniques peut constituer un obstacle à l'utilisation optimale des technologies, la mise en place de systèmes numériques nécessite des programmes de formation en analyse de données, en *Gestion de la performance* et en utilisation des technologies. Ces programmes permettent aux agents publics de tirer pleinement parti des outils numériques pour gérer les politiques et suivre les résultats. Le renforcement des compétences techniques est ainsi un investissement essentiel pour assurer l'efficacité et la durabilité des infrastructures numériques dans les administrations.

Les *infrastructures technologiques et numériques* contribuent également à une gestion plus efficace des crises et des situations d'urgence. Les crises sanitaires, climatiques et économiques exigent des réponses rapides et bien coordonnées. Les infrastructures numériques permettent de suivre en temps réel l'évolution des crises et d'identifier rapidement les zones prioritaires[3]. Pendant une épidémie, les systèmes de surveillance épidémiologique numériques permettent de localiser les foyers de contagion et de mobiliser les ressources sanitaires de manière ciblée. Cette capacité de réponse rapide et basée sur des données garantit une gestion des crises plus efficace et réduit les impacts négatifs sur les populations.

L'utilisation de technologies avancées, comme l'*Intelligence artificielle* et l'analyse prédictive, renforce encore l'efficacité des

---

[1] Warschauer, M., & Matuchniak, T. (2010). New technology and digital worlds: Analyzing evidence of equity in access, use, and outcomes. Review of research in education, 34(1), 179-225.

[2] Sousa, M. J., & Rocha, Á. (2019). Digital learning: Developing skills for digital transformation of organizations. Future Generation Computer Systems, 91, 327-334.

[3] Gkeredakis, M., Lifshitz-Assaf, H., & Barrett, M. (2021). Crisis as opportunity, disruption and exposure: Exploring emergent responses to crisis through digital technology. Information and Organization, 31(1), 100344.

infrastructures numériques dans les politiques publiques. Ces technologies permettent de détecter des tendances et d'anticiper les besoins futurs, facilitant une planification proactive[1]. En matière de sécurité alimentaire, l'analyse prédictive permet de prévoir les risques de pénurie en fonction des conditions climatiques et de planifier des interventions pour éviter les crises alimentaires. L'*Intelligence artificielle* permet également d'automatiser l'analyse de grandes quantités de données, offrant aux gouvernements des *insights* approfondis pour orienter leurs politiques[2].

Le soutien politique et l'engagement des dirigeants sont indispensables pour garantir le succès des *infrastructures technologiques et numériques*. Dans le contexte où l'adoption des technologies peut nécessiter un changement culturel et institutionnel, les dirigeants jouent un rôle crucial dans la promotion de l'innovation technologique[3]. Un leadership fort et visionnaire permet de mobiliser les ressources nécessaires, d'encourager l'utilisation des infrastructures numériques et de garantir que les agents publics adoptent ces outils de manière proactive. Les dirigeants qui valorisent l'utilisation des données et des technologies pour la prise de décision renforcent la crédibilité des institutions et assurent une gouvernance orientée vers les résultats.

Les *infrastructures technologiques et numériques* représentent des leviers stratégiques pour améliorer la gestion, l'efficacité et la transparence des politiques publiques. Bien que des défis subsistent, notamment en matière de financement, de compétences techniques et d'accessibilité, les opportunités offertes par les technologies pour optimiser le *Suivi et évaluation* et l'adaptation des politiques sont considérables. En investissant dans des plateformes de gestion de données, en renforçant les compétences institutionnelles et en promouvant un leadership engagé, les gouvernements africains peuvent transformer leurs systèmes de gouvernance pour mieux répondre aux

---

[1] Criado, J. I., & Gil-Garcia, J. R. (2019). Creating public value through smart technologies and strategies: From digital services to artificial intelligence and beyond. International Journal of Public Sector Management, 32(5), 438-450.

[2] Fatima, S., Desouza, K. C., & Dawson, G. S. (2020). National strategic artificial intelligence plans: A multi-dimensional analysis. Economic Analysis and Policy, 67, 178-194.

[3] Sanz-Valle, R., Naranjo-Valencia, J. C., Jiménez-Jiménez, D., & Perez-Caballero, L. (2011). Linking organizational learning with technical innovation and organizational culture. Journal of knowledge management, 15(6), 997-1015.

besoins des populations, garantir une utilisation optimale des ressources et assurer des politiques publiques durables et résilientes.

7.3. La gestion des connaissances et le renforcement des capacités

La *Gestion des connaissances* et le renforcement des capacités sont des leviers essentiels pour optimiser l'impact des politiques publiques dans des environnements complexes. La gestion et le partage des connaissances permettent de capitaliser sur les savoirs existants, d'encourager l'innovation et d'assurer une continuité institutionnelle. Ces processus renforcent la capacité des institutions à adapter leurs interventions en fonction des retours d'expérience, tout en facilitant l'alignement des politiques sur les besoins des populations.

Le renforcement de la capacité institutionnelle et la formation jouent un rôle central pour développer les compétences techniques et organisationnelles nécessaires à une gouvernance efficace. Les administrations publiques, dotées de structures optimisées et d'agents formés, peuvent mieux gérer les ressources, répondre aux attentes des citoyens et s'adapter aux défis émergents. Cette approche structurelle et humaine garantit une mise en œuvre durable des politiques publiques, alignée sur des objectifs stratégiques.

Enfin, un cadre de *Suivi et évaluation* efficace sert de catalyseur pour l'apprentissage organisationnel et l'amélioration continue des politiques. En s'appuyant sur des données fiables et des mécanismes de retour d'expérience, il offre aux gouvernements une vision claire des impacts réels et des ajustements nécessaires. Ce cadre, en renforçant la transparence et la redevabilité, constitue un pilier pour une gouvernance inclusive et orientée vers le développement durable.

7.3.1. La gestion et le partage des connaissances

La gestion et le partage des connaissances sont des piliers fondamentaux pour renforcer l'efficacité des politiques publiques, surtout dans le cadre de *Suivi et évaluation* des interventions[1]. Ce concept repose sur la capacité des organisations à créer, structurer, partager et utiliser efficacement les connaissances pour prendre des décisions éclairées et maximiser l'impact de leurs actions. Dans le

---

[1] Shikuku, K. M., Ochenje, I., Lepariyo, W., & Banerjee, R. R. (2023). Facilitating knowledge management for adaptation planning in Africa: Inventory of adaptation planning tools and frameworks. ILRI Research Report.

contexte où les institutions publiques sont souvent confrontées à des défis complexes et des ressources limitées, la *Gestion des connaissances* est un levier stratégique essentiel pour assurer la continuité institutionnelle, l'innovation, et l'adaptation des politiques publiques aux réalités locales[1].

Dans un contexte africain marqué par des défis de développement variés et des conditions socio-économiques changeantes, la *Gestion des connaissances* aide les institutions à capitaliser sur les leçons apprises et à éviter les erreurs passées[2]. En structurant et en documentant systématiquement les savoirs accumulés, les administrations peuvent éviter la perte de connaissances due à la rotation du personnel, aux départs à la retraite ou à la mobilité interne. Cela permet de préserver un savoir institutionnel, essentiel pour la continuité des politiques et la stabilité des processus. Ba (2021) souligne que la *Gestion des connaissances* contribue également à renforcer les capacités institutionnelles en facilitant la transmission de l'expérience et des meilleures pratiques[3].

La *Gestion des connaissances* favorise l'innovation au sein des administrations publiques africaines, en créant des conditions propices à l'émergence de nouvelles idées et solutions. L'innovation est souvent indispensable pour surmonter les défis de développement, notamment dans les secteurs de la santé, de l'éducation et de l'agriculture. Les institutions publiques peuvent mieux répondre aux besoins des populations en mettant en place des mécanismes de partage et de retour d'expérience[4]. Le partage des connaissances au sein des institutions et avec les partenaires extérieurs permet de mettre en lumière les solutions qui fonctionnent, de les adapter aux contextes spécifiques et de promouvoir des approches éprouvées dans d'autres régions.

Le partage des connaissances encourage également une plus grande transparence et une meilleure redevabilité. Dans le contexte où la confiance envers les institutions publiques peut être faible, la *Gestion*

---

[1] Titi Amayah, A. (2013). Determinants of knowledge sharing in a public sector organization. Journal of knowledge management, 17(3), 454-471.

[2] Carayannis, E. G., Pirzadeh, A., & Popescu, D. (2011). Institutional learning and knowledge transfer across epistemic communities: new tools of global governance (Vol. 13). Springer Science & Business Media.

[3] Ba, A. (2021). How to measure monitoring and evaluation system effectiveness? African Evaluation Journal, 9(1), 953.

[4] Mc Evoy, P. J., Ragab, M. A., & Arisha, A. (2019). The effectiveness of knowledge management in the public sector. Knowledge Management Research & Practice, 17(1), 39-51.

des connaissances permet de rendre les informations accessibles aux parties prenantes, y compris les citoyens[1]. Cela favorise une meilleure compréhension des politiques publiques et des décisions prises, augmentant ainsi la légitimité des institutions. En partageant les résultats des évaluations et en documentant les impacts des politiques, les gouvernements renforcent la confiance des citoyens et montrent leur engagement envers des actions fondées sur des preuves et des données[2].

La *Gestion des connaissances* repose aussi sur la capacité d'apprentissage organisationnel. Les défis de développement exigent une capacité d'adaptation continue et une évolution des pratiques pour répondre aux besoins émergents. Le développement de *Communautés de pratique* et de *réseaux d'apprentissage* institutionnels permet de connecter les experts et les praticiens et facilite le partage des connaissances et l'échange d'expériences entre les départements, les ministères, et même les pays[3].

Les systèmes de *Gestion des connaissances*, pour être efficaces, doivent intégrer les parties prenantes et favoriser une approche participative. L'implication des acteurs locaux et des communautés dans le processus de *Gestion des connaissances* renforce l'appropriation des politiques et leur acceptabilité. Cette approche inclusive est cruciale dans des environnements marqués par des réalités culturelles et socio-économiques diverses. En intégrant les retours d'expérience des communautés locales bénéficiaires ultimes, les administrations africaines peuvent concevoir des politiques mieux adaptées aux besoins des populations et s'assurer de leur mise en œuvre réussie[4].

L'un des défis majeurs pour la mise en œuvre de la *Gestion des connaissances* réside dans le manque d'infrastructures technologiques et de compétences spécialisées. La *Gestion des connaissances* nécessite des outils de collecte, de stockage, et de partage de l'information adaptés aux contextes locaux. L'absence d'une infrastructure numérique

---

[1] Grimmelikhuijsen, S. (2012). Linking transparency, knowledge and citizen trust in government: An experiment. International Review of Administrative Sciences, 78(1), 50-73.

[2] Ubaldi, B. (2013). Open government data: Towards empirical analysis of open government data initiatives.

[3] Agrifoglio, R. (2015). Knowledge preservation through community of practice: Theoretical issues and empirical evidence. Springer.

[4] Speer, J. (2012). Participatory governance reform: A good strategy for increasing government responsiveness and improving public services? World development, 40(12), 2379-2398.

robuste et le manque de personnel qualifié pour gérer les systèmes d'information peuvent limiter l'efficacité de la *Gestion des connaissances*[1]. Les gouvernements africains doivent investir dans des infrastructures numériques et développer des programmes de formation pour renforcer les compétences techniques nécessaires pour la gestion efficace des connaissances.

La *Gestion des connaissances* peut également jouer un rôle important dans la gestion des crises et des risques. Les crises climatiques, sanitaires et économiques sont des réalités fréquentes, et une *Gestion des connaissances* bien structurée permet de tirer parti des leçons des expériences passées pour anticiper les risques et renforcer la résilience institutionnelle. En documentant les réponses apportées aux précédentes crises, les administrations publiques peuvent élaborer des plans de contingence mieux adaptés aux défis actuels et augmenter leur capacité à réagir de manière efficace en cas d'urgence[2].

L'adoption de technologies modernes et de solutions numériques représente une opportunité majeure pour la *Gestion des connaissances*[3]. Les technologies de l'information facilitent le stockage, l'analyse et le partage des données en temps réel et permettent aux administrations de centraliser les informations et de les rendre accessibles de manière fluide. Les solutions numériques, comme les bases de données en ligne et les plateformes collaboratives, offrent des moyens efficaces pour gérer et diffuser les connaissances, même dans des environnements géographiquement dispersés[4].

Pour maximiser l'impact de la *Gestion des connaissances*, il est important d'intégrer des mécanismes de retour d'expérience et d'évaluation dans le cadre des politiques publiques[5]. Dans le contexte où les besoins de développement évoluent rapidement, les retours d'expérience permettent de tirer des leçons des interventions passées et d'améliorer continuellement les pratiques. Ce processus

---

[1] Holtshouse, D. K. (2013). Information technology for knowledge management. Springer Science & Business Media.

[2] Cantelmi, R. (2023). Improving resilience in Critical Infrastructures through learning from past events.

[3] Holtshouse, D. K. (2013). Information technology for knowledge management. Springer Science & Business Media.

[4] Mueller, J., Hutter, K., Fueller, J., & Matzler, K. (2011). Virtual worlds as knowledge management platform–a practice-perspective. Information Systems Journal, 21(6), 479-501.

[5] Patton, M. Q. (2010). Developmental evaluation: Applying complexity concepts to enhance innovation and use. Guilford press.

d'apprentissage continue garantit que les administrations africaines s'adaptent aux nouvelles réalités et assurent une gestion plus proactive et agile des connaissances institutionnelles.

La gestion et le partage des connaissances constituent un atout stratégique pour renforcer l'efficacité, l'efficience et la résilience des politiques publiques. Bien que des obstacles existent, notamment en termes de compétences techniques et d'infrastructures, les opportunités offertes par la *Gestion des connaissances* pour favoriser l'innovation, renforcer la transparence et impliquer les parties prenantes sont considérables[1]. En investissant dans les technologies de l'information, en développant les compétences institutionnelles et en adoptant une approche participative, les gouvernements africains peuvent optimiser leurs systèmes de *Gestion des connaissances* et transformer leurs politiques publiques en des leviers de développement durable, inclusif et adapté aux besoins des populations[2].

7.3.2. La capacité institutionnelle et la formation

La capacité institutionnelle et la formation en *Suivi et évaluation* sont des éléments cruciaux pour renforcer l'efficacité et la durabilité des politiques publiques, notamment dans les contextes africains où les défis de développement sont nombreux et les ressources souvent limitées. La capacité institutionnelle se réfère à la compétence des administrations à concevoir, mettre en œuvre, suivre et évaluer les politiques de manière efficace, tandis que la formation renforce les compétences individuelles et collectives nécessaires à l'atteinte des objectifs stratégiques. Une administration dotée de solides capacités institutionnelles et d'un personnel bien formé peut mieux adapter ses interventions aux besoins des populations, gérer les ressources de manière optimale et répondre aux exigences de transparence et de redevabilité[3].

---

[1] Hogan, M., Ojo, A., Harney, O., Ruijer, E., Meijer, A., Andriessen, J., ... & Malandrino, D. (2017). Government 3.0–Next Generation Government Technology Infrastructure and Services: Roadmaps, Enabling Technologies & Challenges, 299-332.

[2] Hanna, N. K. (2010). Transforming government and building the information society: Challenges and opportunities for the developing world.

[3] Thusi, X. (2023). Performance Management Systems (PMS): Challenges and Opportunities in the Public Sector. International Journal of Social Science Research and Review, 6(6), 19-31.

Le renforcement de la capacité institutionnelle commence par l'optimisation des structures organisationnelles et la mise en place de processus efficaces. Les administrations publiques peuvent souffrir de bureaucratie excessive, de chevauchements de responsabilités et d'une coordination insuffisante entre les départements. Ces obstacles réduisent l'efficience des politiques et compliquent leur suivi. En restructurant les institutions pour faciliter la collaboration interinstitutionnelle, les gouvernements peuvent rationaliser les processus et améliorer la gestion des politiques publiques[1]. Une organisation institutionnelle bien définie, avec des lignes de responsabilité claires, renforce la réactivité des administrations et assure une meilleure coordination des actions entre les divers acteurs impliqués.

Les compétences techniques des agents publics sont essentielles pour gérer des processus de *Suivi et évaluation* rigoureux. Le manque de formation en collecte et analyse de données, en évaluation de la performance et en gestion des politiques peut limiter l'efficacité des systèmes de *Suivi et évaluation*[2]. La formation continue des agents publics permet de doter les administrations des compétences nécessaires pour interpréter les données, évaluer l'impact des politiques et ajuster les stratégies. Des programmes de formation sur des thématiques comme la statistique, l'*évaluation d'impact* et la *Gestion de projet* améliorent non seulement les capacités des individus, mais renforcent également la capacité institutionnelle globale à atteindre les objectifs de développement[3].

La *Gestion de la performance* est un autre pilier de la capacité institutionnelle, qui repose sur l'utilisation de systèmes de *Suivi et évaluation* modernes et sur des processus de gestion des performances clairs. Dans le contexte où les ressources peuvent être limitées, il est crucial que les administrations publiques aient la capacité de suivre l'utilisation des ressources et d'évaluer l'efficacité des politiques mises

---

[1] Peters, B. G. (2018). The politics of bureaucracy: An introduction to comparative public administration. Routledge.

[2] Ba, A. (2021). How to measure monitoring and evaluation system effectiveness? African Evaluation Journal, 9(1), 953.

[3] Fukuda-Parr, S., & Lopes, C. (2013). Capacity for development: new solutions to old problems. Routledge.

en œuvre[1]. Des outils de *Gestion de la performance* permettent d'identifier les succès, de repérer les faiblesses et d'ajuster les politiques pour maximiser les résultats. Ces pratiques contribuent à instaurer une culture de redevabilité et de transparence et renforcer la confiance des citoyens dans les institutions publiques.

La capacité d'adaptation institutionnelle est également fondamentale pour assurer la résilience des administrations face aux crises et aux changements. Les gouvernements doivent souvent faire face à des événements imprévisibles, tels que des crises économiques, des conflits et des catastrophes naturelles. Une capacité institutionnelle renforcée permet aux administrations de s'adapter rapidement à ces événements en réorientant les ressources et en ajustant les priorités. Cette capacité d'adaptation est renforcée par des systèmes de formation qui intègrent des compétences en gestion de crise et en planification d'urgence pour garantir que les institutions peuvent maintenir leur efficacité et répondre aux besoins urgents des populations[2].

Le développement des compétences en leadership et en gouvernance est également indispensable pour renforcer la capacité institutionnelle[3]. Les dirigeants politiques et administratifs jouent un rôle crucial dans la mise en œuvre des politiques publiques et dans l'instauration d'une culture de redevabilité et de transparence. La formation en leadership, en éthique et en gestion publique permet aux leaders d'orienter efficacement les institutions, de prendre des décisions fondées sur des preuves et de promouvoir une gestion des ressources responsable. Le leadership institutionnel renforce la capacité des administrations à inspirer la confiance des citoyens et à conduire des changements significatifs pour le développement.

La durabilité des compétences et des capacités institutionnelles dépend également de la mise en place de mécanismes de transfert de connaissances et d'apprentissage organisationnel[4]. Dans le contexte où

---

[1] Rosenbloom, D. H., Kravchuk, R. S., & Clerkin, R. M. (2022). Public administration: Understanding management, politics, and law in the public sector. Routledge.

[2] Boin, A., & Lodge, M. (2016). Designing resilient institutions for transboundary crisis management: A time for public administration. Public administration, 94(2), 289-298.

[3] Wu, X., Ramesh, M., & Howlett, M. (2015). Policy capacity: A conceptual framework for understanding policy competences and capabilities. Policy and society, 34(3-4), 165-171.

[4] Argote, L. (2012). Organizational learning: Creating, retaining and transferring knowledge. Springer Science & Business Media.

le changement dans le personnel peut être élevé, la perte de connaissances institutionnelles peut nuire à la continuité des politiques. Des programmes de mentorat, des *Communautés de pratique* et des processus de documentation des savoirs permettent de préserver le capital humain et les compétences au sein des administrations[1]. L'apprentissage organisationnel garantit que les connaissances et les compétences accumulées ne sont pas perdues, mais transmises aux nouvelles générations d'agents publics, assurant ainsi la pérennité des capacités institutionnelles.

La capacité de collaboration interinstitutionnelle est également essentielle pour améliorer l'efficacité des politiques publiques. Les défis de développement sont souvent complexes et nécessitent une coordination entre plusieurs ministères, agences et partenaires externes. La capacité institutionnelle est renforcée lorsque les administrations publiques sont formées pour travailler en collaboration avec des acteurs nationaux et internationaux, des Organisations non-gouvernementales, des organisations de la société civile et le secteur privé[2]. La formation en gestion de partenariats et en coordination interinstitutionnelle permet d'aligner les actions des différents acteurs autour d'objectifs communs et d'assurer une approche intégrée et cohérente des interventions publiques.

L'investissement dans les capacités institutionnelles et la formation est essentiel pour renforcer la résilience des administrations africaines face aux défis de développement[3]. En améliorant les compétences techniques, les compétences en leadership, et en instaurant des mécanismes de *Gestion de la performance*, les gouvernements africains augmentent leur capacité à gérer les ressources de manière optimale, à réagir aux crises et à assurer une gouvernance responsable. Une capacité institutionnelle robuste permet aux gouvernements de garantir que les interventions publiques sont menées efficacement, avec un impact durable pour le développement.

---

[1] Krishnaveni, R., & Sujatha, R. (2012). Communities of practice: An influencing factor for effective knowledge transfer in organizations. IUP Journal of Knowledge Management, 10(1).

[2] Stone, D., & Ladi, S. (2015). Global public policy and transnational administration. Public Administration, 93(4), 839-855.

[3] Brinkerhoff, D. W. (2010). Developing capacity in fragile states. Public Administration and Development: The International Journal of Management Research and Practice, 30(1), 66-78.

La capacité institutionnelle et la formation sont des leviers stratégiques pour améliorer la performance, la résilience et la transparence des politiques publiques[1]. Bien que des défis existent, notamment en termes de coordination interinstitutionnelle et de disponibilité des infrastructures numériques, les opportunités offertes par la formation continue, le renforcement des compétences et la *Gestion de la performance* sont significatives. En investissant dans le développement des capacités humaines et organisationnelles, les gouvernements africains peuvent transformer leurs administrations en institutions robustes, capables de répondre aux besoins actuels et futurs des populations. Une capacité institutionnelle renforcée, combinée à une formation adéquate, garantit des politiques publiques plus efficaces, durables et centrées sur les besoins des citoyens[2].

7.3.3. Rôle d'un cadre de Suivi et évaluation efficace

L'élaboration d'un cadre de *Suivi et évaluation* efficace est essentielle pour contribuer de manière significative au développement durable, en optimisant l'impact des politiques publiques et en assurant leur alignement avec les besoins actuels et futurs des populations[3]. Un cadre de *Suivi et évaluation* bien structuré permet de mesurer la progression des *Objectifs de développement durable* dans les politiques publiques, tout en renforçant la transparence, la redevabilité et la capacité des gouvernements à adapter leurs interventions en temps réel[4]. Dans le contexte où les ressources sont limitées et les défis multidimensionnels, un système de *Suivi et évaluation* rigoureux constitue un levier stratégique pour garantir l'efficacité et la durabilité des actions publiques.

Un cadre de *Suivi et évaluation* efficace fournit des outils pour mesurer les résultats et les impacts des politiques publiques pour contribuer à orienter les décisions vers des actions à forte valeur ajoutée

---

[1] Martin, N. (2016). Building resilience through greater adaptability to long-term challenges.

[2] Virji, H., Padgham, J., & Seipt, C. (2012). Capacity building to support knowledge systems for resilient development—approaches, actions, and needs. Current Opinion in Environmental Sustainability, 4(1), 115-121.

[3] Ba, A. (2024). Suivi, évaluation et gestion de la qualité des données. Harmattan, ISBN: 978-2-336-44458-1, EAN: 9782336444581.

[4] Naidoo, I. A. (2011). The role of monitoring and evaluation in promoting good governance in South Africa: A case study of the Department of Social Development. Johannesburg: University of Witwatersrand.

pour le développement durable[1]. En collectant et en analysant des données pertinentes, les gouvernements africains peuvent identifier les initiatives qui produisent les effets les plus durables et ajuster les ressources en conséquence. Cette approche axée sur les données permet d'allouer les budgets et les efforts aux domaines prioritaires, tels que l'éducation, la santé, l'infrastructure et la protection de l'environnement pour garantir que chaque investissement public contribue à des progrès tangibles vers un développement inclusif et résilient.

La redevabilité et la transparence, promues par un cadre de *Suivi et évaluation* robuste, sont essentielles pour renforcer la légitimité des politiques de développement durable[2]. La confiance des citoyens dans les institutions publiques est cruciale pour une gouvernance stable et participative. Le cadre de *Suivi et évaluation*, en publiant des rapports réguliers et des indicateurs de performance, permet aux citoyens de suivre l'avancement des politiques et d'évaluer leur impact. Cette transparence encourage une plus grande implication des communautés locales et des organisations de la société civile dans le processus décisionnel et renforce l'acceptabilité et l'adhésion des populations aux initiatives de développement durable.

L'adaptabilité des politiques est renforcée par un cadre de *Suivi et évaluation* dynamique, qui permet aux gouvernements de réagir rapidement aux changements contextuels et aux nouvelles informations[3]. Les indicateurs de performance et les évaluations périodiques fournissent des *insights* en temps réel sur l'efficacité des politiques et identifient les domaines nécessitant des ajustements. Face à une crise climatique ou à un bouleversement économique, un cadre de *Suivi et évaluation* bien conçu permet de rediriger les ressources et de modifier les priorités pour atténuer les impacts sur les populations[4]. Cette capacité d'adaptation contribue à la résilience des politiques

---

[1] Broman, G. I., & Robèrt, K. H. (2017). A framework for strategic sustainable development. Journal of cleaner production, 140, 17-31.

[2] Abhayawansa, S., Adams, C. A., & Neesham, C. (2021). Accountability and governance in pursuit of Sustainable Development Goals: conceptualising how governments create value. Accounting, Auditing & Accountability Journal, 34(4), 923-945.

[3] Dovers, S. R., & Hezri, A. A. (2010). Institutions and policy processes: the means to the ends of adaptation. Wiley interdisciplinary reviews: climate change, 1(2), 212-231.

[4] Alexander, D. (2021). Disaster and crisis preparedness. Oxford University Press.

publiques, en assurant leur pertinence face aux défis émergents et leur alignement avec les principes du développement durable.

Le cadre de *Suivi et évaluation* favorise également un apprentissage organisationnel continu, permettant aux administrations publiques d'intégrer les leçons tirées des projets précédents dans la conception des futures politiques. Dans le contexte où les défis de développement évoluent rapidement, cette capacité d'apprentissage est essentielle pour améliorer la gestion des ressources et l'efficacité des interventions. Le cadre de *Suivi et évaluation* encourage les gouvernements à documenter les bonnes pratiques et les échecs pour une amélioration continue et à une montée en compétence des institutions[1]. Cet apprentissage organisationnel renforce la capacité des administrations à répondre de manière proactive aux besoins des populations et à ajuster les politiques pour des impacts plus durables.

Un cadre de *Suivi et évaluation* bien structuré permet également de mieux cibler les interventions en fonction des spécificités locales, un facteur clé pour le développement durable. Les données et les indicateurs fournis par le *Suivi et évaluation* aident à identifier les zones et les populations les plus vulnérables pour prioriser les investissements et concevoir des interventions sur mesure[2]. En ciblant les besoins spécifiques des communautés, les politiques deviennent plus inclusives et plus équitables et contribuant mieux à réduire les inégalités et à promouvoir une croissance qui bénéficie à tous. En assurant une répartition équitable des bénéfices du développement durable, cette approche centrée sur les communautés bénéficiaires renforce l'impact social et économique des politiques publiques.

La promotion de la coopération internationale et du partenariat est également facilitée par un cadre de *Suivi et évaluation* transparent et efficace. Les projets de développement impliquent souvent des partenaires internationaux, des bailleurs de fonds et des Organisations non-gouvernementales. Un cadre de *Suivi et évaluation* rigoureux permet de démontrer aux partenaires la valeur ajoutée des projets financés et d'assurer une gestion transparente des ressources et une

---

[1] Bartoli, A., & Blatrix, C. (2015). Management dans les organisations publiques-4e édition: Défis et logiques d'action. Dunod.

[2] Santos, A. M., & Coad, A. (2023). Monitoring and evaluation of transformative innovation policy: Suggestions for Improvement. Socio-Economic Planning Sciences, 90, 101714.

justification claire des résultats obtenus[1]. Cette transparence renforce la confiance des partenaires et encourage de nouveaux investissements, permettant ainsi aux gouvernements africains de mobiliser des ressources supplémentaires pour soutenir les initiatives de développement durable.

Les infrastructures technologiques, intégrées dans un cadre de *Suivi et évaluation* moderne, contribuent également à améliorer l'efficacité et la précision, en offrant des solutions pour la collecte de données en temps réel et l'analyse automatisée. Dans le contexte où les infrastructures numériques se développent rapidement, l'utilisation de plateformes de gestion de données, de *Systèmes d'information géographique* et d'outils mobiles de collecte de données permet d'assurer un suivi plus rigoureux et d'optimiser l'allocation des ressources. Ces technologies facilitent l'accès aux données pour les décideurs et assurent une prise de décision plus rapide et mieux informée, alignée sur les *Objectifs de développement durable*.

La capacité d'engager les citoyens dans le processus de *Suivi et évaluation* est un autre aspect essentiel pour un cadre efficace, qui contribue à la durabilité des politiques publiques. L'implication des citoyens dans le *Suivi et évaluation* des projets de développement renforce la participation démocratique et permet aux populations locales de contribuer directement aux décisions qui les concernent[2]. Les plateformes participatives et les outils de retour d'information, tels que les enquêtes en ligne et les forums communautaires, facilitent la communication entre les gouvernements et les citoyens et permet de recueillir des perspectives locales et d'améliorer les politiques en fonction des attentes des populations. Cette approche participative renforce l'appropriation des politiques par les communautés et favorise un développement plus inclusif et durable.

L'*évaluation des risques* et la résilience institutionnelle sont également des composantes essentielles d'un cadre de *Suivi et évaluation* orienté vers le développement durable. Dans le contexte où les crises climatiques, économiques et sociales peuvent survenir de manière imprévisible, le cadre de *Suivi et évaluation* doit inclure des indicateurs de risque et des outils d'anticipation pour renforcer la

---

[1] Lopez-Acevedo, G., & Krause, P. (2012). Building better policies: The nuts and bolts of monitoring and evaluation systems. World Bank Publications.

[2] Van den Hove, S. (2001). Approches participatives pour la gouvernance en matière de développement durable: une analyse en termes d'effets. Gouvernance et développement durable, Bâle/Genève/Munich, Helbing & Lichtenhahn, 53-89.

capacité des institutions à répondre aux situations d'urgence[1]. Les données recueillies permettent d'évaluer la vulnérabilité des populations et de planifier des mesures de résilience pour minimiser les impacts des crises. Cette approche proactive assure que les politiques publiques sont conçues pour résister aux chocs externes et pour protéger les acquis du développement durable, même en période de crise.

La mise en place d'un cadre de *Suivi et évaluation* rigoureux et bien intégré est indispensable pour soutenir le développement durable[2]. En fournissant des outils pour mesurer, ajuster et optimiser les politiques publiques, ce cadre assure que les actions des gouvernements africains sont alignées avec les priorités de durabilité et les attentes des populations. Bien que des défis subsistent, notamment en matière de collecte de données et d'accès aux infrastructures technologiques, les bénéfices d'un tel cadre sont considérables pour renforcer la transparence, la redevabilité et l'efficacité des politiques.

---

[1] Becker, P. (2023). Sustainability science: Managing risk and resilience for sustainable development. Elsevier.

[2] Ba, A. (2021). How to measure monitoring and evaluation system effectiveness? African Evaluation Journal, 9(1), 953.

VIII
EVALUATION DES POLITIQUES PUBLIQUES EN AFRIQUE

L'évaluation des politiques publiques est un processus multidimensionnel conçu pour garantir l'efficacité, la pertinence et la durabilité des interventions[1]. Elle repose sur une série d'évaluations organisées en quatre grandes catégories : l'*Évaluation économique*, l'évaluation de conception et de mise en œuvre, l'*évaluation contextuelle* et participative, et l'évaluation des résultats et de l'impact. Chaque catégorie joue un rôle spécifique et indispensable dans le cycle de vie d'une politique publique et permet de mesurer les effets réels, de gérer les ressources efficacement, et de s'assurer que les actions répondent aux réalités locales et aux besoins des populations.

L'*Évaluation économique* est fondamentale dans l'analyse des politiques publiques, en raison de sa capacité à examiner la rentabilité des interventions. Cette évaluation comprend plusieurs analyses techniques qui aident à optimiser l'utilisation des ressources. L'*analyse coût-efficacité*, par exemple, compare les coûts engagés avec les résultats obtenus pour s'assurer que chaque unité de résultat est atteinte de manière rentable[2]. De plus, l'*analyse coût-bénéfice* évalue l'ensemble des gains et pertes économiques et permet de juger si les bénéfices surpassent les coûts, et favorisent ainsi des décisions mieux informées[3]. Dans le cadre des politiques de santé et de bien-être, l'*analyse coût-utilité* va encore plus loin, en mesurant les avantages en termes d'*années de vie ajustées selon la qualité*[4].

L'*Évaluation économique* prend également en compte l'efficience, en analysant la productivité des ressources engagées, ainsi que l'impact

---

[1] Aarons, G. A., Hurlburt, M., & Horwitz, S. M. (2011). Advancing a conceptual model of evidence-based practice implementation in public service sectors. Administration and policy in mental health and mental health services research, 38, 4-23.

[2] Dhaliwal, I., Duflo, E., Glennerster, R., & Tulloch, C. (2013). Comparative cost-effectiveness analysis to inform policy in developing countries: a general framework with applications for education. Education policy in developing countries, 17, 285-338.

[3] Riegg Cellini, S., & Edwin Kee, J. (2015). Cost-effectiveness and cost-benefit analysis. Handbook of practical program evaluation, 636-672.

[4] Franklin, M. (2017). Cost utility analysis. Mental Health Economics: The Costs and Benefits of Psychiatric Care, 89-119.

fiscal, afin de mesurer les répercussions des politiques sur les recettes et dépenses publiques[1]. Enfin, l'*analyse de viabilité financière* s'assure que les ressources restent disponibles à long terme, tandis que l'*analyse de l'équité économique* et du *retour sur investissement social* garantit une répartition juste des bénéfices et la maximisation des retombées sociales.

Les évaluations de conception et de mise en œuvre sont réalisées dès la phase de lancement et se poursuivent tout au long de l'exécution des politiques. Ces évaluations garantissent que les politiques sont adaptées et correctement mises en œuvre, en fonction des réalités locales et des besoins des populations[2]. L'*évaluation formative*, par exemple, teste les hypothèses et ajustements nécessaires avant que les politiques n'atteignent leurs objectifs finaux. Elle est particulièrement cruciale là où les conditions évoluent rapidement et nécessitent une adaptation en temps réel. L'*évaluation de processus*, quant à elle, se concentre sur la gestion de l'exécution et évalue l'allocation des ressources, la conformité des activités aux plans initiaux et l'implication des parties prenantes[3]. En identifiant les obstacles logistiques ou organisationnels, elle permet d'apporter des corrections pour améliorer l'efficacité de la mise en œuvre.

Les *évaluations contextuelles et participatives* tiennent compte des spécificités locales et des contributions des parties prenantes. Dans le contexte où les différences sociales, culturelles et économiques sont particulièrement marquées, l'*évaluation contextuelle* est essentielle pour adapter les politiques aux réalités locales[4]. Cette approche permet d'analyser comment les particularités régionales influencent l'efficacité des interventions. Par ailleurs, l'*évaluation participative* implique directement les citoyens et les communautés locales, garantissant ainsi que les politiques répondent aux attentes des communautés bénéficiaires et renforcent leur acceptabilité[5]. Les évaluations de

---

[1] Mihaiu, D. M., Opreana, A., & Cristescu, M. P. (2010). Efficiency, effectiveness and performance of the public sector. Romanian journal of economic forecasting, 4(1), 132-147.

[2] Cerna, L. (2013). The nature of policy change and implementation: A review of different theoretical approaches. OECD report, 492-502.

[3] Vedung, E. (2017). Public policy and program evaluation. Routledge.

[4] Patton, M. Q. (2010). Developmental evaluation: Applying complexity concepts to enhance innovation and use. Guilford press.

[5] Salter, J., Robinson, J., & Wiek, A. (2010). Participatory methods of integrated assessment—a review. Wiley Interdisciplinary Reviews: Climate Change, 1(5), 697-717.

risques sont également intégrées pour anticiper les menaces potentielles, qu'elles soient d'ordre politique, économique ou environnemental[1]. Dans un contexte africain marqué par des instabilités, cette évaluation est indispensable pour élaborer des *stratégies de gestion des risques* et assurer la résilience des politiques. En outre, l'*évaluation de la gouvernance* et de la transparence assure que les ressources sont utilisées de manière éthique et que les processus décisionnels sont transparents, un aspect essentiel pour maintenir la confiance des populations dans les institutions publiques[2].

Enfin, les *évaluations de résultats et d'impact*, qui incluent les évaluations sommatives, d'impact et de durabilité, sont réalisées après l'exécution des politiques afin de mesurer leur efficacité globale et leur impact à long terme[3]. L'*évaluation sommative* vérifie si les objectifs de la politique ont été atteints pour offrir une justification pour les ressources allouées et orienter les politiques futures. Elle est cruciale pour rendre compte des progrès réalisés et de l'utilisation des fonds publics dans l'atteinte des *Objectifs de développement durable*.

L'*évaluation d'impact* permet d'aller plus loin en mesurant les effets directs et indirects des politiques sur les populations, en différenciant les résultats des interventions des influences externes, ce qui est essentiel pour comprendre les changements durables engendrés par les politiques[4]. L'*évaluation de durabilité* garantit quant à elle la persistance des impacts positifs à long terme, en examinant si les bénéfices peuvent se maintenir après la fin des financements. Dans un contexte où les ressources financières sont souvent limitées, cette évaluation est indispensable pour s'assurer que les politiques publiques continuent de produire des résultats bénéfiques pour les communautés même après la fin des interventions[5].

---

[1] Kobrin, S. J. (2022). Managing political risk assessment: Strategic response to environmental change. Univ of California Press.

[2] Meijer, A., 't Hart, P., & Worthy, B. (2018). Assessing government transparency: An interpretive framework. Administration & Society, 50(4), 501-526.

[3] Victora, C. G., Black, R. E., Boerma, J. T., & Bryce, J. (2011). Measuring impact in the Millennium Development Goal era and beyond: a new approach to large-scale effectiveness evaluations. The lancet, 377(9759), 85-95.

[4] Maas, K., & Liket, K. (2011). Social impact measurement: Classification of methods. Environmental management accounting and supply chain management, 171-202.

[5] Gibson, B., Hassan, S., & Tansey, J. (2013). Sustainability assessment: criteria and processes. Routledge.

L'évaluation des politiques publiques repose donc sur une structure systématique et rigoureuse qui combine des évaluations économiques, de conception, contextuelles et d'impact, qui ensemble permettent un gestion minutieux et des ajustements en temps réel. Ce dispositif analytique garantit une gestion optimale des ressources et favorise un développement inclusif et durable tout en alignant les interventions publiques avec les besoins réels des populations et en assurant une répartition équitable des bénéfices.

8.1. L'évaluation économique

L'*Évaluation économique* des politiques publiques représente une démarche analytique essentielle visant à optimiser l'allocation des ressources, souvent limitées, tout en maximisant l'impact socio-économique des interventions. Cette approche est cruciale dans un contexte où les gouvernements doivent arbitrer entre divers besoins pressants tout en respectant les contraintes budgétaires. L'*Évaluation économique* se décline en plusieurs méthodes rigoureuses, chacune apportant une perspective analytique distincte pour informer la prise de décision[1].

L'*analyse coût-efficacité*, notamment, est au cœur de l'*Évaluation économique* des politiques publiques[2]. Elle permet de calculer les coûts d'une intervention par unité de résultat obtenue, en utilisant des indicateurs quantitatifs précis comme les *années de vie ajustées selon la qualité* ou les *années de vie ajustées selon l'invalidité* pour les programmes de santé. Cette approche s'appuie souvent sur des techniques statistiques avancées, telles que la régression linéaire ou les modèles de survie, permettant d'évaluer les gains d'efficacité relatifs entre plusieurs politiques. L'*analyse coût-efficacité* est particulièrement adaptée pour les comparaisons intersectorielles et offre aux décideurs un cadre précis pour prioriser les interventions ayant le plus grand impact sur la santé et le bien-être public[3].

---

[1] Watkiss, P., Hunt, A., Blyth, W., & Dyszynski, J. (2015). The use of new economic decision support tools for adaptation assessment: A review of methods and applications, towards guidance on applicability. Climatic Change, 132, 401-416.

[2] Glick, H. A., Doshi, J. A., & Sonnad, S. S. (2014). Economic evaluation in clinical trials. Oxford university press.

[3] Durand, M., & Exton, C. (2019). Adopting a well-being approach in central government: Policy mechanisms and practical tools. Global Happiness and Wellbeing.

L'*analyse coût-bénéfice* va au-delà en cherchant à monétiser l'ensemble des coûts et des bénéfices d'une politique[1]. Cette méthode utilise des techniques d'actualisation pour ramener les flux de coûts et de bénéfices futurs à leur *valeur actuelle nette* et permet une évaluation temporelle des retours sur investissement. Cette approche est complexe en raison de la diversité des contextes locaux et de l'incertitude économique, qui nécessite des *analyses de sensibilité* pour tester la robustesse des projections de *valeur actuelle nette* face aux variations des taux d'actualisation. Les bénéfices peuvent inclure des gains directs comme l'augmentation des revenus ou des réductions de coûts, mais également des bénéfices intangibles, tels que l'amélioration de la qualité de vie, souvent évalués par des méthodes d'évaluation contingente ou de disposition à payer.

L'*analyse coût-utilité*, quant à elle, se concentre sur les bénéfices en termes d'utilité sociale et de bien-être, exprimés en unités non monétaires comme les *années de vie ajustées selon la qualité* pour les politiques de santé ou les *années de scolarité ajustées selon la qualité* pour les politiques éducatives[2]. Cette méthode est particulièrement précieuse dans les contextes où les objectifs de bien-être sont primordiaux mais difficiles à quantifier financièrement. Elle permet de comparer des interventions aux impacts variés, en prenant en compte l'utilité perçue par la population cible et en adaptant les interventions pour maximiser la qualité de vie. Les techniques de pondération des utilités, comme les *questionnaires d'utilité standardisés*, sont souvent employées pour ajuster les scores d'utilité en fonction des préférences locales et des attentes culturelles.

Pour maximiser l'efficience, l'*analyse d'efficience* s'applique aux ressources mobilisées dans les programmes publics et mesurent la productivité des investissements en rapport aux résultats obtenus. Elle utilise des indicateurs de rendement, comme le *coût par bénéficiaire* ou le *rendement marginal des dépenses*[3]. Cette analyse s'appuie sur *l'analyse de données en enveloppement* et des techniques de régression pour comparer la performance des unités de production publique, et identifier les secteurs où les gains marginaux peuvent être optimisés.

---

[1] Riegg Cellini, S., & Edwin Kee, J. (2015). Cost-effectiveness and cost-benefit analysis. Handbook of practical program evaluation, 636-672.

[2] Van der Westhuizen, E. (2018). Critical analysis of social impact measurement models: A narrative literature review (Doctoral dissertation, North-West University).

[3] Florina, P. (2017). Elements on the Efficiency and Effectiveness of the Public Sector. Ovidius University Annals, Economic Sciences Series, 17(2), 313-319.

Les gouvernements peuvent ainsi orienter les ressources vers les interventions les plus productives et maximiser l'impact social des dépenses publiques.

L'*analyse des risques financiers* fait également partie intégrante de l'*Évaluation économique*. Les variations économiques et les dépendances aux financements extérieurs exigent des analyses probabilistes avancées, telles que les simulations de *Monte Carlo* et les modèles de *Value at Risk*, pour quantifier les incertitudes budgétaires associées aux politiques publiques[1]. Ces méthodes permettent de projeter les fluctuations de coûts et d'évaluer l'impact des chocs externes sur la viabilité financière des programmes. En intégrant ces analyses, les gouvernements africains peuvent élaborer des stratégies de résilience financière, en ajustant les interventions pour minimiser les risques liés aux aléas économiques.

L'*analyse d'impact fiscal*, quant à elle, examine les effets budgétaires des politiques sur les finances publiques à moyen et long terme[2]. Dans le contexte où les sources de revenus sont souvent volatiles, cette analyse utilise des modèles économétriques tels que les *vecteurs autorégressifs* pour anticiper l'impact des dépenses sur les recettes fiscales, et des analyses de scénario pour tester différentes hypothèses économiques. L'analyse inclut également des indicateurs de soutenabilité fiscale, comme le ratio dette/*Produit intérieur brut* et le ratio du service de la dette aux recettes, qui mesurent la capacité des États à maintenir un niveau de dette soutenable malgré les engagements budgétaires imposés par les politiques.

L'efficacité de l'*Évaluation économique* repose sur des partenariats stratégiques avec des organisations internationales et des centres de recherche locaux, qui renforcent les capacités des gouvernements africains en matière de collecte de données et d'analyse[3]. L'accès aux bases de données, aux formations spécialisées et aux méthodologies standardisées, fournit aux décideurs des outils robustes pour mener des évaluations économiques précises, adaptées aux spécificités régionales et nationales. Ces collaborations permettent une application plus

---

[1] Mun, J. (2010). Modeling risk: Applying Monte Carlo risk simulation, strategic real options, stochastic forecasting, and portfolio optimization (Vol. 580). John Wiley & Sons.

[2] Afonso, A., & Sousa, R. M. (2012). The macroeconomic effects of fiscal policy. Applied Economics, 44(34), 4439-4454.

[3] Bass, S., & Dalal-Clayton, B. (2012). Sustainable development strategies: a resource book. Routledge.

rigoureuse des méthodes d'évaluation et renforcent une prise de décision fondée sur des analyses scientifiquement validées et qui répondent aux impératifs de développement durable et inclusif.

8.1.1. L'analyse coût-efficacité

L'*analyse coût-efficacité* est une approche méthodologique essentielle pour évaluer la performance des politiques publiques, dans un contexte où les ressources sont limitées et où les *Objectifs de développement durable* doivent être atteints efficacement. Elle permet de comparer les coûts d'une intervention avec les résultats qu'elle génère, en fournissant des indicateurs de rentabilité cruciaux pour la prise de décision stratégique. À travers l'*analyse coût-efficacité*, les gouvernements peuvent optimiser l'usage des fonds publics, allouer les ressources de manière plus efficiente et améliorer la transparence de leurs interventions[1]. Cette approche, qui repose sur des méthodes quantitatives et qualitatives, offre une base analytique robuste pour évaluer la pertinence des politiques publiques.

L'*analyse coût-efficacité* s'appuie sur des données quantitatives recueillies à l'aide de techniques statistiques rigoureuses, telles que les analyses de régression linéaire, les modèles économétriques, et l'*analyse en composantes principales* pour décomposer les coûts et les effets des interventions[2]. Dans les évaluations de programmes de santé, ces outils permettent de mesurer l'impact en termes de vies sauvées, d'*années de vie ajustées selon la qualité*, ou d'*années de vie ajustées selon l'invalidité*[3]. Ces indicateurs de mesure standardisés sont particulièrement utiles pour comparer les résultats obtenus entre plusieurs politiques et pour évaluer l'efficacité relative des interventions dans un cadre de gestion des ressources axé sur les résultats.

La collecte de données pour l'*analyse coût-efficacité* repose souvent sur des enquêtes de terrain et des études longitudinales qui permettent de suivre les impacts dans le temps et de calculer les coûts unitaires de

---

[1] Liket, K. (2017). Challenges for policy-makers: Accountability and cost-effectiveness. In Handbook of social policy evaluation (pp. 183-202). Edward Elgar Publishing.

[2] Shoukat, A. (2019). Cost-Effectiveness Analysis Using Agent-Based Modelling: A General Framework with Case Studies.

[3] Vos, T., Carter, R., Barendregt, J., Mihalopoulos, C., Veerman, L., Magnus, A., ... & Wallace, A. (2010). Assessing cost-effectiveness in prevention. The University of Queensland, Brisbane, and Deakin University, Melbourne.

chaque intervention[1]. Dans le contexte où les infrastructures de collecte de données peuvent être limitées, des technologies innovantes, telles que les systèmes de suivi mobile et la cartographie *Systèmes d'information géographique*, sont de plus en plus utilisées pour recueillir des informations précises sur les coûts et les résultats des programmes en temps réel. Ces outils permettent de mieux cerner les différences régionales dans la performance des politiques, notamment dans les zones rurales éloignées et les environnements à faible densité de population, en surmontant les barrières géographiques qui freinent traditionnellement la collecte de données.

L'*analyse coût-efficacité* utilise également des *analyses de scénarios* et des tests de sensibilité pour examiner la robustesse des résultats dans différents contextes en prenant en compte les variables exogènes telles que les fluctuations économiques, les changements climatiques ou les crises sanitaires, comme observé dans les analyses postpandémiques[2]. En modifiant les hypothèses de coût unitaire ou de bénéfice projeté, l'*analyse coût-efficacité* peut identifier les seuils critiques où une politique devient inefficace ou inadaptée. Ces *analyses de sensibilité* permettent de tester la stabilité des conclusions et d'offrir aux décideurs des projections plus fiables des impacts futurs des politiques, même dans des environnements incertains[3].

Sur le plan qualitatif, l'*analyse coût-efficacité* inclut des méthodes d'analyse des perceptions et d'acceptabilité sociale, par le biais de techniques telles que les entretiens semi-directifs, les groupes de discussion (*focus groups*) et les études de cas[4]. Cette dimension qualitative est cruciale, car elle permet de saisir les effets contextuels qui influencent l'efficacité des interventions. Dans le secteur de l'éducation, des études peuvent examiner si l'acceptation de programmes de bourses ou de subventions scolaires dépend de la perception de la qualité de l'éducation fournie. De même, des enquêtes auprès des populations bénéficiaires peuvent révéler des obstacles

---

[1] Desplatz, R., & Ferracci, M. (2016). Comment évaluer l'impact des politiques publiques. Évaluation.

[2] Riegg Cellini, S., & Edwin Kee, J. (2015). Cost-effectiveness and cost-benefit analysis. Handbook of practical program evaluation, 636-672.

[3] Razavi, S., Jakeman, A., Saltelli, A., Prieur, C., Iooss, B., Borgonovo, E., ... & Maier, H. R. (2021). The future of sensitivity analysis: an essential discipline for systems modeling and policy support. Environmental Modelling & Software, 137, 104954.

[4] Zachariadis, M., Scott, S., & Barrett, M. (2013). Methodological implications of critical realism for mixed-methods research. MIS quarterly, 855-879.

socioculturels aux programmes de santé publique et influencer leur mise en œuvre et leur succès relatif.

L'un des défis techniques de l'*analyse coût-efficacité* réside dans l'incertitude des estimations de coûts, en raison de la variabilité des prix et des coûts d'opportunité régionaux. Les modèles stochastiques, qui intègrent des distributions de probabilité pour les variables de coût et d'effet, permettent de simuler plusieurs scénarios d'impact et d'identifier les risques financiers associés. Ces simulations, comme celles basées sur les techniques de *Monte Carlo*, offrent une estimation plus précise des coûts réels, en tenant compte des fluctuations des prix et des aléas macroéconomiques[1]. Elles sont particulièrement pertinentes dans les environnements africains, où les économies sont souvent vulnérables aux chocs externes et aux fluctuations des prix mondiaux des matières premières.

Dans le domaine de la santé, par exemple, l'*analyse coût-efficacité* peut évaluer l'efficacité d'un programme de vaccination en calculant le coût par *années de vie ajustées selon la qualité* gagnées, un indicateur reconnu qui mesure les bénéfices en termes de durée et de qualité de vie. Les programmes ayant un coût par *années de vie ajustées selon la qualité* inférieur aux seuils établis par l'Organisation mondiale de la santé pour le contexte africain peuvent être considérés comme rentables et contribuent à une allocation plus optimale des fonds limités. Cette méthode est particulièrement utile pour les programmes de lutte contre les maladies transmissibles, où les coûts et les impacts peuvent varier en fonction des contextes épidémiologiques locaux.

L'*analyse coût-efficacité* permet également une approche comparative entre différents secteurs, ce qui est essentiel pour les gouvernements africains devant faire face à des priorités concurrentes[2]. Une *analyse coût-efficacité* entre les programmes d'accès à l'eau potable et les investissements en infrastructures routières pourrait révéler que, dans certaines régions, les programmes d'eau sont plus rentables en termes de *années de vie ajustées selon l'invalidité* évités ce qui soutient

---

[1] Hong, L. J., Hu, Z., & Liu, G. (2014). Monte Carlo methods for value-at-risk and conditional value-at-risk: a review. ACM Transactions on Modeling and Computer Simulation (TOMACS), 24(4), 1-37.

[2] Watkins, D., Lubinga, S. J., Mayosi, B., & Babigumira, J. B. (2016). A cost-effectiveness tool to guide the prioritization of interventions for rheumatic fever and rheumatic heart disease control in African nations. PLOS Neglected Tropical Diseases, 10(8), e0004860.

une prise de décision éclairée qui maximise les impacts sur la santé publique.

Pour renforcer la rigueur de l'*analyse coût-efficacité*, l'utilisation de méta-analyses et de revues systématiques devient courante et permet de synthétiser les résultats de plusieurs études pour mieux généraliser les conclusions. Ces revues, associées à des modèles d'analyse bayésienne, permettent de pondérer les résultats en fonction de la qualité des données et de l'hétérogénéité des contextes africains et offrent une estimation plus robuste des bénéfices coûts-efficacité dans différentes régions. Elles intègrent les incertitudes et permettent des analyses stratifiées, adaptées aux réalités locales.

La mise en œuvre efficace de l'*analyse coût-efficacité* repose également sur une infrastructure statistique solide et sur la formation de compétences locales. Pour cela, les partenariats entre gouvernements, universités, et organisations internationales sont essentiels afin de renforcer les capacités d'évaluation[1]. Les plateformes collaboratives, telles que celles soutenues par la Banque mondiale ou le Programme des Nations Unies pour le développement, contribuent à promouvoir l'échange de bonnes pratiques et à standardiser les méthodologies d'*analyse coût-efficacité* dans des contextes variés, tout en intégrant des spécificités locales.

Dans le contexte africain, où la dépendance aux financements extérieurs est élevée, l'*analyse coût-efficacité* est également un outil pour démontrer la transparence et la rentabilité des investissements aux bailleurs de fonds internationaux. En montrant l'efficacité de leurs politiques publiques via des indicateurs de rentabilité clairs et validés, les gouvernements africains peuvent renforcer la confiance des partenaires financiers et attirer davantage de soutien pour des projets futurs. De plus, l'*analyse coût-efficacité* sert à répondre aux exigences croissantes de redevabilité, en s'assurant que les fonds publics et internationaux soient utilisés de manière optimale.

Enfin, l'*analyse coût-efficacité* peut être intégrée dans un cadre d'évaluation à long terme, permettant aux décideurs africains de suivre l'évolution des impacts de leurs politiques dans le temps et d'adapter les stratégies en fonction des retours d'expérience[2]. La réévaluation

---

[1] Riegg Cellini, S., & Edwin Kee, J. (2015). Cost-effectiveness and cost-benefit analysis. Handbook of practical program evaluation, 636-672.

[2] Thomas, R., & Chalkidou, K. (2016). Cost–effectiveness analysis. In Health system efficiency: How to make measurement matter for policy and management [Internet]. European Observatory on Health Systems and Policies.

périodique des résultats, couplée aux progrès technologiques en matière de collecte de données, permettra aux gouvernements africains de disposer d'une vision dynamique et précise de la rentabilité de leurs interventions, essentielle pour ajuster les priorités de développement au fur et à mesure que les besoins évoluent.

L'*analyse coût-efficacité* représente un pilier de l'évaluation des politiques publiques et permet une prise de décision basée sur des données solides et une analyse scientifique rigoureuse. Grâce à ses capacités à synthétiser des informations quantitatives et qualitatives, à s'adapter aux contextes locaux, et à fournir une transparence accrue, l'*analyse coût-efficacité* contribue à maximiser les retombées sociales et économiques des politiques publiques dans un contexte de ressources limitées et de défis complexes.

8.1.2. L'analyse coût-bénéfice

L'*analyse coût-bénéfice* est une méthode d'*Évaluation économique* cruciale qui mesure les coûts et les bénéfices monétaires associés à une politique publique afin de déterminer si les avantages surpassent les coûts[1]. Elle constitue un instrument fondamental pour les décideurs politiques africains, car elle permet d'orienter les choix vers les projets générant le plus de valeur économique pour la société. En comparant les coûts et les bénéfices en termes monétaires, l'*analyse coût-bénéfice* aide à identifier les politiques les plus rentables et à maximiser l'impact des ressources allouées[2].

Pour réaliser une *analyse coût-bénéfice* rigoureuse, il est essentiel de quantifier tous les coûts directs et indirects d'une politique, ainsi que les bénéfices générés. Les coûts directs incluent les dépenses immédiates, comme les coûts de mise en œuvre, les salaires et les matériaux. Les coûts indirects, quant à eux, comprennent les dépenses qui ne sont pas directement attribuables au projet mais qui en découlent, tels que les coûts environnementaux ou les impacts sur les infrastructures adjacentes. L'*analyse coût-bénéfice* exige une collecte de données précise pour chaque type de coût, ce qui nécessite souvent le recours à des enquêtes de terrain, à des données économiques locales

---

[1] Hwang, K. (2016). Cost-benefit analysis: its usage and critiques. Journal of Public Affairs, 16(1), 75-80.

[2] Jenkins, G. P., & Harberger, A. C. (2018). Cost-benefit analysis of investment decisions. Cambridge Resources International Incorporated.

et à des estimations de coûts obtenues par des techniques de modélisation[1].

Les bénéfices d'une politique sont également calculés en termes monétaires, mais peuvent inclure des effets difficiles à quantifier[2]. Pour une politique de santé publique, les bénéfices incluent non seulement la réduction des dépenses de santé mais aussi l'amélioration de la productivité grâce à une population en meilleure santé. Pour capter ces effets intangibles, l'*analyses coût-bénéfice* utilise des méthodes d'évaluation contingente qui quantifient la disposition des individus à payer pour des gains non marchands[3]. Dans un contexte où les impacts sociaux des politiques sont souvent primordiaux, l'évaluation contingente permet de traduire les effets non financiers en valeurs monétaires pour rendre l'analyse plus complète.

Les décideurs africains doivent souvent faire face à des choix entre plusieurs projets concurrents, chacun visant à résoudre différents aspects d'un même problème. L'*analyse coût-bénéfice* permet de comparer les projets sur une base économique commune, en évaluant lequel des projets génère le rapport bénéfice-coût le plus favorable[4]. Cette comparaison implique l'utilisation de taux d'actualisation pour ramener les coûts et les bénéfices futurs à leur valeur présente pour tenir compte de l'incertitude et des préférences temporelles. Le choix d'un taux d'actualisation adapté est particulièrement important dans un contexte où les horizons de planification peuvent varier en fonction des financements disponibles et des objectifs de développement à long terme.

L'*analyse coût-bénéfice* peut également intégrer une *analyse de sensibilité*, en testant l'impact de diverses hypothèses et variables économiques. Des changements dans les coûts de la main-d'œuvre, les fluctuations des prix des matériaux, ou l'impact des changements climatiques peuvent modifier de manière significative les résultats d'une *analyse coût-bénéfice*. Les *analyses de sensibilité* sont donc

---

[1] Mishan, E. J., & Quah, E. (2020). Cost-benefit analysis. Routledge.

[2] Ostry, M. J. D., Berg, M. A., & Tsangarides, M. C. G. (2014). Redistribution, inequality, and growth. International Monetary Fund.

[3] Smith, C. (2023). Experienced wellbeing, income, and measurement of the value of non-market outcomes (Doctoral dissertation, Open Access Te Herenga Waka-Victoria University of Wellington).

[4] Volden, G. H. (2019). Assessing public projects' value for money: An empirical study of the usefulness of cost–benefit analyses in decision-making. International Journal of Project Management, 37(4), 549-564.

indispensables pour examiner la robustesse des conclusions, en ajustant les hypothèses de coûts ou de bénéfices pour chaque scénario[1]. Ces tests permettent aux décideurs de mieux appréhender les risques et de prendre des décisions plus résilientes dans des contextes d'incertitude.

Dans le cadre de l'*analyse coût-bénéfice*, les décideurs peuvent également utiliser des analyses de distribution pour évaluer comment les coûts et les bénéfices sont répartis entre différents groupes sociaux ou géographiques[2]. Dans un contexte où les inégalités régionales et socio-économiques sont souvent prononcées, cette analyse distributive permet de s'assurer que les politiques publiques bénéficient équitablement aux diverses communautés et de mesurer les effets redistributifs des politiques. Elle identifie les communautés bénéficiaires et les perdants potentiels d'une intervention pour aider les décideurs à éviter les inégalités structurelles et à promouvoir une croissance plus inclusive.

L'utilisation de techniques probabilistes, comme les simulations de *Monte Carlo*, permet également de raffiner l'*analyse coût-bénéfice*. Les simulations de *Monte Carlo* modélisent des milliers de scénarios possibles en attribuant des distributions de probabilité aux variables clés. Cette approche permet d'anticiper les résultats dans des situations de risque élevé et d'incertitude, en donnant aux décideurs une meilleure visibilité sur les différents résultats possibles et leur probabilité. Dans un contexte où les chocs économiques ou climatiques sont fréquents, cette approche probabiliste est particulièrement précieuse pour des politiques de résilience et de durabilité.

Une *analyse coût-bénéfice* efficace dans le contexte africain nécessite également l'inclusion des impacts environnementaux dans le calcul des coûts et des bénéfices. Une politique de développement d'infrastructures routières doit intégrer les coûts de déforestation et de dégradation des sols. Les méthodes d'évaluation des coûts environnementaux, telles que l'analyse des coûts externes et l'évaluation des dommages écologiques, permettent de quantifier ces effets dans une optique de développement durable[3]. Cela garantit que

---

[1] Jenkins, G. P., & Harberger, A. C. (2018). Cost-benefit analysis of investment decisions. Cambridge Resources International Incorporated.

[2] Bronsteen, J., Buccafusco, C., & Masur, J. S. (2012). Well-being analysis vs. cost-benefit analysis. DukE lJ, 62, 1603.

[3] Losos, E. C., Pfaff, A., Olander, L. P., Mason, S., & Morgan, S. (2019). Reducing environmental risks from belt and road initiative investments in transportation infrastructure. World Bank Policy Research Working Paper, (8718).

les politiques publiques prennent en compte les impacts sur le capital naturel, essentiel pour préserver les écosystèmes africains.

L'*analyse coût-bénéfice* est souvent enrichie par une perspective temporelle, évaluant les bénéfices à court terme versus ceux à long terme. Les décideurs africains doivent parfois privilégier des projets ayant un impact immédiat, comme les programmes de soutien alimentaire, face à des investissements de long terme, comme les infrastructures d'eau. En intégrant cette temporalité dans l'évaluation, les décideurs peuvent mieux équilibrer les besoins urgents des populations avec les *Objectifs de développement durable*.

La coopération avec des institutions internationales et des organisations de recherche est également cruciale pour améliorer la rigueur de l'*analyse coût-bénéfice*. Des partenariats avec des institutions telles que la Banque mondiale ou le Fonds monétaire international fournissent un accès à des bases de données économiques et à des méthodologies standardisées, ce qui facilite des comparaisons interpays. Dans un contexte où les données peuvent parfois être limitées, ces partenariats permettent de combler les lacunes et de renforcer les capacités analytiques au niveau local.

L'*analyse coût-bénéfice* apporte également une plus grande transparence et redevabilité, des aspects particulièrement cruciaux pour les gouvernements africains dépendant souvent de financements extérieurs. En documentant les avantages monétaires et les coûts de manière transparente, cette approche permet aux gouvernements de démontrer l'efficacité de leurs politiques aux bailleurs de fonds. Elle renforce la confiance et attire davantage d'investissements étrangers pour des initiatives futures, en assurant que les fonds publics et internationaux sont utilisés de façon optimale et conforme aux objectifs de développement[1].

Enfin, l'*analyse coût-bénéfice* peut servir de mécanisme de *Suivi et évaluation* pour les politiques à long terme et permet aux gouvernements africains de réévaluer périodiquement leurs priorités et de réorienter leurs ressources en fonction des résultats observés[2]. En intégrant les retours d'expérience et les ajustements en temps réel, cette approche améliore la capacité des gouvernements à atteindre des

[1] Volden, G. H. (2019). Assessing public projects' value for money: An empirical study of the usefulness of cost–benefit analyses in decision-making. International Journal of Project Management, 37(4), 549-564.

[2] Clarke, D. J., & Hill, R. V. (2013). Cost-benefit analysis of the African risk capacity facility (Vol. 1292). Intl Food Policy Res Inst.

Objectifs de développement durable dans un contexte de ressources limitées et de défis croissants.

8.1.3. L'analyse coût-utilité

L'*analyse coût-utilité* est une méthode d'évaluation essentielle dans les politiques sociales, en particulier dans les secteurs de la santé, de l'éducation, et des services sociaux, car elle compare les coûts des interventions avec les bénéfices perçus en termes de bien-être global de la population. Contrairement à l'*analyse coût-bénéfice*, qui monétise les résultats, l'*analyse coût-utilité* exprime les bénéfices en termes d'unités de résultat non monétaires, souvent mesurées en *années de vie ajustées selon la qualité* ou en *années de vie ajustées selon l'invalidité* pour les interventions de santé, mais aussi en années de scolarité de qualité ou en niveau de bien-être pour des politiques éducatives et sociales[1]. Cette méthode permet ainsi d'évaluer l'amélioration du bien-être global des populations visées, en identifiant les interventions qui offrent la plus grande utilité relative pour les ressources disponibles.

Dans le domaine de l'éducation, l'*analyse coût-utilité* permet de mesurer les bénéfices en termes d'*années de scolarité ajustées selon la qualité*, un indicateur qui prend en compte la durée et la qualité de l'apprentissage des élèves[2]. Une politique visant à réduire le taux d'abandon scolaire dans les zones rurales africaines pourrait générer un nombre élevé d'*années de scolarité ajustées selon la qualité* si elle améliore la durée et la qualité de l'éducation, tout en réduisant les coûts associés aux redoublements et à la déperdition scolaire[3]. Cet indicateur est particulièrement pertinent pour les gouvernements africains, où les investissements éducatifs doivent être optimisés pour garantir une éducation de qualité à un maximum d'élèves malgré des ressources limitées.

L'*analyse coût-utilité* peut également s'appliquer aux programmes de protection sociale, en mesurant l'impact des politiques de transfert

---

[1] Calver, M. (2016). Measuring the Appropriate Outcomes for Better Decision-Making: A Framework to Guide the Analysis of Health Policy (No. 2016-03). Centre for the Study of Living Standards.

[2] Tiesteel, E., Watkins, R. C., Stringer, C., Grigorie, A., Sultana, F., & Hughes, J. C. (2024). Where Are the Costs? Using an Economic Analysis of Educational Interventions Approach to Improve the Evaluation of a Regional School Improvement Programme. Education Sciences, 14(9), 957.

[3] Angrist, N., Evans, D. K., Filmer, D., Glennerster, R., Rogers, F. H., & Sabarwal, S. (2020). How to improve education outcomes most efficiently. A Comparison of, 150.

monétaire ou d'assistance sociale sur le bien-être global des communautés bénéficiaires[1]. Ces programmes visent souvent à réduire la pauvreté et à améliorer les conditions de vie des populations les plus vulnérables. Les bénéfices peuvent être mesurés en termes d'amélioration du niveau de bien-être, calculé par exemple en *années de vie ajustées en fonction des conditions de vie améliorées*. Cette mesure permet de comparer différents types d'interventions sociales en fonction de leur capacité à améliorer de façon durable la qualité de vie des communautés bénéficiaires[2].

Dans la mise en œuvre des politiques d'infrastructures sociales, telles que l'accès à l'eau potable ou aux installations sanitaires, l'*analyse coût-utilité* permet de calculer les bénéfices en termes d'*années de vie ajustées selon les conditions de santé publique*. Un programme visant à fournir un accès accru à l'eau potable pourrait générer des gains en *années de vie ajustées en fonction des conditions de vie améliorées* en réduisant les maladies d'origine hydrique, tout en offrant des bénéfices indirects tels qu'une diminution du temps consacré à la collecte d'eau, ce qui améliore également le bien-être des communautés[3].

L'évaluation des programmes de formation et d'accompagnement pour l'insertion professionnelle, qui jouent un rôle crucial dans le développement économique et social, peut également être enrichie par l'*analyse coût-utilité*. En mesurant les *années d'emploi ajustées selon la qualité*, l'analyse permet de comparer différents programmes en fonction de leur capacité à augmenter les chances d'emploi des jeunes tout en améliorant la qualité des opportunités professionnelles[4]. Cela est essentiel dans les contextes où le chômage des jeunes est élevé et où les gouvernements cherchent à favoriser une insertion durable sur le marché du travail.

---

[1] Tappis, H., & Doocy, S. (2018). The effectiveness and value for money of cash-based humanitarian assistance: a systematic review. Journal of Development Effectiveness, 10(1), 121-144.

[2] Maas, K., & Liket, K. (2011). Social impact measurement: Classification of methods. Environmental management accounting and supply chain management, 171-202.

[3] Ross, I. (2021). Measuring and valuing quality of life in the economic evaluation of sanitation interventions (Doctoral dissertation, London School of Hygiene & Tropical Medicine).

[4] Belfield, C. R., Levin, H. M., & Rosen, R. (2012). The Economic Value of Opportunity Youth. Corporation for national and community service.

L'*analyse coût-utilité* prend également en compte les taux d'actualisation pour ramener les bénéfices futurs à leur valeur présente pour mieux évaluer les impacts à long terme des politiques sociales et éducatives[1]. Dans un contexte où les défis économiques et sociaux évoluent rapidement, le choix du taux d'actualisation est crucial pour apprécier l'utilité des interventions ayant des effets différés, comme les programmes d'alphabétisation des adultes ou les initiatives de nutrition infantile. L'actualisation permet ainsi de comparer les bénéfices actuels avec ceux attendus dans le futur, ce qui est essentiel pour garantir que les investissements publics produisent des résultats durables.

Les *analyses de sensibilité* jouent un rôle clé dans l'*analyse coût-utilité*, car elles permettent de tester la robustesse des résultats face aux variations de coût ou d'impact. Les coûts d'un programme d'éducation peuvent fluctuer en fonction des ressources disponibles ou des frais de formation du personnel. Dans un contexte où les coûts et les ressources peuvent varier considérablement selon les régions, les *analyses de sensibilité* permettent d'assurer que les résultats de l'*analyse coût-utilité* restent pertinents malgré ces fluctuations. Ces tests de robustesse aident les décideurs à prendre des décisions plus flexibles et à adapter les politiques en fonction des changements contextuels.

Les *modèles de simulation*, tels que *les modèles de Markov*, sont également utilisés dans l'*analyse coût-utilité* pour simuler les trajectoires de bien-être et de qualité de vie des communautés bénéficiaires en fonction des différentes options de politique. Ces modèles permettent de suivre l'évolution des conditions des communautés bénéficiaires dans le temps, en tenant compte des changements dans les conditions de vie, de santé et d'éducation[2]. Ces modèles sont particulièrement utiles dans les environnements où le suivi des données peut être limité, car ils permettent de projeter les impacts potentiels des politiques sur la base de données disponibles.

L'*analyse coût-utilité* est enrichie par l'inclusion des bénéfices sociaux et communautaires, notamment dans les politiques visant l'inclusion des groupes marginalisés. Un programme d'éducation inclusive pour les enfants en situation de handicap peut générer des gains en termes d'*années d'éducation ajustées en fonction de la qualité* pour ces enfants, tout en contribuant à réduire les inégalités et à

[1] Franklin, M. (2017). Cost utility analysis. Mental Health Economics: The Costs and Benefits of Psychiatric Care, 89-119.

[2] Tew, M. S. P. (2020). Advancing economic evaluation methods for better medical decision making through real-world, longitudinal data. Health Economics.

renforcer la cohésion sociale. Dans un contexte où les inégalités sociales sont souvent marquées, ces bénéfices non monétaires sont essentiels pour évaluer la pertinence des politiques inclusives et leur impact à long terme sur la société[1].

Les partenariats avec des organisations internationales, des universités, et des instituts de recherche contribuent à renforcer les capacités locales pour mener des analyses coût-utilité rigoureuses et adaptées aux besoins locaux. Des collaborations avec des institutions telles que l'Organisation des Nations Unies pour l'éducation, la science et la culture pour l'éducation ou le Fonds des Nations Unies pour l'enfance pour la santé maternelle et infantile fournissent des méthodologies éprouvées et des données comparatives pour améliorer la qualité des analyses[2]. Ces partenariats sont cruciaux pour compenser les lacunes dans les données et pour standardiser les pratiques d'évaluation.

L'*analyse coût-utilité* joue également un rôle de transparence et de redevabilité pour les gouvernements africains, en leur permettant de justifier leurs choix politiques auprès des bailleurs de fonds et des citoyens. En documentant les gains de bien-être obtenus pour chaque unité de coût dépensée, cette approche offre une base de comparaison objective des différentes politiques sociales. Cette transparence favorise la confiance du public et des partenaires financiers, en assurant que les ressources publiques sont allouées de manière optimale et en fonction des priorités de développement.

L'*analyse coût-utilité* est un pilier fondamental pour l'évaluation des politiques sociales en permettant une comparaison rigoureuse des interventions en fonction de leur utilité réelle pour la population. En intégrant des mesures de qualité de vie dans divers secteurs tels que l'éducation, la santé et l'inclusion sociale, elle aide les gouvernements à orienter les ressources vers les politiques qui génèrent le plus de bénéfices en termes de bien-être et de qualité de vie[3]. Cette approche contribue à un développement social plus équitable et durable, en

---

[1] Llena-Nozal, A., Martin, N., & Murtin, F. (2019). The economy of well-being: Creating opportunities for people's well-being and economic growth.

[2] Ahmed, S. M., Rawal, L. B., Chowdhury, S. A., Murray, J., Arscott-Mills, S., Jack, S., ... & Kuruvilla, S. (2016). Cross-country analysis of strategies for achieving progress towards global goals for women's and children's health. Bulletin of the World Health Organization, 94(5), 351.

[3] Nuijten, M. J., & Dubois, D. J. (2011). Cost-utility analysis: current methodological issues and future perspectives. Frontiers in pharmacology, 2, 29.

fournissant aux décideurs des outils analytiques pour optimiser l'impact des politiques dans un contexte de ressources limitées et de défis sociaux complexes.

8.1.4. L'analyse d'efficience

L'*analyse d'efficience* est un outil clé pour évaluer la productivité des ressources engagées dans les politiques publiques, en mesurant dans quelle mesure les ressources (financières, humaines, matérielles) sont optimisées pour maximiser les résultats. Cette approche permet aux décideurs de s'assurer que les ressources limitées sont utilisées de manière optimale pour générer des impacts significatifs, en identifiant les secteurs où les gains en efficience peuvent être accrus. Dans un contexte où les contraintes budgétaires et les défis de gestion sont fréquents, l'*analyse d'efficience* fournit une base analytique rigoureuse pour orienter les investissements publics et renforcer l'efficacité des politiques[1].

L'*analyse d'efficience* repose sur des indicateurs de productivité et de rendement, qui permettent de comparer les ressources investies avec les résultats obtenus. L'un des indicateurs les plus courants est le ratio de rendement, qui mesure la quantité de résultats générés pour chaque unité de ressource investie[2]. Dans le secteur de l'éducation, le ratio de rendement peut exprimer le nombre d'élèves formés pour chaque dollar investi dans des programmes de formation continue pour les enseignants. Ce ratio permet ainsi de comparer les efficacités relatives de différents programmes, en mettant en lumière ceux qui offrent le meilleur rapport entre les ressources engagées et les résultats obtenus.

Les techniques d'*analyse d'efficience* intègrent également des mesures de rendement marginal, qui évaluent l'impact supplémentaire de chaque unité de ressource ajoutée. En d'autres termes, l'efficacité marginale examine les gains en résultats pour chaque investissement additionnel. Cette approche est essentielle pour identifier les points de saturation, où une augmentation des ressources n'entraîne plus de gains

[1] Dubnick, M., & Frederickson, H. G. (2011). Public accountability: Performance measurement, the extended state, and the search for trust. National Academy of Public Administration & The Kettering Foundation.

[2] Caiado, R. G. G., Quelhas, O. L. G., Nascimento, D. L. D. M., Anholon, R., & Leal Filho, W. (2019). Towards sustainability by aligning operational programmes and sustainable performance measures. Production Planning & Control, 30(5-6), 413-425.

proportionnels[1]. Dans un contexte où les ressources sont particulièrement précieuses, cette analyse permet de cibler les investissements additionnels dans les secteurs où ils produiront les plus grands bénéfices marginaux.

L'*analyse d'efficience* inclut également des évaluations comparatives, comme l'analyse des frontières d'efficience, qui utilisent des techniques de benchmarking pour comparer les performances d'un programme par rapport à d'autres interventions similaires. Cette approche permet aux gouvernements de repérer les pratiques exemplaires et de s'inspirer des programmes les plus performants dans des contextes similaires. Des méthodes comme l'*analyse de données en enveloppement* permettent de quantifier l'efficience relative des unités de production, en comparant les résultats obtenus par des entités qui mobilisent des ressources comparables[2].

L'*analyse d'efficience* intègre aussi des techniques de régression pour identifier les facteurs déterminants de la productivité et pour comprendre les conditions dans lesquelles les ressources sont les plus efficacement utilisées. Des modèles de régression peuvent aider à évaluer comment différents niveaux d'investissement en formation des enseignants influencent la performance scolaire[3]. Ces modèles permettent aux décideurs d'identifier les variables contextuelles qui améliorent ou limitent l'efficience des politiques, comme l'accès aux infrastructures ou la disponibilité de main-d'œuvre qualifiée.

Dans les politiques de santé publique, l'*analyse d'efficience* peut être appliquée pour optimiser l'allocation des ressources entre les différents niveaux de soins ou pour évaluer l'impact des ressources humaines dans les hôpitaux et cliniques[4]. En comparant l'efficacité relative de chaque centre de santé, les décideurs peuvent allouer davantage de ressources

---

[1] Di Maio, F., Rem, P. C., Baldé, K., & Polder, M. (2017). Measuring resource efficiency and circular economy: A market value approach. Resources, Conservation and Recycling, 122, 163-171.

[2] Tesfay, H., & Tesfay, A. (2013). Relative efficiency of rural saving and credit cooperatives: An application of data envelopment analysis. International Journal of Cooperative Studies, 2(1), 16-25.

[3] Surur, M., Wibawa, R. P., Jaya, F., Suparto, A. A., Harefa, D., Faidi, A., ... & Purwanto, A. (2020). Effect of education operational cost on the education quality with the school productivity as moderating variable. Psychology and Education, 57(9), 1196-1205.

[4] Cylus, J., Papanicolas, I., Smith, P. C., & World Health Organization. (2016). Health system efficiency: how to make measurement matter for policy and management. World Health Organization. Regional Office for Europe.

aux établissements les plus performants ou adopter des pratiques efficientes pour améliorer les performances des établissements moins productifs. Cette approche est essentielle, où les systèmes de santé sont souvent contraints par des budgets restreints et un accès limité aux infrastructures.

L'*analyse d'efficience* s'applique aussi aux politiques de développement des infrastructures, en mesurant la productivité des investissements dans les routes, l'eau, ou l'électricité. L'efficience des infrastructures routières peut être évaluée en termes de coûts par kilomètre construit ou en termes de réduction des temps de trajet pour chaque unité monétaire investie[1]. Dans un contexte où les infrastructures de base restent un enjeu majeur, l'*analyse d'efficience* permet de prioriser les projets offrant les meilleurs rendements sociaux et économiques.

Les secteurs de l'éducation et de la formation professionnelle bénéficient également de l'*analyse d'efficience*, qui permet de comparer les rendements des programmes éducatifs par rapport aux coûts de formation et de matériel. L'analyse des coûts par élève formé, combinée aux mesures de qualité de l'apprentissage, permet aux décideurs d'identifier les programmes éducatifs les plus efficients, et d'allouer des ressources aux initiatives les plus prometteuses[2]. Dans un contexte où les besoins éducatifs sont immenses et les ressources limitées, cette analyse permet de maximiser l'impact des politiques éducatives.

L'*analyse d'efficience* peut intégrer des techniques de modélisation économique pour simuler différents scénarios de ressources et évaluer les rendements projetés. Les *modèles de simulation* de politiques peuvent aider les gouvernements africains à évaluer comment les modifications budgétaires influenceraient l'efficience des programmes sociaux. Ces simulations permettent de tester l'impact de changements dans la main-d'œuvre, les coûts des matériaux, ou la demande pour les services, aidant ainsi les décideurs à optimiser les politiques même dans des conditions incertaines[3].

---

[1] Azolibe, C. B., & Okonkwo, J. J. (2020). Infrastructure development and industrial sector productivity in Sub-Saharan Africa. Journal of Economics and Development, 22(1), 91-109.

[2] Dickeson, R. C. (2010). Prioritizing academic programs and services: Reallocating resources to achieve strategic balance, revised and updated. John Wiley & Sons.

[3] Mun, J. (2012). Real options analysis: Tools and techniques for valuing strategic investments and decisions (Vol. 320). John Wiley & Sons.

Dans un cadre plus large, l'*analyse d'efficience* peut être étendue pour inclure les impacts indirects, comme les bénéfices socio-économiques générés par des politiques efficientes. Des investissements efficients dans l'agriculture peuvent non seulement améliorer les rendements agricoles mais aussi stimuler l'emploi rural, augmenter les revenus des familles et renforcer la sécurité alimentaire[1]. Dans un contexte où le développement agricole est central pour la croissance économique, l'*analyse d'efficience* est cruciale pour maximiser les retombées positives des politiques agricoles.

L'*analyse d'efficience* permet également de renforcer la redevabilité des politiques publiques, car elle offre une base objective pour justifier les choix budgétaires et l'allocation des ressources. En documentant les rendements des investissements publics, cette approche assure aux citoyens et aux bailleurs de fonds que les ressources sont gérées de manière optimale, et qu'elles génèrent des résultats proportionnels aux efforts engagés. Dans un contexte où la transparence de la gestion publique est une priorité, l'*analyse d'efficience* contribue à accroître la confiance du public et des partenaires financiers.

La collaboration avec des organisations internationales et des instituts de recherche renforce la capacité des gouvernements africains à mener des *analyses d'efficience* rigoureuses et adaptées aux spécificités locales. Des partenariats avec des institutions telles que la Banque africaine de développement ou l'Organisation de coopération et de développement économiques permettent de standardiser les méthodologies et d'accéder à des données comparatives, ce qui facilite l'identification des pratiques efficientes. Ces collaborations permettent également d'améliorer les compétences locales en matière d'analyse économique et de *Gestion de la performance*.

L'*analyse d'efficience* est un levier essentiel pour optimiser la gestion des ressources publiques, en garantissant que chaque unité de ressource engagée produit les résultats les plus élevés possibles. Par sa capacité à comparer les rendements des investissements, à identifier les gains marginaux, et à s'adapter aux conditions changeantes, l'*analyse d'efficience* permet aux décideurs africains de maximiser l'impact des politiques dans un contexte de contraintes budgétaires et de défis de développement.

---

[1] Mozumdar, L. (2012). Agricultural productivity and food security in the developing world. Bangladesh Journal of Agricultural Economics, 35, 53-69.

8.1.5. L'analyse d'impact fiscal

L'*analyse d'impact fiscal* est une composante cruciale de l'évaluation des politiques publiques, car elle examine les effets financiers des interventions sur les finances publiques en termes de recettes, de dépenses et de déficit[1]. Cette analyse permet aux décideurs de mesurer l'ampleur des implications budgétaires et fiscales des politiques, en s'assurant que celles-ci sont soutenables à long terme. Dans le contexte africain, où les gouvernements font face à des ressources fiscales limitées et des contraintes budgétaires croissantes, l'*analyse d'impact fiscal* aide à évaluer la viabilité des programmes publics, tout en assurant une gestion prudente des ressources publiques.

L'*analyse d'impact fiscal* commence par une évaluation des coûts directs et indirects associés à une politique, y compris les dépenses de mise en œuvre, d'administration et de suivi. Ces coûts peuvent être influencés par des facteurs spécifiques tels que la volatilité des prix des matières premières, la disponibilité des infrastructures ou la fluctuation des taux de change. L'analyse permet d'identifier les charges financières que les politiques imposeront sur le budget de l'État, en intégrant des estimations détaillées des coûts initiaux et des coûts récurrents pour chaque période budgétaire[2].

L'analyse des recettes fiscales est une autre dimension fondamentale de l'*analyse d'impact fiscal*. Cette composante examine comment une politique publique peut affecter les recettes de l'État en termes de taxes, d'impôts et de droits de douane[3]. Une politique de subventions agricoles peut avoir un impact positif en stimulant la production agricole, ce qui peut entraîner une augmentation des recettes fiscales par la suite. Dans un contexte où la base fiscale est souvent étroite, cette analyse permet de prévoir les recettes potentielles générées par les politiques et d'évaluer si elles compensent, partiellement ou totalement, les coûts engagés. Elle inclut souvent des projections des recettes futures fondées sur des modèles de croissance économique, qui prennent en compte les effets multiplicateurs des dépenses publiques.

---

[1] Kirchner, M., & van Wijnbergen, S. (2016). Fiscal deficits, financial fragility, and the effectiveness of government policies. Journal of Monetary Economics, 80, 51-68.

[2] Burchell, R. W., & Listokin, D. (2012). The fiscal impact handbook: Estimating local costs and revenues of land development. Transaction Publishers.

[3] Martinez-Vazquez, J., Moreno-Dodson, B., & Vulovic, V. (2012). The impact of tax and expenditure policies on income distribution: Evidence from a large panel of countries. Andrew Young School of Policy Studies Research Paper Series, (12-30).

Les modèles économétriques jouent un rôle central dans l'*analyse d'impact fiscal*, car ils permettent de simuler les effets d'une politique sur les principales variables budgétaires et fiscales[1]. Des modèles de régression et des modèles *vector autoregression* peuvent être utilisés pour estimer comment une augmentation des dépenses publiques dans un secteur donné, comme l'éducation ou la santé, pourrait affecter les recettes fiscales ou la croissance économique au fil du temps. Dans un contexte où les gouvernements cherchent souvent à équilibrer les investissements publics avec les impératifs de stabilité fiscale, ces modèles aident à évaluer les impacts potentiels de nouvelles politiques tout en anticipant les fluctuations de la conjoncture économique.

L'*analyse d'impact fiscal* inclut également l'examen des effets de substitution et des externalités fiscales, qui surviennent lorsque les politiques influencent indirectement d'autres secteurs[2]. Une politique d'aide sociale pourrait réduire la dépendance des populations vulnérables aux services d'urgence, ce qui pourrait diminuer les dépenses publiques dans le secteur de la santé[3]. Ces effets de substitution sont intégrés dans l'analyse pour s'assurer que tous les impacts financiers, directs et indirects, sont pris en compte. Ces externalités fiscales sont particulièrement importantes dans les secteurs interdépendants, où les ressources limitées nécessitent une planification coordonnée entre les ministères.

L'analyse de la dette publique fait également partie de l'*analyse d'impact fiscal*, en particulier pour les politiques nécessitant un financement extérieur ou interne. Cette composante permet de mesurer les effets des politiques sur le service de la dette et sur le ratio dette/*Produit intérieur brut*, un indicateur essentiel pour évaluer la soutenabilité des finances publiques à long terme[4]. Les modèles d'analyse de la dette intègrent souvent des scénarios basés sur différents taux de croissance, taux d'intérêt et projections de déficit budgétaire, et permettent aux gouvernements africains de prévoir les implications de

---

[1] Auerbach, A. J., & Gorodnichenko, Y. (2012). Measuring the output responses to fiscal policy. American Economic Journal: Economic Policy, 4(2), 1-27.

[2] Silva, T. C., Guerra, S. M., & dos Santos, M. V. B. (2022). The role of externalities in fiscal efficiency. Empirical Economics, 62(6), 2827-2864.

[3] Blau, J., & Abramovitz, M. (2010). The dynamics of social welfare policy. Oxford University Press, USA.

[4] Mustapha, S., & Prizzon, A. (2015). Debt sustainability and debt management in developing Countries. Economic and Private Sector Professional Evidence and Applied Knowledge Service Topic Guide. London: Overseas Development Institute.

la dette générée par de nouvelles politiques et d'adopter des stratégies de gestion de la dette qui minimisent les risques fiscaux.

L'*analyse d'impact fiscal* utilise également des techniques de scénarisation pour anticiper les différents impacts possibles d'une politique en fonction de divers paramètres économiques. Des scénarios optimistes, neutres et pessimistes peuvent être élaborés pour mesurer les impacts fiscaux d'un programme de dépenses dans un contexte de croissance ou de ralentissement économique[1]. Dans un contexte où les chocs économiques peuvent être fréquents et significatifs, la scénarisation aide les gouvernements à évaluer la robustesse des politiques face à différents environnements économiques, permettant une planification budgétaire plus résiliente.

Les *analyses de sensibilité* appliquées à l'*analyse d'impact fiscal* permettent de tester l'effet des variations des hypothèses de base, comme les taux d'intérêt, les niveaux de croissance économique, ou les taux de recouvrement des impôts[2]. Dans un contexte où les économies peuvent être sensibles aux chocs extérieurs, ces analyses permettent de voir comment de petites modifications dans les paramètres économiques pourraient affecter le budget et les finances publiques à long terme. Une *analyse de sensibilité* pourrait montrer comment une hausse imprévue des taux d'intérêt internationaux pourrait alourdir le coût du service de la dette publique pour un projet financé par des emprunts[3].

L'évaluation de la soutenabilité fiscale est un pilier de l'*analyse d'impact fiscal*, car elle détermine si les effets budgétaires d'une politique sont viables sur plusieurs cycles budgétaires[4]. Dans un contexte où les gouvernements sont souvent contraints de financer leurs programmes par des emprunts, l'évaluation de la soutenabilité fiscale aide à identifier les projets qui pourraient augmenter le risque de déficit structurel ou exacerber les tensions sur la dette publique. Les indicateurs de soutenabilité, comme le ratio dette/*Produit intérieur*

---

[1] Schroeder, M. J., & Lambert, J. H. (2011). Scenario-based multiple criteria analysis for infrastructure policy impacts and planning. Journal of Risk Research, 14(2), 191-214.

[2] Arnold, J. M., Brys, B., Heady, C., Johansson, Å., Schwellnus, C., & Vartia, L. (2011). Tax policy for economic recovery and growth. The economic journal, 121(550), F59-F80.

[3] Traum, N., & Yang, S. C. S. (2015). When does government debt crowd out investment?. Journal of Applied Econometrics, 30(1), 24-45.

[4] Dumičić, M. (2019). Linkages between fiscal policy and financial (in) stability. Journal of central banking theory and practice, 8(1), 97-109.

brut, le ratio du service de la dette aux recettes, ou le niveau des déficits structurels, permettent de vérifier si les politiques sont compatibles avec une gestion fiscale responsable[1].

Dans le cadre de l'*analyse d'impact fiscal*, les impacts régionaux sont également pris en compte, car les politiques publiques peuvent avoir des répercussions fiscales différentes selon les régions. Une politique de développement régional ciblée pourrait générer des recettes fiscales importantes dans des zones spécifiques tout en nécessitant des investissements initiaux plus élevés. Dans un contexte où les disparités régionales sont souvent marquées, cette dimension de l'analyse permet aux gouvernements de mieux allouer les ressources et d'anticiper les effets fiscaux selon les contextes locaux.

Les impacts fiscaux intertemporels sont également intégrés dans l'analyse pour examiner comment les coûts et les recettes évoluent au fil du temps. Cette approche permet de mesurer les effets différés des politiques, comme les investissements en infrastructures qui peuvent nécessiter des coûts initiaux importants mais générer des bénéfices fiscaux sur plusieurs décennies[2]. Dans un contexte où les gouvernements doivent équilibrer les besoins de développement immédiats avec les impératifs de soutenabilité à long terme, cette analyse est essentielle pour éviter des charges fiscales excessives sur les générations futures.

L'*analyse d'impact fiscal* favorise aussi la transparence et la redevabilité des politiques publiques, en fournissant des informations détaillées sur les implications budgétaires pour les parties prenantes, les bailleurs de fonds et les citoyens[3]. En documentant les impacts financiers, cette analyse aide les gouvernements africains à justifier leurs décisions en matière de dépenses et de recettes, tout en assurant que les politiques sont soutenues par des bases financières solides et transparentes. Cela contribue à renforcer la confiance dans les

---

[1] Mustapha, S., & Prizzon, A. (2015). Debt sustainability and debt management in developing Countries. Economic and Private Sector Professional Evidence and Applied Knowledge Service Topic Guide. London: Overseas Development Institute.
[2] Leduc, S., & Wilson, D. (2013). Roads to prosperity or bridges to nowhere? Theory and evidence on the impact of public infrastructure investment. NBER Macroeconomics Annual, 27(1), 89-142.
[3] Loozekoot, A., & Dijkstra, G. (2017). Public accountability and the Public Expenditure and Financial Accountability tool: an assessment. International Review of Administrative Sciences, 83(4), 806-825.

institutions et à attirer des financements extérieurs pour les projets prioritaires.

La collaboration avec des institutions internationales, des banques de développement et des organisations régionales renforce les capacités des gouvernements africains à réaliser des analyses d'impact fiscal rigoureuses et adaptées aux contextes locaux[1]. Ces partenariats offrent un accès à des modèles de projection budgétaire standardisés, à des méthodologies de simulation fiscale, et à des données macroéconomiques comparatives, ce qui facilite une évaluation plus complète et cohérente. La Banque africaine de développement et le Fonds monétaire international fournissent des formations et des outils d'analyse aux ministères des finances pour améliorer la gestion fiscale et budgétaire dans des environnements à risques élevés.

L'*analyse d'impact fiscal* est un outil analytique essentiel pour les gouvernements africains, car elle permet de s'assurer que les politiques publiques sont soutenables financièrement et qu'elles n'imposent pas de charges excessives sur les finances publiques[2]. Par sa capacité à projeter les effets financiers, à évaluer la soutenabilité de la dette, et à anticiper les impacts budgétaires, l'*analyse d'impact fiscal* aide les décideurs à naviguer dans un environnement économique complexe tout en maintenant une gestion responsable et durable des ressources publiques.

8.1.6. L'analyse de viabilité financière

L'*analyse de viabilité financière* est un outil essentiel pour évaluer la capacité des gouvernements à financer et à maintenir les politiques publiques sur le long terme, en intégrant les contraintes budgétaires actuelles et les prévisions futures[3]. Cette analyse se concentre sur la question cruciale de savoir si les ressources nécessaires pour maintenir une politique donnée sont disponibles de manière continue et durable, en particulier dans des contextes de ressources limitées. Dans un contexte où les budgets publics sont souvent soumis à des fluctuations et où les dépendances aux financements extérieurs sont fréquentes, l'*analyse de viabilité financière* aide à garantir que les programmes et

---

[1] Maimbo, S. M., Faye, I., & Triki, T. (2011). Financing Africa: Through the crisis and beyond. World Bank Publications.

[2] Bhatia, H. L. (2018). Public finance. Vikas Publishing House.

[3] Berg, M. A., Portillo, R., Buffie, M. E. F., Pattillo, M. C. A., & Zanna, L. F. (2012). Public investment, growth, and debt sustainability: Putting together the pieces. International Monetary Fund.

politiques prioritaires pourront être soutenus financièrement sans compromettre la stabilité économique et fiscale[1].

L'*analyse de viabilité financière* commence par une évaluation exhaustive des coûts de la politique, en incluant les coûts initiaux, les coûts récurrents, et les éventuels coûts d'entretien et d'adaptation[2]. Cette approche permet de cartographier les ressources financières nécessaires à chaque étape du cycle de vie de la politique, en intégrant des prévisions de coûts qui tiennent compte des variations de prix, de l'inflation, et des fluctuations des taux de change. Dans un contexte où les coûts peuvent varier significativement en raison de la volatilité des marchés mondiaux, cette évaluation permet de mieux anticiper les besoins budgétaires et d'éviter les défaillances financières imprévues.

Un aspect fondamental de l'*analyse de viabilité financière* est la projection des flux de trésorerie (*cash flows*), qui permet de comparer les ressources disponibles avec les dépenses projetées pour la durée de vie de la politique[3]. Les projections de flux de trésorerie utilisent des modèles de prévision budgétaire pour estimer les entrées et sorties de fonds sur plusieurs années en intégrant les prévisions de croissance économique, les revenus fiscaux anticipés, et les éventuelles subventions ou financements extérieurs. Dans un contexte où les ressources sont souvent incertaines et les recettes fiscales volatiles, ces projections aident les gouvernements à planifier de manière proactive et à s'assurer que les ressources financières restent disponibles pour soutenir les politiques publiques sans interruption.

L'évaluation de la soutenabilité des revenus constitue une autre dimension clé de l'*analyse de viabilité financière*, en examinant la capacité des recettes à couvrir les coûts de la politique à long terme. Dans un contexte où les bases fiscales peuvent être étroites et les sources de revenus limitées, l'évaluation de la soutenabilité des revenus permet de déterminer si les recettes fiscales, les droits de douane, et les autres sources de financement sont suffisants pour maintenir les

---

[1] Barua, S. (2020). Financing sustainable development goals: A review of challenges and mitigation strategies. Business Strategy & Development, 3(3), 277-293.

[2] Adrian, T., & Liang, N. (2018). Monetary policy, financial conditions, and financial stability. 52nd issue (January 2018) of the International Journal of Central Banking.

[3] Götze, U., Northcott, D., & Schuster, P. (2015). Investment appraisal. Methods and models, 2.

programmes au-delà de leur lancement[1]. Cela inclut également l'analyse des effets des cycles économiques sur les recettes publiques et l'identification de stratégies de mobilisation des ressources pour diversifier les revenus et réduire la dépendance aux financements volatils.

L'*analyse de viabilité financière* utilise des indicateurs de performance budgétaire et de soutenabilité, tels que le ratio dépenses/revenus, le ratio de couverture des coûts, et le niveau de dépendance aux financements extérieurs[2]. Ces indicateurs fournissent une mesure quantitative de la capacité d'une politique à être maintenue sans déséquilibrer les finances publiques. Un ratio dépenses/revenus élevé indique une forte charge budgétaire, tandis qu'un faible ratio de couverture des coûts peut signaler un risque d'insoutenabilité financière[3]. Ces indicateurs permettent d'identifier les politiques nécessitant des ajustements budgétaires ou des sources de financement alternatives pour garantir leur viabilité.

La viabilité de la dette est un autre pilier de l'*analyse de viabilité financière*, en particulier pour les politiques qui nécessitent un endettement pour leur financement. Les modèles de soutenabilité de la dette publique, tels que les analyses de ratio dette/*Produit intérieur brut* ou du service de la dette aux revenus, sont utilisés pour s'assurer que les obligations financières à long terme ne mettent pas en péril la stabilité budgétaire. Dans un contexte où les financements extérieurs sont souvent nécessaires pour les grands projets d'infrastructures et de développement, ces analyses aident les gouvernements à gérer la dette de manière prudente, évitant ainsi des niveaux d'endettement qui pourraient devenir insoutenables dans le futur.

Les techniques de scénarisation et les *analyses de sensibilité* sont également intégrées dans l'*analyse de viabilité financière* pour tester la robustesse des politiques face à divers paramètres économiques. En simulant l'impact d'une baisse des revenus fiscaux ou d'une

---

[1] Frias-Aceituno, J. V., Rodríguez-Ariza, L., & Garcia-Sánchez, I. M. (2014). Explanatory factors of integrated sustainability and financial reporting. Business strategy and the environment, 23(1), 56-72.

[2] Hemming, R. (2013). The macroeconomic framework for managing public finances. In The International Handbook of Public Financial Management (pp. 17-37). London: Palgrave Macmillan UK.

[3] Dappe, M. H., Foster, V., Musacchio, A., & Ter-Minassian, T. (2023). Off the Books: Understanding and Mitigating the Fiscal Risks of Infrastructure. World Bank Publications.

augmentation des coûts d'importation, les gouvernements peuvent évaluer si la politique reste viable dans des scénarios défavorables. Dans un contexte où les chocs économiques, politiques et environnementaux sont fréquents, ces analyses permettent de développer des stratégies de résilience pour les politiques publiques, garantissant leur maintien malgré les incertitudes.

L'*analyse de viabilité financière* examine aussi les risques de dépendance aux financements externes, en particulier dans les pays africains où une part importante des budgets publics repose sur l'aide internationale et les prêts multilatéraux[1]. Cette dépendance peut présenter des risques pour la continuité des politiques si les flux de financements externes sont réduits ou suspendus. En intégrant cette dimension, l'*analyse de viabilité financière* évalue la capacité d'une politique à être maintenue même en cas de réduction des financements internationaux, en identifiant des sources de financement internes alternatives ou en élaborant des stratégies de réduction progressive des coûts.

Dans l'*analyse de viabilité financière*, la prise en compte des externalités économiques est essentielle, car les politiques publiques peuvent générer des coûts et des bénéfices indirects influençant leur viabilité[2]. Un projet d'infrastructure, bien qu'il implique des coûts initiaux élevés, peut entraîner des effets multiplicateurs, comme la création d'emplois et l'augmentation des revenus fiscaux locaux, qui contribuent à renforcer la viabilité financière à long terme. Dans un contexte où les investissements en infrastructures sont cruciaux pour le développement économique, cette évaluation des externalités aide à saisir les impacts économiques globaux des politiques et à mieux justifier les coûts initiaux.

L'*analyse de viabilité financière* inclut souvent des partenariats avec des institutions de développement, des banques multilatérales, et des partenaires internationaux pour renforcer la soutenabilité des politiques. Ces collaborations permettent d'accéder à des ressources financières, des connaissances techniques et des méthodologies de gestion budgétaire, qui facilitent l'optimisation des politiques et des

---

[1] Lu, C., Schneider, M. T., Gubbins, P., Leach-Kemon, K., Jamison, D., & Murray, C. J. (2010). Public financing of health in developing countries: a cross-national systematic analysis. The Lancet, 375(9723), 1375-1387.

[2] Bithas, K. (2011). Sustainability and externalities: Is the internalization of externalities a sufficient condition for sustainability?. Ecological economics, 70(10), 1703-1706.

programmes. Des accords de cofinancement avec la Banque mondiale ou la Banque africaine de développement peuvent alléger la charge financière directe des gouvernements, tout en assurant un appui technique pour garantir la viabilité des projets à long terme[1].

La viabilité fiscale intertemporelle est une composante de l'*analyse de viabilité financière* qui mesure l'impact des politiques actuelles sur les générations futures[2]. Cette approche évalue si les engagements pris aujourd'hui pourront être soutenus par les revenus futurs sans imposer une charge excessive aux générations suivantes. Dans un contexte où les gouvernements cherchent à construire des infrastructures et à améliorer les services sociaux tout en préservant la stabilité budgétaire, cette évaluation intertemporelle aide à déterminer si les dépenses actuelles sont soutenables sans entraîner une accumulation de dettes futures insoutenables.

L'*analyse de viabilité financière* favorise également la transparence et la redevabilité en documentant les implications financières des politiques publiques pour les parties prenantes, y compris les bailleurs de fonds, les citoyens, et les *partenaires de développement*[3]. En fournissant des informations claires sur les coûts et les ressources disponibles, cette analyse aide les gouvernements africains à justifier leurs choix budgétaires et à renforcer la confiance dans la gestion publique. Elle permet également aux bailleurs de fonds d'évaluer la crédibilité financière des politiques soutenues et d'encourager une gestion responsable des ressources.

L'*analyse de viabilité financière* est un instrument analytique incontournable pour les décideurs, car elle permet de s'assurer que les politiques publiques peuvent être financées de manière durable dans le temps. Grâce à sa capacité à projeter les besoins financiers, à évaluer la dépendance aux financements extérieurs, et à identifier les *risques économiques*, elle offre une base solide pour une planification budgétaire prudente et une gestion des ressources alignée avec les *Objectifs de développement durable*.

---

[1] Ashiagbor, D., Deiana, R., Kappeler, A., Minsat, A., & Nguyen-Quoc, T. (2018). 9. financing infrastructure in africa. Banking in Africa, 201.

[2] Sarvi, T. (2011). Some approaches for assessing the sustainability of public finances (Master's thesis).

[3] Carlitz, R. (2013). Improving transparency and accountability in the budget process: An assessment of recent initiatives. Development Policy Review, 31, s49-s67.

8.1.7. L'analyse de l'équité économique

L'*analyse de l'équité économique* est un outil essentiel dans l'évaluation des politiques publiques, car elle examine comment les coûts et les bénéfices d'une politique sont répartis entre différents groupes de la société[1]. Cette analyse ne se limite pas à la mesure de l'efficacité globale, mais cherche à déterminer si les politiques publiques favorisent une répartition juste et équitable des ressources et des opportunités, en particulier pour les populations vulnérables[2]. Dans un contexte où les inégalités économiques et sociales sont souvent prononcées, l'*analyse de l'équité économique* est cruciale pour s'assurer que les politiques publiques contribuent à une croissance inclusive et à la réduction des inégalités structurelles.

L'*analyse de l'équité économique* commence par une évaluation des effets distributifs de la politique, en identifiant les groupes de population qui bénéficient des interventions et ceux qui en supportent les coûts. Pour cela, des données démographiques, économiques et sociales sont collectées et segmentées par groupes d'âge, de genre, de revenus et de localisation géographique[3]. Cette segmentation est particulièrement importante, car les contextes socio-économiques peuvent varier fortement entre les zones urbaines et rurales, ainsi qu'entre les différentes régions. Cette collecte de données permet de mesurer les différences d'accès aux bénéfices de la politique et d'identifier les groupes qui pourraient être désavantagés.

Les indicateurs de disparité, comme les indices de *Gini* ou de *Theil*, sont souvent utilisés dans l'*analyse de l'équité économique* pour quantifier les inégalités de revenus ou d'accès aux services publics générées par une politique. Ces indicateurs mesurent la concentration des ressources et permettent de comparer la répartition des coûts et des

---

[1] Hausman, D., McPherson, M., & Satz, D. (2017). Economic analysis, moral philosophy, and public policy. Cambridge university press.

[2] Hankivsky, O., Grace, D., Hunting, G., Giesbrecht, M., Fridkin, A., Rudrum, S., ... & Clark, N. (2014). An intersectionality-based policy analysis framework: critical reflections on a methodology for advancing equity. International journal for equity in health, 13, 1-16.

[3] Jimenez, J., Pasztor, E. M., Chambers, R. M., & Fujii, C. P. (2014). Social policy and social change: Toward the creation of social and economic justice. Sage Publications.

bénéfices avant et après la mise en œuvre de la politique[1]. Dans un contexte où les inégalités de revenus peuvent être particulièrement marquées, ces indices fournissent une base quantitative pour évaluer si les politiques publiques atténuent ou exacerbent les écarts économiques entre les différents groupes de population.

L'*analyse de l'équité économique* inclut aussi une *évaluation des coûts d'opportunité* pour les groupes vulnérables, en examinant si les politiques publiques réduisent ou augmentent les obstacles pour ces populations[2]. Une politique d'infrastructure routière qui favorise les zones commerciales peut indirectement défavoriser les zones rurales en accaparant des ressources qui pourraient être allouées à d'autres services essentiels pour les populations rurales, comme l'accès à l'eau ou à l'électricité. Cette analyse des coûts d'opportunité permet de mettre en lumière les impacts négatifs que les politiques peuvent avoir sur les groupes marginalisés et facilite une prise de décision plus équilibrée.

Les *analyses de répartition des bénéfices* sont essentielles pour évaluer comment les différentes catégories de populations profitent des politiques publiques. Cette approche implique l'identification des groupes qui bénéficient le plus des interventions, par exemple par le biais de subventions, d'infrastructures ou de services sociaux, et de ceux qui en bénéficient le moins[3]. Dans un contexte où les écarts d'accès aux services publics comme l'éducation et la santé sont parfois très importants, cette analyse aide les gouvernements à mieux cibler les populations défavorisées et à s'assurer que les politiques bénéficient réellement à ceux qui en ont le plus besoin.

Les modèles d'incidence fiscale et de redistribution sont des outils utilisés dans l'*analyse de l'équité économique* pour mesurer l'impact des politiques sur la répartition des revenus et des ressources[4]. Une politique fiscale progressive qui impose davantage les revenus élevés

---

[1] Malakar, K., & Mishra, T. (2017). Application of Gini, Theil and concentration indices for assessing water use inequality. International Journal of Social Economics, 44(10), 1335-1347.

[2] Van Wee, B., & Geurs, K. (2011). Discussing equity and social exclusion in accessibility evaluations. European journal of transport and infrastructure research, 11(4).

[3] Lucas, K., Van Wee, B., & Maat, K. (2016). A method to evaluate equitable accessibility: combining ethical theories and accessibility-based approaches. Transportation, 43, 473-490.

[4] Mishchuk, H., Samoliuk, N., & Bilan, Y. (2019). Measuring social justice in the light of effectiveness of public distributive policy. Administratie si Management Public.

pour financer des programmes sociaux bénéficie davantage aux populations à faible revenu. Dans un contexte où les politiques fiscales peuvent jouer un rôle majeur dans la réduction des inégalités, ces modèles permettent de concevoir des systèmes fiscaux plus équitables et d'évaluer l'effet redistributif des politiques publiques, en mesurant l'impact sur le bien-être des ménages en fonction de leur revenu.

L'*analyse de l'équité économique* utilise aussi des outils d'*évaluation participative*, comme les enquêtes et les *focus groups*, pour inclure la voix des communautés affectées. Ces méthodes qualitatives permettent de recueillir les perceptions des populations concernées quant aux effets des politiques et d'identifier les obstacles spécifiques auxquels elles font face[1]. Dans un contexte où les communautés locales ont souvent des perceptions et des priorités uniques, ces enquêtes offrent un aperçu des impacts réels des politiques sur le bien-être des populations vulnérables et permettent d'adapter les interventions aux besoins exprimés par les communautés bénéficiaires elles-mêmes.

Les *analyses de sensibilité* appliquées à l'équité permettent de tester l'impact de divers scénarios économiques et sociaux sur la répartition des bénéfices. En simulant les effets d'une augmentation des coûts de la vie ou d'une réduction des subventions, les décideurs peuvent évaluer comment ces changements affecteraient les populations les plus vulnérables[2]. Dans un contexte où les fluctuations économiques sont courantes, ces analyses permettent de s'assurer que les politiques demeurent équitables même face à des conditions changeantes, en protégeant les groupes marginalisés contre les effets négatifs potentiels.

L'équité intergénérationnelle est également une dimension clé de l'*analyse de l'équité économique*, qui examine comment les politiques publiques affectent les différentes générations[3]. Cette composante est particulièrement pertinente pour les politiques de développement durable, car elle évalue si les générations futures disposeront des mêmes opportunités et ressources que les générations actuelles. Dans un contexte où les besoins de développement sont importants, l'équité

---

[1] Skovdal, M., & Cornish, F. (2015). Qualitative research for development: a guide for practitioners. Practical Action (Organization).

[2] Morshedi, M. A., & Kashani, H. (2022). Assessment of vulnerability reduction policies: Integration of economic and cognitive models of decision-making. Reliability Engineering & System Safety, 217, 108057.

[3] Summers, J. K., & Smith, L. M. (2014). The role of social and intergenerational equity in making changes in human well-being sustainable. Ambio, 43, 718-728.

intergénérationnelle permet de s'assurer que les politiques actuelles ne compromettent pas les ressources et les opportunités pour les générations futures.

L'*analyse de l'équité économique* peut inclure des partenariats avec des organisations internationales et des Organisations non-gouvernementales spécialisées dans la réduction des inégalités. Ces partenariats offrent aux gouvernements africains un accès à des données, des méthodologies et des expériences internationales en matière d'équité et facilitent l'intégration des meilleures pratiques dans les politiques nationales. Des collaborations avec des agences comme le Programme des Nations Unies pour le développement ou le Fonds des Nations Unies pour l'enfance permettent de bénéficier de méthodologies d'évaluation des inégalités et des impacts sur les enfants et les femmes, des groupes souvent vulnérables[1].

La transparence et la redevabilité sont renforcées par l'*analyse de l'équité économique*, car elle offre une base factuelle pour démontrer aux citoyens et aux partenaires internationaux les efforts réalisés en faveur de la justice sociale. En documentant la répartition des coûts et des bénéfices de manière détaillée, cette analyse aide les gouvernements africains à rendre compte de leurs actions pour réduire les inégalités, ce qui favorise la confiance du public et attire le soutien des bailleurs de fonds pour les projets sociaux.

L'*analyse de l'équité économique* peut être intégrée dans un cadre de *Suivi et évaluation* à long terme pour permettre aux gouvernements africains de mesurer l'évolution des impacts des politiques sur les inégalités. En surveillant régulièrement la répartition des bénéfices, les décideurs peuvent ajuster les politiques pour mieux cibler les populations vulnérables et adapter les interventions aux changements dans les conditions socio-économiques[2]. Cette approche adaptative garantit que les politiques restent alignées avec les objectifs d'équité et de développement inclusif.

L'*analyse de l'équité économique* est un instrument analytique essentiel pour les politiques publiques, car elle permet de s'assurer que

---

[1] Malone, K. (2015). Children's rights and the crisis of rapid urbanisation: Exploring the United Nations post 2015 sustainable development agenda and the potential role for UNICEF's Child Friendly Cities Initiative. The International Journal of Children's Rights, 23(2), 405-424.

[2] Anyanwu, J. C., Erhijakpor, A. E., & Obi, E. (2016). Empirical analysis of the key drivers of income inequality in West Africa. African Development Review, 28(1), 18-38.

les interventions favorisent une répartition équitable des ressources et des opportunités. Grâce à des indicateurs de disparité, des modèles de redistribution, et des approches participatives, elle aide les gouvernements à identifier les groupes marginalisés et à ajuster les politiques pour réduire les écarts socio-économiques. Cette approche contribue à un développement plus inclusif, en maximisant les retombées sociales et en réduisant les inégalités structurelles au sein de la société.

8.1.8. L'analyse du retour sur investissement social

L'*analyse du retour sur investissement social* est un outil analytique puissant utilisé pour évaluer les impacts sociaux des politiques publiques en mesurant les bénéfices sociaux générés en comparaison des coûts engagés[1]. Contrairement aux analyses financières classiques, le *retour sur investissement social* intègre des retombées sociales intangibles ou indirectes, telles que les améliorations en santé publique, en éducation, ou en intégration sociale. Dans un contexte où les politiques publiques visent souvent à répondre à des besoins fondamentaux et à réduire les inégalités, l'*analyse du retour sur investissement social* aide les décideurs à évaluer la valeur ajoutée sociale des interventions, en tenant compte des retombées au-delà des gains purement économiques.

L'*analyse du retour sur investissement social* commence par une identification des objectifs sociaux de la politique et des impacts attendus pour les différentes parties prenantes[2]. Ces parties prenantes peuvent inclure non seulement les communautés bénéficiaires directes, mais aussi les institutions locales. Cette étape initiale permet de définir clairement les indicateurs de mesure des bénéfices sociaux, qui peuvent varier en fonction du contexte et des priorités locales. Dans le cadre d'un programme de santé publique, les indicateurs peuvent inclure la réduction des taux de maladies infectieuses, l'amélioration de l'accès aux soins, et l'augmentation de l'espérance de vie.

L'évaluation des bénéfices sociaux dans l'*analyse du retour sur investissement social* utilise des indicateurs quantitatifs et qualitatifs

---

[1] Nicholls, J., Lawlor, E., Neitzert, E., & Goodspeed, T. (2012). A guide to social return on investment.

[2] Maas, K., & Liket, K. (2011). Social impact measurement: Classification of methods. Environmental management accounting and supply chain management, 171-202.

pour capturer les impacts directs et indirects des politiques[1]. Les méthodes quantitatives incluent des mesures comme les *années de vie ajustées en fonction de la qualité*, les taux de scolarisation, ou les niveaux d'emploi, qui permettent de quantifier les résultats. Parallèlement, les méthodes qualitatives, telles que les entretiens et les enquêtes auprès des communautés bénéficiaires, permettent de mesurer des changements perçus en termes de bien-être, de cohésion sociale, et de qualité de vie. Dans un contexte où les bénéfices sociaux peuvent être largement ressentis à travers des améliorations indirectes, cette combinaison d'indicateurs quantitatifs et qualitatifs permet une évaluation plus complète des effets des politiques.

L'*analyse du retour sur investissement social* comprend aussi l'identification et la valorisation des bénéfices intangibles, comme les améliorations en santé mentale, la réduction de la criminalité, ou l'accroissement de la participation communautaire[2]. Ces bénéfices intangibles, souvent difficiles à monétiser, sont estimés à l'aide de méthodes d'évaluation contingente ou de disposition à payer, qui calculent la valeur perçue par les communautés bénéficiaires pour des gains non monétaires[3]. Dans un programme d'éducation pour les jeunes, l'impact en termes de confiance en soi ou d'inclusion sociale pourrait être valorisé en fonction de la disposition des participants à s'investir dans leur éducation ou à s'engager dans des initiatives locales.

La monétisation des bénéfices sociaux est une étape clé de l'*analyse du retour sur investissement social*, car elle permet de comparer les retombées sociales aux coûts de la politique en utilisant une base commune. Pour ce faire, des techniques de monétisation telles que les coûts d'évitement (par exemple, coûts évités en soins de santé) ou les gains indirects (comme l'augmentation des revenus dus à une meilleure éducation) sont utilisées pour attribuer une valeur financière aux impacts sociaux[4]. Dans un contexte où les politiques peuvent générer

---

[1] Arvidson, M., Lyon, F., McKay, S., & Moro, D. (2010). The ambitions and challenges of SROI. Third Sector Research Centre Working Paper, 49, 1-22.

[2] Leck, C., Upton, D., & Evans, N. (2016). Social Return on Investment: Valuing health outcomes or promoting economic values?. Journal of Health Psychology, 21(7), 1481-1490.

[3] Riegg Cellini, S., & Edwin Kee, J. (2015). Cost-effectiveness and cost-benefit analysis. Handbook of practical program evaluation, 636-672.

[4] Kousky, C., Ritchie, L., Tierney, K., & Lingle, B. (2019). Return on investment analysis and its applicability to community disaster preparedness activities:

des bénéfices indirects importants, cette étape de monétisation permet d'inclure les effets positifs secondaires dans l'analyse et rend visible la valeur globale de l'investissement public[1].

Les ratios *retour sur investissement social*, calculés en divisant les bénéfices sociaux monétisés par les coûts totaux de la politique, offrent une mesure synthétique du rendement social des politiques publiques. Un ratio *retour sur investissement social* de 3:1 signifie, par exemple, que pour chaque unité monétaire investie, trois unités de bénéfice social sont générées[2]. Dans un contexte où les ressources publiques sont souvent limitées, ce ratio permet aux décideurs d'identifier les politiques offrant les rendements sociaux les plus élevés et facilite une allocation optimisée des fonds en fonction des résultats escomptés pour la société.

L'*analyse du retour sur investissement social* utilise également des modèles de scénarios pour explorer les différents impacts possibles de la politique sous divers contextes économiques ou sociaux[3]. En simulant des variations dans les taux d'emploi ou les niveaux de criminalité, les décideurs peuvent évaluer comment ces paramètres influencent le rendement social de la politique. Dans un contexte où les environnements économiques et sociaux peuvent être instables, ces *analyses de scénarios* aident à prévoir les retombées potentielles de la politique dans des situations incertaines et permettent aux gouvernements d'ajuster leurs stratégies en fonction des prévisions.

Les *analyses de sensibilité* sont appliquées dans l'*analyse du retour sur investissement social* pour tester la robustesse des résultats en ajustant les hypothèses sur les coûts ou les bénéfices. En ajustant les valeurs attribuées aux impacts sociaux ou en modifiant les coûts de mise en œuvre, les décideurs peuvent évaluer si les résultats *retour sur investissement social* restent pertinents malgré les fluctuations de

---

Calculating costs and returns. International Journal of Disaster Risk Reduction, 41, 101296.

[1] Hof, B., Koopmans, C., Lieshout, R., & Wokke, F. (2012). Design of a methodology to evaluate the direct and indirect economic and social benefits of public investments in space. SEO rapport, 42.

[2] Retolaza, J. L., San-Jose, L., & Ruíz-Roqueñi, M. (2016). Social accounting for sustainability: Monetizing the social value (pp. 53-55). Cham: Springer.

[3] Then, V., Schober, C., Rauscher, O., & Kehl, K. (2017). Social return on investment analysis. Social Return on Investment Analysis. https://doi. org/10.1007/978-3-319-71401-1.

contexte[1]. Dans un contexte où les coûts et les valeurs perçues des bénéfices sociaux peuvent varier selon les régions, ces *analyses de sensibilité* assurent que les résultats *retour sur investissement social* sont fiables et adaptés aux réalités locales.

L'évaluation des effets de redistribution est une autre composante importante de l'*analyse du retour sur investissement social*, qui examine si les bénéfices de la politique sont répartis équitablement entre les groupes sociaux[2]. Cette analyse de redistribution permet de déterminer si les politiques publiques profitent réellement aux populations vulnérables et si elles contribuent à réduire les inégalités. Dans un contexte où les politiques visent souvent à promouvoir l'inclusion et à réduire les disparités, cette composante de l'analyse *retour sur investissement social* garantit que les gains sociaux sont équitablement distribués et alignés avec les objectifs d'équité et de justice sociale.

L'*analyse du retour sur investissement social* intègre aussi les bénéfices intergénérationnels, qui mesurent les impacts de la politique sur les générations futures. Un programme de reboisement peut améliorer la qualité de l'environnement pour les générations futures tout en ayant un effet positif immédiat sur la biodiversité et l'emploi. Dans un contexte où les politiques de développement durable sont cruciales, l'évaluation des bénéfices intergénérationnels permet de s'assurer que les investissements d'aujourd'hui profitent aux générations futures, contribuant ainsi à un développement social et environnemental équilibré.

Les partenariats avec des organisations internationales et des agences de développement renforcent l'*analyse du retour sur investissement social*, en fournissant des méthodologies et des ressources pour évaluer les impacts sociaux dans des contextes de faible disponibilité de données. Des collaborations avec des organisations comme la Banque mondiale ou le Programme des Nations Unies pour le développement peuvent apporter des outils d'évaluation standardisés et des formations qui améliorent la capacité des gouvernements africains à effectuer des analyses *retour sur investissement social* rigoureuses et crédibles. Ces partenariats permettent également de comparer les *retour sur investissement social* entre différents pays,

---

[1] Bekefi, T., & Epstein, M. J. (2011). Integrating social and political risk into ROI calculations. Environmental Quality Management, 20(3).

[2] Jacobs, A. M. (2011). Governing for the long term: Democracy and the politics of investment. Cambridge University Press.

facilitant ainsi le partage des meilleures pratiques en matière de politiques sociales.

La transparence et la redevabilité des politiques publiques sont renforcées par l'*analyse du retour sur investissement social*, car elle fournit une base factuelle pour montrer aux parties prenantes les bénéfices sociaux générés par les politiques. En documentant les résultats *retour sur investissement social*, les gouvernements africains peuvent démontrer l'impact de leurs politiques au-delà des mesures économiques classiques, renforçant ainsi la confiance des citoyens et des bailleurs de fonds. Cette transparence est particulièrement importante pour attirer des financements extérieurs et justifier les choix budgétaires auprès des *partenaires de développement*[1].

L'*analyse du retour sur investissement social* peut être intégrée dans un cadre de *Suivi et évaluation* continu, permettant aux gouvernements africains de surveiller les impacts sociaux des politiques sur le long terme. En ajustant périodiquement les politiques en fonction des résultats *retour sur investissement social*, les décideurs peuvent maximiser les retombées sociales et adapter les interventions aux besoins changeants de la population. Cette approche adaptative garantit que les politiques publiques demeurent alignées avec les objectifs de développement social et de bien-être collectif, même en cas de variation des conditions socio-économiques.

L'*analyse du retour sur investissement social* est un instrument analytique essentiel pour évaluer les retombées sociales des politiques publiques[2]. Par sa capacité à inclure des impacts intangibles, à mesurer les effets indirects, et à évaluer les bénéfices pour les générations futures, cette méthode aide les décideurs à orienter les ressources vers les interventions qui maximisent le bien-être social et contribuent à un développement inclusif et durable.

8.1.9. L'analyse des risques financiers

L'*analyse des risques financiers* est une composante fondamentale de l'évaluation des politiques publiques, car elle mesure les incertitudes associées aux engagements financiers et évalue les impacts potentiels de divers facteurs de risque sur la viabilité des politiques. Cette analyse prend en compte un large éventail de risques, notamment les variations

---

[1] McGee, R., & Gaventa, J. (2011). Shifting power? Assessing the impact of transparency and accountability initiatives. IDS Working Papers, 2011(383), 1-39.
[2] Dunn, W. N. (2015). Public policy analysis. routledge.

économiques, les changements de politique, et les incertitudes liées à la disponibilité des financements externes[1]. Dans un contexte où les gouvernements sont souvent confrontés à des environnements économiques volatils et à des sources de financement fluctuantes, l'*analyse des risques financiers* est essentielle pour assurer la résilience des politiques publiques et prévenir des déséquilibres budgétaires qui pourraient compromettre la stabilité économique à long terme[2].

L'*analyse des risques financiers* commence par une identification systématique des différents types de risques auxquels une politique est exposée[3]. Ces risques incluent : *les risques de marché* (fluctuations des taux de change, de l'inflation et des prix des matières premières), *les risques de crédit* (incapacité de rembourser des emprunts ou de percevoir des revenus prévus), *les risques opérationnels* (inefficacité de mise en œuvre), et *les risques politiques* (changements de gouvernements ou de priorités politiques).

Dans un contexte où les politiques publiques peuvent être affectées par des perturbations macroéconomiques, cette identification initiale permet aux décideurs de cartographier l'ensemble des incertitudes potentielles et de cibler les zones à surveiller de près.

Les modèles de scénarisation sont un outil central dans l'*analyse des risques financiers*, car ils permettent de simuler divers scénarios économiques et politiques et de projeter leurs effets potentiels sur les finances publiques[4]. Des scénarios de baisse des revenus fiscaux ou d'augmentation des taux d'intérêt internationaux peuvent être modélisés pour évaluer comment ces facteurs affecteraient la viabilité d'un programme de dépenses publiques. Dans un contexte où les chocs économiques externes, comme la volatilité des prix des matières premières, sont fréquents, ces modèles de scénarisation aident les gouvernements à anticiper les risques et à se préparer à différents environnements économiques.

---

[1] Arnold, B., Borio, C., Ellis, L., & Moshirian, F. (2012). Systemic risk, macroprudential policy frameworks, monitoring financial systems and the evolution of capital adequacy. Journal of Banking & Finance, 36(12), 3125-3132.

[2] Chugunov, I., Pasichnyi, M., Koroviy, V., Kaneva, T., & Nikitishin, A. (2021). Fiscal and monetary policy of economic development. European Journal of Sustainable Development, 10(1), 42-42.

[3] Gertler, M., Kiyotaki, N., & Queralto, A. (2012). Financial crises, bank risk exposure and government financial policy. Journal of monetary economics, 59, S17-S34.

[4] Mun, J. (2010). Modeling risk: Applying Monte Carlo risk simulation, strategic real options, stochastic forecasting, and portfolio optimization (Vol. 580). John Wiley & Sons.

Les *analyses de sensibilité* sont également appliquées dans l'*analyse des risques financiers* pour tester la robustesse des politiques face aux variations de paramètres économiques clés. En ajustant les hypothèses sur des facteurs tels que les taux de croissance, les niveaux de financement externe, ou les taux d'inflation, les décideurs peuvent évaluer comment ces changements affecteraient les coûts et les recettes des politiques publiques. Dans un contexte où les projections économiques sont souvent incertaines, ces *analyses de sensibilité* permettent d'identifier les variables critiques qui pourraient mettre en péril la soutenabilité financière, en garantissant que les politiques sont adaptées même dans des scénarios défavorables[1].

L'*analyse des risques financiers* inclut également l'*évaluation des risques* liés aux financements externes, en particulier pour les politiques publiques qui dépendent de prêts ou de subventions internationales. Cette évaluation examine la continuité et la stabilité de ces financements, en tenant compte des conditions attachées aux prêts ou aux subventions et de la probabilité de leur renouvellement. Dans un contexte où les budgets publics sont souvent complétés par des financements extérieurs, cette dimension est cruciale pour éviter des ruptures de financement qui pourraient interrompre les programmes en cours. L'*évaluation des risques* de financement externe aide les gouvernements à concevoir des stratégies de diversification des sources de financement et réduit la vulnérabilité à la réduction des apports financiers internationaux[2].

Les modèles de *Monte Carlo* et autres techniques probabilistes sont utilisés pour évaluer les risques financiers de manière quantitative. En attribuant des distributions de probabilité aux variables clés, comme les taux d'intérêt, les taux de change ou les niveaux de recettes fiscales, ces modèles simulent de nombreux scénarios possibles et génèrent des prévisions qui reflètent l'incertitude inhérente aux finances publiques[3]. Dans un contexte où l'économie peut être sensible aux chocs mondiaux,

---

[1] Razavi, S., Jakeman, A., Saltelli, A., Prieur, C., Iooss, B., Borgonovo, E., ... & Maier, H. R. (2021). The future of sensitivity analysis: an essential discipline for systems modeling and policy support. Environmental Modelling & Software, 137, 104954.

[2] Ocampo, J. A. (2018). International asymmetries and the design of the International Financial System 1. In Critical issues in international financial reform (pp. 45-74). Routledge.

[3] Mun, J. (2010). Modeling risk: Applying Monte Carlo risk simulation, strategic real options, stochastic forecasting, and portfolio optimization (Vol. 580). John Wiley & Sons.

ces modèles permettent d'obtenir une vue d'ensemble des risques financiers potentiels et de quantifier l'ampleur des fluctuations possibles autour des projections budgétaires.

Les techniques de *Value at Risk* sont également employées pour mesurer le risque de perte financière dans un certain intervalle de confiance. La *Value at Risk* permet d'évaluer le montant maximal des pertes potentielles dans un scénario défavorable et offre aux décideurs un indicateur tangible de la vulnérabilité financière[1]. Dans un contexte où les budgets publics peuvent être sensibles aux variations de revenus et de coûts, la *Value at Risk* aide à quantifier les risques de manière compréhensible et facilite l'intégration de mesures de prévention, telles que la création de fonds de réserve pour atténuer les effets des chocs économiques.

L'analyse des *risques politiques* est une composante essentielle de l'*analyse des risques financiers*, car les changements de politique ou les instabilités politiques peuvent affecter directement les engagements financiers des politiques publiques[2]. Les *risques politiques* incluent les révisions législatives, les modifications de priorités gouvernementales, et les risques liés aux transitions politiques. Dans un contexte où les alternances politiques et les changements de régime peuvent influencer les engagements budgétaires, cette analyse permet aux gouvernements de prévoir les implications des incertitudes politiques et d'assurer une continuité budgétaire en cas de changement de direction politique[3].

La gestion de la dette publique est également une dimension critique dans l'*analyse des risques financiers*, car elle évalue la capacité d'un pays à honorer ses obligations de paiement à long terme. Les modèles de soutenabilité de la dette prennent en compte les projections des revenus futurs, les taux d'intérêt, et les conditions de refinancement pour évaluer si la dette publique peut être maintenue à des niveaux soutenables[4]. Dans un contexte où les investissements dans les infrastructures et les services publics sont souvent financés par la dette, cette évaluation aide les gouvernements à éviter des niveaux

[1] Escanciano, J. C., & Olmo, J. (2010). Backtesting parametric value-at-risk with estimation risk. Journal of Business & Economic Statistics, 28(1), 36-51.

[2] Dionne, G. (2013). Risk management: History, definition, and critique. Risk management and insurance review, 16(2), 147-166.

[3] Renn, O., Klinke, A., & Van Asselt, M. (2011). Coping with complexity, uncertainty and ambiguity in risk governance: a synthesis. Ambio, 40, 231-246.

[4] D'Erasmo, P., Mendoza, E. G., & Zhang, J. (2016). What is a sustainable public debt? In Handbook of macroeconomics (Vol. 2, pp. 2493-2597). Elsevier.

d'endettement qui pourraient compromettre la viabilité budgétaire à long terme.

L'analyse de l'impact des fluctuations économiques, comme les cycles de récession ou d'expansion, est intégrée dans l'*analyse des risques financiers* pour anticiper comment les conditions économiques affecteront les finances publiques[1]. Une récession pourrait réduire les recettes fiscales et rendre difficile le maintien des niveaux de dépense publique. Dans un contexte où les économies sont parfois fortement tributaires de secteurs spécifiques, comme l'exploitation minière ou l'agriculture, cette analyse aide à préparer des stratégies de résilience économique pour les périodes de ralentissement économique.

Les partenariats avec des institutions internationales et des experts en *gestion des risques* financiers renforcent la capacité des gouvernements africains à réaliser des analyses des risques financiers rigoureuses. Ces collaborations fournissent un accès à des modèles de projection des risques, à des données macroéconomiques et à des formations en *gestion des risques* qui permettent aux gouvernements d'adopter des pratiques de gestion financière plus robustes. Des partenariats avec le Fonds monétaire international ou la Banque mondiale offrent des outils et des méthodologies pour évaluer et gérer les risques financiers, ce qui est essentiel pour les pays africains qui cherchent à renforcer leur stabilité budgétaire et leur résilience économique[2].

La transparence et la redevabilité sont renforcées par l'*analyse des risques financiers*, car elle fournit aux citoyens, aux partenaires financiers, et aux parties prenantes des informations claires sur les risques associés aux politiques publiques. En documentant les incertitudes et les mesures d'atténuation, cette analyse permet aux gouvernements africains de démontrer leur engagement envers une gestion financière responsable et d'attirer des financements externes pour des projets structurés et sûrs. Cette transparence renforce la confiance dans les institutions publiques et favorise la crédibilité auprès des bailleurs de fonds et des investisseurs.

---

[1] Geels, F. W. (2013). The impact of the financial–economic crisis on sustainability transitions: Financial investment, governance and public discourse. Environmental Innovation and Societal Transitions, 6, 67-95.

[2] Mechler, R., Mochizuki, J., & Hochrainer, S. (2016). Disaster risk management and fiscal policy: narratives, tools, and evidence associated with assessing fiscal risk and building resilience. World Bank Policy Research Working Paper, (7635).

L'*analyse des risques financiers* permet d'adopter une approche proactive pour minimiser les impacts des incertitudes économiques et budgétaires sur les politiques publiques[1]. En intégrant des mécanismes d'ajustement budgétaire et des plans de contingence, les gouvernements peuvent réagir rapidement face aux fluctuations imprévues pour garantir la continuité des services publics et le maintien des objectifs de développement. Cette approche adaptative est particulièrement importante Dans un contexte où les gouvernements doivent faire face à des environnements économiques en constante évolution et à des besoins de développement pressants.

L'*analyse des risques financiers* est un outil analytique indispensable pour assurer la résilience des politiques publiques[2]. Grâce à sa capacité à identifier, quantifier, et anticiper les risques, elle permet aux gouvernements de naviguer dans des environnements économiques complexes, de gérer les engagements financiers de manière prudente, et d'assurer la viabilité des programmes publics malgré les incertitudes.

8.2. Évaluations de conception et de mise en œuvre

Les *évaluations de conception et de mise en œuvre* sont des outils analytiques indispensables pour garantir l'efficacité, la pertinence et la durabilité des politiques publiques. L'*évaluation des risques* joue un rôle central en identifiant et en anticipant les menaces susceptibles d'entraver les interventions. Elle analyse de manière systématique les vulnérabilités politiques, économiques, sociales et environnementales[3]. En proposant des stratégies d'atténuation adaptées, cette approche assure une gestion proactive des défis et renforce la résilience des politiques dans des environnements complexes et instables.

L'*évaluation de la gouvernance* examine la qualité des *structures institutionnelles*, les mécanismes de redevabilité et la transparence dans la gestion des ressources publiques[4]. Elle s'intéresse à la cohérence des

---

[1] Stark, A., McConnell, A., & Drennan, L. T. (2014). Risk and crisis management in the public sector. Routledge.

[2] Capano, G., & Woo, J. J. (2017). Resilience and robustness in policy design: A critical appraisal. Policy Sciences, 50(3), 399-426.

[3] Aven, T., & Renn, O. (2018). Improving government policy on risk: Eight key principles. Reliability engineering & system safety, 176, 230-241.

[4] Androniceanu, A. (2021). Transparency in public administration as a challenge for a good democratic governance. Revista Administratie si Management Public «(RAMP), (36), 149-164.

processus décisionnels et à l'implication des parties prenantes. Cette évaluation permet de détecter les zones de dysfonctionnement, de promouvoir des pratiques de gouvernance responsables et de garantir une mise en œuvre alignée sur les objectifs stratégiques. Elle renforce la confiance des citoyens et des partenaires et contribue à l'instauration d'un climat institutionnel propice à des réformes durables.

L'*évaluation de processus* analyse l'exécution des politiques publiques pour en mesurer l'efficacité opérationnelle. Elle examine la conformité des activités aux plans préétablis, identifie les goulots d'étranglement et propose des ajustements en temps réel[1]. Elle s'appuie sur des indicateurs précis et des données rigoureuses et optimise la gestion des ressources en garantissant que les interventions atteignent leurs cibles avec une efficacité maximale. Elle permet également d'ajuster les dynamiques organisationnelles pour répondre aux contraintes logistiques et institutionnelles.

L'*évaluation formative* intervient dès les phases initiales de conception et de mise en œuvre. Elle teste les hypothèses, évalue la pertinence des activités et vérifie leur alignement avec les besoins des bénéficiaires[2]. Cette méthode repose sur une analyse combinée des données quantitatives et qualitatives pour fournir des enseignements exploitables en temps réel. Elle intègre une capacité d'adaptation constante et favorise une amélioration continue des politiques en garantissant leur adéquation avec des contextes dynamiques et changeants.

Ces approches, combinées de manière synergique, offrent un cadre d'analyse robuste pour maximiser la mise en œuvre effective et l'impact des politiques publiques. Elles assurent une prise de décision fondée sur des données fiables, renforcent la transparence institutionnelle et promeuvent une gestion proactive et réactive des défis.

8.2.1. L'évaluation des risques

L'*évaluation des risques* est une composante essentielle pour garantir la résilience et l'efficacité des politiques publiques, en identifiant et en

---

[1] Costa, L., Barbosa, M. B. A., Baldam, R. D. L., & Coelho Jr, T. D. P. (2019). Challenges of process modeling in architecture and engineering to execute projects and public works. Journal of Construction Engineering and Management, 145(1), 05018015.

[2] Kroll, A., & Moynihan, D. P. (2018). The design and practice of integrating evidence: Connecting performance management with program evaluation. Public Administration Review, 78(2), 183-194.

analysant les risques susceptibles d'affecter leur mise en œuvre[1]. Cette évaluation se concentre sur des risques divers, incluant les *risques politiques*, économiques, sociaux, environnementaux et institutionnels. Elle permet aux décideurs d'anticiper les potentiels obstacles, d'élaborer des *stratégies de gestion des risques* et de minimiser les impacts négatifs sur les résultats. Dans le contexte africain, où des facteurs comme les instabilités politiques, les crises économiques, les vulnérabilités environnementales et les déficits institutionnels sont fréquents, l'*évaluation des risques* joue un rôle crucial en assurant que les politiques sont préparées à répondre aux défis imprévus et restent viables malgré les fluctuations du contexte.

L'*évaluation des risques* commence par une identification systématique des différents types de risques susceptibles d'influencer la mise en œuvre des politiques[2]. Cette étape inclut une analyse des *risques politiques*, tels que les changements de gouvernement, les réformes législatives imprévues, ou les conflits internes, qui peuvent modifier les priorités politiques ou restreindre les financements[3]. Dans un contexte où les régimes politiques et les orientations législatives peuvent fluctuer, cette analyse permet de cartographier les sources potentielles d'instabilité politique et de développer des scénarios d'adaptation pour que les politiques demeurent alignées avec les contextes institutionnels variables.

Les *risques économiques* sont également un domaine clé de l'*évaluation des risques*, englobant les variables macroéconomiques comme l'inflation, les fluctuations des taux de change, et la volatilité des marchés de matières premières. Ces éléments influencent directement le financement et la durabilité des politiques publiques. Des techniques de modélisation économique, telles que les modèles *Vector AutoRegression* ou les *analyses de scénarios* économiques, permettent de simuler les effets des variations économiques et d'anticiper les impacts potentiels[4]. Dans un contexte où de nombreux pays sont

---

[1] Linkov, I., & Trump, B. D. (2019). The science and practice of resilience. Cham: Springer International Publishing.

[2] Aven, T. (2016). Risk assessment and risk management: Review of recent advances on their foundation. European journal of operational research, 253(1), 1-13.

[3] Mettler, S. (2016). The policyscape and the challenges of contemporary politics to policy maintenance. Perspectives on Politics, 14(2), 369-390.

[4] Uwizeye, C. (2023). Measuring the Impact of Monetary Policy and Macroeconomic Volatility in Rwanda: Application of Factor Augmented Vector Autoregressive (FAVAR) Approach. Available at SSRN 4784003.

tributaires des exportations de ressources naturelles et sujets à des fluctuations économiques externes, l'*évaluation des risques économiques* aide les décideurs à adapter les stratégies budgétaires et à protéger les politiques publiques contre les crises financières.

Les *risques environnementaux* incluent les catastrophes naturelles, les variations climatiques, et les pénuries de ressources naturelles et sont particulièrement importants pour les politiques publiques dans un contexte où les impacts du *changement climatique* sont de plus en plus visibles[1]. Des méthodes de *cartographie des risques environnementaux*, telles que les modèles de *Systèmes d'information géographique*, sont utilisées pour identifier les zones de vulnérabilité et estimer les probabilités d'événements extrêmes. La cartographie des zones sujettes aux inondations peut être cruciale dans la planification des infrastructures.

Les techniques quantitatives, telles que les analyses de probabilité et les calculs de *Value at Risk*, sont fréquemment utilisées dans l'*évaluation des risques* pour quantifier la probabilité et l'impact potentiel de divers scénarios de risque[2]. Ces outils permettent de déterminer les pertes maximales potentielles dans un cadre de confiance donné et de modéliser les réponses des politiques aux différents scénarios de crise. Dans un contexte où les incertitudes économiques et les instabilités politiques peuvent accroître la volatilité des programmes publics, l'utilisation de telles méthodes quantitatives offre une base rigoureuse pour calibrer les politiques et minimiser les impacts.

Les méthodes d'*analyse de sensibilité*, en ajustant des paramètres critiques comme les niveaux de financement ou les variations dans l'environnement politique, permettent de tester la robustesse des politiques en fonction des scénarios de risque[3]. Ces *analyses de sensibilité* sont souvent accompagnées de calculs de scénarios extrêmes, qui évaluent comment les politiques réagiraient dans des conditions particulièrement défavorables, telles qu'un effondrement des financements ou un choc environnemental majeur. Dans un contexte où les politiques sont fréquemment confrontées à des variations contextuelles significatives, cette approche garantit que les

---

[1] Peduzzi, P. (2019). The disaster risk, global change, and sustainability nexus. Sustainability, 11(4), 957.

[2] Aven, T. (2015). Risk analysis. John Wiley & Sons.

[3] Razavi, S., Jakeman, A., Saltelli, A., Prieur, C., Iooss, B., Borgonovo, E., ... & Maier, H. R. (2021). The future of sensitivity analysis: an essential discipline for systems modeling and policy support. Environmental Modelling & Software, 137, 104954.

stratégies restent viables et s'ajustent aux fluctuations tout en maintenant les objectifs clés.

L'*analyse de causes-racines* est intégrée dans l'*évaluation des risques* pour identifier les origines profondes des vulnérabilités dans la mise en œuvre des politiques[1]. En utilisant des techniques telles que les diagrammes d'Ishikawa (ou *diagrammes de causes-effets*) et l'analyse de Pareto, cette approche aide à clarifier les facteurs sous-jacents qui exacerbent les risques, comme le manque de coordination entre les parties prenantes ou des lacunes institutionnelles. Dans un contexte où les structures organisationnelles peuvent varier considérablement, l'*analyse de causes-racines* offre aux décideurs des indications précises sur les zones nécessitant un renforcement pour atténuer les risques.

L'*évaluation des risques* inclut également des simulations et des *exercices de scénarios* pour tester les réponses opérationnelles des politiques face à divers types de crises. Ces exercices de simulation permettent de former les équipes et de tester les protocoles de réponse aux crises dans des environnements contrôlés pour faciliter ainsi une préparation accrue aux situations d'urgence[2]. Dans un contexte où les crises peuvent être déclenchées par des facteurs imprévus, ces simulations offrent un cadre de préparation qui garantit que les responsables politiques et les parties prenantes sont prêts à répondre efficacement et à minimiser les interruptions dans les services publics.

Les *consultations avec les parties prenantes* jouent un rôle crucial dans l'*évaluation des risques*, car elles permettent de recueillir des perspectives locales sur les vulnérabilités et les priorités en matière de résilience. Des entretiens avec des leaders communautaires, des experts sectoriels, et des organisations locales permettent d'identifier les risques spécifiques au contexte et d'élaborer des stratégies de gestion plus adaptées. Dans un contexte où les conditions locales et les perceptions communautaires peuvent fortement influencer la réussite des politiques, ces consultations assurent que les *stratégies de gestion des risques* sont basées sur une compréhension approfondie des réalités locales.

La *cartographie des risques* est une méthode visuelle importante dans l'*évaluation des risques*, qui permet de représenter

---

[1] Swart, R. O. B., & Raes, F. (2015). Making integration of adaptation and mitigation work: mainstreaming into sustainable development policies?. In Integrating climate change actions into local development (pp. 288-303). Routledge.

[2] Tasic, J., Amir, S., Tan, J., & Khader, M. (2020). A multilevel framework to enhance organizational resilience. Journal of Risk Research, 23(6), 713-738.

géographiquement les zones à haut risque et d'analyser les chevauchements entre les *risques politiques*, économiques et environnementaux[1]. En utilisant des outils de géolocalisation et des *Systèmes d'information géographique*, cette cartographie aide les décideurs à visualiser les concentrations de vulnérabilités et à allouer les ressources de manière plus ciblée. Dans un contexte où les zones rurales et urbaines peuvent présenter des profils de risque très différents, cette cartographie est cruciale pour adapter les politiques aux spécificités régionales et minimiser les impacts localisés des crises potentielles.

La *documentation des leçons apprises et des bonnes pratiques* et des réponses aux crises précédentes est un aspect clé de l'*évaluation des risques*, car elle crée une base de connaissances pour les futures politiques. En enregistrant les actions entreprises et les résultats obtenus lors des crises passées, cette documentation permet d'identifier les pratiques efficaces et de construire une capacité institutionnelle accrue pour la *gestion des risques*. Dans un contexte où les environnements peuvent être sujets à des cycles de crises, cet apprentissage systématique permet aux gouvernements et aux organisations de mieux se préparer et de développer des politiques résilientes sur le long terme.

L'*évaluation des risques* contribue à la transparence et à la redevabilité, car elle documente de manière claire les risques potentiels et les stratégies de gestion associées[2]. Dans un contexte où les incertitudes peuvent affecter la confiance des parties prenantes, cette transparence renforce la légitimité des politiques et garantit que les ressources sont utilisées de manière préventive pour minimiser les impacts des crises.

L'*évaluation des risques* est un outil analytique fondamental pour les politiques publiques. En identifiant, quantifiant et analysant les risques potentiels, elle permet aux décideurs de développer des politiques résilientes et adaptatives. En intégrant des méthodes quantitatives et qualitatives, cette approche garantit que les *stratégies de gestion des risques* sont adaptées aux spécificités régionales et prêtes à faire face

---

[1] Borie, M., Pelling, M., Ziervogel, G., & Hyams, K. (2019). Mapping narratives of urban resilience in the global south. Global environmental change, 54, 203-213.

[2] Thompson, M. P., MacGregor, D. G., & Calkin, D. (2016). Risk management: core principles and practices, and their relevance to wildland fire. Gen. Tech. Rep. RMRS-GTR-350. Fort Collins, CO: US Department of Agriculture, Forest Service, Rocky Mountain Research Station. 29 p., 350.

aux défis imprévus, contribuant ainsi à la stabilité et à l'efficacité à long terme des politiques publiques sur le continent.

8.2.2. L'évaluation de la gouvernance

L'*évaluation de la gouvernance* et de la transparence est une méthode cruciale pour examiner la gestion des politiques publiques, en s'intéressant particulièrement aux mécanismes de gouvernance, de coordination, et de prise de décision[1]. Cette approche analyse comment les autorités gèrent et allouent les ressources publiques, et elle évalue si ces processus sont conduits de manière éthique, responsable et transparente. Dans un contexte où la bonne gouvernance et la transparence dans la gestion des ressources sont des préoccupations centrales, cette évaluation aide à garantir que les politiques répondent aux standards de responsabilité et d'efficacité. Elle renforce la confiance des citoyens et des partenaires financiers.

L'*évaluation de la gouvernance* commence par une analyse des structures de prise de décision dans les institutions publiques. Cette étape examine les niveaux de responsabilité, les procédures de contrôle interne et les canaux de communication au sein des organisations[2]. Dans un contexte où les *structures institutionnelles* peuvent varier selon les contextes nationaux et locaux, une cartographie détaillée des processus de décision permet d'identifier les zones d'opacité ou de chevauchement des responsabilités. L'utilisation de techniques de diagnostic organisationnel, comme les audits de conformité et les analyses de chaînes de responsabilité, fournit une base rigoureuse pour évaluer la transparence et l'efficacité des décisions.

Les mécanismes de supervision et de contrôle sont également au centre de l'*évaluation de la gouvernance*. Des outils comme les *audits internes*, les *revues de performance*, et les *inspections régulières* permettent de surveiller la conformité des actions aux normes établies et d'identifier les déviations par rapport aux objectifs[3]. Ces mécanismes de contrôle sont essentiels pour assurer que les fonds publics sont utilisés de manière optimale et que les responsables rendent des

---

[1] Koliba, C. J., Meek, J. W., Zia, A., & Mills, R. W. (2017). Governance networks in public administration and public policy. Routledge.

[2] Ostrom, E. (2019). Institutional rational choice: An assessment of the institutional analysis and development framework. In Theories of the Policy Process, Second Edition (pp. 21-64). Routledge.

[3] Aikins, S. (2015). Performance management in government internal audits: critical success factors. Journal of Public Administration and Governance, 5(3), 46-79.

comptes sur leurs actions. L'évaluation de la coordination s'appuie souvent sur des analyses de conformité et des examens de procédure, permettant de détecter les pratiques inefficaces ou les manquements à la gouvernance.

La transparence, qui est une composante clé de cette évaluation, se mesure par la disponibilité et l'accessibilité des informations publiques. Cette analyse examine la communication des informations budgétaires, les rapports de performance, et les mécanismes de diffusion des données vers les citoyens et les parties prenantes[1]. Dans un contexte où les populations et les organisations de la société civile réclament une meilleure accessibilité aux informations publiques, l'*évaluation de la transparence* utilise des indicateurs comme le niveau de publication des rapports financiers, la clarté des documents publics, et les consultations communautaires. La mise en place de plateformes en ligne et de portails d'information est également un élément fondamental pour garantir une transparence accrue.

Les techniques d'*analyse de la responsabilité institutionnelle* sont essentielles pour cette évaluation, car elles évaluent les niveaux d'obligation de rendre compte de chaque acteur impliqué[2]. L' *analyse de la responsabilité institutionnelle* examine si les responsables des politiques rendent effectivement compte de leurs décisions, des allocations de ressources, et des résultats obtenus. Des outils comme les matrices de responsabilité, qui identifient les rôles et les responsabilités de chaque acteur dans le processus de mise en œuvre, permettent de clarifier les attentes et de renforcer la redevabilité[3]. Dans un contexte où la responsabilisation des autorités publiques est une priorité pour lutter contre la corruption et l'inefficacité, cette analyse permet de structurer des mécanismes pour assurer une gestion responsable.

L'*évaluation de la gouvernance* inclut également une analyse des processus de participation et d'engagement des parties prenantes dans la prise de décision. En intégrant les perspectives des communautés bénéficiaires et des communautés locales, cette évaluation permet de

---

[1] Ruppert, E. (2015). Doing the transparent state: Open government data as performance indicators.

[2] Janssen, M., & Van Der Voort, H. (2016). Adaptive governance: Towards a stable, accountable and responsive government. Government Information Quarterly, 33(1), 1-5.

[3] Wu, X., Ramesh, M., & Howlett, M. (2018). Policy capacity: Conceptual framework and essential components. Policy capacity and governance: Assessing governmental competences and capabilities in theory and practice, 1-25.

s'assurer que les politiques publiques reflètent les priorités et les besoins réels des populations[1]. Dans un contexte où les mécanismes de participation citoyenne varient selon les contextes locaux, cette évaluation examine la qualité et la fréquence des consultations publiques, les procédures d'engagement communautaire, et la représentation des parties prenantes. Les techniques de suivi participatif, qui impliquent les citoyens dans le suivi des actions publiques, permettent de renforcer l'appropriation et de garantir que les politiques sont perçues comme légitimes et transparentes.

Les outils d'*évaluation de la gestion des risques de gouvernance* sont utilisés pour identifier les vulnérabilités dans les structures de contrôle et de coordination[2]. Ces outils incluent des évaluations de risque opérationnel et des analyses de fraude potentielle, qui permettent de détecter les failles institutionnelles susceptibles de compromettre la transparence et la responsabilité. Dans un contexte où les administrations peuvent être confrontées à des défis liés à la corruption et à des infrastructures de contrôle parfois limitées, ces outils garantissent que des mesures préventives sont mises en place pour minimiser les risques et pour favoriser une culture de gouvernance éthique.

Les *audits financiers* et les *examens de performance* constituent des éléments techniques clés dans l'*évaluation de la transparence* et de la gouvernance[3]. En examinant la précision des comptes financiers, l'utilisation des fonds et l'atteinte des objectifs de performance, ces audits permettent de vérifier la conformité aux normes financières et d'assurer une gestion efficace des ressources. Dans un contexte où la gestion des ressources est souvent sous le regard des bailleurs de fonds internationaux, les audits renforcent la crédibilité des institutions publiques et contribuent à attirer des financements pour des projets bien gérés et transparents.

La *cartographie des processus de prise de décision* est une méthode souvent utilisée pour visualiser les flux de décision, les niveaux de validation et les autorisations nécessaires à chaque étape de la mise en

[1] Crow, D. A., Albright, E. A., & Koebele, E. A. (2019). Stakeholder participation and strategy in rulemaking: A comparative analysis. State Politics & Policy Quarterly, 19(2), 208-235.

[2] Peters, B. G. (2015). Pursuing horizontal management: The politics of public sector coordination. University Press of Kansas.

[3] Heald, D. (2018). Transparency-generated trust: The problematic theorization of public audit. Financial Accountability & Management, 34(4), 317-335.

œuvre des politiques[1]. Cette cartographie permet d'identifier les zones potentielles de blocage ou d'incohérence et d'optimiser les flux de travail. Dans un contexte où les institutions publiques peuvent parfois être confrontées à des bureaucraties complexes, cette cartographie aide à simplifier et à rationaliser les processus décisionnels, favorisant ainsi une meilleure transparence et une plus grande efficacité.

L'*évaluation de la gouvernance* s'appuie également sur des consultations avec des experts en gouvernance et des organisations de la société civile, qui apportent des perspectives externes sur les performances institutionnelles[2]. Ces consultations permettent de recueillir des avis indépendants et d'identifier des axes d'amélioration pour renforcer la transparence et la responsabilité. Dans un contexte où les organisations de la société civile jouent un rôle actif dans le suivi de la gouvernance publique, ces consultations assurent que les pratiques de gestion sont en phase avec les attentes des citoyens et les standards internationaux.

Les partenariats avec des organisations internationales et des instituts de recherche spécialisés renforcent l'*évaluation de la gouvernance* et de la transparence en offrant des ressources méthodologiques, des formations et des outils de mesure avancés. Des collaborations avec des institutions comme l'Organisation de coopération et de développement économiques, la Banque mondiale, et *Transparency International* offrent aux gouvernements africains un accès à des cadres d'évaluation reconnus et à des méthodologies éprouvées pour renforcer les systèmes de gouvernance. Ces partenariats permettent d'améliorer les capacités locales et de garantir que les standards internationaux de transparence et de gouvernance sont appliqués.

L'*évaluation de la gouvernance* et de la transparence contribue à la redevabilité et à la légitimité des institutions publiques en rendant compte de manière détaillée des processus de gestion des ressources et des résultats obtenus. En publiant les résultats des audits et des évaluations, cette approche assure aux citoyens et aux bailleurs de fonds que les ressources publiques sont gérées de manière éthique et efficace.

---

[1] Pluchinotta, I., Kazakçi, A. O., Giordano, R., & Tsoukiàs, A. (2019). Design theory for generating alternatives in public decision-making processes. Group decision and negotiation, 28, 341-375.

[2] Mehrpouya, A., & Samiolo, R. (2016). Performance measurement in global governance: Ranking and the politics of variability. Accounting, organizations and society, 55, 12-31.

Cette transparence est essentielle pour renforcer la confiance des citoyens dans les institutions et pour assurer une gouvernance publique qui soit réellement au service de l'intérêt général[1].

L'*évaluation de la gouvernance* et de la transparence est un outil analytique indispensable pour renforcer la légitimité, la responsabilité, et l'efficacité des politiques publiques[2]. En examinant les mécanismes de gestion et de supervision, et en intégrant les perspectives des parties prenantes, elle garantit que les politiques sont mises en œuvre de manière transparente et éthique. Cette approche contribue à une gouvernance plus inclusive et renforce la crédibilité des institutions et leur capacité à répondre aux attentes des citoyens et des partenaires internationaux.

8.2.3. L'évaluation de processus

L'*évaluation de processus* est une méthode d'analyse fondamentale pour mesurer l'efficacité de l'exécution des politiques publiques, en se concentrant sur la conformité des activités aux plans initiaux, l'allocation adéquate des ressources, et l'engagement des parties prenantes[3]. Elle permet de détecter les éventuels obstacles ou inefficacités qui pourraient entraver la réussite de la politique, notamment en identifiant les retards logistiques, les lacunes organisationnelles, et les déficiences dans la coordination entre acteurs. Dans un contexte où les conditions de mise en œuvre peuvent être particulièrement complexes et influencés par des facteurs variés comme les infrastructures limitées ou des ressources humaines insuffisantes, l'*évaluation de processus* assure un suivi rigoureux et permet une réactivité accrue pour optimiser les résultats.

L'*évaluation de processus* repose sur une collecte de données exhaustive et systématique, intégrant des indicateurs de processus pour évaluer chaque phase de la mise en œuvre[4]. Ces indicateurs incluent, entre autres, le taux de réalisation des activités, le niveau de conformité

[1] Androniceanu, A. (2021). Transparency in public administration as a challenge for a good democratic governance. Revista» Administratie si Management Public «(RAMP), (36), 149-164.

[2] Keping, Y. (2018). Governance and good governance: A new framework for political analysis. Fudan Journal of the Humanities and Social Sciences, 11, 1-8.

[3] Oliveira, V., & Pinho, P. (2010). Measuring success in planning: Developing and testing a methodology for planning evaluation. Town Planning Review, 81(3), 307-332.

[4] Mertens, D. M., & Wilson, A. T. (2018). Program evaluation theory and practice. Guilford Publications.

avec les échéances planifiées, et la cohérence des dépenses par rapport aux prévisions budgétaires. Des analyses quantitatives, telles que des statistiques descriptives ou des *analyses de variance*, sont souvent employées pour évaluer la performance relative des différentes composantes du programme. Cette méthodologie aide les responsables à identifier rapidement les écarts par rapport aux objectifs et à initier des ajustements nécessaires pour maximiser l'impact dans des contextes où chaque ressource doit être efficacement mobilisée.

Les méthodes qualitatives jouent également un rôle crucial dans l'*évaluation de processus* en permettant une compréhension fine des obstacles et des points de blocage qui ne sont pas forcément visibles dans les données quantitatives[1]. Les entretiens semi-structurés avec les parties prenantes et les communautés bénéficiaires, ainsi que les groupes de discussion, offrent une perspective approfondie sur les facteurs sociaux, logistiques et culturels qui influencent l'efficacité de la mise en œuvre. Les informations recueillies sont codées et analysées pour extraire des thèmes et des tendances récurrentes, souvent à l'aide de logiciels d'analyse qualitative. Dans un contexte où les contraintes locales et les dynamiques communautaires jouent un rôle crucial dans la mise en œuvre des politiques, ces méthodes qualitatives permettent aux décideurs de saisir pleinement les défis et de mieux adapter les stratégies d'exécution.

L'analyse de la gestion des ressources constitue un aspect central de l'*évaluation de processus*. Elle examine si les ressources financières, matérielles et humaines sont allouées de manière optimale et utilisées de façon efficace tout au long du cycle de mise en œuvre[2]. Des techniques de budgétisation analytique, telles que l'analyse des écarts budgétaires et les ratios de performance, permettent de vérifier la conformité des dépenses avec les plans financiers et d'identifier les domaines de gaspillage ou de sous-utilisation. Dans un contexte où les ressources sont souvent limitées, cette évaluation est cruciale pour assurer que chaque unité monétaire et chaque ressource mobilisée produisent le maximum de bénéfices pour les communautés bénéficiaires ultimes.

Les diagrammes de flux de travail et les méthodes de chaîne critique sont également utilisés dans l'*évaluation de processus* pour visualiser

---

[1] Tracy, S. J. (2024). Qualitative research methods: Collecting evidence, crafting analysis, communicating impact. John Wiley & Sons.
[2] Maritan, C. A., & Lee, G. K. (2017). Resource allocation and strategy. Journal of Management, 43(8), 2411-2420.

et optimiser la séquence des étapes de mise en œuvre[1]. Ces outils permettent de repérer les goulets d'étranglement dans les processus, où des retards ou des inefficacités peuvent ralentir la progression. Dans un contexte où les défis logistiques, tels que l'accès aux infrastructures et la disponibilité des fournitures, peuvent poser des contraintes importantes, ces analyses de flux de travail offrent un cadre pour rationaliser les opérations et assurer une exécution plus fluide et efficace.

L'engagement des parties prenantes est une dimension essentielle de l'*évaluation de processus*, car il évalue le niveau de participation et d'implication des acteurs clés dans l'exécution des politiques. En analysant le degré de collaboration entre les différentes parties prenantes, comme les administrations locales, les Organisations non-gouvernementales, et les communautés bénéficiaires, cette évaluation identifie les points de friction ou les manques de coordination qui pourraient nuire à la réussite des activités[2]. Des enquêtes de satisfaction et des groupes de discussion sont fréquemment utilisés pour mesurer le niveau de satisfaction et d'engagement des parties prenantes, et pour détecter d'éventuels besoins de renforcement de la coopération. Dans un contexte où les partenariats locaux jouent souvent un rôle crucial, cette composante de l'*évaluation de processus* garantit que les collaborations sont optimisées pour maximiser l'impact.

L'identification des obstacles à la mise en œuvre constitue un objectif central de l'*évaluation de processus*, permettant de détecter les inefficacités qui pourraient entraver la réussite de la politique. Ces obstacles peuvent inclure des inefficacités logistiques, des retards dans la chaîne d'approvisionnement, ou des difficultés dans la formation des agents de terrain[3]. En utilisant des matrices d'analyse des risques et des outils d'analyse de causes-racines, comme les diagrammes d'Ishikawa (ou *diagrammes de causes-effets*), l'*évaluation de processus* identifie non seulement les problèmes mais aussi leurs causes sous-jacentes pour

---

[1] Abrishami, S., Naghibzadeh, M., & Epema, D. H. (2011). Cost-driven scheduling of grid workflows using partial critical paths. IEEE Transactions on Parallel and Distributed Systems, 23(8), 1400-1414.

[2] Deverka, P. A., Lavallee, D. C., Desai, P. J., Esmail, L. C., Ramsey, S. D., Veenstra, D. L., & Tunis, S. R. (2012). Stakeholder participation in comparative effectiveness research: defining a framework for effective engagement. Journal of comparative effectiveness research, 1(2), 181-194.

[3] Murray, E., Treweek, S., Pope, C., MacFarlane, A., Ballini, L., Dowrick, C., ... & May, C. (2010). Normalisation process theory: a framework for developing, evaluating and implementing complex interventions. BMC medicine, 8, 1-11.

une résolution proactive et ciblée[1]. Cette approche est cruciale pour s'assurer que les programmes sont résilients et capables de surmonter les défis opérationnels et contextuels fréquents.

Les *analyses de sensibilité* sont également intégrées dans l'*évaluation de processus* pour évaluer l'impact de divers changements contextuels sur la mise en œuvre. En ajustant les paramètres d'exécution, comme les niveaux de ressources ou les délais, ces analyses permettent de prévoir comment les modifications influenceraient l'efficacité du programme. Dans un contexte où les ressources et les financements peuvent fluctuer en fonction des priorités nationales ou des engagements internationaux, les *analyses de sensibilité* assurent que les stratégies d'exécution sont suffisamment flexibles pour s'adapter aux variations tout en maintenant l'intégrité des objectifs.

Les techniques de *triangulation des données* renforcent la rigueur de l'*évaluation de processus* en validant les résultats obtenus à partir de sources variées. En croisant les données quantitatives des rapports de performance avec les informations qualitatives issues des enquêtes et des observations de terrain, la *triangulation des données* permet de confirmer les tendances et d'améliorer la fiabilité des conclusions. Dans un contexte où les données peuvent parfois être incomplètes ou disparates, la *triangulation des données* assure que les ajustements proposés reposent sur une vision globale et solide de la mise en œuvre.

Les analyses de processus incluent souvent une évaluation des délais d'exécution, en utilisant des indicateurs temporels pour évaluer la ponctualité de chaque étape du programme[2]. Cette évaluation peut inclure des *diagrammes de Gantt* pour visualiser les délais, ainsi que des indicateurs de ponctualité et des analyses de chemin critique pour identifier les éléments du programme qui risquent de causer des retards. Dans un contexte où les infrastructures peuvent être moins développées et les délais plus difficiles à respecter, l'analyse des délais d'exécution permet de mieux planifier les ressources et de prévoir les ajustements nécessaires pour respecter les échéances clés.

L'*évaluation de processus* est renforcée par des partenariats avec des institutions locales et internationales, qui apportent des outils

---

[1] Gonzalez, O. R. (2024). Supplementing Hazard Analysis and Critical Control Point with Root Cause Analysis. Food Protection Trends, 44(6).

[2] Marques, G., Gourc, D., & Lauras, M. (2011). Multi-criteria performance analysis for decision making in project management. International Journal of Project Management, 29(8), 1057-1069.

méthodologiques et une expertise technique. Ces collaborations facilitent l'accès à des technologies de suivi avancées, à des formations en *Gestion de projet*, et à des ressources analytiques. Des partenariats avec des agences comme le Fonds des Nations Unies pour l'enfance ou l'Union africaine permettent aux gouvernements africains de bénéficier de cadres d'évaluation internationaux et d'améliorer les compétences locales en gestion de processus et en optimisation des ressources.

La transparence et la redevabilité sont également accrues grâce à l'*évaluation de processus*, qui documente de manière détaillée l'utilisation des ressources, les réalisations et les obstacles rencontrés. Cette documentation fournit aux parties prenantes, notamment les citoyens, les bailleurs de fonds, et les partenaires locaux, une vision claire de l'évolution des programmes, renforçant ainsi la confiance et le soutien pour les interventions en cours. Dans un contexte où la transparence dans l'allocation des fonds publics est une priorité, l'*évaluation de processus* contribue à assurer que les ressources sont gérées efficacement et en toute transparence.

Enfin, l'*évaluation de processus* génère un apprentissage institutionnel qui bénéficie aux futures politiques publiques[1]. En documentant systématiquement les enseignements tirés des phases d'exécution, elle permet d'identifier les pratiques efficaces, les méthodes de résolution de problèmes, et les stratégies d'optimisation des ressources. Cette base de connaissances contribue à une amélioration continue des capacités institutionnelles et renforce la résilience des politiques. Dans un contexte où les gouvernements et les organisations doivent souvent innover pour surmonter des obstacles uniques, cet apprentissage institutionnel est essentiel pour garantir une gouvernance publique plus efficace et adaptative.

L'*évaluation de processus* est un outil analytique de haute précision qui permet de surveiller et d'optimiser l'exécution des politiques publiques en temps réel. En intégrant des méthodes quantitatives et qualitatives, elle fournit une vue d'ensemble détaillée de la conformité, de l'allocation des ressources, et de l'engagement des parties prenantes[2]. Cette approche garantit que les programmes sont mis en œuvre avec efficience et transparence, en s'adaptant aux conditions

---

[1] Fung, A. (2015). Putting the public back into governance: The challenges of citizen participation and its future. Public administration review, 75(4), 513-522.

[2] Chambers, D. A., Glasgow, R. E., & Stange, K. C. (2013). The dynamic sustainability framework: addressing the paradox of sustainment amid ongoing change. Implementation science, 8, 1-11.

locales et en maximisant leur impact dans les contextes variés et souvent exigeants du continent africain.

8.2.4. L'évaluation formative

L'*évaluation formative* est une approche méthodologique essentielle dans le domaine de l'analyse des politiques publiques, permettant d'intervenir de manière proactive lors des phases de conception et de mise en œuvre[1]. Elle vise à tester les hypothèses initiales, examiner la pertinence des activités, et vérifier leur conformité aux objectifs intermédiaires. En combinant des méthodes quantitatives et qualitatives, elle permet d'optimiser en temps réel la mise en œuvre en s'adaptant aux conditions changeantes. Cette capacité d'adaptation est particulièrement cruciale dans un contexte où les conditions socio-économiques, politiques et environnementaux peuvent être très dynamiques et exigent une flexibilité d'intervention élevée.

L'*évaluation formative* repose sur une collecte rigoureuse de données quantitatives à l'aide de techniques standardisées, telles que les enquêtes par questionnaires, les données de performance, et les indicateurs de progression[2]. Ces indicateurs, souvent spécifiques au contexte du programme, mesurent des éléments clés comme le nombre d'activités réalisées, la couverture géographique atteinte, ou encore les proportions de population servie. L'analyse statistique des indicateurs inclut des tests d'hypothèses, des intervalles de confiance, et parfois des régressions multiples pour contrôler les effets externes, ce qui permet d'identifier précisément les facteurs influençant la progression des activités. Cette rigueur statistique est indispensable pour surveiller efficacement l'atteinte des cibles intermédiaires, surtout dans des contextes de limitations de ressources où chaque étape doit maximiser son impact.

Les méthodes qualitatives renforcent l'*évaluation formative* en offrant une compréhension plus nuancée des perceptions, des expériences et des besoins des populations. Les entretiens semi-structurés et les groupes de discussion permettent d'identifier des variables qualitatives souvent invisibles dans les données quantitatives, mais essentielles pour la réussite de la politique, comme les obstacles

---

[1] McDonald, S. K. (2012). Scale-Up as a Framework for Intervention, Program, and Policy Evaluation Research 1. In Handbook of education policy research (pp. 191-208). Routledge.

[2] Looney, J. W. (2011). Integrating formative and summative assessment: Progress toward a seamless system?

culturels ou les perceptions de qualité des services[1]. Les données qualitatives sont systématiquement codées et analysées à l'aide de logiciels spécialisés, qui permettent de dégager des tendances thématiques et de valider les informations par *triangulation des données*. Dans un contexte où les dynamiques sociales et culturelles influencent fortement l'adhésion aux politiques, cette composante qualitative garantit que les programmes sont non seulement adaptés mais également bien accueillis et légitimes auprès des populations ciblées.

L'analyse de processus est une autre composante technique de l'*évaluation formative*, qui permet de mesurer la qualité de l'exécution des activités en vérifiant leur conformité avec les standards et les échéances planifiées[2]. Ce processus se base sur des diagrammes d'activité, des analyses de chaîne critique et parfois des méthodes de gestion de la qualité comme *Six Sigma* pour identifier et éliminer les inefficacités[3]. L'analyse de processus est cruciale pour des programmes confrontés à des défis logistiques ou administratifs, car elle permet d'anticiper les retards et de remédier rapidement aux faiblesses du processus. Elle renforce ainsi la capacité des programmes à s'adapter tout en maintenant un niveau de qualité élevé et conforme aux objectifs.

Les enquêtes de satisfaction auprès des populations et des parties prenantes fournissent une évaluation directe de la perception et de l'acceptabilité des interventions. Ces enquêtes sont souvent réalisées sous forme de sondages structurés qui incluent des échelles de Likert, permettant de quantifier le niveau de satisfaction par rapport à des critères tels que l'accessibilité, la qualité des services, et la pertinence de l'intervention[4]. Les résultats sont analysés statistiquement, avec des *mesures de dispersion*, des *analyses de variance* et parfois des *régressions logistiques* pour identifier les déterminants de la satisfaction. Dans un contexte où les attentes et perceptions des populations peuvent être influencées par des facteurs culturels et

---

[1] Skovdal, M., & Cornish, F. (2015). Qualitative research for development: a guide for practitioners. Practical Action (Organization).

[2] Newcomer, K. E., Hatry, H. P., & Wholey, J. S. (2015). Planning and designing useful evaluations. Handbook of practical program evaluation, 7-35.

[3] Gupta, N. (2013). An overview on six sigma: quality improvement program. International Journal of Technical Research and Application, 1(1), 29-39.

[4] Sekhon, M., Cartwright, M., & Francis, J. J. (2022). Development of a theory-informed questionnaire to assess the acceptability of healthcare interventions. BMC health services research, 22(1), 279.

sociaux, ces enquêtes offrent un retour d'information essentiel pour ajuster les programmes afin de répondre aux spécificités locales.

L'utilisation de *modèles de simulation* et d'*analyse de scénarios* renforce la rigueur de l'*évaluation formative* en permettant aux décideurs de tester différents ajustements et d'en prévoir les effets avant de les mettre en œuvre[1]. Ces simulations, souvent basées sur des modèles de régression ou des analyses de *régression logistique*, permettent de mesurer les impacts de diverses hypothèses sur les résultats, telles qu'une augmentation de la couverture, un changement dans la méthodologie ou une variation des ressources. Les logiciels de simulation comme *Monte Carlo* permettent de prédire les réponses possibles des systèmes complexes en modélisant les probabilités d'événements incertains. Ces outils sont particulièrement précieux dans les environnements instables, où les décideurs doivent anticiper les répercussions des modifications avant de les appliquer sur le terrain.

L'analyse des coûts, essentielle dans l'*évaluation formative*, consiste à examiner la répartition des ressources pour s'assurer de leur utilisation optimale. Cette analyse inclut souvent des calculs de coûts unitaires par activité, des ratios de rentabilité, et une ventilation des coûts fixes et variables. Des techniques d'analyse budgétaire avancées, telles que l'*évaluation des coûts d'opportunité*, permettent de comparer les dépenses engagées avec les résultats obtenus pour garantir une utilisation efficiente des ressources disponibles. Dans un contexte où les budgets publics et les financements externes peuvent être limités, cette analyse des coûts est cruciale pour des ajustements budgétaires en cours de mise en œuvre et pour assurer *in-fine* que chaque unité monétaire investie maximise les retombées positives.

L'*observation participative*, quant à elle, est une méthode de collecte de données qualitatives où les évaluateurs observent directement les activités sur le terrain[2]. Cette méthode permet de capturer des éléments informels mais significatifs, comme les interactions sociales, l'adhésion des communautés bénéficiaires et l'efficacité pratique des interventions. Les observations sont ensuite documentées et analysées, souvent avec des méthodes de *triangulation des données* pour valider les résultats. Cette approche est particulièrement utile pour comprendre les facteurs contextuels qui influencent le succès des politiques et pour

---

[1] Patton, M. Q. (2010). Developmental evaluation: Applying complexity concepts to enhance innovation and use. Guilford press.

[2] Musante, K., & DeWalt, B. R. (2010). Participant observation: A guide for fieldworkers. Rowman Altamira.

offrir une vue d'ensemble des défis quotidiens auxquels les populations et les agents de terrain sont confrontés.

Les *analyses de sensibilité* dans l'*évaluation formative* permettent de tester la stabilité des résultats face aux variations de paramètres ou de contexte[1]. En utilisant des techniques de scénarios avec des variations des coûts, des niveaux de participation, ou des délais de réalisation, ces analyses identifient les points de fragilité des politiques. Elles sont souvent accompagnées de calculs de probabilité conditionnelle et de tests de robustesse qui montrent dans quelles conditions les interventions restent viables. Dans un contexte où les financements et les ressources humaines peuvent fluctuer, ces *analyses de sensibilité* offrent aux décideurs une garantie de résilience pour maintenir l'efficacité même face aux incertitudes.

La *triangulation des données*, qui combine les résultats de différentes méthodes de collecte, est une technique cruciale pour renforcer la validité des conclusions. Elle utilise des analyses croisées entre les données quantitatives et qualitatives pour vérifier la cohérence des informations. Les données des enquêtes de satisfaction peuvent être comparées avec les observations de terrain et les indicateurs de performance pour confirmer les tendances identifiées. Dans un contexte où les sources de données peuvent être limitées, la *triangulation des données* assure que les décisions reposent sur des bases solides, et elle permet de combler les éventuelles lacunes informationnelles.

Les partenariats avec des organisations locales et des institutions internationales enrichissent l'*évaluation formative* en apportant des ressources méthodologiques et techniques qui répondent aux besoins spécifiques du contexte. Ces collaborations facilitent l'accès à des technologies de collecte de données avancées, à des formations en évaluation, et à des ressources financières. Des partenariats avec des institutions telles que le Programme des Nations Unies pour le développement, le Fonds des Nations Unies pour l'enfance, ou la Banque mondiale fournissent des cadres d'évaluation rigoureux et des outils analytiques qui renforcent les capacités locales en *évaluation formative*.

La transparence et la redevabilité des politiques sont améliorées grâce à l'*évaluation formative*, car elle permet de documenter les ajustements et les progrès et offre aux parties prenantes une vision claire

[1] Ling, T. (2012). Evaluating complex and unfolding interventions in real time. Evaluation, 18(1), 79-91.

de l'évolution des projets[1]. La diffusion des résultats intermédiaires permet également d'attirer le soutien continu des bailleurs de fonds en démontrant une gestion responsable des ressources. Cette transparence renforce la confiance des citoyens et des partenaires, justifiant l'utilisation des fonds publics et des financements externes pour des initiatives ciblées.

L'*évaluation formative* contribue à l'apprentissage institutionnel et à la consolidation de l'expertise. En documentant systématiquement les ajustements et les leçons tirées des interventions, cette approche crée une base de données d'expériences et de pratiques optimales pour les projets futurs. Cet apprentissage est d'autant plus précieux Dans un contexte où les environnements politiques et socio-économiques varient, car il offre aux gouvernements un outil puissant pour capitaliser sur les succès et éviter les erreurs passées, favorisant ainsi une amélioration continue de la gouvernance.

L'*évaluation formative* est un outil stratégique pour maximiser les retombées des politiques publiques[2]. Elle combine des méthodes rigoureuses et scientifiques, à la fois quantitatives et qualitatives, permettant une gestion proactive et adaptative des programmes. En s'adaptant aux évolutions contextuelles et en optimisant chaque étape de la mise en œuvre, elle contribue à renforcer l'impact, la transparence et l'efficacité des politiques, tout en assurant une gouvernance inclusive et résiliente face aux défis uniques du contexte africain.

8.3. Évaluations contextuelles et participatives

Les *évaluations contextuelles et participatives* sont des outils analytiques essentiels pour optimiser la conception et la mise en œuvre des politiques publiques. L'*évaluation contextuelle* analyse les spécificités locales, économiques, sociales et culturelles afin d'adapter les politiques aux réalités des communautés ciblées[3]. En identifiant les forces, les faiblesses et les opportunités propres à chaque contexte, cette approche permet d'élaborer des interventions pertinentes, efficaces et alignées sur les besoins réels des populations.

---

[1] Neumann, J., Robson, A., & Sloan, D. (2018). Monitoring and evaluation of strategic change programme implementation—Lessons from a case analysis. Evaluation and program planning, 66, 120-132.

[2] Perret*, B. (2008). L'évaluation des politiques publiques: Entre culture du résultat et apprentissage collectif. Esprit, (12), 142-159.

[3] Skovdal, M., & Cornish, F. (2015). Qualitative research for development: a guide for practitioners. Practical Action (Organization).

L'*évaluation participative*, quant à elle, place les communautés bénéficiaires et les parties prenantes au cœur du processus d'évaluation. En intégrant leurs perceptions, attentes et expériences. Elle garantit que les politiques sont non seulement techniquement solides, mais aussi légitimes et acceptées. Cette méthode renforce la transparence, encourage l'appropriation des résultats par les populations et favorise des ajustements en temps réel, en réponse aux retours des parties concernées[1].

Ces deux approches, complémentaires, offrent un cadre analytique robuste pour élaborer des politiques publiques inclusives et impactantes. L'*évaluation contextuelle* fournit une compréhension approfondie des dynamiques locales, tandis que l'*évaluation participative* assure une adhésion accrue des communautés. Ensemble, elles permettent d'optimiser la pertinence, l'efficacité et la durabilité des interventions, tout en promouvant une gouvernance basée sur les besoins et les aspirations des citoyens.

8.3.1. L'évaluation contextuelle

L'*évaluation contextuelle* est une composante analytique essentielle dans l'évaluation des politiques publiques, car elle examine les spécificités locales, culturelles, sociales et économiques susceptibles d'influencer l'efficacité et l'acceptabilité des interventions[2]. Cette évaluation tient compte des dynamiques spécifiques aux communautés et des réalités locales pour garantir que les politiques sont en adéquation avec les besoins et les attentes des communautés bénéficiaires. Dans un contexte où les conditions peuvent varier considérablement entre les zones urbaines et rurales, entre les régions, et même au sein des mêmes communautés, l'*évaluation contextuelle* permet aux décideurs d'adapter les politiques aux diversités locales pour maximiser leur pertinence et leur impact.

L'*évaluation contextuelle* commence par une analyse approfondie des données secondaires disponibles sur le contexte local, incluant des rapports statistiques, des données socio-économiques et des études antérieures. Cette première étape permet de dresser un portrait des réalités économiques, démographiques et culturelles qui pourraient influencer la mise en œuvre des politiques. Les analyses quantitatives

---

[1] Wilson, P. (2019). The heart of community engagement: Practitioner stories from across the globe. Routledge.

[2] Greenhalgh, J., & Manzano, A. (2022). Understanding 'context' in realist evaluation and synthesis. International Journal of Social Research Methodology, 25(5), 583-595.

descriptives, comme les statistiques de base et les cartographies socio-économiques, permettent de comprendre les principales caractéristiques de la population cible et d'identifier les facteurs de différenciation géographique et sociale qui pourraient affecter l'implantation des programmes.

Les méthodes qualitatives sont fondamentales pour l'*évaluation contextuelle*, car elles permettent de capter les nuances culturelles, les normes sociales et les attentes communautaires. Des entretiens approfondis et des *focus groups* avec des leaders communautaires, des communautés bénéficiaires potentielles et d'autres acteurs locaux permettent de comprendre les perceptions, les valeurs et les attitudes qui influencent l'acceptabilité et l'adoption des politiques. Ces données sont analysées thématiquement avec des logiciels spécialisés et permettent de structurer les informations et d'identifier les points de convergence et de divergence. Dans un contexte où les normes culturelles et les traditions varient selon les groupes ethniques et les régions, ces approches qualitatives sont cruciales pour adapter les politiques aux réalités culturelles et éviter les incompréhensions ou les résistances[1].

L'analyse des facteurs sociaux et économiques locaux est une composante centrale de l'*évaluation contextuelle*, car elle identifie les forces et les faiblesses spécifiques des environnements de mise en œuvre. Cette analyse examine les niveaux de pauvreté, d'éducation, d'infrastructure, ainsi que les dynamiques d'emploi et de revenu. Des techniques d'analyse économique et d'*évaluation d'impact* local permettent d'anticiper comment les politiques pourraient influencer l'économie locale, en identifiant les effets positifs comme la création d'emplois et les potentiels effets secondaires, tels que les inégalités exacerbées[2]. Dans un contexte où les infrastructures et les ressources économiques peuvent être limitées, cette analyse garantit que les politiques sont conçues pour soutenir un développement inclusif et éviter les effets indésirables.

L'évaluation des infrastructures et des capacités locales est également intégrée dans l'*évaluation contextuelle*, car elle détermine la faisabilité pratique de la mise en œuvre des politiques dans des

---

[1] Napier, A. D., Depledge, M., Knipper, M., Lovell, R., Ponarin, E., Sanabria, E., & Thomas, F. (2017). Culture matters: using a cultural contexts of health approach to enhance policy making. World Health Organization. Regional Office for Europe.
[2] Leistritz, F. L., Murdock, S. H., & Leistritz, F. L. (2019). The socioeconomic impact of resource development: Methods for assessment. Routledge.

contextes spécifiques. Elle inclut une analyse des ressources humaines locales, des institutions de santé, d'éducation et d'autres services de base, ainsi que des capacités logistiques. Dans un contexte où l'accès aux infrastructures peut varier considérablement d'une région à l'autre, cette analyse permet d'ajuster les objectifs et les méthodes en fonction des capacités locales, en privilégiant des approches décentralisées et adaptées aux réalités des infrastructures disponibles[1].

La *cartographie des parties prenantes* est une technique souvent employée dans l'*évaluation contextuelle* pour identifier et analyser les acteurs clés qui influencent ou sont influencés par les politiques publiques[2]. Cette cartographie inclut non seulement les communautés bénéficiaires directes mais aussi les leaders communautaires, les Organisations non-gouvernementales locales, les chefs traditionnels, et les institutions régionales. Dans un contexte où l'organisation sociale est souvent structurée autour de groupes communautaires et de leaders traditionnels, la *cartographie des parties prenantes* aide les décideurs à comprendre les dynamiques d'influence et à renforcer la participation des acteurs locaux. Ces informations permettent de bâtir des coalitions de soutien et d'assurer que les interventions sont légitimées par les parties prenantes influentes, réduisant ainsi les risques de résistance.

L'*analyse des risques culturels et sociaux* fait partie intégrante de l'*évaluation contextuelle* et permet d'anticiper les obstacles potentiels liés aux valeurs et aux croyances locales[3]. Cette analyse identifie les aspects culturels qui pourraient limiter l'efficacité ou l'acceptabilité des politiques, tels que les normes de genre, les croyances religieuses, ou les perceptions traditionnelles de l'autorité. Dans un contexte où les normes culturelles peuvent fortement influencer l'adhésion aux politiques, cette analyse aide les décideurs à ajuster les messages et les stratégies d'engagement, en évitant les conflits culturels et en maximisant la compatibilité des politiques avec les valeurs locales.

---

[1] Pfadenhauer, L. M., Gerhardus, A., Mozygemba, K., Lysdahl, K. B., Booth, A., Hofmann, B., ... & Rehfuess, E. (2017). Making sense of complexity in context and implementation: the Context and Implementation of Complex Interventions (CICI) framework. Implementation science, 12, 1-17.

[2] Enserink, B., Bots, P. W. G., van Daalen, C., Hermans, L. M., Kortmann, L. J., Koppenjan, J., ... & Thissen, W. A. H. (2022). Policy analysis of multi-actor systems. TU Delft OPEN Publishing.

[3] Gorddard, R., Colloff, M. J., Wise, R. M., Ware, D., & Dunlop, M. (2016). Values, rules and knowledge: adaptation as change in the decision context. Environmental science & policy, 57, 60-69.

Les *analyses de scénarios* et de *modélisation contextuelle* renforcent l'*évaluation contextuelle* en permettant aux décideurs de simuler les réponses des communautés aux politiques sous différents paramètres[1]. En modélisant les impacts potentiels d'une intervention sur les revenus locaux ou les comportements de consommation, les décideurs peuvent ajuster les programmes pour en maximiser l'acceptabilité et l'efficacité. Dans un contexte où les réponses des communautés peuvent être influencées par de nombreux facteurs externes, ces *modèles de simulation* aident à anticiper les impacts sociaux et économiques, offrant aux gouvernements une base solide pour adapter les politiques aux divers contextes.

Les *enquêtes de perception* sont fréquemment utilisées pour évaluer la réceptivité et les attentes des populations locales vis-à-vis des politiques envisagées. Ces enquêtes incluent des questions spécifiques sur les perceptions des besoins prioritaires, les préférences en matière de mise en œuvre et les craintes éventuelles concernant les effets des interventions. Dans un contexte où les populations peuvent avoir des attentes très spécifiques quant aux bénéfices des politiques, ces *enquêtes de perception* fournissent un retour direct sur la pertinence des objectifs et des méthodes et permettent d'ajuster les politiques pour répondre de manière optimale aux attentes des communautés bénéficiaires[2].

La *triangulation des données* est une technique indispensable dans l'*évaluation contextuelle* pour assurer la validité et la fiabilité des conclusions. En combinant les résultats des méthodes quantitatives, qualitatives et des observations sur le terrain, la *triangulation des données* permet de valider les hypothèses et de réduire les biais potentiels dans l'interprétation des données. Dans un contexte où les sources de données peuvent parfois être limitées, la *triangulation des données* assure que les recommandations reposent sur des bases solides et cohérentes pour renforcer la pertinence des ajustements proposés[3].

---

[1] Freebairn, L., Atkinson, J. A., Kelly, P. M., McDonnell, G., & Rychetnik, L. (2018). Decision makers' experience of participatory dynamic simulation modelling: methods for public health policy. BMC medical informatics and decision making, 18, 1-14.

[2] Nzeadibe, T. C., Ajaero, C. K., Okonkwo, E. E., Okpoko, P. U., Akukwe, T. I., & Njoku-Tony, R. F. (2015). Integrating community perceptions and cultural diversity in social impact assessment in Nigeria. Environmental Impact Assessment Review, 55, 74-83.

[3] Turner, S. F., Cardinal, L. B., & Burton, R. M. (2017). Research design for mixed methods: A triangulation-based framework and roadmap. Organizational research methods, 20(2), 243-267.

Les *analyses de sensibilité* permettent de tester l'impact de différents paramètres contextuels sur l'efficacité des politiques, en évaluant par exemple comment des variations dans les niveaux de ressources ou les attitudes des parties prenantes influenceraient les résultats. Dans un contexte où les conditions peuvent changer rapidement, les *analyses de sensibilité* assurent que les politiques sont conçues pour rester efficaces malgré les variations imprévues, et elles permettent d'ajuster les priorités en fonction des conditions locales.

La documentation des spécificités locales et des pratiques culturelles enrichit l'*évaluation contextuelle* en créant une base de connaissances durable qui peut être utilisée pour des interventions futures. En enregistrant les leçons apprises et les meilleures pratiques, cette documentation facilite l'amélioration continue des politiques et offre aux gouvernements africains une ressource précieuse pour concevoir des politiques plus adaptées et plus efficaces[1].

L'*évaluation contextuelle* contribue à la transparence et à la redevabilité en fournissant aux parties prenantes, aux citoyens et aux bailleurs de fonds une vision claire de la façon dont les politiques tiennent compte des spécificités locales. Cette transparence renforce la légitimité des interventions et encourage une appropriation communautaire des politiques, renforçant ainsi leur durabilité. L'*évaluation contextuelle* est un outil analytique de haute précision qui permet de garantir que les politiques publiques sont adaptées aux réalités locales. En intégrant des méthodes rigoureuses et une compréhension approfondie des dynamiques locales, elle assure que les ajustements proposés sont à la fois pertinents et efficaces.

8.3.2. L'évaluation participative

L'*évaluation participative* est une méthode d'analyse essentielle dans l'évaluation des politiques publiques, intégrant activement les parties prenantes – y compris les citoyens, les communautés locales, et les organisations de la société civile – tout au long du processus d'évaluation. Cette approche renforce la pertinence et l'acceptabilité des politiques en permettant aux communautés bénéficiaires directes de contribuer à l'analyse, d'exprimer leurs besoins et leurs préoccupations, et de participer aux ajustements. Dans un contexte où l'adhésion

[1] Nordstrum, L. E., LeMahieu, P. G., & Berrena, E. (2017). Implementation science: Understanding and finding solutions to variation in program implementation. Quality Assurance in Education, 25(1), 58-73.

communautaire est souvent cruciale pour la réussite et la durabilité des interventions, l'*évaluation participative* offre aux décideurs une compréhension plus fine des dynamiques locales, tout en favorisant une appropriation accrue des résultats par les populations concernées.

L'*évaluation participative* commence par une identification rigoureuse des parties prenantes qui seront impliquées dans le processus d'évaluation[1]. Cette sélection inclut non seulement les communautés bénéficiaires directes, mais aussi les leaders communautaires, les organisations de la société civile, et les institutions locales qui jouent un rôle central dans l'implémentation des politiques. Dans un contexte où les structures sociales et communautaires varient selon les régions, la *cartographie des parties prenantes* est cruciale pour s'assurer que toutes les voix pertinentes sont entendues. Cette étape inclut souvent des *analyses de réseau* et des *matrices de pouvoir* pour évaluer l'influence relative de chaque acteur et garantir une représentation équitable.

Les méthodes de collecte de données participatives sont au cœur de cette approche et comprennent des *ateliers communautaires*, des *focus groups*, et des *enquêtes participatives*. Ces outils permettent aux participants de partager leurs expériences, leurs perceptions et leurs attentes de manière interactive[2]. Dans un atelier communautaire, les participants peuvent être invités à utiliser des techniques de *cartographie participative* pour identifier les zones prioritaires ou les défis spécifiques dans leur communauté. Dans un contexte où les communautés ont souvent une connaissance approfondie des réalités locales, ces méthodes offrent une perspective unique et enrichissante qui complète les données quantitatives conventionnelles.

Les *focus groups* participatifs sont particulièrement utiles pour encourager des discussions en profondeur et pour comprendre les dynamiques sociales et les perceptions de groupes spécifiques, comme les jeunes, les femmes, ou les minorités ethniques. Ces groupes de discussion sont souvent animés par des facilitateurs locaux formés aux techniques de facilitation participative, ce qui assure une atmosphère de confiance et une meilleure qualité de données. Dans un contexte où les

---

[1] Bossen, C., Dindler, C., & Iversen, O. S. (2016, August). Evaluation in participatory design: a literature survey. In Proceedings of the 14th Participatory Design Conference: Full papers-Volume 1 (pp. 151-160).

[2] Leavy, P. (2022). Research design: Quantitative, qualitative, mixed methods, arts-based, and community-based participatory research approaches. Guilford Publications.

relations interpersonnelles et la communication informelle jouent un rôle central, les *focus groups* permettent de capturer des informations subtiles sur les valeurs culturelles et les préférences sociales qui influencent l'acceptabilité des politiques publiques[1].

L'approche de l'*évaluation participative* inclut également des méthodes de *co-analyse des données*, où les parties prenantes sont activement impliquées dans l'interprétation des résultats[2]. Après la collecte des données, des ateliers de restitution sont organisés pour présenter les résultats préliminaires et recueillir les retours des participants. Cette *co-analyse des données* permet aux communautés locales d'interpréter les données en fonction de leur propre contexte et de fournir des éclairages supplémentaires. Cette étape renforce l'appropriation des résultats et garantit que les recommandations prennent en compte les perspectives des communautés bénéficiaires pour rendre les politiques plus adaptées et mieux alignées avec les besoins réels.

La technique de *cartographie des parties prenantes et des ressources communautaires* est souvent utilisée dans l'*évaluation participative* pour visualiser les dynamiques locales, les sources de soutien, et les défis communautaires[3]. Cette cartographie permet aux participants de dessiner les interconnexions entre les acteurs locaux et de mieux comprendre l'écosystème social dans lequel les politiques seront mises en œuvre. Cette technique est précieuse car elle aide à identifier les leaders communautaires et les ressources locales qui peuvent être mobilisés pour renforcer l'efficacité et la légitimité des politiques.

Les techniques de *rétroaction continue* constituent une dimension importante de l'*évaluation participative* et permettent de maintenir un dialogue constant avec les parties prenantes tout au long de la mise en œuvre[4]. Ces retours réguliers, obtenus par le biais de *réunions communautaires*, de *groupes de suivi*, ou de *plateformes numériques*,

[1] O. Nyumba, T., Wilson, K., Derrick, C. J., & Mukherjee, N. (2018). The use of focus group discussion methodology: Insights from two decades of application in conservation. Methods in Ecology and evolution, 9(1), 20-32.

[2] Hassenforder, E., Smajgl, A., & Ward, J. (2015). Towards understanding participatory processes: Framework, application and results. Journal of environmental management, 157, 84-95.

[3] Brown, G., & Kyttä, M. (2018). Key issues and priorities in participatory mapping: Toward integration or increased specialization?. Applied geography, 95, 1-8.

[4] Guerra-López, I., & Hicks, K. (2015). The participatory design of a performance-oriented monitoring and evaluation system in an international development environment. Evaluation and program planning, 48, 21-30.

offrent aux communautés bénéficiaires l'opportunité de signaler rapidement les défis rencontrés et de suggérer des ajustements en temps réel. Dans un contexte où les besoins et les conditions peuvent évoluer rapidement, cette *rétroaction continue* garantit que les politiques restent flexibles et peuvent être ajustées en fonction des retours des communautés.

L'utilisation de *techniques de visualisation participative*, telles que les *diagrammes et les cartes mentales*, permet de faciliter la compréhension et la *co-analyse des données* recueillies[1]. Ces outils visuels aident à synthétiser les informations de manière claire et accessible et permet aux participants de contribuer plus efficacement au processus d'évaluation. Dans un contexte où les niveaux d'alphabétisation peuvent varier, ces techniques visuelles offrent un moyen inclusif de présenter les données et d'encourager une participation active.

Les *analyses de sensibilité sociale* permettent de tester l'impact de différents scénarios d'intervention sur les groupes vulnérables et de comprendre comment les variations dans la mise en œuvre pourraient affecter les communautés bénéficiaires[2]. Ces analyses sont souvent accompagnées de consultations ciblées auprès des groupes les plus affectés, comme les femmes ou les personnes en situation de précarité. Dans un contexte où les conditions socio-économiques peuvent varier considérablement, les *analyses de sensibilité sociale* garantissent que les politiques sont conçues pour minimiser les impacts négatifs sur les populations les plus fragiles et pour maximiser l'équité.

La *triangulation des données*, qui combine les informations issues de diverses méthodes participatives, est essentielle pour assurer la robustesse et la validité des conclusions. En croisant les résultats des *focus groups*, des *enquêtes participatives*, et des *ateliers communautaires*, la *triangulation des données* permet de vérifier la cohérence des informations et de renforcer la fiabilité des recommandations. Dans un contexte où les perspectives des différentes communautés peuvent parfois diverger, cette *triangulation des données* garantit que les conclusions reflètent une vision intégrative et inclusive.

---

[1] Miller, A. (2019). Data visualization as participatory research: a model for digital collections to inspire user-driven research. Journal of Web Librarianship, 13(2), 127-155.

[2] Skovdal, M., & Cornish, F. (2015). Qualitative research for development: a guide for practitioners. Practical Action (Organization).

L'*évaluation participative* favorise également la transparence et la redevabilité en offrant aux communautés locales un rôle actif dans le *Suivi et évaluation* des politiques[1]. En documentant les *processus de rétroaction* et en partageant les résultats de manière transparente, elle renforce la confiance des citoyens dans les politiques publiques. Cette transparence est particulièrement précieuse pour renforcer l'engagement des communautés bénéficiaires et garantir que les ressources sont gérées de manière efficace et conforme aux attentes des communautés.

La *documentation des leçons apprises et des bonnes pratiques* au cours de l'*évaluation participative* crée une base de connaissances précieuse pour les interventions futures. En enregistrant les retours des parties prenantes et les ajustements réalisés, cette documentation facilite un apprentissage institutionnel continu et favorise des politiques publiques plus adaptées. Dans un contexte où les environnements de mise en œuvre peuvent varier fortement d'un projet à l'autre, cet apprentissage systématique permet aux gouvernements de concevoir des politiques de plus en plus en phase avec les besoins locaux[2].

L'*évaluation participative* contribue à l'appropriation communautaire des politiques, en offrant aux communautés bénéficiaires un rôle actif dans l'évaluation et en leur donnant une voix dans les décisions. Cette participation directe renforce le sentiment d'appartenance et encourage les communautés à prendre une part active dans la mise en œuvre et le suivi des interventions. Dans un contexte où la participation communautaire est souvent un facteur clé de succès, cette approche favorise la durabilité des politiques en les ancrant dans les réalités et les aspirations des populations locales.

L'*évaluation participative* est une approche analytique puissante qui intègre les perspectives des communautés bénéficiaires et des parties prenantes locales pour optimiser l'efficacité et l'acceptabilité des politiques publiques. En combinant des méthodes interactives et des techniques de *co-analyse des données*, elle garantit que les politiques sont non seulement pertinentes mais aussi largement soutenues par les communautés concernées. Cette approche favorise une gouvernance inclusive, renforce la légitimité des interventions, et assure que les

---

[1] Kim, S., & Lee, J. (2019). Citizen participation, process, and transparency in local government: An exploratory study. Policy Studies Journal, 47(4), 1026-1047.

[2] Jull, J., Giles, A., & Graham, I. D. (2017). Community-based participatory research and integrated knowledge translation: advancing the co-creation of knowledge. Implementation science, 12, 1-9.

politiques publiques sont alignées avec les besoins et les priorités des citoyens.

8.4. Évaluations de résultats et d'impact

Les *évaluations de résultats et d'impact* constituent des outils essentiels pour analyser les performances des politiques publiques, mesurer leur efficacité, impact et durabilité[1]. L'*évaluation sommative* se concentre sur l'*analyse des résultats finaux* en comparant les objectifs fixés aux impacts réels observés. Elle fournit des preuves quantitatives et qualitatives indispensables pour évaluer la pertinence des interventions et leur contribution aux transformations sociales et économiques[2]. Cette méthode permet de tirer des enseignements clés pour ajuster les politiques existantes et orienter les décisions futures.

L'*évaluation d'impact* va au-delà des résultats immédiats en analysant les changements attribuables aux politiques publiques. Elle s'appuie sur des approches rigoureuses, telles que les méthodes expérimentales ou quasi-expérimentales, pour établir des liens de causalité entre les interventions et les effets mesurés[3]. Dans des contextes où les ressources sont limitées, cette méthode permet d'identifier les interventions les plus efficaces et d'allouer les ressources de manière optimale. Elle offre ainsi aux décideurs une vision claire des politiques qui génèrent les transformations les plus significatives.

L'*évaluation de la durabilité* examine la capacité des impacts à se maintenir sur le long terme. Elle analyse les *facteurs de résilience et d'autonomie*, tels que le renforcement des capacités locales et la pérennité des infrastructures mises en place[4]. Cette approche est cruciale dans un contexte où la pression sur les budgets publics et les financements externes exige que les bénéfices des politiques soient intégrés durablement dans les communautés bénéficiaires. Elle aide également à anticiper les ajustements nécessaires pour prolonger les impacts positifs.

---

[1] Morra-Imas, L. G., Morra, L. G., & Rist, R. C. (2009). The road to results: Designing and conducting effective development evaluations. World Bank Publications.
[2] Vedung, E. (2017). Public policy and program evaluation. Routledge.
[3] Glewwe, P., & Todd, P. (2022). Impact evaluation in international development: Theory, methods, and practice. World Bank Publications.
[4] Waring, T. M., Kline Ann, M., Brooks, J. S., Goff, S. H., Gowdy, J., Janssen, M. A., ... & Jacquet, J. (2015). A multilevel evolutionary framework for sustainability analysis. Ecology and Society, 20(2).

Ces approches de l'*évaluations de résultats et d'impact*, lorsqu'elles sont combinées, fournissent une base analytique robuste pour maximiser l'efficacité, l'impact et la durabilité des politiques publiques. Elles renforcent la redevabilité des institutions et permettent de démontrer l'impact des politiques.

8.4.1. L'évaluation sommative

L'*évaluation sommative* est une méthode analytique essentielle qui vise à mesurer l'impact global et l'efficacité des politiques publiques en vérifiant dans quelle mesure les objectifs fixés ont été atteints[1]. Elle se concentre sur les résultats finaux et fournit des preuves concrètes permettant de justifier ou d'ajuster les décisions politiques, en particulier en ce qui concerne l'allocation des ressources et la planification des interventions futures. L'*évaluation sommative* joue un rôle critique dans la reddition des comptes quant à l'utilisation des fonds publics, tout en évaluant les progrès réalisés vers les *Objectifs de développement durable*, qui sont une priorité pour de nombreux pays du continent.

L'*évaluation sommative* repose sur des méthodes quantitatives rigoureuses pour mesurer les résultats et l'impact des politiques. Elle utilise des indicateurs de performance clairement définis, comme le taux d'atteinte des objectifs, les niveaux de service améliorés ou les changements dans les conditions socio-économiques des communautés bénéficiaires[2]. Des analyses statistiques avancées, incluant des régressions et des tests d'hypothèses, permettent de quantifier l'effet net de la politique et de contrôler les variables externes qui pourraient influencer les résultats. Dans un contexte où les politiques publiques cherchent souvent à répondre à des besoins socio-économiques fondamentaux, ces méthodes quantitatives assurent que les résultats sont évalués de manière objective et renforcent la crédibilité des conclusions et facilitant la prise de décision fondée sur des preuves.

Les méthodes d'évaluation d'impact sont également intégrées dans l'*évaluation sommative* pour mesurer les changements attribuables aux interventions. Ces méthodes comprennent des *approches expérimentales et quasi-expérimentales*, comme les *essais contrôlés*

---

[1] Olejniczak, K., Borkowska-Waszak, S., Domaradzka-Widła, A., & Park, Y. (2020). Policy labs: the next frontier of policy design and evaluation?. Policy & Politics, 48(1), 89-110.

[2] Kilonzo, S. M., & Ojebode, A. (2023). Research Methods for Public Policy. Public Policy and Research in Africa, 63.

randomisés ou les modèles de *différence en différences*, qui permettent de comparer les groupes de communautés bénéficiaires avant et après l'intervention. Ces techniques permettent de distinguer les effets spécifiques de la politique des influences extérieures, en offrant une mesure précise de l'efficacité des actions. Dans un contexte où les ressources et les contraintes opérationnelles peuvent limiter l'étendue des interventions, ces évaluations d'impact sont cruciales pour identifier les politiques les plus efficaces et pour maximiser l'utilisation des ressources disponibles.

Les analyses qualitatives enrichissent l'*évaluation sommative* en offrant une compréhension des perceptions, des attitudes et des expériences des communautés bénéficiaires vis-à-vis des politiques[1]. Les entretiens individuels, les groupes de discussion et les études de cas permettent de recueillir des informations contextuelles sur l'impact social et la pertinence des politiques pour les communautés. Ces méthodes permettent aux évaluateurs de saisir les dimensions intangibles des résultats, comme l'amélioration de la qualité de vie ou le sentiment d'inclusion sociale. Dans un contexte où les dynamiques culturelles et sociales influencent l'acceptabilité et l'efficacité des politiques, ces approches qualitatives apportent des perspectives essentielles pour une évaluation holistique des interventions.

L'*évaluation sommative* utilise également des indicateurs de *coût-efficacité* et de *coût-bénéfice* pour évaluer la rentabilité des politiques. Ces analyses économiques permettent de mesurer le *retour sur investissement public* en comparant les bénéfices obtenus avec les coûts engagés[2]. Le calcul du *coût par bénéficiaire* ou l'estimation des gains économiques indirects permet de déterminer si les ressources ont été utilisées de manière optimale pour atteindre les objectifs. Dans un contexte où les ressources publiques sont souvent limitées et la pression sur les budgets est élevée, ces analyses de coût assurent que les politiques sont non seulement efficaces mais également économiquement viables pour faciliter une allocation rationnelle des fonds publics.

Les *techniques de suivi longitudinal*, qui consistent à recueillir des données à plusieurs moments durant et après la mise en œuvre,

---

[1] Posavac, E. J. (2015). Program evaluation: Methods and case studies. Routledge.
[2] Trompf, M., & Kotvojs, F. (2021). Practical application of cost-utility analysis in summative evaluation. Evaluation Journal of Australasia, 21(1), 24-39.

permettent de mesurer les impacts à long terme des politiques[1]. Des suivis post-intervention identifient les effets durables et les changements structurels générés par les politiques et fournissent des indications précieuses sur la résilience et la durabilité des résultats. Dans un contexte où les objectifs de développement visent souvent des changements structurels à long terme, le suivi longitudinal garantit que les politiques contribuent réellement à une transformation positive et durable des conditions de vie.

L'*évaluation sommative* utilise également la *triangulation des données* pour renforcer la fiabilité et la validité des conclusions. En combinant les données issues de différentes sources – notamment les statistiques de performance, les témoignages des communautés bénéficiaires, et les observations de terrain – cette technique permet de vérifier la cohérence des résultats et d'éviter les biais. Dans un contexte où la qualité des données peut parfois poser des défis, la *triangulation des données* assure que les conclusions reposent sur une base solide et multiple, permettant ainsi une interprétation plus robuste des résultats[2].

Les *consultations avec les parties prenantes* jouent un rôle clé dans l'*évaluation sommative*, car elles permettent de recueillir des perspectives variées sur les impacts et les bénéfices des politiques. Les réunions de feedback avec les communautés bénéficiaires, les experts locaux et les organisations de la société civile aident à comprendre comment les politiques ont été perçues et à identifier les facteurs de succès ou d'échec. Dans un contexte où la diversité des parties prenantes et les réalités locales influencent les résultats, ces consultations garantissent que les recommandations de l'évaluation sont inclusives et tiennent compte des besoins et des expériences de tous les acteurs concernés.

L'*évaluation sommative* favorise la transparence et la redevabilité en fournissant aux citoyens, aux bailleurs de fonds et aux autres parties prenantes une vision claire de l'utilisation des ressources publiques et de l'efficacité des politiques[3]. En publiant les résultats de manière

---

[1] Wang, M., Beal, D. J., Chan, D., Newman, D. A., Vancouver, J. B., & Vandenberg, R. J. (2017). Longitudinal research: A panel discussion on conceptual issues, research design, and statistical techniques. Work, Aging and Retirement, 3(1), 1-24.

[2] Turner, S. F., Cardinal, L. B., & Burton, R. M. (2017). Research design for mixed methods: A triangulation-based framework and roadmap. Organizational research methods, 20(2), 243-267.

[3] Aiyede, E. R., & Quadri, M. O. (2021). Policy evaluation in Africa. In Routledge Handbook of Public Policy in Africa (pp. 164-176). Routledge.

accessible et transparente, cette évaluation renforce la confiance du public dans les institutions et encourage un soutien continu pour les initiatives de développement. Dans un contexte où la redevabilité dans la gestion des ressources publiques est une priorité, l'*évaluation sommative* constitue un outil essentiel pour garantir que les décisions politiques sont fondées sur des résultats mesurables et vérifiables.

L'utilisation d'indicateurs alignés sur les *Objectifs de développement durable* permet également de positionner les résultats de l'*évaluation sommative* dans un cadre internationalement reconnu. En mesurant les contributions des politiques aux *Objectifs de développement durable*, cette évaluation permet aux gouvernements africains de démontrer leur engagement en faveur du développement durable et de situer leurs progrès par rapport aux objectifs globaux[1]. Cette approche offre une perspective comparative précieuse et permet aux décideurs de prioriser les interventions qui ont le plus grand potentiel pour faire avancer les agendas de développement durable.

L'*évaluation sommative* est une méthode analytique fondamentale pour mesurer l'impact global des politiques publiques. En combinant des méthodes quantitatives rigoureuses et des analyses qualitatives approfondies, elle offre aux décideurs une base solide pour évaluer l'efficacité, la rentabilité et la durabilité des interventions. Cette approche garantit que les ressources publiques sont utilisées de manière optimale et que les politiques contribuent aux objectifs de développement à long terme, tout en répondant aux attentes de transparence et de redevabilité des citoyens et des *partenaires de développement*.

8.4.2. L'évaluation d'impact

L'*évaluation d'impact* est une méthode analytique indispensable qui mesure les effets directs et indirects des politiques publiques sur les communautés bénéficiaires, permettant de distinguer les changements spécifiquement induits par les interventions des influences externes[2]. En examinant les répercussions à court et à long terme, elle apporte une compréhension détaillée des transformations sociétales générées par les politiques. Dans le contexte africain, où les politiques publiques visent

---

[1] Reynolds, M., Blackmore, C., Ison, R., Shah, R., & Wedlock, E. (2018). The role of systems thinking in the practice of implementing sustainable development goals. Handbook of sustainability science and research, 677-698.

[2] O'Flynn, P., & Barnett, C. (2017). Evaluation and impact investing: A review of methodologies to assess social impact.

souvent des objectifs de développement socio-économique et environnemental durable, cette évaluation fournit aux décideurs une mesure précise de l'efficacité réelle des interventions, tout en offrant des indications sur leur potentiel à générer des impacts durables et résilients.

L'*évaluation d'impact* repose sur des méthodes expérimentales et quasi-expérimentales qui permettent de comparer les groupes exposés aux politiques avec des groupes témoins non exposés[1]. Les *essais contrôlés randomisés* qui représentent une méthode expérimentale de référence dans laquelle les communautés bénéficiaires sont sélectionnées de manière aléatoire pour recevoir ou non l'intervention, permettent de mesurer l'impact des politiques sans biais de sélection[2]. Dans un contexte où l'accès aux ressources peut être inégal et les contextes variés, les *essais contrôlés randomisés* sont particulièrement efficaces pour isoler les effets des politiques et fournir des preuves solides de leur efficacité.

Les méthodes quasi-expérimentales, telles que les modèles de *différence en différences* ou les *méthodes de jumelage* (*matching*), sont également utilisées lorsque des *essais contrôlés randomisés* ne sont pas réalisables[3]. Ces méthodes comparent les résultats entre groupes similaires avant et après l'intervention pour estimer les impacts. Dans un contexte où les politiques doivent souvent être adaptées aux réalités locales et où les conditions peuvent limiter la randomisation, les modèles de *différence en différences* permettent de tirer des conclusions robustes en tenant compte des influences externes, et de mieux adapter les interventions à des contextes complexes et variables.

Les analyses qualitatives complètent l'*évaluation d'impact* en offrant une compréhension des dynamiques sociales, des perceptions communautaires, et des changements intangibles générés par les politiques[4]. Des entretiens en profondeur, des *focus groups*, et des études de cas permettent de recueillir des témoignages et des récits qui

---

[1] Gertler, P. J., Martinez, S., Premand, P., Rawlings, L. B., & Vermeersch, C. M. (2011). L'évaluation d'impact en pratique. The World Bank.

[2] Bédécarrats, F., Guérin, I., & Roubaud, F. (2020). Randomized control trials in the field of development: A critical perspective (p. 442). Oxford University Press.

[3] Mueller, C. E., & Gaus, H. (2017). Quasi-experimental comparison group designs for social policy evaluation. In Handbook of social policy evaluation (pp. 38-56). Edward Elgar Publishing.

[4] O'Flynn, P., & Barnett, C. (2017). Evaluation and impact investing: A review of methodologies to assess social impact.

éclairent les expériences des communautés bénéficiaires et expliquent les mécanismes à l'origine des impacts. Dans un contexte où les normes culturelles et les dynamiques sociales peuvent fortement influencer l'acceptabilité et l'impact des interventions, ces méthodes qualitatives fournissent une vue d'ensemble indispensable sur les effets sociétaux et permettent aux décideurs d'ajuster les politiques en fonction des perceptions et attentes locales.

L'*évaluation d'impact* intègre également des mesures de durabilité pour évaluer si les effets des politiques se maintiennent au fil du temps[1]. Ces mesures incluent des suivis post-intervention et des analyses longitudinales qui permettent de vérifier si les changements induits par les politiques sont pérennes ou si des ajustements sont nécessaires pour prolonger leur efficacité. Dans un contexte où les interventions publiques visent souvent à générer des améliorations structurelles et durables, ces suivis à long terme assurent que les politiques continuent à produire des bénéfices pour les communautés, même après leur mise en œuvre.

Les *indicateurs de résilience*, qui mesurent la capacité des communautés bénéficiaires à résister aux chocs économiques, sociaux ou environnementaux, sont souvent utilisés dans l'*évaluation d'impact* pour évaluer la capacité des politiques à renforcer la résilience des populations[2]. Dans un contexte où les communautés sont souvent exposées à des vulnérabilités multiples, comme la variabilité climatique ou l'instabilité économique, ces indicateurs aident à comprendre si les interventions augmentent la résilience à long terme et à planifier des politiques qui favorisent la stabilité et la sécurité pour les communautés bénéficiaires.

Les *analyses de chaîne causale* sont essentielles pour déterminer les mécanismes par lesquels les politiques produisent des effets. En modélisant les étapes intermédiaires entre les actions des politiques et les impacts observés, ces analyses permettent de vérifier si les hypothèses sous-jacentes sont confirmées dans la pratique[3]. Dans une politique de soutien agricole, la chaîne causale peut inclure l'augmentation des rendements, l'amélioration des revenus, puis

---

[1] Albarello, L., Van Haeperen, B., Aubin, D., & Fallon, C. (2016). Penser l'évaluation des politiques publiques. De Boeck Supérieur.

[2] Béné, C., Frankenberger, T., & Nelson, S. (2015). Design, monitoring and evaluation of resilience interventions: conceptual and empirical considerations.

[3] Goertz, G. (2017). Multimethod research, causal mechanisms, and case studies: An integrated approach. Princeton University Press.

l'accès accru à des biens et services pour les communautés bénéficiaires. Dans un contexte où les conditions locales peuvent influencer chaque étape de la chaîne d'impact, ces analyses aident à identifier les points de rupture ou les étapes nécessitant des ajustements pour garantir des résultats optimaux.

Les *outils de suivi en temps réel*, tels que les *plateformes de collecte de données mobiles* ou les *tableaux de bord interactifs*, sont utilisés pour recueillir des informations en continu pendant la mise en œuvre des politiques[1]. Ces technologies permettent aux décideurs d'observer l'évolution des impacts et de réagir rapidement en cas de déviations ou de besoins d'ajustements. Dans un contexte où les zones rurales peuvent être difficilement accessibles, les outils de suivi en temps réel offrent une solution efficace pour obtenir des données actualisées et assurer que les interventions restent alignées avec les attentes et les besoins des populations.

Les *consultations avec les parties prenantes*, incluant les communautés bénéficiaires, les experts locaux et les organisations de la société civile, sont une composante importante de l'*évaluation d'impact*[2]. Ces consultations permettent de recueillir des perspectives variées et de vérifier l'alignement des impacts observés avec les objectifs initiaux et les attentes des communautés. Dans un contexte où les conditions culturelles et sociaux peuvent varier considérablement, ces consultations enrichissent les analyses et garantissent que les résultats de l'*évaluation d'impact* reflètent fidèlement les expériences des communautés bénéficiaires.

L'utilisation de la *triangulation des données* est cruciale pour valider les résultats de l'*évaluation d'impact*. En combinant les données issues des méthodes expérimentales, des enquêtes qualitatives et des observations de terrain, la *triangulation des données* renforce la crédibilité des conclusions et permet de réduire les biais potentiels. Dans un contexte où les sources de données peuvent être hétérogènes et les ressources limitées, la *triangulation des données* garantit que les analyses sont solides et que les résultats sont fiables.

Les partenariats avec des instituts de recherche et des organisations internationales renforcent l'*évaluation d'impact*, en offrant des

---

[1] Gray, S., O'Brien, O., & Hügel, S. (2016). Collecting and visualizing real-time urban data through city dashboards. Built Environment, 42(3), 498-509.

[2] Guido, N. (2022). Analyse de l'insuffisance des mesures d'évaluation d'impact verticales traditionnelles, cas de la Banque Africaine de Développement au Burundi (Doctoral dissertation, Université Saint-Paul/Saint Paul University).

ressources méthodologiques, des formations et un soutien technique pour mener des évaluations rigoureuses. Les collaborations avec des universités ou des agences comme le Fonds des Nations Unies pour l'enfance ou la Banque mondiale permettent aux gouvernements africains d'accéder à des méthodologies avancées et de renforcer les capacités locales en matière d'*évaluation d'impact*.

L'*évaluation d'impact* fournit également une base de connaissances pour la *planification stratégique* et l'allocation des ressources futures[1]. En documentant les résultats, les bonnes pratiques et les défis rencontrés, l'*évaluation d'impact* permet aux décideurs de prioriser les interventions les plus efficaces et de réallouer les ressources en fonction des performances. Dans un contexte où les ressources publiques sont souvent limitées, elle offre des informations précieuses pour optimiser les dépenses et pour s'assurer que les politiques publiques apportent les résultats les plus significatifs.

Enfin, l'*évaluation d'impact* assure la transparence et la redevabilité en publiant les résultats et les analyses sur l'efficacité des politiques. La diffusion des résultats d'impact contribue à instaurer un climat de confiance entre les citoyens, les décideurs et les partenaires internationaux, et encourage une gouvernance fondée sur les résultats. Cette approche d'évaluation garantit que les politiques publiques sont non seulement alignées avec les attentes de la population mais également capables de générer des transformations durables, contribuant ainsi de manière significative aux objectifs de développement à long terme du continent.

8.4.3. L'évaluation de la durabilité

L'*évaluation de durabilité* est une composante clé dans l'analyse des politiques publiques qui vise à mesurer la capacité des interventions à maintenir leurs effets positifs à long terme, même après la fin des financements ou de l'initiative initiale[2]. Elle permet aux décideurs de vérifier si les impacts d'une politique sont pérennes et de s'assurer que les changements bénéfiques apportés continuent d'affecter les populations de manière significative dans le futur. Dans un contexte où les ressources financières peuvent être limitées et où la dépendance aux financements externes est courante, l'*évaluation de durabilité* revêt une

[1] Général du Plan, C. (2005). Révision du taux d'actualisation des investissements publics. Présidé par D. Lebegue, La Documentation Française.
[2] Rogge, K. S., & Reichardt, K. (2016). Policy mixes for sustainability transitions: An extended concept and framework for analysis. Research policy, 45(8), 1620-1635.

importance particulière pour maximiser l'efficacité des politiques et garantir que les bénéfices sont intégrés durablement dans les communautés bénéficiaires.

Cette évaluation s'appuie d'abord sur des *analyses de résilience* des interventions face aux contraintes économiques, sociales, et environnementales. En utilisant des *indicateurs de résilience*, comme la capacité des communautés à gérer les chocs économiques ou à s'adapter aux changements climatiques, l'*évaluation de durabilité* mesure si les effets positifs de la politique sont suffisamment robustes pour persister au-delà des conditions initiales[1]. Dans un contexte où les régions peuvent être vulnérables à de nombreuses crises, l'analyse de résilience garantit que les interventions sont conçues pour être adaptatives et flexibles et permet aux populations de maintenir les bénéfices acquis malgré les incertitudes.

Les techniques de *suivi post-intervention* jouent un rôle essentiel dans l'*évaluation de durabilité*. Elles consistent à recueillir des données à plusieurs moments après la fin du projet pour observer l'évolution des impacts dans le temps. Ces données longitudinales sont utilisées pour analyser les tendances et pour vérifier si les changements observés sont durables ou s'ils s'atténuent progressivement. Dans un contexte où les politiques de développement visent souvent des transformations structurelles, le *suivi post-intervention* est crucial pour comprendre si les interventions réussissent à générer des bénéfices à long terme ou si elles nécessitent un soutien additionnel pour assurer leur maintien[2].

Les *indicateurs de renforcement des capacités locales* sont également au cœur de l'*évaluation de durabilité*, car ils mesurent la capacité des acteurs locaux à prendre le relais et à gérer les initiatives après le retrait des partenaires initiaux[3]. Ces indicateurs incluent des critères comme la formation et l'autonomie des ressources humaines, la disponibilité d'infrastructures de soutien, et la gouvernance locale. Dans un contexte où les institutions locales jouent un rôle majeur dans

---

[1] Gillespie-Marthaler, L., Nelson, K., Baroud, H., & Abkowitz, M. (2019). Selecting indicators for assessing community sustainable resilience. Risk Analysis, 39(11), 2479-2498.

[2] Woodhouse, E., De Lange, E., & Milner-Gulland, E. J. (2016). Evaluating the impacts of conservation interventions on human wellbeing. Guidance for Practitioners. London: IIED.

[3] Vallejo, B., & Wehn, U. (2016). Capacity development evaluation: The challenge of the results agenda and measuring return on investment in the global south. World Development, 79, 1-13.

la pérennité des politiques, l'évaluation de ces capacités locales est indispensable pour s'assurer que les communautés peuvent soutenir les bénéfices de manière autonome et gérer les ressources de manière efficiente après le départ des donateurs.

L'*analyse de coûts de maintenance* est également intégrée dans l'*évaluation de durabilité* pour estimer les ressources financières et matérielles nécessaires au maintien des interventions. Ces analyses calculent les coûts récurrents associés aux infrastructures, aux services ou aux formations requises pour préserver les effets positifs des politiques[1]. Dans un contexte où les budgets publics peuvent être limités, cette analyse de coûts assure que les décisions sont fondées sur une compréhension claire des ressources nécessaires pour la durabilité pour éviter des projets qui seraient coûteux à maintenir une fois les financements initiaux épuisés.

Les techniques de participation communautaire renforcent l'*évaluation de durabilité* en permettant aux communautés bénéficiaires d'exprimer leurs perceptions sur la viabilité des interventions et leur engagement à poursuivre les initiatives. Les consultations communautaires, les groupes de discussion et les *enquêtes participatives* fournissent des informations essentielles sur l'acceptabilité sociale des politiques et la volonté des communautés de s'impliquer dans le maintien des résultats. Dans un contexte où la participation communautaire est souvent un facteur clé de succès, ces techniques garantissent que les interventions sont alignées avec les priorités locales et que les communautés sont prêtes à s'approprier les bénéfices pour en assurer la continuité.

Les *analyses de risques* pour la durabilité identifient les menaces qui pourraient compromettre la pérennité des impacts des politiques. Ces risques peuvent inclure des contraintes économiques, des instabilités politiques, ou des vulnérabilités environnementales qui pourraient limiter la capacité des interventions à se maintenir[2]. En utilisant des matrices de risque et des scénarios de gestion, l'*évaluation de durabilité* aide les décideurs à anticiper les obstacles potentiels et à élaborer des stratégies de mitigation pour renforcer la résilience des résultats. Dans

---

[1] Hailemariam, M., Bustos, T., Montgomery, B., Barajas, R., Evans, L. B., & Drahota, A. (2019). Evidence-based intervention sustainability strategies: a systematic review. Implementation Science, 14, 1-12.

[2] Dedeurwaerdere, T. (2013). Les sciences du développement durable pour régir la transition vers la durabilité forte. Ministre de la Recherche, Région Wallonne: Namur, Belgium, 70.

un contexte où les conditions peuvent être imprévisibles, cette *analyse de risques* est indispensable pour s'assurer que les interventions sont préparées à faire face aux défis futurs.

Les méthodes d'*évaluation de la gouvernance locale* sont utilisées pour évaluer si les *structures institutionnelles* et les dispositifs de gestion sont suffisamment solides pour soutenir la durabilité des politiques[1]. En analysant la capacité de gouvernance des institutions locales, comme la transparence, la reddition de comptes, et la compétence des gestionnaires, cette évaluation permet de vérifier si les acteurs locaux sont capables de poursuivre les interventions de manière autonome. Dans un contexte où les institutions locales varient en termes de capacité et de ressources, cette évaluation aide à identifier les besoins de renforcement et à garantir que les initiatives sont soutenues par des mécanismes de gouvernance adaptés et efficaces.

La *documentation des bonnes pratiques et des leçons apprises* est un autre élément clé de l'*évaluation de durabilité*, car elle permet de capitaliser sur les expériences passées pour améliorer les futures politiques[2]. En enregistrant les facteurs qui ont favorisé ou entravé la pérennité des interventions, cette documentation crée une base de connaissances pour les décideurs et pour les *partenaires de développement*. Dans un contexte où les interventions doivent souvent s'adapter aux contextes changeants, cette documentation aide à planifier des politiques plus résilientes et à intégrer les enseignements tirés des expériences antérieures.

Les analyses de *coût-efficacité* à long terme sont également importantes dans l'*évaluation de durabilité* pour déterminer si les impacts positifs justifient les investissements initiaux[3]. En comparant les coûts engagés avec les bénéfices durables obtenus, ces analyses permettent de mesurer le retour sur investissement à long terme des politiques. Dans un contexte où les budgets sont souvent contraints, ces analyses de *coût-efficacité* assurent que les ressources sont allouées à

---

[1] Froger, G. (2008). Développement durable: savoirs et politiques. Savoirs et politiques de développement–Questions en débat à l'aube du XXie siècle, Karthala, Paris, 89-118.

[2] Laporte, C. (2015). L'évaluation, un objet politique: le cas d'étude de l'aide au développement (Doctoral dissertation, Institut d'études politiques de Paris-Sciences Po).

[3] Thomas, R., & Chalkidou, K. (2016). Cost–effectiveness analysis. In Health system efficiency: How to make measurement matter for policy and management [Internet]. European Observatory on Health Systems and Policies.

des projets qui offrent des avantages substantiels et durables pour les communautés bénéficiaires.

L'*évaluation de durabilité* est une approche analytique cruciale pour s'assurer que les effets positifs des politiques publiques perdurent après la fin des financements initiaux. En intégrant des *analyses de résilience*, le *suivi post-intervention* et des mesures de renforcement des capacités locales, elle permet aux décideurs de concevoir des interventions qui sont véritablement pérennes. Cette évaluation garantit que les bénéfices des politiques sont ancrés dans les communautés, ce qui renforce l'efficacité et la légitimité des interventions tout en contribuant aux *Objectifs de développement durable* à long terme sur le continent.

IX

RÉFORMES STRATÉGIQUES POUR DE MEILLEURES POLITIQUES

Les réformes stratégiques sont le socle d'une transformation profonde et nécessaire pour améliorer la pertinence et l'impact des politiques publiques. Face à des défis sont multiples et interdépendants, ces réformes offrent un cadre structurant pour optimiser le processus de décision et garantir une mise en œuvre efficace. Elles permettent d'établir des priorités claires, basées sur des analyses rigoureuses et des données fiables et favorisent des choix stratégiques éclairés et cohérents avec les besoins réels des populations.

Les réformes institutionnelles et la gouvernance renforcée sont indispensables pour poser les bases d'une gestion publique efficace. Elles instaurent un climat de transparence et de redevabilité, essentiel pour évaluer l'impact des politiques publiques. En modernisant les administrations et en intégrant des mécanismes de *Suivi et d'évaluation* robustes, les décideurs peuvent ajuster les politiques en temps réel. Ces réformes garantissent une meilleure allocation des ressources et évitent les inefficiences structurelles qui limitent souvent l'efficacité des interventions.

La mobilisation des ressources et la viabilité financière jouent un rôle clé dans le financement de réformes durables. En renforçant les mécanismes fiscaux, en diversifiant les sources de financement et en intégrant des outils innovants comme les *obligations vertes*, ces réformes assurent la pérennité des politiques publiques. Elles offrent aux gouvernements les moyens de planifier des investissements à long terme et de répondre aux besoins croissants des populations. Une viabilité financière accrue favorise également une évaluation systématique des choix budgétaires et garantit leur alignement avec les objectifs stratégiques.

Face aux crises climatiques et aux pressions environnementales, l'adaptation et la résilience climatique doivent être des priorités transversales. Ces réformes permettront d'intégrer des critères d'évaluation spécifiques aux enjeux climatiques pour renforcer ainsi la capacité des politiques à anticiper les risques et à maximiser leur impact. L'efficacité des politiques climatiques repose sur des choix éclairés, soutenus par des données actualisées, des analyses prédictives et une collaboration intersectorielle.

Enfin, l'évaluation rigoureuse est au cœur de toutes les réformes stratégiques. En renforçant les systèmes de collecte et d'analyse de données, ces réformes permettent de mesurer précisément les impacts des politiques publiques. Une évaluation fondée sur des indicateurs pertinents offre aux décideurs une visibilité accrue sur les résultats obtenus, tout en identifiant les ajustements nécessaires. Elle garantit également une transparence vis-à-vis des citoyens et renforce la légitimité des politiques publiques et leur acceptation. Ces efforts intégrés assurent que les politiques publiques sont non seulement mieux conçues, mais aussi véritablement impactantes et adaptées aux réalités locales.

9.1. Réformes institutionnelles et renforcement de la gouvernance

La *modernisation des institutions publiques* en Afrique est une condition essentielle pour garantir la mise en œuvre efficace des politiques publiques et répondre aux défis complexes auxquels le continent est confronté. Les administrations publiques africaines, souvent caractérisées par une centralisation excessive et des capacités limitées, doivent évoluer vers des modèles plus flexibles, transparents et centrés sur les résultats. Ce processus nécessite des réformes profondes qui s'articulent autour de trois axes : le *renforcement des capacités administratives*, la décentralisation stratégique et l'amélioration de la transparence et de la redevabilité.

Le *renforcement des capacités administratives* passe par une transformation technologique et organisationnelle. Les administrations doivent s'appuyer sur les technologies numériques pour automatiser les processus, réduire les inefficacités et améliorer la prestation des services publics. Par exemple, la *numérisation des systèmes* de collecte fiscale ou d'enregistrement des entreprises peut réduire les délais, limiter les interactions physiques et, par conséquent, minimiser les opportunités de corruption. Ces *plateformes numériques* facilitent également le suivi des politiques en temps réel, permettant des ajustements basés sur des données fiables et accessibles. Cependant, cette transition nécessite des investissements significatifs dans les infrastructures numériques et la formation des agents publics.

La professionnalisation des fonctionnaires publics constitue un levier incontournable pour améliorer la performance des administrations. Les gouvernements doivent investir dans des programmes de formation continue et adapter les curricula aux besoins spécifiques des secteurs stratégiques, tels que la *gestion des ressources naturelles*, la santé et l'éducation. L'établissement de standards de performance, couplé à des systèmes d'incitation, peut encourager une culture de l'excellence et renforcer l'efficacité opérationnelle. Par ailleurs, des réformes statutaires doivent garantir l'indépendance des agents publics face aux interférences politiques, tout en promouvant une éthique professionnelle basée sur la transparence et le respect des règles.

La lutte contre la corruption est une priorité transversale pour restaurer la confiance des citoyens envers les institutions publiques. La corruption, souvent systémique, limite l'efficacité des politiques publiques et détourne des ressources cruciales. Les réformes doivent inclure des systèmes de contrôle interne robustes, des audits réguliers et des plateformes de dénonciation accessibles. L'utilisation de technologies telles que la *blockchain* peut également renforcer la traçabilité des fonds publics et réduire les risques de manipulation. En outre, la mise en place de sanctions dissuasives et l'application rigoureuse des lois anticorruption sont indispensables pour renforcer l'intégrité institutionnelle.

La décentralisation stratégique offre une opportunité de rapprocher les décisions des populations locales, en adaptant les politiques aux spécificités régionales. Toutefois, pour être efficace, la décentralisation doit s'accompagner d'un transfert effectif de ressources financières et humaines aux administrations locales. Ces dernières doivent bénéficier d'une autonomie budgétaire suffisante pour développer et mettre en œuvre des initiatives alignées sur les besoins des communautés. En parallèle, des mécanismes de coordination avec les gouvernements centraux sont nécessaires pour garantir une cohérence dans l'exécution des politiques publiques et éviter les chevauchements ou les conflits de compétence.

La participation citoyenne joue un rôle central dans le renforcement de la décentralisation et de la gouvernance inclusive. Les populations locales doivent être impliquées dans la définition des priorités politiques et le *Suivi et évaluation* des interventions publiques. Les *budgets participatifs* et les *plateformes numériques* de consultation sont des outils efficaces pour renforcer la légitimité des politiques et encourager une appropriation collective. En intégrant les citoyens dans le processus décisionnel, les gouvernements peuvent améliorer la qualité des politiques et assurer leur alignement sur les attentes des populations.

La transparence et la redevabilité doivent être au cœur des réformes institutionnelles. Les citoyens, les acteurs de la société civile et les médias doivent avoir un accès clair et rapide aux informations relatives à l'utilisation des ressources publiques et aux résultats des politiques. Les gouvernements doivent mettre en place des systèmes de reporting basés sur des indicateurs de performance précis qui permettent une évaluation régulière des politiques publiques. Par ailleurs, les mécanismes de contrôle citoyen, tels que les commissions indépendantes d'audit ou les plateformes de suivi public des projets, renforcent la redevabilité et stimulent une gestion plus responsable.

Les réformes institutionnelles et le renforcement de la gouvernance en Afrique doivent être envisagés comme un processus intégré et adaptatif. En modernisant leurs administrations, en renforçant la décentralisation et en améliorant la transparence, les États africains peuvent non seulement accroître l'efficacité de leurs politiques publiques, mais aussi restaurer la confiance des citoyens envers leurs institutions. Ces efforts, soutenus par des technologies modernes et une participation citoyenne active, posent les bases d'une gouvernance résiliente, inclusive et orientée vers le développement durable.

9.2. Mobilisation des ressources et viabilité financière

La mobilisation des ressources financières et la viabilité des politiques publiques sont essentielles pour garantir le développement durable en Afrique. Ces deux dimensions nécessitent des stratégies intégrées qui articulent réformes fiscales inclusives, financement innovant et réduction de la dépendance extérieure. Les gouvernements africains doivent mettre en œuvre des solutions techniques adaptées pour maximiser les recettes domestiques, diversifier les sources de financement et renforcer leur souveraineté économique.

L'élargissement de la base fiscale représente une priorité stratégique pour garantir des recettes stables et équitables. La fiscalité en Afrique, souvent concentrée sur un petit nombre de contribuables formels, doit mieux intégrer les secteurs informels, qui représentent une part significative de l'activité économique. Pour cela, il est nécessaire de développer des régimes fiscaux simplifiés et adaptés aux petites entreprises et microentreprises, tout en instaurant des systèmes de déclaration et de paiement numériques accessibles via des *technologies mobiles*. Ces outils permettent de réduire les coûts de conformité fiscale et d'encourager l'enregistrement des acteurs économiques informels, augmentant ainsi les recettes fiscales.

La lutte contre l'évasion fiscale et les flux financiers illicites constitue un autre pilier crucial. Les économies africaines perdent des milliards de dollars américains chaque année en raison de pratiques fiscales abusives des multinationales et de la sous-déclaration des revenus. Pour contrer ce phénomène, les gouvernements doivent adopter des mécanismes de surveillance renforcés, tels que l'échange automatique d'informations fiscales et l'analyse des prix de transfert. Par ailleurs, une collaboration accrue avec des institutions internationales, comme l'Organisation de coopération et de développement économiques, peut permettre de mieux réguler les transactions transfrontalières et de récupérer les ressources détournées.

Le financement innovant offre des opportunités inédites pour diversifier les ressources financières des États. Les *obligations vertes*, par exemple, permettent de financer des projets durables dans les domaines des énergies renouvelables, des infrastructures climatiques et de la conservation des écosystèmes. Pour garantir le succès de ces instruments, il est crucial de définir des cadres réglementaires solides, de collaborer avec des agences de notation environnementale et de former les institutions publiques à la gestion de ces fonds. De même, les *Partenariats public-privé* offrent une solution pour mobiliser des capitaux privés dans les infrastructures publiques, à condition de structurer des contrats équilibrés et de garantir une répartition équitable des risques.

La réduction de la dépendance extérieure est essentielle pour assurer la souveraineté financière des pays africains. Les financements extérieurs, bien qu'importants, s'accompagnent souvent de conditionnalités restrictives qui orientent les priorités des États vers des objectifs exogènes. Pour s'affranchir de cette contrainte, les gouvernements doivent améliorer la gestion des industries extractives, en optimisant les cadres fiscaux et en renforçant la transparence des contrats d'exploitation. L'*Initiative pour la transparence dans les industries extractives* offre un modèle efficace pour surveiller et sécuriser les revenus issus des ressources naturelles.

Une gestion prudente de la dette publique est également indispensable pour maintenir la viabilité économique à long terme. Les emprunts concessionnels doivent être privilégiés pour réduire les coûts de la dette, et des analyses rigoureuses de viabilité doivent être systématiquement intégrées aux processus d'endettement. Les gouvernements doivent également explorer les possibilités de restructuration de la dette, notamment à travers des initiatives multilatérales, pour libérer des ressources nécessaires aux investissements prioritaires.

La mobilisation des ressources domestiques, notamment au niveau local, reste sous-exploitée dans de nombreux pays. Les taxes foncières, par exemple, offrent un potentiel considérable pour financer les administrations locales, à condition d'être appuyées par des systèmes d'évaluation et de gestion modernes. La décentralisation financière, couplée à des mécanismes de contrôle renforcés, peut permettre aux collectivités locales de mieux répondre aux besoins spécifiques des communautés tout en diversifiant leurs sources de revenus.

Les financements climatiques internationaux constituent une opportunité stratégique pour soutenir la transition écologique des économies africaines. Les gouvernements doivent développer des projets bancables alignés sur les priorités climatiques nationales et renforcer leurs capacités institutionnelles pour accéder aux fonds multilatéraux, tels que le *Fonds vert pour le climat*. Une gestion transparente et efficace de ces ressources est essentielle pour garantir leur impact et maximiser les bénéfices pour les populations locales.

La mobilisation des ressources et la viabilité financière en Afrique nécessitent une approche globale et intégrée. Les réformes fiscales inclusives, combinées à des outils de financement innovants et à une gestion rigoureuse des ressources, offrent une voie stratégique pour renforcer l'autonomie économique des États tout en répondant aux besoins croissants des populations. Ces efforts doivent s'appuyer sur des cadres institutionnels robustes, des technologies modernes et une participation citoyenne active, garantissant ainsi un développement inclusif et durable.

9.3. Adaptation et résilience climatique

L'Afrique, bien que contribuant faiblement aux émissions mondiales de gaz à effet de serre, subit de manière disproportionnée les impacts du *changement climatique*. Les sécheresses, les inondations et la dégradation des terres affectent gravement les systèmes agricoles, les infrastructures, et les moyens de subsistance des populations. Face à ces défis, les gouvernements africains doivent adopter des stratégies d'adaptation ambitieuses, mobiliser des financements climatiques et investir dans des technologies vertes pour renforcer la résilience des sociétés et des économies.

Les stratégies d'adaptation doivent être au cœur des politiques publiques pour intégrer une réponse structurelle aux effets du *changement climatique*. En agriculture, les pratiques d'agroécologie et les systèmes agricoles résilients, tels que l'agriculture de conservation et l'irrigation efficiente, sont essentiels pour garantir la sécurité alimentaire. Les gouvernements doivent promouvoir l'utilisation de variétés de cultures résistantes aux aléas climatiques et encourager des rotations de cultures pour préserver la fertilité des sols. Ces initiatives doivent s'accompagner de programmes de sensibilisation et de formation pour les agriculteurs, notamment les petits exploitants, qui sont les plus vulnérables.

La gestion durable de l'eau constitue un autre pilier clé des stratégies d'adaptation. L'Afrique, confrontée à une variabilité accrue des précipitations, doit investir dans des infrastructures hydrauliques adaptées. Les barrages multifonctionnels, les systèmes de captage des eaux pluviales et les technologies de réutilisation de l'eau peuvent contribuer à réduire les risques de pénuries. En parallèle, les politiques publiques doivent intégrer une planification à long terme de la gestion des bassins hydrographiques, en favorisant une coopération transfrontalière pour les ressources partagées et en réduisant les tensions potentielles entre les États.

Les infrastructures résilientes aux catastrophes climatiques sont indispensables pour minimiser les pertes économiques et humaines. Les gouvernements doivent prioriser la construction et la modernisation des infrastructures en tenant compte des risques climatiques. Par exemple, les routes, ponts et bâtiments doivent être conçus pour résister aux inondations et aux températures extrêmes. Les investissements dans les systèmes d'alerte précoce, les plans d'évacuation et la capacité de réponse rapide sont également cruciaux pour protéger les populations en cas de catastrophes.

La mobilisation des financements climatiques internationaux est essentielle pour soutenir les efforts d'adaptation. Bien que des mécanismes tels que le *Fonds vert pour le climat* et le *Fonds pour l'adaptation* soient disponibles, de nombreux pays africains peinent à y accéder en raison de contraintes institutionnelles et techniques. Les gouvernements doivent renforcer leurs capacités institutionnelles pour préparer des projets bancables et répondre aux exigences des donateurs. Cela inclut la formation des équipes techniques, l'élaboration de stratégies nationales claires et la création d'agences spécialisées pour coordonner les efforts climatiques.

En parallèle, il est crucial de renforcer la transparence et la gouvernance dans l'utilisation des financements climatiques. Les fonds alloués doivent être suivis et évalués de manière rigoureuse pour garantir leur efficacité et minimiser les risques de corruption. La participation des communautés locales dans la définition et la mise en œuvre des projets climatiques est également indispensable pour s'assurer que les initiatives répondent aux besoins réels des populations vulnérables.

Les technologies vertes offrent une opportunité unique pour atténuer les impacts climatiques tout en stimulant une croissance économique durable. Les énergies renouvelables, telles que l'énergie solaire, éolienne et géothermique, permettent de réduire la dépendance aux énergies fossiles et d'assurer un accès équitable à l'électricité. Les gouvernements africains doivent promouvoir des cadres incitatifs pour attirer les investissements privés dans ces technologies, notamment à travers des *Partenariats public-privé* et des subventions ciblées. En outre, le développement de micro-réseaux électriques dans les zones rurales peut accélérer l'accès à l'énergie tout en réduisant les émissions.

Dans le secteur agricole, les innovations technologiques peuvent transformer les systèmes de production pour les rendre plus durables. Les outils numériques, tels que les applications mobiles de prévision météorologique, aident les agriculteurs à planifier leurs activités en fonction des conditions climatiques. De même, les capteurs intelligents pour l'irrigation et les techniques d'agriculture de précision permettent une utilisation optimale des ressources pour réduire les impacts environnementaux. Ces innovations doivent être soutenues par des programmes de transfert de technologies et des partenariats avec des instituts de recherche locaux et internationaux.

Les efforts d'adaptation et de résilience doivent s'appuyer sur une approche intégrée et inclusive. Les gouvernements doivent collaborer avec les communautés locales, les organisations de la société civile, les entreprises privées et les partenaires internationaux pour maximiser l'impact des initiatives climatiques. Les approches participatives, telles que la planification communautaire et la co*gestion des ressources naturelles*, renforcent l'appropriation locale et augmentent les chances de succès des programmes. En outre, une coordination régionale plus étroite est nécessaire pour relever les défis transfrontaliers, notamment dans les secteurs de l'eau et de la biodiversité.

L'adaptation et la résilience climatique doivent être intégrées comme des priorités transversales dans les stratégies de développement de l'Afrique. En combinant des stratégies d'adaptation robustes, une mobilisation accrue des financements climatiques et l'adoption de technologies vertes, les gouvernements africains peuvent atténuer les impacts du *changement climatique* tout en jetant les bases d'un avenir durable et inclusif. Ces efforts, ancrés dans des cadres institutionnels solides et soutenus par une volonté politique forte, permettront de transformer les défis climatiques en opportunités de développement pour le continent.

9.4. Sécurité alimentaire et gestion des ressources naturelles

La sécurité alimentaire et la gestion durable des ressources naturelles sont des priorités stratégiques pour l'Afrique, où la *croissance démographique* rapide, les impacts climatiques et les systèmes agricoles vulnérables accentuent les pressions sur les écosystèmes et les moyens de subsistance. Pour répondre à ces défis, les gouvernements africains doivent promouvoir des politiques d'autosuffisance alimentaire, intégrer des approches de conservation dans la *gestion des ressources naturelles*, et réformer les cadres fonciers pour garantir une utilisation équitable et durable des terres.

L'autosuffisance alimentaire est cruciale pour réduire la dépendance de l'Afrique aux importations alimentaires, qui exposent les économies locales aux fluctuations des prix mondiaux. Les gouvernements doivent soutenir les petits exploitants agricoles, qui produisent une grande partie de l'alimentation locale, en améliorant leur accès aux intrants essentiels tels que les semences, les engrais et l'eau pour l'irrigation. Les programmes de subventions ciblées, associés à des formations sur les pratiques agricoles durables, peuvent augmenter la productivité tout en réduisant les impacts environnementaux. Par ailleurs, le développement des infrastructures rurales, telles que les routes et les installations de stockage, est indispensable pour connecter les agriculteurs aux marchés et limiter les pertes post-récolte.

Le renforcement de la production locale passe également par l'adoption de technologies innovantes adaptées aux contextes locaux. Les systèmes d'agriculture de précision, qui utilisent des capteurs et des outils numériques pour optimiser l'utilisation des ressources, peuvent accroître l'efficacité des exploitations agricoles. De même, les variétés de cultures résistantes aux changements climatiques offrent une solution pour maintenir les rendements dans des conditions météorologiques extrêmes. Les gouvernements doivent encourager la recherche et le développement dans ces domaines, en collaboration avec des instituts de recherche et des entreprises privées.

La gestion durable des ressources naturelles est essentielle pour garantir leur disponibilité à long terme, tout en maximisant les bénéfices pour les populations locales. Les gouvernements doivent intégrer des principes de conservation dans leurs politiques, notamment en protégeant les écosystèmes critiques tels que les forêts, les zones humides et les bassins hydrographiques. Par exemple, la reforestation et l'agroforesterie peuvent simultanément améliorer la fertilité des sols, stocker le carbone et fournir des revenus supplémentaires aux communautés locales. De même, les cadres réglementaires doivent encourager une exploitation responsable des ressources extractives, en imposant des pratiques respectueuses de l'environnement et en veillant à ce que les revenus soient équitablement répartis.

La gestion intégrée de l'eau est un autre pilier clé de la durabilité des ressources naturelles. Les pays africains doivent investir dans des infrastructures pour collecter, stocker et distribuer l'eau de manière efficiente, en tenant compte des besoins des différents secteurs tels que l'agriculture, l'industrie et la consommation domestique. Les approches participatives, impliquant les communautés locales dans la gestion des bassins versants et des ressources partagées, sont cruciales pour renforcer la résilience face à la variabilité climatique et réduire les conflits liés à l'eau.

Les réformes foncières jouent un rôle central dans la sécurité alimentaire et la gestion durable des terres. Dans de nombreux pays africains, les cadres juridiques actuels ne garantissent pas suffisamment les droits fonciers des communautés rurales, ce qui freine les investissements agricoles et favorise les conflits d'usage. Les gouvernements doivent moderniser ces cadres pour sécuriser les droits de propriété et d'usage des terres, tout en préservant les intérêts des petits exploitants. Les systèmes de cadastre numérique, combinés à des mécanismes participatifs pour résoudre les litiges fonciers, peuvent accroître la transparence et renforcer la confiance des acteurs locaux.

La promotion de pratiques agricoles respectueuses de l'environnement est indispensable pour concilier la sécurité alimentaire et la durabilité des ressources. Les politiques publiques doivent encourager les approches agroécologiques, qui intègrent la biodiversité et les cycles naturels dans la production agricole. Ces pratiques, telles que la rotation des cultures, l'agroforesterie et l'utilisation de fertilisants organiques, peuvent améliorer la résilience des systèmes agricoles face aux chocs climatiques et économiques. Par ailleurs, les gouvernements doivent créer des incitations pour réduire l'utilisation des pesticides et engrais chimiques qui dégradent les sols et polluent les eaux.

Les efforts de conservation et de gestion durable doivent également s'appuyer sur des cadres de gouvernance inclusifs. Les communautés locales doivent être impliquées dans la prise de décisions concernant l'utilisation des ressources naturelles, notamment à travers des approches de cogestion et des programmes de partage des bénéfices. Ces mécanismes renforcent non seulement l'appropriation locale, mais aussi l'efficacité des politiques en intégrant les connaissances traditionnelles dans les stratégies de conservation.

La sécurité alimentaire et la gestion durable des ressources naturelles sont des leviers essentiels pour bâtir une résilience socio-économique et environnementale en Afrique. En promouvant l'autosuffisance alimentaire, en intégrant les principes de conservation dans la gestion des ressources, et en modernisant les cadres fonciers, les gouvernements africains peuvent non seulement répondre aux besoins alimentaires croissants de leurs populations, mais aussi préserver leurs ressources naturelles pour les générations futures. Ces efforts, soutenus par des innovations technologiques et une gouvernance inclusive, posent les bases d'un développement équitable et durable.

9.5. Inclusion sociale et équité

L'inclusion sociale et l'équité constituent des piliers essentiels pour promouvoir un développement durable et équilibré en Afrique. Dans un contexte marqué par des inégalités régionales et socio-économiques persistantes, les gouvernements doivent prioriser des politiques publiques qui réduisent ces écarts, autonomisent les groupes marginalisés et encouragent la participation citoyenne. En se concentrant sur les secteurs sociaux, l'emploi des jeunes et des femmes, et des approches participatives, les États africains peuvent construire des sociétés plus inclusives, résilientes et prospères.

La réduction des inégalités sociales exige des investissements soutenus dans les secteurs de l'éducation, de la santé et de l'accès à l'eau potable. Ces services sociaux de base sont essentiels pour améliorer la qualité de vie des populations et réduire les écarts entre les zones urbaines et rurales. En éducation, les gouvernements doivent moderniser les infrastructures scolaires, recruter des enseignants qualifiés et garantir une éducation gratuite et de qualité pour tous. L'accent doit être mis sur l'éducation des filles, souvent marginalisées, afin de leur offrir des opportunités égales. Dans le domaine de la santé, l'élargissement de la couverture des soins primaires et la réduction des coûts pour les ménages les plus vulnérables peuvent atténuer les inégalités d'accès aux services médicaux. Les investissements dans l'eau et l'assainissement doivent cibler les zones rurales et les bidonvilles urbains, où l'accès reste limité et aggrave les conditions de vie.

L'autonomisation des jeunes et des femmes est une priorité stratégique pour transformer les dynamiques économiques et sociales. Les jeunes, représentant une part importante de la population africaine, sont souvent confrontés à des taux de chômage élevés et à des opportunités économiques limitées. Les gouvernements doivent concevoir des politiques ciblées, notamment à travers des programmes de formation technique et professionnelle alignés sur les besoins du marché du travail. L'entrepreneuriat doit également être soutenu par des mécanismes de financement adaptés, tels que des microcrédits, et par la création d'incubateurs d'entreprises. Pour les femmes, l'accès à des ressources productives, comme le crédit, les terres et les technologies, doit être garanti, tandis que des initiatives spécifiques doivent promouvoir leur participation dans des secteurs traditionnellement dominés par les hommes, comme les sciences, les technologies et l'agriculture.

La participation citoyenne est essentielle pour garantir que les politiques publiques reflètent les besoins réels des populations et renforcent leur légitimité. Les gouvernements doivent instaurer des mécanismes participatifs qui permettent aux citoyens de contribuer activement à la conception, la mise en œuvre et l'évaluation des politiques. Les *budgets participatifs*, par exemple, offrent une plateforme pour intégrer les priorités locales dans les allocations budgétaires. Par ailleurs, l'utilisation de technologies numériques, telles que les plateformes en ligne pour les consultations publiques, peut élargir la participation, en particulier pour les jeunes et les populations rurales. Ces approches renforcent non seulement la transparence, mais aussi l'appropriation locale des politiques publiques.

L'adoption de politiques intégratives dans les secteurs sociaux et économiques exige une approche territorialisée pour répondre aux disparités régionales. Les zones marginalisées, souvent exclues des investissements publics, doivent être ciblées par des programmes spécifiques, adaptés à leurs besoins particuliers. Cela implique d'allouer des ressources budgétaires supplémentaires aux régions les plus défavorisées et de développer des infrastructures pour connecter ces zones aux centres économiques. Les programmes multisectoriels, combinant éducation, santé et développement économique, peuvent maximiser l'impact des interventions et réduire les inégalités à long terme.

L'inclusion des groupes vulnérables, tels que les personnes en situation de handicap, les minorités ethniques et les populations déplacées, est également cruciale pour garantir l'équité. Les gouvernements doivent adopter des cadres législatifs solides pour protéger leurs droits et leur garantir un accès équitable aux services publics. Les politiques publiques doivent également intégrer des mesures spécifiques pour lutter contre les discriminations systémiques et promouvoir l'égalité des chances. Par exemple, des quotas dans l'éducation et l'emploi peuvent être envisagés pour ces groupes, en complément d'initiatives de sensibilisation pour changer les perceptions sociétales.

La transparence et la redevabilité doivent être renforcées pour assurer l'efficacité des politiques d'inclusion sociale. Les gouvernements doivent établir des mécanismes de *Suivi et d'évaluation* robustes pour mesurer l'impact des interventions sur les inégalités et l'inclusion. L'inclusion sociale et l'équité ne sont pas seulement des objectifs moraux, mais des impératifs économiques et politiques pour l'avenir de l'Afrique. En réduisant les inégalités, en autonomisant les jeunes et les femmes, et en instaurant des mécanismes participatifs, les gouvernements africains peuvent créer des sociétés plus justes, plus stables et plus résilientes. Ces efforts, soutenus par des cadres institutionnels solides et une volonté politique forte, posent les bases d'un développement inclusif et durable, qui répond aux aspirations des populations tout en renforçant la cohésion sociale.

9.6. Diversification sectorielle et innovation

La diversification sectorielle et l'innovation sont des moteurs essentiels pour accélérer la transformation économique en Afrique, réduire la dépendance aux exportations de matières premières et stimuler une croissance inclusive et durable. En se concentrant sur des secteurs prioritaires, en soutenant les écosystèmes entrepreneuriaux, et en investissant dans la recherche et l'innovation, les gouvernements africains peuvent poser les bases d'une économie résiliente et compétitive, capable de répondre aux besoins croissants de leurs populations.

L'identification et le développement des secteurs prioritaires représentent un point de départ stratégique. L'agro-industrie, par exemple, offre un potentiel considérable pour transformer l'agriculture de subsistance en un moteur de croissance économique. En investissant dans la transformation locale des produits agricoles, les gouvernements peuvent créer des chaînes de valeur à haute valeur ajoutée, réduire les pertes post-récolte et augmenter les revenus des agriculteurs. L'accent doit également être mis sur les énergies renouvelables, un secteur stratégique qui répond aux besoins croissants en énergie tout en contribuant à la transition écologique. Les *Technologies de l'information et de la communication* constituent un autre domaine clé, offrant des opportunités pour moderniser les systèmes publics, dynamiser les *Petites et moyennes entreprises* et stimuler l'innovation dans divers secteurs.

Le soutien à l'entrepreneuriat est indispensable pour renforcer la diversification économique. Les entrepreneurs jouent un rôle crucial dans la création d'emplois, l'innovation et l'adaptation des solutions aux besoins locaux. Les gouvernements doivent développer des politiques qui facilitent l'accès au financement pour les entrepreneurs, notamment à travers des fonds d'investissement dédiés, des mécanismes de garantie de prêt et des programmes de microfinance. Les incubateurs et accélérateurs d'entreprises, soutenus par des *Partenariats public-privé*, offrent également un environnement propice pour accompagner les *start-ups* et renforcer leurs capacités. Ces initiatives doivent être associées à des réformes réglementaires pour simplifier les processus administratifs liés à la création et à la gestion d'entreprises.

L'autonomisation des *Petites et moyennes entreprises* est un élément clé du soutien à l'entrepreneuriat. Les *Petites et moyennes entreprises*, qui forment l'épine dorsale de nombreuses économies africaines, doivent bénéficier d'un accès amélioré aux marchés et aux technologies. Les gouvernements peuvent faciliter leur intégration dans les chaînes de valeur locales et régionales en promouvant des partenariats entre grandes entreprises et *Petites et moyennes entreprises*. Par ailleurs, les *plateformes numériques* de commerce électronique offrent une opportunité pour les *Petites et moyennes entreprises* d'élargir leur clientèle et de pénétrer de nouveaux marchés.

L'investissement dans la recherche scientifique et technologique est essentiel pour répondre aux défis spécifiques du continent africain et favoriser des solutions adaptées aux réalités locales. Les gouvernements doivent accroître les budgets alloués à la recherche, notamment dans les domaines de l'agriculture, des technologies de l'eau, de la santé et des énergies renouvelables. En soutenant les universités et les centres de recherche, et en encourageant les collaborations avec le secteur privé, ils peuvent stimuler l'innovation et favoriser l'émergence de nouvelles technologies. Les chercheurs africains doivent également être intégrés dans les réseaux scientifiques internationaux pour renforcer les capacités locales et accélérer le transfert de technologies.

L'innovation technologique, notamment dans les *Technologies de l'information et de la communication*, offre des opportunités pour transformer les systèmes économiques et sociaux. Par exemple, les plateformes de *fintech* ont révolutionné l'accès aux services financiers, en particulier dans les zones rurales et pour les populations non bancarisées. Les gouvernements doivent encourager l'expansion de ces technologies en établissant des cadres réglementaires favorables et en investissant dans les infrastructures numériques nécessaires. Par ailleurs, l'intelligence artificielle, les technologies de *blockchain* et les applications d'*Internet des objets* présentent un potentiel pour améliorer l'efficacité des secteurs tels que l'agriculture, la santé et la logistique.

La promotion de *Clusters industriels* et de *Zones économiques spéciales* peut catalyser la diversification économique. En regroupant des entreprises d'un même secteur dans des zones géographiques spécifiques, les clusters permettent de créer des synergies, de réduire les coûts et de stimuler l'innovation. Les *Zones économiques spéciales*, quant à elles, offrent un cadre attractif pour les investisseurs grâce à des incitations fiscales, des infrastructures dédiées et un accès facilité aux marchés. Ces initiatives doivent être intégrées dans des stratégies nationales cohérentes pour maximiser leur impact.

La coopération régionale joue un rôle clé dans la diversification économique et l'innovation. Les pays africains doivent collaborer pour harmoniser leurs politiques industrielles, partager les bonnes pratiques et mutualiser les ressources dans des secteurs stratégiques. Par exemple, la mise en œuvre de programmes régionaux de recherche et développement, financés par des institutions multilatérales, peut accélérer l'innovation dans des domaines prioritaires tels que la sécurité alimentaire et les énergies renouvelables. De même, le commerce intra-africain, facilité par la *Zone de libre-échange continentale africaine*, offre une opportunité pour renforcer les chaînes de valeur régionales et stimuler la compétitivité des entreprises africaines.

La diversification sectorielle et l'innovation sont des leviers indispensables pour bâtir des économies africaines plus résilientes et compétitives. En se concentrant sur les secteurs stratégiques, en soutenant l'entrepreneuriat et en investissant dans la recherche, les gouvernements africains peuvent non seulement réduire leur dépendance aux matières premières, mais aussi créer des opportunités économiques inclusives pour leurs populations. Ces efforts, soutenus par des cadres institutionnels solides et une coopération régionale renforcée, permettront de transformer les défis actuels en opportunités durables pour le continent.

9.7. Intégration régionale et chaînes de valeur

L'intégration régionale et le renforcement des chaînes de valeur représentent des opportunités stratégiques pour stimuler le commerce intra-africain et promouvoir une croissance économique inclusive. La mise en œuvre réussie de la *Zone de libre-échange continentale africaine* constitue une étape cruciale pour dépasser les barrières commerciales et tirer parti des complémentarités économiques entre les pays. Cependant, pour maximiser l'impact de ces initiatives, les gouvernements africains doivent aligner leurs politiques commerciales, investir dans des infrastructures régionales et adopter des stratégies ambitieuses de diversification économique.

L'harmonisation des politiques commerciales est essentielle pour assurer le succès de la *Zone de libre-échange continentale africaine*. Les gouvernements doivent simplifier et harmoniser leurs cadres tarifaires et réglementaires afin de réduire les obstacles aux échanges transfrontaliers. Par exemple, la mise en place de guichets uniques pour les formalités douanières peut accélérer les procédures et réduire les coûts pour les entreprises. Par ailleurs, une standardisation des normes de qualité et des procédures sanitaires est nécessaire pour favoriser la circulation des biens et services tout en garantissant la sécurité des produits. Ces efforts doivent être soutenus par des mécanismes de résolution des différends pour éviter les conflits commerciaux entre les États membres.

Les infrastructures régionales jouent un rôle central dans le soutien des chaînes de valeur et la facilitation des échanges commerciaux. Les déficits d'infrastructures de transport, d'énergie et de communication restent des obstacles majeurs à l'intégration régionale. Pour les surmonter, les gouvernements africains doivent collaborer dans la planification et le financement de projets d'infrastructures transfrontalières. Les corridors de transport, tels que les routes et les chemins de fer reliant les grands pôles économiques, doivent être priorisés pour réduire les coûts logistiques et améliorer l'accès aux marchés. De même, les investissements dans les infrastructures numériques, comme les réseaux à haut débit, sont indispensables pour soutenir les secteurs émergents tels que le commerce électronique et les services numériques.

Le financement des infrastructures régionales nécessite des approches innovantes. Les *Partenariats public-privé* et les mécanismes de financement régional, tels que les banques de développement continentales et sous-régionales, peuvent mobiliser des ressources significatives pour ces projets. Par ailleurs, les *obligations vertes* et sociales offrent une solution pour financer des infrastructures durables et inclusives. Pour maximiser l'efficacité de ces outils, les gouvernements doivent établir des cadres juridiques clairs et des mécanismes de gouvernance robustes pour assurer la transparence et l'efficacité des investissements.

La diversification économique est un autre levier clé pour renforcer les chaînes de valeur régionales. Les économies africaines, souvent dominées par l'exportation de matières premières brutes, doivent adopter des politiques qui favorisent l'industrialisation et la transformation locale. Les gouvernements doivent investir dans des *Zones économiques spéciales* et des *Clusters industriels* pour attirer les investissements et stimuler la création de valeur ajoutée. Ces initiatives doivent être accompagnées de mesures incitatives, telles que des exonérations fiscales et des subventions pour les industries naissantes, afin de réduire les risques pour les investisseurs.

L'autonomisation des *Petites et moyennes entreprises* est essentielle pour renforcer les chaînes de valeur régionales. Les *Petites et moyennes entreprises*, souvent marginalisées, doivent bénéficier d'un meilleur accès aux financements, aux technologies et aux marchés. Les gouvernements peuvent encourager les institutions financières à développer des produits adaptés aux besoins des *Petites et moyennes entreprises*, tout en facilitant leur intégration dans les chaînes de valeur à travers des programmes de renforcement des capacités et des plateformes de mise en réseau.

La formation et le développement des compétences jouent un rôle central dans la transformation économique. Les gouvernements doivent investir dans des programmes d'éducation technique et de formation professionnelle alignés sur les besoins des industries émergentes. Par exemple, les compétences en ingénierie, en gestion de la chaîne d'approvisionnement et en technologies numériques sont cruciales pour soutenir l'industrialisation et le commerce régional. En développant une main-d'œuvre qualifiée, les pays africains peuvent mieux répondre aux exigences des investisseurs et des marchés régionaux.

La collaboration entre les États membres de la *Zone de libre-échange continentale africaine* est indispensable pour assurer une mise en œuvre harmonieuse et maximiser les bénéfices. Les pays doivent renforcer les mécanismes de coordination régionale et partager les meilleures pratiques pour surmonter les défis communs. Les partenariats entre les gouvernements, les organisations régionales et les acteurs privés sont également essentiels pour identifier les opportunités et résoudre les obstacles à l'intégration. Ces efforts collaboratifs, soutenus par une volonté politique forte, peuvent transformer les ambitions de la *Zone de libre-échange continentale africaine* en une réalité économique tangible.

L'intégration régionale et le renforcement des chaînes de valeur représentent des outils puissants pour accélérer la transformation économique en Afrique. En harmonisant les politiques commerciales, en investissant dans les infrastructures régionales et en promouvant la diversification économique, les gouvernements africains peuvent non seulement stimuler le commerce intra-africain, mais aussi poser les bases d'un développement inclusif, résilient et durable. Ces efforts, combinés à une coopération régionale renforcée, permettront au continent de mieux tirer parti de ses ressources et de ses opportunités, tout en répondant aux attentes croissantes de ses populations.

9.8. Transformation numérique

La *transformation numérique* représente une opportunité unique pour l'Afrique de surmonter des obstacles structurels et de catalyser un développement inclusif et durable. Toutefois, pour maximiser son impact, elle doit être intégrée dans des politiques publiques axées sur l'inclusion numérique, l'optimisation des services publics et le développement des compétences technologiques. Ces priorités stratégiques permettent non seulement de réduire la *fracture numérique*, mais aussi de préparer les populations aux exigences d'une économie de plus en plus digitalisée.

L'inclusion numérique est une condition préalable à une *transformation numérique* équitable. En Afrique, une grande partie de la population, en particulier dans les zones rurales et marginalisées, reste exclue de l'accès aux infrastructures technologiques de base. Les gouvernements doivent investir dans l'expansion des réseaux d'internet haut débit, en accordant une attention particulière aux zones éloignées. Cela peut être réalisé par le biais de *Partenariats public-privé* pour financer et accélérer le déploiement des infrastructures numériques. Des initiatives telles que la création de points d'accès communautaires ou de centres numériques locaux permettent de fournir un accès abordable à l'internet et de combler les écarts d'accès technologique.

La réduction de la *fracture numérique* doit également inclure des mesures ciblées pour rendre les technologies accessibles aux groupes vulnérables, tels que les femmes, les jeunes et les populations en situation de handicap. Par exemple, des subventions pour l'achat de dispositifs numériques ou des réductions sur les services de connectivité peuvent encourager une adoption plus large des technologies. Par ailleurs, l'intégration des langues locales dans les interfaces numériques et les contenus en ligne permet de rendre les outils technologiques plus inclusifs et adaptés aux réalités culturelles des communautés.

La digitalisation des services publics constitue un levier majeur pour améliorer leur efficacité et renforcer l'accès des populations aux services essentiels. Les gouvernements africains doivent adopter des solutions numériques pour automatiser les processus administratifs, tels que l'enregistrement des naissances, la gestion fiscale ou l'accès aux soins de santé. Par exemple, les systèmes d'identification numérique peuvent simplifier l'accès aux services publics et améliorer la précision des programmes de protection sociale en réduisant les erreurs et les fraudes. Les plateformes en ligne pour la demande de documents administratifs, le paiement des impôts ou l'inscription aux écoles permettent également de réduire les délais, d'accroître la transparence et d'améliorer la satisfaction des citoyens.

La digitalisation doit également être intégrée dans les systèmes éducatifs et de santé pour maximiser son impact. Dans le domaine de l'éducation, les plateformes d'apprentissage en ligne et les ressources éducatives numériques permettent de surmonter les contraintes d'infrastructures physiques et d'élargir l'accès à une éducation de qualité, en particulier dans les zones rurales. En santé, la télémédecine et les applications mobiles de suivi médical offrent des solutions pour améliorer l'accès aux soins et réduire les inégalités. Ces initiatives nécessitent une coordination intersectorielle et des investissements significatifs dans les infrastructures numériques et les outils technologiques.

Le développement des compétences technologiques est essentiel pour préparer la jeunesse africaine aux exigences d'une économie mondiale de plus en plus digitalisée. Les gouvernements doivent intégrer les compétences numériques dans les curricula éducatifs dès les premiers cycles scolaires, tout en renforçant les programmes de formation technique et professionnelle. Les compétences clés à développer incluent la programmation, la cybersécurité, l'analyse de données et l'utilisation des outils numériques dans divers secteurs. En parallèle, des partenariats avec des entreprises technologiques peuvent offrir des opportunités de stages, de certifications et d'emplois pour les jeunes.

L'accent doit également être mis sur l'inclusion des femmes dans les initiatives de développement des compétences technologiques. Les femmes sont souvent sous-représentées dans les secteurs liés à la technologie, ce qui limite leur participation à l'*économie numérique*. Des programmes spécifiques de formation et de mentorat, ainsi que des campagnes de sensibilisation, peuvent encourager davantage de femmes à entrer dans les carrières technologiques et à contribuer activement à l'innovation.

Pour maximiser l'impact de la *transformation numérique*, les gouvernements africains doivent renforcer la gouvernance des technologies et des données. Cela inclut l'établissement de cadres juridiques pour protéger les droits numériques des citoyens, garantir la cybersécurité et encourager une utilisation éthique des technologies émergentes, telles que l'intelligence artificielle. Les politiques publiques doivent également encourager l'innovation locale en soutenant les *start-ups* technologiques et les hubs d'innovation, qui jouent un rôle crucial dans l'adaptation des technologies aux besoins africains.

La coopération régionale est indispensable pour accélérer la *transformation numérique* en Afrique. Les initiatives régionales, telles que la création de corridors numériques transfrontaliers, permettent de mutualiser les ressources, d'harmoniser les régulations et de stimuler l'innovation. Des efforts collectifs pour réduire les coûts de connectivité, élargir les marchés numériques et renforcer les chaînes de valeur technologiques peuvent transformer le continent en un acteur majeur de l'*économie numérique* mondiale.

La *transformation numérique* offre à l'Afrique une opportunité unique de relever ses défis structurels et de stimuler son développement économique et social. En investissant dans l'inclusion numérique, la digitalisation des services publics et le développement des compétences technologiques, les gouvernements africains peuvent jeter les bases d'une *économie numérique* inclusive, durable et compétitive. Ces efforts, soutenus par une volonté politique forte et une coopération accrue, permettront de maximiser le potentiel transformateur des technologies pour le continent.

9.9. Évaluation rigoureuse et utilisation des données

L'évaluation rigoureuse des politiques publiques est un levier indispensable pour garantir leur pertinence, leur efficacité et leur impact. En Afrique, les mécanismes de *Suivi et évaluation* sont souvent sous-développés et limitent la capacité des gouvernements à mesurer les progrès réalisés et à ajuster les interventions en fonction des résultats. Une approche intégrée, centrée sur le renforcement des mécanismes *Suivi et évaluation*, la production et la gestion des données, ainsi que l'utilisation d'approches méthodologiques mixtes, peut transformer la manière dont les politiques publiques sont conçues, mises en œuvre et évaluées.

L'institutionnalisation des systèmes de *Suivi et évaluation* est une priorité. Les gouvernements doivent établir des cadres normatifs et institutionnels qui ancrent le *Suivi et évaluation* dans toutes les phases du cycle des politiques publiques, depuis leur planification jusqu'à leur mise en œuvre et leur révision. Cela implique la création d'agences spécialisées en *Suivi et évaluation* ou le renforcement des départements existants, dotés de ressources humaines et financières suffisantes. Ces agences doivent s'appuyer sur des indicateurs clairs, mesurables et pertinents, alignés sur les priorités nationales et les *Objectifs de développement durable*. Ces indicateurs, définis en amont, permettent de mesurer l'impact des politiques en temps réel et d'identifier les ajustements nécessaires pour atteindre les objectifs fixés.

La production et la gestion des données constituent un deuxième pilier essentiel pour une évaluation rigoureuse. Les systèmes de collecte de données, souvent fragmentés et peu fiables, doivent être modernisés pour garantir la disponibilité de données complètes, actualisées et désagrégées. Les gouvernements doivent investir dans des technologies modernes, telles que les bases de données numériques interconnectées, les outils de collecte en temps réel, et les plateformes de gestion de données ouvertes. Par exemple, les *Systèmes d'information géographique* peuvent être utilisés pour cartographier les besoins locaux et mesurer l'impact spatial des politiques. Une gouvernance efficace des données exige également des cadres juridiques clairs pour garantir leur confidentialité, leur sécurité et leur accessibilité.

Les approches mixtes, combinant des méthodologies quantitatives et qualitatives, permettent une compréhension plus complète et nuancée des impacts des politiques publiques. Les évaluations quantitatives, basées sur des statistiques, des enquêtes et des modèles économétriques, fournissent des résultats mesurables et comparables. Cependant, elles doivent être complétées par des méthodes qualitatives, telles que les entretiens, les groupes de discussion et les études de cas, pour capturer les dimensions sociales, culturelles et comportementales qui influencent l'efficacité des politiques. Cette combinaison permet non seulement d'évaluer les résultats, mais aussi d'explorer les mécanismes sous-jacents et les perceptions des bénéficiaires.

Pour garantir l'efficacité des mécanismes d'évaluation, il est essentiel d'intégrer une dimension participative. Les parties prenantes, y compris les citoyens, les organisations de la société civile et les acteurs locaux, doivent être impliquées dans la définition des indicateurs, la collecte des données et l'analyse des résultats. Cette approche participative renforce la légitimité des politiques et garantit que les résultats de l'évaluation reflètent les réalités vécues par les populations ciblées. Par exemple, les consultations communautaires peuvent fournir des informations précieuses sur les impacts inattendus ou les lacunes des politiques publiques.

Les mécanismes de retour d'information, ou *feedback loops*, doivent être systématiquement intégrés dans les systèmes de Suivi et évaluation. Ces mécanismes permettent de transmettre les résultats des évaluations aux décideurs politiques en temps utile et facilitent ainsi une prise de décision informée. Les rapports d'évaluation doivent être clairs, concis et orientés vers des recommandations actionnables. Par ailleurs, la communication des résultats aux citoyens, par le biais de rapports publics ou de *plateformes numériques*, peut renforcer la transparence et la redevabilité des gouvernements.

Le renforcement des capacités institutionnelles et humaines est indispensable pour la mise en œuvre efficace des mécanismes de *Suivi et évaluation*. Les gouvernements doivent investir dans la formation des professionnels de l'évaluation, en mettant l'accent sur les compétences analytiques, méthodologiques et technologiques. Des partenariats avec des institutions académiques et des organisations internationales peuvent également permettre de partager des connaissances, des outils et des bonnes pratiques en matière de *Suivi et évaluation*.

Enfin, l'adoption d'une approche orientée vers l'apprentissage est essentielle pour maximiser l'impact des systèmes d'évaluation. Les résultats des évaluations doivent être utilisés non seulement pour ajuster les politiques en cours, mais aussi pour informer la conception de nouvelles initiatives. Une culture de l'apprentissage organisationnel, soutenue par des plateformes d'échange de connaissances et des réseaux de praticiens, peut contribuer à renforcer la capacité des gouvernements à répondre de manière proactive aux défis émergents.

Une évaluation rigoureuse, soutenue par des données fiables et des méthodologies mixtes, est indispensable pour améliorer la conception, la mise en œuvre et l'impact des politiques publiques en Afrique. Les investissements dans les systèmes de *Suivi et évaluation*, combinés à une gestion efficace des données et à une approche participative, posent les bases d'une gouvernance transparente, inclusive et axée sur les résultats. Ces efforts permettent non seulement de maximiser les ressources limitées, mais aussi d'assurer que les politiques répondent aux besoins réels des populations et contribuent à un développement durable.

TABLE DES MATIERES

Structures éditoriales du groupe L'Harmattan

L'Harmattan Italie
Via degli Artisti, 15
10124 Torino
harmattan.italia@gmail.com

L'Harmattan Hongrie
Kossuth l. u. 14-16.
1053 Budapest
harmattan@harmattan.hu

L'Harmattan Sénégal
10 VDN SICAP AMITIE 3
BP 45034 Dakar-Fann
direction@senharmattan.com

L'Harmattan Cameroun
Tsinga/Derrière polyclinique FECAFOOT
BP 11486 Yaoundé
Jacques.koukam@harmattan.fr

L'Harmattan Burkina Faso
Villa 281, secteur 23 623, rue 14.32
Ouagadougou
zagbie@outlook.fr

L'Harmattan Guinée
Almamya, rue KA 028 OKB Agency
BP 3470 Conakry
harmattanguinee@yahoo.fr

L'Harmattan RDC
185, avenue Nyangwe
Commune de Lingwala – Kinshasa
matangilamusadila@yahoo.fr

L'Harmattan Congo
219, avenue Nelson Mandela
BP 2874 Brazzaville
deunovmikhael@gmail.com

L'Harmattan Mali
Immeuble Mgr Jean Marie Cissé
Aci Hamadallaye
BP 145 Bamako
syllaka@yahoo.fr

L'Harmattan Togo
Djidjole – Maison Amela
face EPP BATOME
02 BP 20680 Lomé
didieramela11@gmail.com

L'Harmattan Côte d'Ivoire
Résidence Karl – Cité des Arts
Abidjan-Cocody
03 BP 1588 Abidjan
harmattan.ivoire@gmail.com

L'Harmattan Bénin
Rue 604, (Immeuble à l'entrée
de la rue UCAO- Cite de Saint-Jean)
Cotonou
stepcorpus@gmail.com

Nos librairies en France

Librairie internationale
16, rue des Écoles
75005 Paris
librairie.internationale@harmattan.fr
01 40 46 79 11
www.librairieharmattan.com

Librairie des savoirs
21, rue des Écoles
75005 Paris
librairie.sh@harmattan.fr
01 46 34 13 71
www.librairieharmattansh.com

www.ingramcontent.com/pod-product-compliance
Lightning Source LLC
LaVergne TN
LVHW011435061026
849535LV00004BA/814

* 9 7 8 2 3 3 6 5 1 2 2 6 6 *